Lk 2 2438 (4)

Montélimar
1869

Chevalier, Ulysse (éd.)

Cartulaire de l'abbaye de Notre-Dame de Léoncel au diocèse de Die, ordre de Cîteaux

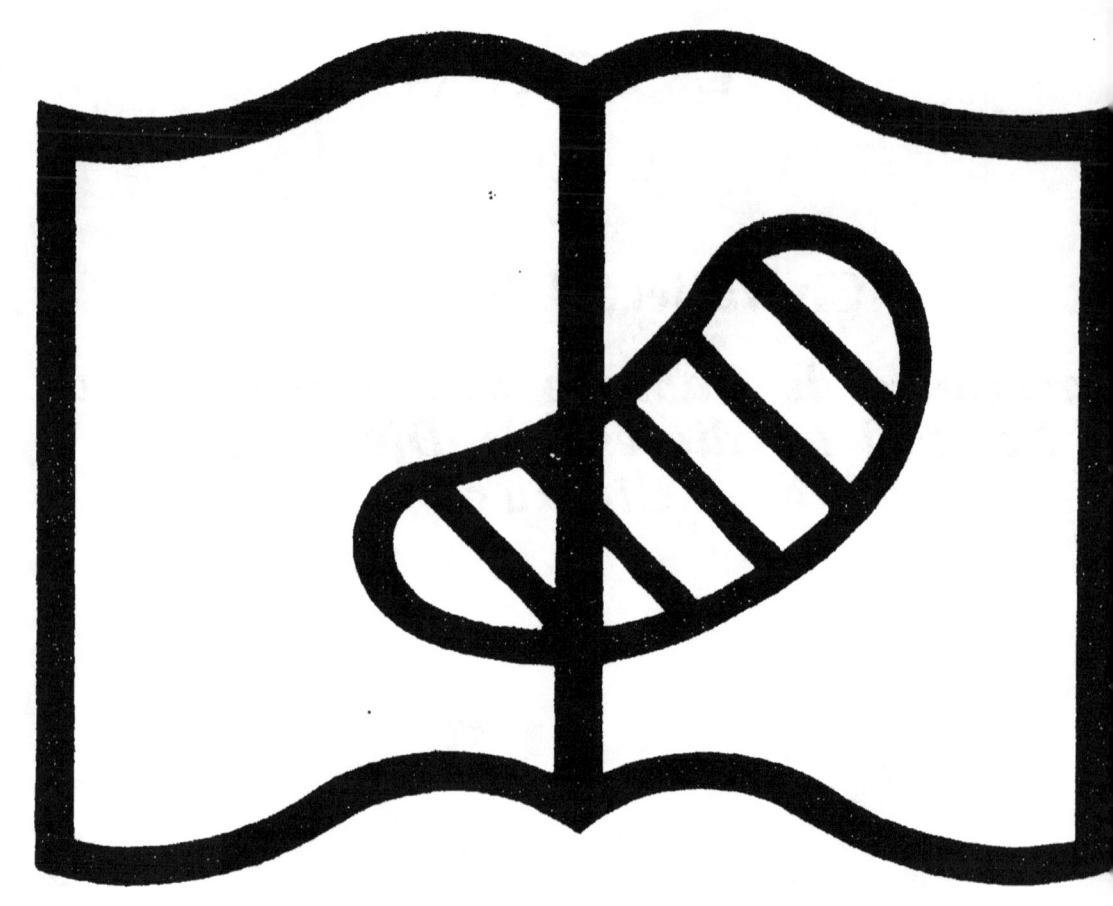

Symbole applicable
pour tout, ou partie
des documents microfilmés

Original illisible

NF Z 43-120-10

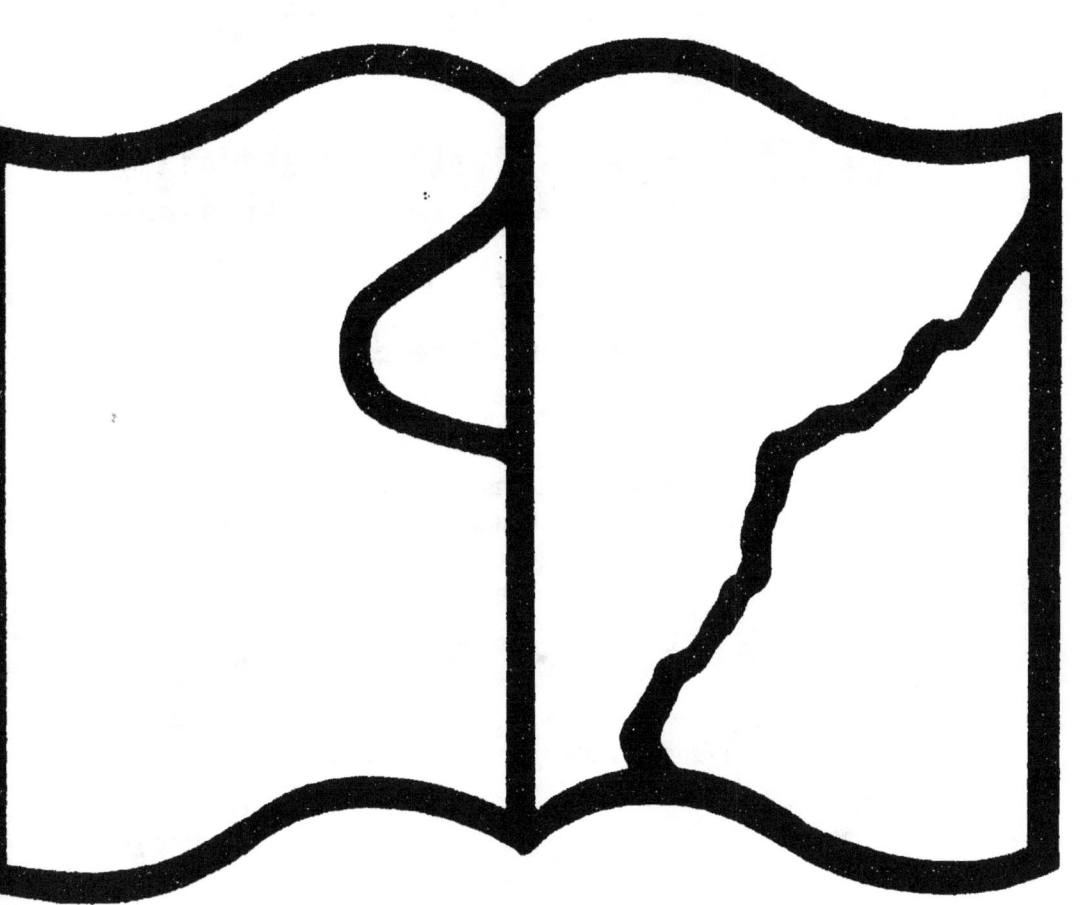

Symbole applicable
pour tout, ou partie
des documents microfilmés

Texte détérioré — reliure défectueuse

NF Z 43-120-11

CARTULAIRE

DE L'ABBAYE

NOTRE-DAME DE LÉONCEL

AU DIOCÈSE DE DIE

— Ordre de Cîteaux —

PUBLIÉ

d'après les documents originaux
conservés aux archives de la Préfecture de la Drôme

PAR

l'Abbé C.-U.-J. CHEVALIER

Correspondant du Ministère de l'Instruction publique pour les
Travaux historiques et archéologiques

PREMIÈRE LIVRAISON

MONTÉLIMAR

IMPRIMERIE ET LITHOGRAPHIE BOURRON

1869

...me, puis il entre dans le livre lui-même, qui n'est assu... ...qu'un arsenal de choses que notre temps traite de su... ...leuses. L'analyse de l'*Antipalus*, dont l'original offre ...ecture fatigante, est exacte, mais bien qu'elle nous ...entrée dans la littérature du moyen-âge employée par ...me, elle ne présente pas des faits bien intéressants. L'au... ...rmine (p. 156), par cette appréciation : « Dans son *An-* ...us, Trithème se place complétement au point de vue du ...au des sorcières (*Malleus maleficarum*, 1487), malgré ses ...connaissances en fait de magie. Mais c'est la lecture ...e de tant de livres de magie qui paraît l'avoir affermi ...maintes notions forcées sur les opérations des démons ...sorciers. Trithème convient bien que l'enchantement ...vent son principe dans des dispositions naturelles ;... ...quant à saisir la priorité entre le surnaturel et le natu... ...e moyen-âge ne possédait pas de connaissances scien... ...es suffisantes, et il était facile, en pareil cas, de donner ...valeur à un point de vue théologique restreint. » Ce ...peut reprocher ici à l'abbé Trithème, s'adresse à tous ...logiens de ce temps, et particulièrement aux auteurs ...forme, dont les écrits renferment les principes fonda... ...x pour un *Antipalus*.

...**20.** — L'auteur aborde les *ouvrages historiques de* ..., qui constituent sans doute son principal mérite. Il ...ce par un court avant-propos sur les tendances que ...thème dans son Historiographie, touche brièvement ...*icum successionis ducum Bavariæ*, parce qu'il n'a à ...d'autre fondement que le récit du prêtre *André* de ...ge et en vient au *Chronicon Spanheimense*, déjà com...

Nous reconnaissons que c'est un ouvrage travaillé, écrit avec amour du sujet, savant sous bien des rapports et véritablement le meilleur que la littérature nous ait donné sur Trithème. Néanmoins il arrive ce qui se passe quand on examine le portrait d'un ami bien connu : c'est assurément ressemblant; mais on ne peut découvrir dans l'image certains détails de l'original, ou bien, si l'on veut, l'image ressemble en tout à l'original; mais la vive expression manque. Ainsi l'auteur de cet article place Trithème plus haut que M. Silbernagel. Certainement qu'en poursuivant ses études l'auteur en viendra à reconnaître lui-même quels traits de son image sont susceptibles de changements. Quant à la forme, elle a souffert de l'intercalation des chapitres littéraires au milieu de ceux qui ont pour objet la biographie. Beaucoup d'observations dans les notes, qui ne servent en rien à éclaircir la vie intime de Trithème, auraient pu sans inconvénients être omises.

(Traduit du *Theologisches Literaturblatt* de Bonn, article de M. A. RULAND, 1868, nos 21 et 22).

C.-U.-J. CHEVALIER.

Versailles. — Imp. BEAU jeune, rue de l'Orangerie, 22.

COLLECTION DE CARTULAIRES DAUPHINOIS

CARTULAIRE

DE L'ABBAYE

Notre-Dame de Léoncel

— ORDRE DE CITEAUX —

PUBLIÉ PAR

l'Abbé Ulysse CHEVALIER

*de plusieurs Académies et Sociétés savantes, françaises et étrangères,
Correspondant du Ministère de l'Instruction publique
pour les travaux historiques et archéologiques.*

L'abbaye de LÉONCEL [1] fut la quatrième fille de Bonnevaux, de l'ordre de Cîteaux ; saint Jean, premier supérieur de ce monastère, puis évêque de Valence, et saint Amédée d'Hauterive, futur évêque de Lausanne, y amenèrent une colonie de religieux le 23 août 1137. Cinquante ans s'écoulèrent avant que la construction de l'église *(basilica)* fût terminée : la dédicace s'en fit solennellement, le 11 mai 1188, par l'archevêque de Vienne Robert, assisté de son homonyme évêque de Die ; l'autel principal fut consacré à la Sainte-Vierge, suivant l'usage général de Cîteaux, et à saint Jean-Baptiste [2]. La dépendance de

(1) D'abord *Fons Lionnæ*, puis *Lioncellum* et ses variantes.
(2) Acte extrait d'un ms. de 1322. — MANRIQUE, *Annal. Cisterc.*, 1,392-3.

l'abbaye resta longtemps incertaine entre les évêques de Valence et de Die.

Dès sa naissance, cette abbaye reçut de nombreuses marques de sympathie et fut l'objet de bienfaits particuliers de la part des puissances religieuses et féodales dont l'autorité pouvait la couvrir d'une protection plus ou moins efficace. Les papes Innocent II, Eugène III, Alexandre III, Luce III, Clément III, Innocent III et leurs successeurs à partir du XIIIe siècle, l'empereur Frédéric Barberousse, saint Louis roi de France et son frère Alphonse comte de Poitou, les évêques de Valence Eustache, saint Jean, Bernard, Eudes, Falques, Humbert, etc., l'archevêque de Vienne Robert, les comtes de Provence Raimond et Sanche, Hugues duc de Bourgogne, les Aimar et les Guillaume comtes de Valentinois, Flotte dame de Royans et comtesse de Valentinois, Albert de La Tour-du-Pin, les seigneurs d'Alixan, de Brion, de Chabeuil, de Châteaudouble, de Châteauneuf-d'Isère, de Clérieu, de Curson, d'Estables, d'Eurre, d'Eygluy, de Flandènes, de Gigors, de Larnage, de Marches, de Mirabel, de Montclar, de La Motte, de Quint, de Rochefort, de Roussillon, du Royans, de Suze, de Tournon, du Trièves, en un mot tous ceux qui, dans les environs, visaient à une certaine indépendance, tinrent à honneur de gratifier l'abbaye naissante d'amples priviléges. — Pour donner une idée des richesses paléographiques accumulées par les ans dans le chartrier des moines de Léoncel, il suffira de dire qu'au commencement du XVIe siècle, il comprenait 689 actes en parchemin [1]. Ces pièces furent conservées avec un soin religieux, et Peiresc dut à sa réputation européenne la faveur d'obtenir, en 1633, la communication de onze titres importants, dont nous avons été très-heureux de retrouver la copie et la description parmi ses papiers, à la bibliothèque de Carpentras. Les archives de l'abbaye furent de nouveau inventoriées au milieu du siècle dernier : il ne manquait que peu de numéros, d'ailleurs sans importance; d'autres, précédemment omis, furent retrouvés. La Révolution fit transférer tous les titres de Léoncel à Valence, chef-lieu du district : un récolement, opéré en 1812, ne constata encore que des pertes minimes. C'est à un regrettable défaut de surveillance qu'on doit attribuer, peu d'années après, la soustraction de pièces d'un grand intérêt : hâtons-nous d'ajouter qu'il nous a presque toujours été permis de suppléer à l'absence des originaux, soit par les copies de Peiresc, soit par la transcription assez exacte d'un moine qui releva les principales chartes de son monastère.

Cette importante série de pièces originales attira dès l'abord notre attention aux archives de la Préfecture de la Drôme, et la rare obli-

---

(1) *Inventaire* original dressé à cette époque.

geance de M. A. Lacroix nous permit de les transcrire avec tout le soin désirable. La première livraison, dont nous venons de terminer l'impression, renferme 300 chartes, comprises entre les années 1144 et 1300. Pareille suite de documents originaux, pour une aussi courte période, ne doit pas être commune : aussi avons-nous fait nos efforts pour rendre cette publication non moins utile à la diplomatique qu'à l'histoire. Chaque pièce a été reproduite avec la plus scrupuleuse exactitude; une note en indique les divers caractères. Les rubriques mises au dos par une main contemporaine leur servent de titres. Les sceaux, en grand nombre, ont été décrits avec autant d'exactitude que le permettait l'état de vétusté de quelques-uns : ce volume ne sera donc pas, nous l'espérons, sans utilité pour la sphragistique. Une notice préliminaire, à la fois paléographique et historique, servira d'introduction au *Cartulaire*; un ample *index* alphabétique des noms de personnes, de lieux et de choses y facilitera les recherches.

De plus amples détails sortiraient du cadre d'un *prospectus*. Ce moyen, que l'auteur emploie à regret, pourra seul lui faciliter l'achèvement prochain d'une publication entreprise *propriis sumptibus*. Il lui permet d'ailleurs, en excluant tout intermédiaire, de fixer le volume à un prix auquel la spéculation demeure complètement étrangère.

Romans, 28 mars 1869.

CONDITIONS DE LA SOUSCRIPTION

Le *Cartulaire de l'abbaye de Léoncel* formera un fort volume in-8°, composition compacte, de 35 feuilles (560 pages), tiré à 310 exemplaires : 300 en papier fort collé, 3 en papier très-fort et 7 en papier de couleur.

Le prix, pour les souscripteurs à l'ouvrage complet, est de **8 fr. 25 c.** en papier ordinaire et **15 fr. 75 c.** en papier de luxe. — Le prix de librairie sera de **13 fr. 75 c.** et **21 fr.**

Le prix de la 1re livraison seule (20 feuilles ou 320 pages) est de **6 fr.** ou **10 fr. 80 c.**, suivant le papier. — Il sera en librairie de **10 fr.** ou **14 fr. 40 c.**

La liste des souscripteurs à l'ouvrage complet terminera l'ouvrage.

DU MÊME AUTEUR :

Documents inédits relatifs au Dauphiné, volume contenant les *Cartulaires de l'église et de la ville de Die*, le *Nécrologe de Saint-Robert-de-Cornillon*, un *Hagiologe* et deux *Chroniques de Vienne*, une *Chronique des évêques de Valence*, le *Cartulaire dauphinois de l'abbaye de Saint-Chaffre*, les *Pouillés des diocèses de Vienne, Valence, Die et Grenoble*. [Académie Delphinale]. — Grenoble, 1868, fort in-8°, sceaux grav.

Cartulaire de l'abbaye de Saint-André-le-Bas de Vienne, ordre de Saint-Benoît, suivi d'un *Appendice* de chartes inédites sur le diocèse de Vienne (IXe-XIIe siècles). [*Collection de Cartulaires dauphinois*]. — Vienne, 1869, fort in-8°.   Va paraître.

Cartulaire municipal de la ville de Montélimar [*Documents inédits sur l'histoire du Tiers-État*]. — Montélimar, 1869, fort in-8°. La souscription reste ouverte à raison de 40 cent. la feuille en papier ordin. et 70 cent. en papier de luxe.

Diplomatique soit *Recueil de chartes pour servir à l'histoire des pays compris autrefois dans le royaume de Bourgogne*, tirées de différentes archives, par Pierre DE RIVAZ (542-1276), analyse avec notes, table et pièces inédites. — Vienne, 1869, in-8°.   Sous presse.

Notice analytique sur le Cartulaire d'Aimon de Chissé, aux archives de l'évêché de Grenoble, avec notes, table et pièces inédites [*Documents historiques inédits sur le Dauphiné*]. — Colmar, 1869, in-8°.

Inventaire des archives des Dauphins à Saint-André de Grenoble en 1277, publié d'après l'original, avec table alphabétique et pièces inédites [*Docum. histor. inédits sur le Dauphiné*]. — Nogent-le-Rotrou, 1869, in-8°.

Notice sur un Cartulaire des Dauphins de Viennois, en partie inédit. — Grenoble, 1867, in-8°.

Notice sur les Cartulaires de l'église et de la ville de Die. — Grenoble, 1868, in-8°.

Notice sur un Cartulaire inédit de la ville de Grenoble. — Grenoble, 1868, in-8°.

Notice sur le Nécrologe du prieuré de Saint-Robert-de-Cornillon, au diocèse de Grenoble. — Grenoble, 1868, in-8°.

Catalogue des évêques de Grenoble, par Mgr le cardinal LE CAMUS, publié et annoté. — Grenoble, 1868, in-8°.

Notice chronologico-historique sur les évêques de Valence, d'après des documents paléographiques inédits. — Valence, 1867, grand in-8°.

(*Notice chronologique sur les archevêques de Vienne et sur les établissements religieux de ce diocèse*). — Valence, 1868, in-8°.

Notice littéraire et bibliographique sur Letbert, abbé de Saint-Ruf (1100-1110), 2e édition [la 1re, suivie d'une Hymne à la Sainte-Vierge tirée d'un ms. de la Biblioth. impér., est épuisée]. — Valence, 1868, gr. in-8°.

Une nouvelle édition des Œuvres complètes de saint Avit, évêque de Vienne. — Vienne, 1869, in-8°.

Charte de fondation de l'abbaye de Beaulieu, au diocèse de Grenoble. — Grenoble, 1868, in-8°.

Bulletin de Souscription N° ....

CARTULAIRE DE L'ABBAYE
NOTRE-DAME DE LÉONCEL

Je, soussigné, déclare souscrire à .... exemplaire en papier (*) ....
(**) { du CARTULAIRE COMPLET DE L'ABBAYE DE LÉONCEL (***),
{ de la 1re livraison du CARTULAIRE DE LÉONCEL (****),
aux conditions indiquées dans la circulaire de l'éditeur, en date du 28 mars 1869.

Signature et titres (*bien lisible*) :

....

Localité : ....   Date : ....

(*) Indiquer la qualité du papier, *ordinaire* ou *de luxe*.
(**) Ne laisser subsister que le mode de souscription préféré.
(***) Pour recevoir la 1re livraison, joindre à la souscription 5 fr. 00 c. ou 9 fr. 70 c., suivant le papier ; on peut la retirer chez l'auteur ou l'imprimeur pour 5 fr. ou 9 fr.
(****) Joindre pour l'envoi 6 fr. 60 c. ou 11 fr. 00 c., suivant le papier ; on peut la retirer pour 6 fr. ou 10 fr. 80 c.

Montélimar, Bourron.

Monsieur
l'Abbé Ulysse CHEVALIER,
rue Clérieu, 53,

ROMANS (Drôme).

COLLECTION DE CARTULAIRES DAUPHINOIS

CARTULAIRE

DE L'ABBAYE

NOTRE-DAME DE LÉONCEL

— ORDRE DE CITEAUX —

PUBLIÉ PAR

l'Abbé Ulysse CHEVALIER

*de plusieurs Académies et Sociétés savantes, françaises et étrangères,
Correspondant du Ministère de l'Instruction publique
pour les travaux historiques et archéologiques.*

L'abbaye de LÉONCEL [1] fut la quatrième fille de Bonnevaux, de l'ordre de Cîteaux ; saint Jean, premier supérieur de ce monastère, puis évêque de Valence, et saint Amédée d'Hauterive, futur évêque de Lausanne, y amenèrent une colonie de religieux le 23 août 1137. Cinquante ans s'écoulèrent avant que la construction de l'église (*basilica*) fût terminée : la dédicace s'en fit solennellement, le 11 mai 1188, par l'archevêque de Vienne Robert, assisté de son homonyme évêque de Die ; l'autel principal fut consacré à la Sainte-Vierge, suivant l'usage général de Cîteaux, et à saint Jean-Baptiste [2]. La dépendance de

(1) D'abord *Fons Lionnæ*, puis *Lioncellum* et ses variantes.
(2) Acte extrait d'un ms. de 1322. — MANRIQUE, *Annal. Cisterc.*, I, 332-3.

l'abbaye resta longtemps incertaine entre les évêques de Valence et de Die.

Dès sa naissance, cette abbaye reçut de nombreuses marques de sympathie et fut l'objet de bienfaits particuliers de la part des puissances religieuses et féodales dont l'autorité pouvait la couvrir d'une protection plus ou moins efficace. Les papes Innocent II, Eugène III, Alexandre III, Luce III, Clément III, Innocent III et leurs successeurs à partir du xiiie siècle, l'empereur Frédéric Barberousse, saint Louis roi de France et son frère Alphonse comte de Poitou, les évêques de Valence Eustache, saint Jean, Bernard, Eudes, Falques, Humbert, etc., l'archevêque de Vienne Robert, les comtes de Provence Raimond et Sanche, Hugues duc de Bourgogne, les Aimar et les Guillaume comtes de Valentinois, Flotte dame de Royans et comtesse de Valentinois, Albert de La Tour-du-Pin, les seigneurs d'Alixan, de Brion, de Chabeuil, de Châteaudouble, de Châteauneuf-d'Isère, de Clérieu, de Curson, d'Estables, d'Eurre, d'Eygluy, de Flandènes, de Gigors, de Larnage, de Marches, de Mirabel, de Montclar, de La Motte, de Quint, de Rochefort, de Roussillon, du Royans, de Suze, de Tournon, du Trièves, en un mot tous ceux qui, dans les environs, visaient à une certaine indépendance, tinrent à honneur de gratifier l'abbaye naissante d'amples privilèges. — Pour donner une idée des richesses paléographiques accumulées par les ans dans le chartrier des moines de Léoncel, il suffira de dire qu'au commencement du xvie siècle, il comprenait 689 actes en parchemin [1]. Ces pièces furent conservées avec un soin religieux, et Peiresc dut à sa réputation européenne la faveur d'obtenir, en 1633, la communication de onze titres importants, dont nous avons été très-heureux de retrouver la copie et la description parmi ses papiers, à la bibliothèque de Carpentras. Les archives de l'abbaye furent de nouveau inventoriées au milieu du siècle dernier : il ne manquait que peu de numéros, d'ailleurs sans importance; d'autres, précédemment omis, furent retrouvés. La Révolution fit transférer tous les titres de Léoncel à Valence, chef-lieu du district : un récolement, opéré en 1812, ne constata encore que des pertes minimes. C'est à un regrettable défaut de surveillance qu'on doit attribuer, peu d'années après, la soustraction de pièces d'un grand intérêt : hâtons-nous d'ajouter qu'il nous a presque toujours été permis de suppléer à l'absence des originaux, soit par les copies de Peiresc, soit par la transcription assez exacte d'un moine qui releva les principales chartes de son monastère.

Cette importante série de pièces originales attira dès l'abord notre attention aux archives de la Préfecture de la Drôme, et la rare obli-

---

(1) *Inventaire* original dressé à cette époque.

Bulletin de Souscription N°

CARTULAIRE DE L'ABBAYE
Notre-Dame de Léoncel

Je, soussigné, déclare souscrire à   exemplaire   en papier (*)
(**) { du CARTULAIRE COMPLET DE L'ABBAYE DE LÉONCEL (***),
     { de la 1re livraison du CARTULAIRE DE LÉONCEL (****),
aux conditions indiquées dans la circulaire de l'éditeur, en date du 28 mars 1869.

Signature et titres (bien lisible) :

Localité :   Date :

(*) Indiquer la qualité du papier, *ordinaire* ou *de luxe*.
(**) Ne laisser subsister que le mode de souscription préféré.
(***) Pour recevoir la 1re livraison, joindre à la souscription 5 fr. 60 c. ou 9 fr. 70 c., suivant le papier ; on peut la retirer chez l'auteur ou l'imprimeur pour 5 fr. ou 9 fr.
(****) Joindre pour l'envoi 6 fr. 60 c. ou 11 fr. 60 c., suivant le papier ; on peut la retirer pour 6 fr. ou 10 fr. 80 c.

Montélimar, Bourron.

Monsieur

l'Abbé Ulysse **CHEVALIER,**

rue Clérieu, 53,

ROMANS (Drôme).

geance de M. A. Lacroix nous permit de les transcrire avec tout le soin désirable. La première livraison, dont nous venons de terminer l'impression, renferme 300 chartes, comprises entre les années 1144 et 1300. Pareille suite de documents originaux, pour une aussi courte période, ne doit pas être commune : aussi avons-nous fait nos efforts pour rendre cette publication non moins utile à la diplomatique qu'à l'histoire. Chaque pièce a été reproduite avec la plus scrupuleuse exactitude ; une note en indique les divers caractères. Les rubriques mises au dos par une main contemporaine leur servent de titres. Les sceaux, en grand nombre, ont été décrits avec autant d'exactitude que le permettait l'état de vétusté de quelques-uns : ce volume ne sera donc pas, nous l'espérons, sans utilité pour la sphragistique. Une notice préliminaire, à la fois paléographique et historique, servira d'introduction au *Cartulaire ;* un ample *index* alphabétique des noms de personnes, de lieux et de choses y facilitera les recherches.

De plus amples détails sortiraient du cadre d'un *prospectus*. Ce moyen, que l'auteur emploie à regret, pourra seul lui faciliter l'achèvement prochain d'une publication entreprise *propriis sumptibus*. Il lui permet d'ailleurs, en excluant tout intermédiaire, de fixer le volume à un prix auquel la spéculation demeure complètement étrangère.

Romans, 28 mars 1869.

CONDITIONS DE LA SOUSCRIPTION

Le *Cartulaire de l'abbaye de Léoncel* formera un fort volume in-8°, composition compacte, de 35 feuilles (560 pages), tiré à 310 exemplaires : 300 en papier fort collé, 3 en papier très-fort et 7 en papier de couleur.

Le prix, pour les souscripteurs à l'ouvrage complet, est de 8 fr. 25 c. en papier ordinaire et 13 fr. 75 c. en papier de luxe. — Le prix de librairie sera de 13 fr. 75 c. et 21 fr.

Le prix de la 1re livraison seule (20 feuilles ou 320 pages) est de 6 fr. ou 10 fr. 80 c., suivant le papier. — Il sera en librairie de 10 fr. ou 14 fr. 40 c.

La liste des souscripteurs à l'ouvrage complet terminera l'ouvrage.

DU MÊME AUTEUR :

Documents inédits relatifs au Dauphiné, volume contenant les *Cartulaires de l'église et de la ville de Die*, le *Nécrologe de Saint-Robert-de-Cornillon*, un *Hagiologa* et deux *Chroniques de Vienne*, une *Chronique des évêques de Valence*, le *Cartulaire dauphinois de l'abbaye de Saint-Chaffre*, les *Pouillés des diocèses de Vienne, Valence, Die et Grenoble*. [Académie Delphinale]. — Grenoble, 1868, fort in-8°, sceaux grav.

Cartulaire de l'abbaye de Saint-André-le-Bas de Vienne, ordre de Saint-Benoît, suivi d'un *Appendice* de chartes inédites sur le diocèse de Vienne (IXe-XIIe siècles). [Collection de Cartulaires dauphinois]. — Vienne, 1869, fort in-8°.   Va paraître.

Cartulaire municipal de la ville de Montélimar [Documents inédits sur l'histoire du Tiers-État]. — Montélimar, 1869, fort in-8°. La souscription reste ouverte à raison de 40 cent. la feuille en papier ordin. et 70 cent. en papier de luxe.

Diplomatique soit *Recueil de chartes pour servir à l'histoire des pays compris autrefois dans le royaume de Bourgogne*, tirées de différentes archives, par Pierre DE RIVAZ (542-1276), analyse avec notes, table et pièces inédites. — Vienne, 1869, in-8°.   Sous presse.

Notice analytique sur le Cartulaire d'Aimon de Chissé, aux archives de l'évêché de Grenoble, avec notes, table et pièces inédits [Documents historiques inédits sur le Dauphiné]. — Colmar, 1869, in-8°.

Inventaire des archives des Dauphins à Saint-André de Grenoble en 1277, publié d'après l'original, avec table alphabétique et pièces inédites [Docum. histor. inédits sur le Dauphiné]. — Nogent-le-Rotrou, 1869, in-8°.

Notice sur un Cartulaire des Dauphins de Viennois, en partie inédit. — Grenoble, 1867, in-8°.

Notice sur les Cartulaires de l'église et de la ville de Die. — Grenoble, 1868, in-8°.

Notice sur un Cartulaire inédit de la ville de Grenoble. — Grenoble, 1868, in-8°.

Notice sur le Nécrologe du prieuré de Saint-Robert-de-Cornillon, au diocèse de Grenoble. — Grenoble, 1868, in-8°.

Catalogue des évêques de Grenoble, par Mgr le cardinal LE CAMUS, publié et annoté. — Grenoble, 1868, in-8°.

Notice chronologico-historique sur les évêques de Valence, d'après des documents paléographiques inédits. — Valence, 1867, grand in-8°.

(*Notice chronologique sur les archevêques de Vienne et sur les établissements religieux de ce diocèse*). — Valence, 1868, in-8°.

Notice littéraire et bibliographique sur Letbert, abbé de Saint-Ruf (1100-1110), 2e édition [la 1re, suivie d'une Hymne à la Sainte-Vierge tirée d'un ms. de la Biblioth. impér., est épuisée]. — Valence, 1868, gr. in-8°.

Une nouvelle édition des Œuvres complètes de saint Avit, évêque de Vienne. — Vienne, 1869, in-8°.

Charte de fondation de l'abbaye de Beaulieu, au diocèse de Grenoble. — Grenoble, 1868, in-8°.

CHARTULARIUM

MONASTERII

BEATAE MARIAE DE LEONCELLO

ORDINIS CISTERCIENSIS

CHARTULARIUM

BEATAE MARIAE DE LEONCELLO

I.   4 janvier 1142.

(BULLA INNOCENTII II PAPÆ, QUA MONASTERIUM EJUSQUE POSSESSIONES SUB APOSTOLICA PROTECTIONE SUSCIPIT)*.

INNOCENTIUS episcopus, servus servorum Dei [1], dilectis filiis Falconi abbati de Leoncellis [2] ejusque fratribus tam presentibus quam futuris regulariter substituendis [3], IN PPM (perpetuum). — Apostolice Sedis clementie convenit religiosas personas diligere, et earum loca pie protectionis munimine defensare. Ea propter, dilecti in Domino filii, vestris justis petitionibus clementer annuimus et beate Dei Genitricis monasterium de Leoncellis, in quo divino mancipati estis obsequio, sub beati Petri et nostra protectione suscipimus et presentis scripti privilegio communimus [4]; statuentes, ut quascumque possessiones, quecumque bona monasterium vestrum in presentiarum juste et canonice possidet, aut in futurum concessione Pontificum, largitione regum vel principum, oblatione fidelium seu aliis justis modis Deo propitio poterit adipisci, firma vobis vestrisque successoribus et illibata permaneant : sane laborum vestrorum quos propriis manibus aut sumptibus colitis sive de nutrimentis vestrorum animalium, nullus omnino clericus aut laicus decimas a vobis exigere presumat. Si qua igitur in futurum ecclesiastica secularisve persona hanc nostre constitutionis paginam sciens contra eam temere venire temptaverit, secundo tertiove commonita si non congrua satisfactione correxerit, potestatis honorisque sui dignitate careat, reamque se divino judicio existere de perpetrata iniquitate cognoscat, et a sacratissimo Corpore ac Sanguine Dei et Domini Redemptoris nostri Jesu Christi aliena fiat atque in extremo examine districte ultioni subjaceat; cunctis autem eidem loco justa servantibus, sit pax Domini nostri Jesu Christi, quatenus et hic fructum bone actionis percipiant et apud districtum judicem premia eterne pacis inveniant. Amen, amen, amen.

⁵ Ego Innocentius, catholice ecclesie episcopus, (subscripsi)⁶.

† Ego Conradus⁷, Sabinensis episcopus, (subscripsi);

† Ego Albericus, Hostiensis episcopus, subscripsi;

† Ego Stephanus, Prenestinus episcopus, (subscripsi).

† Ego Gregorius, diaconus cardinalis Sanctorum Sergii et Gachi⁸, (subscripsi);

† Ego Guido, diaconus cardinalis Sanctorum Cosme et Damiani, (subscripsi)⁹.

† Ego Guido, sancte Romane ecclesie indignus sacerdos, (subscripsi)¹⁰.

Datum Laterani, per manum Gerardi sancte Romane ecclesie presbiteri cardinalis et bibliothecarii¹¹, ii nonas januarii, indictione v, anno Dominice Incarnationis M. C. XL. primo, pontificatus vero domini Innocentii pape II anno xii°¹².

(*) L'original de cette bulle, coté **Fiat 448** (*Invent. A*) et DCV (*Inv. B*), ne s'est pas retrouvé aux archives de la préfecture de la Drôme. Le texte a été établi à l'aide de deux copies, l'une du *Cahier des priviléges*, l'autre collationnée en 1697 par le greffier du parlement de Dauphiné ; cette dernière, assez défectueuse, ajoute des indications qui attestent l'authenticité de l'acte.

(1) Innocent II, élu le 14 et consacré le 23 février 1130, mourut le 24 septemb. 1143. Nous possédons en outre trois brefs inédits de ce pape : Env. 1134, à Berlion, évêque de Belley (*Cartul. de St-André-le-Bas*, n° 208₁; 1136 (à Pise), à Hugues II, évêque de Grenoble (*Cartul. d'Aimon de Chissé*, n° 40 de notre *Notice*) ; env. 1138, à Guillaume, évêque de Saintes (*Codex diplom. ord. S. Rufi*, bull.).

(2) Voir, sur les divers abbés de Léoncel, notre *Notice préliminaire*.

(3) Variante *instituendis*.

(4) Voir, sur les bulles de privilége, la note 1 de l'acte ii du *Cartul. de St-Pierre-du-Bourg-lès-Valence*. — (5) Add. *Sic signatum...*

(6) Add. *Post crucem quam circumdant undique in circulo hæc verba* : « *Adjuva nos Deus salutaris noster* (Psal. LXXVIII, 9) », Scs PETRUS, Scs PAULUS, INNOCENTIUS PP. II.

(7) Ce nom est écrit *Conrradus* et *Conraldus*. — (8) Lisez *Bacchi*.

(9) Tous ces cardinaux figurent à la date de cette bulle dans les *Regesta Pontificum Roman.* de Ph. JAFFÉ (p. 559-60).

(10) Ce personnage, dont le nom est écrit *Brido* dans la copie *b*, est sans doute le même que des bulles d'Innocent II qualifient *S. R. E. diac. card.* (JAFFÉ, p. 560).

(11) Gérard débuta ce jour-là même dans ses fonctions de chancelier de l'église Romaine (JAFFÉ, p. 560 et n° 5833).

(12) Add. *Et pendet sigillum plumbeum, sub cauda sericea flavi coloris juncta pergameno ; in quo sigillo sic habetur in una parte* : INNOCENTIUS PP. II, *et in alia parte* : S. P. A; S. P. E ; *et videtur effigies impressa sanctorum Petri et Pauli, cruce intermedia*.

II.   26 mars 1147.

(Bulla alia privilegii Eugenii III papæ)*.

Eugenius episcopus, servus servorum Dei [1], dilectis filiis Falconi abbati de Leoncellis ejusque fratribus tam presentibus quam futuris regularem vitam professis, in P(er)P(etuu)M. — Religiosis desideriis dignum est facilem prebere consensum, ut fidelis devotio celerem sortiatur effectum. Ea propter, dilecti in Domino filii, vestris justis postulationibus clementer annuimus et beate Dei Genitricis monasterium de Leoncellis, in quo divino mancipati estis obsequio, sub beati Petri et nostra protectione suscipimus et presentis scripti privilegio communimus; statuentes *(ut in ch. I, l. 10)*... nullus a vobis decimas exigere presumat. Decernimus ergo ut nulli omnino hominum liceat locum ipsum temere perturbare, seu bona vel possessiones vestras auferre, retinere, minuere, seu grangias vel cellaria vestra invadere vel violare, seu quibuslibet molestiis fatigare; sed omnia integra conserventur eorum, pro quorum gubernatione et sustentatione concessa sunt, usibus omnimodis profutura : salva Sedis apostolice auctoritate et diocesani episcopi canonica reverentia. Si qua *(ut in ch. I, l. 17)*... amen.

[2] Ego Eugenius, catholice ecclesie episcopus, (subscripsi) [3].

† Ego Albericus, Hostiensis episcopus, (subscripsi);

† Ego Imarus, Tusculanus episcopus, (subscripsi).

† Ego Hubaldus [4], presbiter cardinalis tituli Sanctorum Johannis et Pauli, (subscripsi);

† Ego Guido, presbiter cardinalis tituli Sanctorum Laurentii et Damasi, (subscripsi).

† Ego Johannes, diaconus cardinalis Sancte Marie Nove, (subscripsi);

† Ego Jacintus, diaconus cardinalis Sancte Marie in Cosmydyn, (subscripsi).

Datum Cluniaci, per manum Guidonis [5] sancte Romane ecclesie diaconi cardinalis et cancellarii, vii calendas [6] aprilis, indictione x, Incarnationis Dominice anno M. C. XL. VII, pontificatus vero domini Eugenii III pape anno iii° [7].

(*) L'original de cette bulle, coté **In celo 482** (*Invent. A*) et DCVI (*Inv. B*), a également disparu. Le texte a été établi comme celui de la précédente.

(1) Eugène III, élu le 15 et consacré le 18 févr. 1145, mourut le 8 juil. 1153. Nous avons encore trois lettres inédites de ce pape : 1145, [décemb.] (à Rome), privilége à Hugues II, évêque de Grenoble (*Cartul. d'Aimon de Chissé*, nos 39, 61 et 70 de notre *Notice*); 1147, janv. 29 (*ap. Vicum*), bref à Nicolas, abbé de Saint-Ruf (*Codex diplom. ord. S. Ruß*, bull.); 1152, octob. 19 (à Albano), privilége à Guillaume, prévôt de N.-D. de Beaumont (*ibid.*). — (2) Add. *Sic signatum*...

(3) Add. *Post crucem quam circumdant undique in circulo hæc verba* : « *Fac mecum Domine signum in bonum* (Psal. LXXXV, 17) », Scs PETRUS, Scs PAULUS, EUGENIUS PP. III.

(4) Var. erronée *Teobaldus*. — (5) Var. err. *Ursonis*. Le chancelier Gui et les cardinaux qui précèdent figurent tous à cette date dans les *Reg. Pont. Rom.* de JAFFÉ (p. 615-6).

(6) Var. err. *idus*. Eugène III se trouvait à Cluny le 26 mars 1147, jour où il délivra un privilége presque identique à celui-ci à Goswin, abbé de Bonnevaux (MANRIQUE, *Ann. Cisterc.*, t. II, p. 82), mais le 7 avril suiv. il était sur la route de Troyes (JAFFÉ, p. 625-6).

(7) Add. *Et pendet sigillum plumbeum* (comme à la n. 12 de la ch. 1)... *parte* : EUGENIUS PP. III, *et... effigies sanctorum... intermedia*.

III. ?.

SIGILLUM ADEMARI PICTAVENSIS PRO SECURITATE MOLORUM(*).

Vniversis in Xpisto¹ fidelibus ad quos littere presentes pervenerint, Aemarus Pictavensis² salutem. Est³ quedam Cisterciensis ordinis abbacia, Liuncellum nomine, que⁴ in dominio et in dicione nostra sita⁵ est : verum, quia in montanis et nimis in arduo posita est, servis Dei inibi Deo famulantibus cum summa difficultate que necessaria sunt adveuntur⁶. Unde, pietatis intuitu, labori eorum compaciendo⁷, animalia illa que illis necessaria subveunt, sub tutela et protectione nostra ubique recepimus. Benigne igitur obsecrando monemus et exortamur, ne quis predicta animalia violenter auferre, vel animalium conductoribus violentiam aliquam presumat inferre : si quis autem presumserit⁸, non amicus, set malefactor noster et adversarius esse comprobabitur, et nos huiusmodi iniuriam, contemptum quoque nostri et contumeliam, paciente ferre nequaquam valebimus.

(*) Il existe de cette sauvegarde deux originaux, accordés par le même personnage et que nous réunissons pour ce motif en un seul texte, sauf à relever les légères variantes qui s'y trouvent : l'un, très-petit parchemin de 9 lig. coté **Sed 477** (*Invent.* A), a été pris pour base; on y lit près du repli : *Aydemari Pictaviensis de guidagio ;* — l'autre, parch. de 10 lig. coté **Nos x 480** (*Inv. A*), a fourni les variantes; on a écrit au dos : *Lictera guidagii domini comitis Valentin*. A tous deux pend sur lemnisque le même sceau, en cire brune, de 58 mill. de diamètre; le cavalier qui y est représenté se dirige à gauche, au pas; on distingue les six besants des Poitiers sur son écu; on peut restituer ainsi la légende : † SIGILLUM. *A. PICTAVENSIS. COMITIS. VALENTINI.* — Copies dans le grand *vidimus* de 1548 (n° VII), le *Cah. des priviléges*, etc.

(1) Var. *Vn. Xpisti.* — (2) La contexture de cette charte, non moins que ses autres caractères diplomatiques, nous porte à l'attribuer à Aimar Ier, comte de Valentinois de 1125 à 1158; c'est le seul document qui nous reste de lui. Voir la ch. VIII, qui permet de le supposer encore vivant.

(3) *Est* def. — (4) *Que* def. — (5) Var. *posita.* — (6) Var. *advehuntur.* (7) Var. *compatiendo.* — (8) Var. *presumpserit.*

IV. (1148-1154).

Sigillum Eustachii episcopi Valencie (et successorum ejus) de pedagiis[*].

Notum sit omnibus presentibus et futuris, quod Eustachius episcopus et comes Valentinensis *(sic)*[1] dedit jure perpetuo Deo et beate Marie Fontis Lionne[2] et fratribus ibidem commorantibus, in manu[3] Falconi abbatis, pedagium et leidam suarum rerum apud Valentiam. Quod etiam domnus Johannes, qui post eum in episcopatu succesit[4], laudavit; et domnus Bernardus, qui post eos Valentinensem rexit ecclesiam[5], ut ratum in postmodum maneret suo scripto et sigillo in presentia domni P. abbatis confirmavit.

Cuius rei testes sunt : Pontius de Luzet, et Olivarius vicarius Valentiæ.

[*] L'original parch. de cette charte, qui relate en 6 lig. les bienfaits de trois évêques de Valence à l'abbaye de Léoncel, est coté Gi. 500 (*Invent. A*) et DCXXVIII (*Inv. B*) et porte la trace d'un sceau. Transcrite dans le *Cah. des privil.*, elle a été publiée par le P. Columbi dans ses *De rebus gest. Valentin. episcop.* (1638, p. 18; 1652, p. 22-3) et dans ses *Opuscula varia* (1668, p. 256), ainsi que par les auteurs de l'ancien *Gallia Christ.* (1656, t. III, p. 1112 a, sous l'an. 1154). Mention dans la ch. XIX et analyse dans Bréquigny (*Table chron.*, t. III, p. 230).

(1) Voir, sur l'évêque et comte de Valence Eustache (1107-1141), notre *Cartul. de St-Pierre-du-Bourg* (ch. VII, n. 5) et les historiens successifs de cette église.

(2) Le P. Columbi (*loc. cit.*) a lu *Leonciæ*.

(3) Le texte original porte *inmanu*.

(4) Saint Jean Ier, abbé de Bonnevaux, remplaça Eustache sur le siége de Valence vers les fêtes de Pâques 1141; il serait mort le 21 mars 1146. Maître Giraud, son contemporain, a écrit sa vie (Martène, *Thesaur, anecd.*, t. III, p. 1693-1702); voir aussi les divers historiens de l'évêché de Valence.

(5) Bernard, prieur de la Chaise-Dieu, fut élu à la place de saint Jean; il paraît encore en 1154. Voir à son égard les lettres 249 et 270 de saint Bernard à Eugène III, et aussi la ch. XIX.

V.   ?.

(Carta Raimundi ducis Narbone pro immunitate exactionum)*.

Notum sit presentibus et futuris, quod ego Raimundus Dei gratia dux Narbone, comes Tolose, marchio Provincie [1], ad honorem Dei et salutem anime mee, facio domum Liuncelli liberam et immunem ab omni pedagiorum, leudarum et totius servitutis exactione; concedens insuper et constituens predicte domus hominibus, bestiis et aliis rebus liberum transitum per terram et per aquam. Mando et precipio bajulis meis presentibus et futuris, quod domum predictam cum omnibus suis tanquam mea propria [2] protegant et defendant, et a predictis exactionibus liberos in perpetuum custodiant. Ut hoc autem firmiter in perpetuum teneant, presentem cartam sigilli mei impressione corroboro.

(*) L'original de cette sauvegarde, coté **Bera 479** (*Invent. A*), n'existe plus. Le texte du *Cah. des privil.* a été corrigé à l'aide du *vidimus* de 1548 (n° xiii) et de la copie de Peiresc (mss. de Carpentras, reg. LXXV, t. ii, p. 148), qui ajoute : « Scellé en laz de soye cramoisie d'une bulle de plomb, sur laquelle est représenté un cavalier armé de maille, aux rubans pendants de son bassinet, tenant l'espee traicte de la droicte et l'escusson de la gauche, dans lequel paroissent manifestement les vestiges de la croix pommettée, avec l'escripture : † . S........ ToLOSE COMITIS. Au revers il n'y a qu'une grande croix vuidée et poumettée, qui occupe tout le champ de la bulle. » Il fait en outre observer que Raymond n'avait pas encore pris la qualité de duc de Narbonne quand cette bulle fut gravée.

(1) Raymond V, fils d'Alphonse-Jourdain, comte de Toulouse, etc., de 1148 à 1194. Il favorisa de nouveau l'abbaye de Léoncel en 1163 et 1165 (ch. x et xiv); c'est sans doute entre ces pièces et la présente qu'il faut placer la sentence qu'il prononça, en 1159 (n. st.), entre Hugues, évêque de Die, et le comte Isoard (*Cartul. de l'église de Die*, ch. xvii).

(2) Le *Cah. des privil.* ajoute ici : *A pedagiatoribus et leydatoriis*.

VI.   ?.

(Sigillum) Willelmi de Claireu de pedagiis*.

Notum sit omnibus tam presentibus quam futuris, quod ego dominus W. de Cleirieu [1], ad honorem Dei et salutem anime mee, facio domum Lioncelli per totam terram meam et per aquam liberam et immunem ab omni pedagiorum, leudarum et tocius servitutis exactione. Mando et precipio baiulis meis, presentibus et futuris, quod domum predictam cum omnibus suis tamquam mea propria protegant et defendant, et a predictis exactionibus liberos in perpetuum custodiant; et ut hoc firmiter teneatur, presentem kartam sigilli mei impressione corroboro.

(*) Original parch. de 6 lig. coté **Nos 472** (*Invent. A*), avec lemnisque ; au dos : *Lictera domini de Claireu, quod sumus immunes ab omni servitute prestanda.* Transcription dans le *vidimus* de 1548 (n° viii) et dans le *Cah. des privil.* On remarquera sa conformité avec la ch. précéd.

(1) Plusieurs motifs nous portent à voir, dans ce seigneur de Clérieu, Guillaume dit l'Ancien, abbé de Saint-Félix de Valence et sacristain de St-Barnard de Romans, qui paraît de 1123 à 1174 (A. DE GALLIER, *Essai histor.*, chap. 1). Dans un diplôme (inédit) en faveur des chanoines de Romans, du 25 novemb. 1157, l'empereur Frédéric Ier atteste le voyage qu'il fit à sa cour et l'accueil sympathique qu'il reçut en considération de son père Silvion *recolendæ memoriæ.* Voir encore la ch. xv.

VII*.   1150.

Donacio tote *(sic)* terre de Palherangiis facta fratribus et abbati Fontis Leone; data ejus millesimo centesimo quinquagesimo; donatores sunt Guilhermus Carmellencus et ejus uxor.

(*) Nous ne possédons de cette charte que le sommaire de l'*Invent. A*, sous la cote **O 146** (f° 23 v°).

VIII.   ?.

(CARTA) DE GUSAIGIO [WILLELMI] PICTAVIENSIS*.

WILLELMUS Pictavensis, comes Valentinus[1] , universis castellanis suis et baiulis atque hominibus maioribus et minoribus, salutem et debitum amorem. Notum sit omnibus vobis me domum Liuncelli et omnes res eius, mobiles et immobiles, in securitate mea et protectione atque guidagio suscepisse, sperans pro hoc magnam mercedem apud dominum Jhesum Xpistum et eius matrem sanctissimam, in cuius honore predicta domus fundata dinoscitur, promereri. Audivi quidem, quod quidam pestilentes, et etiam de terra mea et patris mei domini Aidemari, Liuncellensibus iniuriari non metuunt, et bona eorum rapere et violenter abducere non formidant. Mando igitur vobis omnibus et firmiter precipio, ut nemo vestrum manum mittat decetero in predictos servos beate Virginis vel res eorum, et precipue in mulos cum quibus in montanarum degentes angustiis sibi sua advheunt necessaria ; immo quantum poteritis eos ab aliorum iniuria et inquietatione indebita deffendatis. Si qui vero vestrum de eis iuste conquesti fuerint, Liuncellenses se stare meo iudicio promiserunt : quis quis meorum hominum mandatum istud transgressus fuerit, sciat se iram meam et odium incurrisse.

(*) Original parch. de 18 lig., coté **Grossis 327** (*Inv. A*) ; au dos : *Lictera guidagii dom. comitis Valentin*. Fragm. de sceau équestre, de forme ronde, en cire jaune, sur cordon plat ; on aperçoit les six besants des Poitiers sur l'écu du cavalier, mais on ne distingue dans la légende que les lettres : **S. WI FILIV**..., avec une **S** dans le champ gauche. Transcription dans le *vidimus* de 1548 (n° v), etc.; le texte a été publié par S. Guichenon dans sa *Bibliotheca Sebusiana* (1660, cent. I, cap. xix, p. 47-9) ; analyse dans Georgisch (*Regesta chronol.-diplom.*, t. I, p. 715 a).

(1) Guillaume Ier de Poitiers, fils d'Aimar Ier (ch. iii, n. 2), comte de Valentinois de 1158 à 1189. Plusieurs actes de nos cartulaires attestent sa présence et relatent ses bienfaits. Voir encore de lui la ch. xviii.

IX*. *1163.*

Donatio facta per Falconem *(leg. Odonem)* episcopum Valentinensem et domus Jerusalem speculatorem [1] : dedit Deo et beate Marie Lioncelli, videlicet corratas bouum in quibus eidem tenebantur, item et duos sestarios pro gaytia et duodecim denarios census in campo de la Blacha ; sigillatur et data est M° CLXIII.

(*) L'original de cette charte semble perdu ; le texte est suppléé par le sommaire de l'*Invent. A*, coté **Denudato 324** (f° 44 v°).

(1) L'attribution de cette donation à Odon est pleinement justifiée par la ch. xlvi, où elle est rappelée. Voir sur Odon ou Eudes de Chaponay, évêque de Valence de 1156 à 1185, la n. 1 de la ch. iii du *Cartul. de St-Pierre-du-Bourg* ; outre les ch. iii, v et vii de ce recueil, et les actes xv et xxii du présent *Cartul.*, nous possédons de ce prélat des pièces datées de 1167, 1169, 1181 et 1185, dans notre *Cartul. de St-Félix-lès-Valence*, et d'autres des années 1158 et 1185, dans notre *Codex diplom. ordinis S. Rufi.*

X. *18 novembre 1163.*

SIGILLUM R. DUCIS NARBONE ET COMITIS TOLOSE*.

Omnibus ad quos presens charta delata fuerit, lectoribus et auditoribus, notum sit quod ego Raimundus dux Narbone, comes Tolose, marchio Provincie, pro redemptione et salute anime mee et parentum meorum, dono atque concedo Deo et monasterio beate Dei genitricis Marie Liuncelli loci, et fratribus in eodem Xpisto famulantibus presentibus et futuris, ut videlicet ipsius loci fratres et clientes sive famuli, per totam terram meam et per aquas in nostra ditione discurrentes, liberi et absoluti ab omni pedagio et cetera exactione eant, redeant, transeant et morentur. Precipientes omnibus pedagiatoribus et leudariis nostris, ut nulla audacia, nulla animi perversitate, a predictis ipsius loci fratribus sive famulis pedagii sive leude nomine audeant expetere.

Data per manum Lodovici, apud Romanum, xiiij. kalendas decembris, anni Incarnationis Xpisti M°. C. lxiij.

(*) Original parch., coté **Confitebitur 417** (*Invent. A*) et DCXXII (*Inv. B*), 10 lig. d'une grosse et belle écriture; trace de sceau. Transcription dans le *vidimus* de 1548 (n° ix), dans le *Cah. des privil.* et parmi les copies de Peiresc (*loc. cit.*, reg. LXXV, t. ii, p. 150), qui ajoute : « Scellé en lacs de soye jaulne passee en troys trous, tant aux deux bouts qu'au milieu de la charte, en forme assez extraordinaire, d'un grand sceau de cire jaulne, d'un costé duquel se void le prince à cheval armé de maille et courte cotte, le visage paroissant en profille hors la visiere de la maille et un grand nez ; tenant de la gauche l'escusson, aux vestiges de la croix de Thoulouse, et de la droicte sa lance, avec une longue flamme ou guidon au bout, dans laquelle semble paroistre comme des pals, si ce ne sont des pliz ; dans le champ y a une grande estoille à huict raiz, dont la naisçance est dezunie et comme dependante d'un poinct de relief, comme du cœur d'une fleur ; le cheval n'est poinct bardé et a son crein cordonné. De l'inscription d'al'entour il paroit tout plein de fragments : *Raimvndvs DEI GRA comes ToloSE MARCHIO PROVINCIe*. Au revers la figure du mesme prince vestu de long est assise sur un siege ployant à teste et pattes de chien, tenant son espee couchee sur ses genoulx et de la main gauche un grand monde, et dans le champ y a un croissant de lune. De l'inscription se lisent seulement les lettres : ...RA *Comes Tolo*SE MARCHIO PROVINCIe. »
Il fait encore remarquer que Raymond n'avait pas encore pris le titre de duc de Narbonne quand la matrice de ce sceau fut gravée.

XI. *1163-(1165?).*

(Donationes Raimundi de Castro Novo ecclesiis Leoncelli et Sancti Rufi, cum laudatione Guenisii ejus filii)*.

Raimundus de Castro Novo, cum sic videretur infirmari ad mortem ut propter hoc habitum religionis quereret et sumeret, inter cetera que alibi pro salute anime sue distribuit, in presentia domni Odonis Valentini episcopi filiorumque suorum, videlicet Ugonis abbatis Leoncelli atque Guenisii, dedit Deo et ecclesiis Leoncelli et

Sancti Rufi [1] quidquid proprium habebat in territorio (de) Aleissais, exceptis feudis militum; ibidem dedit se ecclesie Sancti Rufi, constituens episcopum predictum deffensorem hujus doni. Hoc donum confirmavit et laudavit Guenisius filius predicti Raimundi, et decima manu juravit quod predictum donum nunquam per se, nunquam per alium infringeret, sed potius ab omni injuria et a se et a quibus posset in pace perpetuo custodiret. Hec autem sunt nomina militum qui super hoc data fide juraverunt pro eo et cum eo : Hugo Rainaudi, Hugo de Ai, Guilhelmo Asta Longa et tres fratres, scilicet Humbertus Castri Novi, Arnaudus et Guilhelmus, Chatbertus quoque et Petrus de Aleissa, Humbertus de Castro Bohc; fidejussores quoque de hoc ipso dedit Falconem priorem de Burgo, Monaudum Valentinum canonicum et Guigonem de Aleissa. De hoc totum, videlicet de dono sic facto, simul et de laude et sponsione predicti Guinisii et de juratione ipsius et predictorum militum data, de pace et tenore predicti testamenti et de predictis fidejussionibus sunt testes : domnus Valentinus episcopus et Ugo abbas de Leoncel, Guillelmus procurator ejusdem loci, Ademarus sacrista Sancti Rufi, et prior Sancti Felicis, et Poncius miles Castri Novi et alii quam plures. — Postea vero, hanc donationem fratres Leoncelli cum fratribus Sancti Rufi concordi distinctione diviserunt. Pars vero que spectat ad Leoncellenses proprie presens carta in sequentibus pro certo noscitur continere : Maria Grossa debet annuatim tres solidos et eminam frumenti, sextarium avene, duos capones et unam gallinam; uxor Petri de Viancis, novem solidos et dimidium, et duos sextarios avene, unam eminam rasam frumenti et aliam cumulatam, quinque capones et unam gallinam; Agnes Velleruda, eminam avene, cartallum frumenti, caponem et dimidiam gallinam; Petrus de Columber, sex denarios; Robertus Nancos, tres solidos et sextarium avene, eminam frumenti, duos capones et unam gallinam; item, ipse Rotbertus cum Boneto Nancone fratre suo, duodecim denarios, unam gallinam et unum caponem; Gentio, tres solidos, unum sextarium avene, eminam frumenti, duos capones et unam gallinam; Rotbertus Enginator, tres solidos et unum sextarium avene, eminam frumenti, duos capones et unam gallinam; item unum sextarium frumenti pro una vinea; Poncius Bruns, duos solidos ad festum sancti Andree, ad Pentecosten vero decem et octo denarios et unum cartallum frumenti; Petrus Rebolz, octodecim denarios ad festum sancti Andree, alios octodecim ad Pentecosten et unum cartallum frumenti; Bellazer femina, sexdecim denarios et unam eminam frumenti; Bonus Homo, tres solidos ad sanctum Andream, unum sextarium avene, eminam frumenti, duos capones et unam gallinam : hec enim omnia annuatim reddere debent pro terra, una condamina in Baiana et una pecia terre subtus domum Petri de Vianeis et due pede in pradalum in dominio. Hec autem omnia facta sunt anno ab Incarnatione Domini millesimo centesimo sexagesimo tertio, in presentia jam dicti episcopi, qui presentem cartam proprio sigillo fecit muniri et tutelam et deffentionem, rogatu domini Raimundi, Leoncellensibus promisit. — Postea vero idem Guenisius, predicto abbate et Raimundo patre monentibus, iterato hoc donum in manu abbatis laudavit et, sub eo sacramento fidei quod superius legitur fecisse, in manu episcopi de tenore doni eo modo quo supra spopondit, in presentia Ademari sacriste Sancti Rufi et Guilhelmi de Ornaceo. — Interim, post duos annos veniens predictus Guenisius apud Leoncellum, presentibus fratribus tam monachis quam conversis, testamentum patris sui tam presentibus quam futuris successoribus Beate Marie Leoncelli inibi confirmavit et laudavit et super altare se observaturum secundo promisit; verum etiam fratres Leoncelli dederunt ei ducentos solidos Viennensis monete, ut majori devotione auxilium et deffensionem eis super hac re administraret. Sciendum vero quod, de predicta donatione Raimundi Castri Novi Leoncellensibus facta, quandam condaminam que vocatur de Bruallas sanctimoniales de Comertio² tenebant, nomine cujusdam matrone que dicebatur Berlos, sororis prefati Raimundi, pro qua Raimundus voluit et jussit ut sanctimoniales haberent de substantia Leoncellentium centum triginta solidos et quandiu viveret predicta Berlous pro necessariis viginti, sicque in pace ab eis est remissa et in capitulo Comertii sine ulla retentione et contradictione fratribus Leoncelli tradita, presente Hugone abbate et Guilhelmo de Ornaceu. Hoc idem laudavit Guenisius, et habuit exinde pullum equinum pro sexaginta solidis Viennensis monete; testes qui supra et Petrus bavio Guenisii. — Donaverat autem dominus Raimundus, longo tempore prius, predicte domui Leoncelli, Dei amore et peccatorum suorum remissione, aliam condaminam in ipso territorio de Aleissais, juxta viam que vocatur de Toralis, pro cujus laude habuit sepedictus Guenisius quinquaginta solidos; testes sunt Burno abbate, Vuilhelmo de Ornaceu, Falco de Rochefort, Asseleus monachus et Giraudus monachus.

(*) L'original, coté **Ec. 568** (*Invent. A : Instrum. doni Reymondi de Castro Novo, qui dedit monasterio Leoncelli et priori Sⁱ Felicis census quos percipit in Alexiano, et demum Hugo abbas et prior Sⁱ Phelicis divisionem doni fecerunt...*) et CCCCXVI (*Inv. B*), semble perdu. Le texte en est reproduit d'après le cahier DXIX (copies de titres du Cosnier), p. 139-42.

(1) Les donations des seigneurs de Châteauneuf-d'Isère à l'ordre de Saint-Ruf ou au prieuré de Saint-Félix de Valence, qui en dépendait, ne sont consignées ni dans les chartes ni dans les inventaires de ces établissements.

(2) On trouvera dans le *Cartul. de l'abbaye de Vernaison* (ou de Commiers) une donation qui lui fut faite à cette époque par Raymond de Châteauneuf et son fils Genis.

XII.   1165.

CARTA PONCII GUALATEU (*al.* GALATEI) PRO MANSO DE VULPA*.

Notum sit omnibus quod fratres Liuncelli adquisierunt mansum unum, in territorio de Cozau, qui dicitur Vulpa, a Pontio Galateu, quem dederat ei Hugo Rainaudi; et habuit inde Pontius Galateus quingentos solidos. Mansum illum inpignoravit prius Hugo Rainaudi, pro sexcentis LX. solidis, Falconi priori de Burgo. Hoc totum, tam quingentos quam sexcentos LX. solidos, fratres Liuncelli reddiderunt predicto Falconi priori de Burgo et Pontio Galateo. Mansum istum Hugo Rainaudi, quando se dedit Deo et ecclesie Beate Marie Liuncelli, in manu Hugonis abbatis Liuncelli, presente Odone episcopo Valentino, dedit et laudavit predicto abbati et fratribus Liuncelli, presentibus et futuris. Testes sunt : predictus abbas, Villelmus de Ornaceo, Petrus de Veravila, monachi, Ademarus de Mastra et Guenisius de Castro Novo. Hoc totum laudavit ipse Guenisius, habitis inde quadringentis solidis Viennensis monete. Anno ab Incarnatione Domini M°. C°. LX°V°, hoc totum factum est, presente predicto episcopo, qui proprio sigillo muniri decrevit actum et chartam presentem.

(*) Original parch. de 8 lig., coté **Lucas 878** (*Inv. A*) et CCCCLI (*Inv. B*). Sceau ovale de l'évêque Odon sur lanière de cuir à double queue : prélat en pied, chapé, mitré, la crosse appuyée de la gauche sur la poitrine, bénissant de la droite ; légende : † ODO. VALENTINVS. EPISCOPVS. Transcription dans le cahier DXIX, p. 125.

XIII.   15 juillet 1165.

(BULLA SOLENNIS PRIVILEGII ALEXANDRI III PAPÆ)*.

ALEXANDER EPISCOPUS, SERVUS SERVORUM DEI [1], DILECTIS FILIIS HUGONI ABBATI MONASTERII FONTIS LEONNE EJUSQUE FRATRIBUS TAM PRESENTIBUS QUAM FUTURIS REGULAREM VITAM PROFESSIS, IN PERPETUUM.

— Quotiens illud a nobis petitur quod religioni et honestati convenire dinoscitur, animo nos decet libenti concedere et petentium desideriis congruum suffragium impertiri. Ea propter, dilecti in Domino filii, vestris iustis postulationibus clementer annuimus et prefatum monasterium, in quo divino mancipati estis obsequio, sub beati Petri et nostra protectione suscipimus, et presentis scripti privilegio communimus. In primis siquidem statuentes ut ordo monasticus, qui secundum Deum et beati Benedicti regulam et Cisterciensium fratrum observantiam in eodem monasterio institutus esse dinoscitur, perpetuis ibidem temporibus inviolabiliter observetur. Preterea quascumque possessiones, quecumque bona idem monasterium inpresentiarum iuste et canonice possidet, aut in futurum concessione Pontificum, largitione regum vel principum, oblatione fidelium seu aliis iustis modis, prestante Domino, poterit adipisci, firma vobis vestrisque successoribus et illibata permaneant; in quibus hec propriis duximus exprimenda vocabulis : locum in quo ipsa abbatia sita est, cum omnibus suis pertinentiis ; grangiam de Cumbacalida, cellarium Sancti Juliani, grangiam de Cognerio, grangiam de Pallaranges, grangiam de Lenthio, cum pertinentiis earum. Sane laborum vestrorum, quos propriis manibus aut sumptibus colitis, sive de nutrimentis animalium vestrorum, decimas a vobis nullus presumat exigere. Prohibemus etiam ut *(bis)* nulli fratrum vestrorum, post factam in eodem monasterio professionem, absque abbatis sui licentia fas sit de claustro discedere : discedentem vero absque communium litterarum cautione, nullus audeat retinere. Decernimus ergo ut nulli omnino hominum liceat prefatum monasterium temere perturbare, aut eius possessiones auferre vel ablatas retinere, minuere seu quibuslibet vexationibus fatigare; set omnia integra conserventur eorum, pro quorum gubernatione et sustentatione concessa sunt, usibus omnimodis profutura : salva in omnibus Sedis apostolice auctoritate. Si qua igitur in futurum ecclesiastica secularisve persona hanc nostre constitutionis paginam sciens contra eam temere venire temptaverit, secundo tertiove commonita nisi reatum suum congrua satisfactione correxerit, potestatis honorisque sui dignitate careat reamque se divino iudicio exsistere de perpetrata iniquitate cognoscat, et a sacratissimo Corpore ac Sanguine Dei et Domini Redemptoris nostri Iesu Xpisti aliena fiat atque in extremo examine districte ultioni subiaceat; cunctis autem eidem loco sua iura servantibus sit pax Domini nostri Iesu Xpisti, quatenus et hic fructum bone actionis percipiant et apud districtum iudicem premia eterne pacis inveniant. AMEN. A — C. AMEN.

ᵃ Ego Alexander, catholice ecclesie episcopus, SS. (subscripsi).

† Ego Hvbaldus, Hostiensis episcopus, SS.

† Ego Bernardus, Portuensis et Sancte Rufine episcopus, SS.

† Ego Gvalterivs, Albanensis episcopus, SS.

† Ego Hvbaldus, presbiter cardinalis tituli Sancte Crucis in Ierusalem, SS.

† Ego Iohannes, presbiter cardinalis tituli Sancte Anastasie, SS.

† Ego Guilelmus, tituli Sancti Petri ad vincula presbiter cardinalis, SS.

† Ego Jacinctus, diaconus cardinalis Sancte Marie in Cosmydyn, SS.

† Ego Oddo, diaconus cardinalis Sancti Nicholai in carcere Tulliano, SS.

† Ego Boso, diaconus cardinalis Sanctorum Cosme et Damiani, SS.

† Ego Petrus, diaconus cardinalis Sancti Eustathii iuxta templum Agrippe, SS.

† Ego Raimundus, diaconus cardinalis Sancte Marie in via lata, SS.

† Ego Manfredus, diaconus cardinalis Sancti Georgii ad velum aureum, SS.

Data apud Montem Pesulanum, per manum Hermanni sancte Romane ecclesie subdiaconi et notarii, idus julii, indictione XIII, Incarnationis Dominice anno M. C. LX. V, pontificatus vero domini ALEXANDRI pape III anno VJ [3].

(*) Très-bel original parch. de 20 lig. (les signatures non comprises), coté **Ad 444** (*Invent. A*, f° 82 r°) et DCVII (*Inv. B*); au dos: *Privilegium dom. Alexandri tercii concessum monasterio Lioncelli, confirmacionem omnium bonorum continens*. La bulle en plomb, sur fils de soie rouge et jaune, a été arrachée; elle est décrite dans une copie collationnée en 1697.

(1) Alexandre III, élu le 7 et consacré le 20 septemb. 1159, mourut le 30 août 1181. Outre les bulles que nous avons publiées dans les *Cartulaires de l'église de Die* (ch. VI) et *de l'abbaye de Saint-Chaffre* (app., ch. III), et celle qu'on trouvera plus loin (ch. XXV), nous possédons de ce pape les brefs inédits suivants: 1170 juil. 19 (à Véroli), à Raymond, abbé de Saint-Ruf, et à ses frères (*Codex diplom. ord. S. Rufi*, bull.); 1170-2 décemb. 16 (à Frascati), à l'évêque de Viviers (*ibid.*); 1171-2 juil. 8 (à Frascati), à R[aymond] abbé et aux chanoines de Saint-Ruf (*ibid.*); 1178-81 mars 28 (à Frascati), à Guillaume abbé et aux chanoines de St-Ruf (*ibid.*); 1180 févr. 1 (à Velletri), à [Guillaume] abbé et aux frères de St-Ruf (*ibid.*); 1178-9 mai 16 (à Latran), à Hugues prieur et au couvent de Saint-Félix de Valence (*Cartul. de St-Félix*); 1178-80 juin 11 (à Latran), à R[obert], archevêque de Vienne, et à O[don], évêque de Valence (*ibid.*).

(2) A gauche de la signature du pape se trouve sa devise: † *Vias tuas Domine demonstra michi* (Psal. XXIV, 4), entre deux cercles dont le plus

petit est écartelé et contient ces mots : Scs PETRUS, Scs PAULUS, ALEXANDER PP. III. A droite le monogramme BENEVALETE.

(3) Les signatures (reproduites ici selon l'ordre des dignités) et les notes chronologiques de cette bulle sont parfaitement conformes aux *Regesta Pont. Rom.* de JAFFÉ (p. 677-9), dont elle pourra former le n° 7487 *bis.*

XIV.   *(4-25) août 1165.*

(CARTA RAIMUNDI DUCIS NARBONE DE PEDATICO)*.

Norint tam presentes quam futuri homines, quod anno Dominice Incarnacionis mill'mo C°. LX°. V°, in nomine ciusdem et mense augusti, feria IIII ͣ, in castro Bellicadri, ego R(aimundus) dux Narbone, comes Tolose, marchio Provincie, per me et per omnes successores meos, pro anima patris mei et matris mee et predecessorum meorum, dono et concedo et cum hac carta in perpetuum pro Dei amore trado domui de Liuncello, videlicet abbati Ugoni et fratribus ibidem nunc et in futurum habitantibus, ut in quantum potestas mea viget neque per terram vel per aquam aliquod uzaticum vel pedaticum donent. Et si aliquis in terram meam a predicta domo et fratribus aliquod usaticum accipere presumpserit, ab omni spe et fiducia mea se alienum sciat. Hoc fuit factum consilio et eciam in presencia Bermundi Uzecie, Willelmi de Sabrano, Guiraldi Ainici, Willelmi Mali Sanguinis, Bonlysaci ; hoc donum accepit Petrus de Vera Vila pro prenominata domo et fratribus, anno et mense et die quo supra, in castro prefato, in domo Mali Sanguinis. Ex hoc tamen quod eis in victu et vestitu necesse fuerit.

(*) Original parch. de 10 lig., coté **Cas 474** (*Inv. A*) et DCXXI (*Inv. B*); fragm. de sceau rond (75 mill. de diam.). Transcription dans le *vidimus* de 1548 (n° XI), dans le *Cah. des privil.* et parmi les copies de PEIRESC (reg. LXXV, t. II, p. 158), qui ajoute : « Scellé, en ruban de cotton blanc, d'un grand seau de cire jaulne, plus large en proportion et de differante graveure et grandeur, de figures plus plattes que l'autre de l'an MCLXIII (ch. x), encores que les desseins desd. figures soient fort pareils tant d'une part que d'autre. D'un costé duquel seau est le prince assis comme en majesté, sans barbe mais aux cheveux plus longs que le bas des oreilles, qui monstre un visage assez jeune, vestu d'un manteau de chevalerie ou ducal, tenant son espee couchée sur ses genoulx, sans gardes et fort large de lame mais bien courte, et de la gauche un globe fort grand ayant un croissant de lune au costé droict de son visage ; le siege est ployant, à pieds aboutissants en battes (*sic*) de chien (ou de lyon), comme les bras en meuffle de lyon ou autre animal approchant. De l'inscription d'allentour se lict : « RAIMVNDVS DEI GRACIA DVX NARBONE COMES TOLOSE MARCHIO PROVINCIE. Au revers est le mesme prince a cheval, sans barbe, armé de maille soubs sa cotte d'armes, n'ayant aulcun cimier, ains seulement des lores ou rubans pendants par derriere aussy longs que ceux des mittres des evesques; il tient de sa gauche le grand escousson avec les vestiges de la croix de Thoulouse, et de la droicte une lance au bout de laquelle y a un guidon, sur lequel paroissent des pliz si ce ne sont des pais ; dans le champ du seel par derriere du cavalier y a une grande estoille ou fleuron a huict raiz destachez du centre, et à l'entour se lict l'inscription : RAIMVNDVS DEI gracIA COMES TOLOSE MARCHIO PROVINCIE. »

XV.   *3 novembre 1165.*

CARTA DOMINI ODONIS EPISCOPI PRO TERRA DEL BECEI*.

Quia tempus et memoria cito labuntur, ne res gestæ similiter defluant] a mente nostra, ipsas res scripto comendamus. In nomine igitur Domini nostri Ihesu Xpisti, amen ; Ego Odo Valentinensis episcopus, consilio [et] assensu Armandi decani totiusque capituli nostri, dono et laudo et sine [omni] dolo et reclamatione inperpetuum possidendam concedo caba[nar]iam de Beceio [ad honorem D]ei et beatæ Mariæ Fontis Leonciæ, quam donat Villelmus de Clareio, dictus abbas Sancti Felicis, Ugoni abbati predictæ æcclesiæ [et] fratribus eius tam presentibus quam futuris. Et ne quis istam nostram donationem [presum]at infringere, non solum auctoritate sigilli nostri confirmamus, [sed etiam] legitimis testibus corroboramus ; testes sunt : Armandus decanus, Villemus cantor, Ugo de Stella, Abo d'Alesco, Guigo Sancti Romani, Petrus de Verevilla, monacus Bonæevallis. Facta est autem hec donatio anno [ab] Incarnatione Domini M°. C°. LX°. V°, indictione XIIIma, III° nonas novembris, [luna] xxma vito, regnante Fredereico imperatore, Alexandro IIII° *(sic)* summo [pont]ifice. Nolumus autem sub silentio preterire quod, de predicta cabanaria, [fratre]s Fontis Leonciæ singulis annis XIIelm censuales denarios debent abbati [San]cti Felicis, quicumque sit, persolvere. Si quis autem super hac donatione nostra fratres Fontis Leonciæ molestare attemptaverit, auctoritat eDei et omnium sanctorum eius innodamus vinculo anatematis.

(*) Original parch. de 18 lig. 1/3, coté Ce. 502 *(Inv. A)* et CCCCXVII *(Inv. B)*, dont la partie gauche est rongée. Fragm. de 2 sceaux en cire jaune sur des lanières de cuir ; celui de droite appartient à l'évêque Odon ; sur celui de gauche on distingue un prélat à sa crosse. Au dos : *De terra del Bece, de Cooinerio.* Transcription dans le *Cah. des privil.*

XVI.

1169.

Carta Lantelmi de Gigorz,
pro pascuis Calme Mediane et pro quibusdam aliis*.

In nomine Domini nostri Ihesu Xpisti, innotescimus presentibus et futuris, quod Lantelmus de Gigorz, assensu et voluntate uxoris suæ Gutolentæ et filii sui Lantelmi, pro salute animæ suæ suorumque parentum, dedit Deo et beate Mariæ Liuncelli et fratribus inibi commorantibus, tam presentibus quam futuris, pascua ad eorum alenda animalia in Calme Mediana usque ad locum quod Caldarie dicitur, et unam condaminam in eodem territorio. Hoc autem factum et confirmatum est in æcclesia beate M(arie) Liuncelli, coram astante conventu. Habuit tamen propter hoc a predictis fratribus c(tum) xx(ti) solidos Viennensis monete. Testes sunt domnus Hvgo abbas eiusdem loci, cum omni conventu.

Postea vero, isdem Lantelmus movit calumniam Liuncellensibus, dicens quod pater suus Willelmus Lamberti non dederat eis pascua per totam Deserti montaniam, unde et plurimas infestationes eis intulit. Set, quia falsitas veritate semper obruitur et impietati finem facit justicia, ad se tandem reversus agnovit donum patris sui, et dedit Liuncellensibus presentibus et futuris pascua per totam montaniam Deserti, et in Ambel et in territorio de Gardi, et ut breviter cuncta concludam in omni terra et possessione sua; deditque etiam eis totum jus quod habebat in omni territorio de Tornim et in terra illa quæ sita est juxta nemus quod contiguum est abbatie: et si quis in omnibus his aliquid quesierit vel querimoniam fecerit, ipse ad justiciam omnibus stare debet. Et propter hoc fratres predicti dederunt ei lx(ta) solidos et uxori sue xxx(ta) ovium vellera. Testes sunt: domnus Giraudus abbas Liuncelli, Johannes prior, Willelmus Ornacei mo(nachus), Johannes de Bocoiro conver(sus), Catbertus, Nicholaus et Willelmus mo(nachi) et priores, Guiguo Catia, Bernardus Cabat et Johannes frater ejus, Garnerius de Bais et Virasacz, Brondellus et Petrus Faber.

De laude uxoris eius Gutolentæ et filii sui Lantelmi testes sunt: Johannes prior Liuncelli, Will. Ornacei mo(nachus), Catbertus mo. et Will. prior de Gigorz, Hector de Gigorz et Catbertus Rainerii, Petrus Faber et Lantelmus Bos. § Notandum vero est quod supradictus Lantelmus venit in capitulo Liuncelli, et coram omnibus qui aderant hec omnia quæ supradiximus dedit, laudavit et confirmavit, et ut perpetuo ratum haberetur librum Evangelii altare sancte Mariæ super imposuit, et hanc cartam sigillo Petri Diensis episcopi [1] muniri precepit, anno ab Incarnatione Domini M'. C^{mo} LX^{mo} nono.

(*) Original parch., coté **Per 424** (*Inv. A*) et CXXIII (*Inv. B*), 21 lig. d'une grosse écriture ; le 3° paragr. est d'une plume différente. Fragm. du sceau de Pierre, évêque de Die, sur lanière de cuir : au dos : *Hic sunt lictere de pascuis et aliis de Bays, Charchalves, Calmis Medie et de Chassant.* Transcription dans le cahier DXCVII.

(1) Voir, sur cet évêque de Die (1163-1175), le *Cartul. de l'église N.-D. de Die* (ch. VI, p. 22, n. 1).

XVII.   Octobre 1169.

Carta de conveniencia que facta est inter Liuncellenses et cannonicos Sancti Felicis*.

A B C D E F G H I K L M N O P Q R S T V X Y

Quis est qui nesciat ad rerum gestarum memoriam conservandam instrumenta cartarum inventa fuisse : quod enim nec vidimus nec audivimus quando [1] vel quomodo sit factum, legendo scimus. Itaque sciant omnes quia quitquid [2] Leoncellenses in territorio Coognerii et cabannariam del Becé in quocumque loco sit, quia est extra Coognerium et in territorio de Palarangas, quod est a Sancto Iterio usque ad viam de Montelles [3] et a camino regali usque ad terram Hospitalis, exceptis terris que sunt Geraldi Gauterii, tenent, possident, habent quocumque modo per se vel per alium, decimas que pertinebant ad ecclesiam Sancti Felicis, dimiserunt eis fratres Sancti Felicis pro XL. sextariis annone singulis annis usque ad festum sancti Apollinaris [4] sine omni calumpnia sibi persolvendis ad mensuram Valentie, x. frumenti, x. siliginis [5], x. ordei et x. avene : si vero ordeum vel avena defecerit eo anno, alterum pro altero fratribus Sancti Felicis persolvatur. Preterea Hugo [6] prior ecclesie Sancti Felicis et ceteri fratres dederunt Leocellensibus ad censum pro IIII^{or} solidis annis singulis sibi persolvendis terras de Ponte, sue ecclesie retinentes dominium. Si quis autem pro istis terris Leoncellenses inquietaverit, canonici pro eis stare debent ad justiciam. Hoc pactum, hec compositio et pax, post aliquas habitas lites inter eosdem, facta sunt in presentia domni O(donis) [7] Valentinensis episcopi, ipso laudante et dictante, suo sigillo universa firmante, Hugone quoque Bonevallis abbate similiter laudante etiam et presente ; presentibus etiam Guigone Ameliensi episcopo [8], Gi(raudo) [9] Leoncellensi abbate, Jo(hanne) priore, W. de Ornaceu, Petro Ma(cia), So(fredo) de Claro Monte, Pe(tro) de Rossillon [10], Audenone et Abone, canonicis Valentinensibus, et magistro Asselmo, Petro abbate Saonensi, Ber. priore Sancti Valerii, Hv(gone) priore Sancti Felicis et Hv. Athoerio, W. Boliardo, Lantelmo, Alliardo, Petro bajulo.

Anno ab Incarnatione [11] Domini M°. C°. LX°. VIIII°, mense octobri. Hec autem omnia et in Leoncellensi et in capitulo S(ancti) Felicis sunt ad invicem confirmata et laudata ipsorumque roborata sigillis.

(*) On possède de cette charte : *a*. Original parch. (fds Léoncel) coté **Lu. 509** (*Inv. A*) et CCCCXVIII (*Inv. B*), 19 lig. d'une belle et grosse écriture ; les 6 premières lignes recopiées à l'extrémité inférieure en sens inverse forment le replis, auquel pendaient trois sceaux, dont il reste les attaches de cuir et le 2°, celui de l'évêque Odon décrit ch. XII, n°. Au revers : *De convenientia Liuncelli et Sancti Felicis (de) Connieir* ; — *b*. Origin. parch. (fds St-Félix), coté 185 et 721, 23 lig. de la même écrit., ch.-partie de la précéd. Les trois sceaux sont encore pendants sur des lanières de cuir : au milieu, celui de l'évêque Odon, avec légende complète, indiqué plus haut ; à droite, celui de l'abbé de Bonnevaux, en pied, tenant sa crosse de la droite, oval avec cette légende : † **SIGILLVM. HVGONIS. ABBATIS. BONE. VALLIS** ; à gauche, celui de l'abbé de Saou (?), en buste, appuyant sa crosse de la gauche sur la poitrine, oval avec cette légende : † **SIG L'ABB'IS**..... Au dos : *Ultimo De pacto Leoncellensium de censu del Cooner (del Bece)* ; — *c*. *Vidimus* par l'official de Valence le 7 avril 1505, coté DIV (*Inv. B*), et copies diverses (fds Léonc.) Nous nous bornons à indiquer les variantes de l'orig. de Léoncel.

(1) Var. *quanto*. — (2) Var. *quicquid*. — (3) Var. *Monteilles*.
(4) Var. *Appoll*... — (5) Var. *sillig*... — (6) Var. *Hv*. — (7) Var. *Odonis*.
(8) Var. *Ameriensi*. La liste des évêques d'Amélia (en Ombrie), donnée par l'abbé UGHELLI (*Italia sacra*. t. I, c. 297, t. X, c. 206), n'est pas complète. Gérard l'était en 1126 et Pierre en 1179.
(9) Var. *Ge*. — (10) Var. *Rosillon*. — (11) Var. *Incarnat*...

XVIII.
?.

Sigillum Vⁱ Pictavensis, Valentinensis comitis*.

W(ILLELMUS) Pictaviensis, Dei gratia Valentinus comes, G. abbati et fratribus Liuncelli, in perpetuum. Nobilitatis insigne inditium est atque gladii nostri exposcit auctoritas, pupillos et viduas defendere, custodire iudicium, facere iusticiam, in necessitatibus suis pauperibus ministrare. Hoc attendens et diligens, ego W. Pictaviensis cognomine, officio vero Valentinus comes et divina ordinatione [4], fratres Liuncelli sub protectionis nostre suscipio munimine et per totam terram nostram immunes a pedagiis et omni violenta exactione atque liberos constituo eorumque me trado servitio, quatinus eorum elemosinis et orationibus a peccatis meis merear redimi ac Deo et omnipotenti Domino meo per eius misericordiam reconciliari.

(*) Original parch. de 9 lig. 1/2, coté **Et n° 471** (*Inv. A*) et DCXXV (*Inv. B*); trace de sceau. Transcription dans le *vidimus* de 1548 (n° IV), dans les mss. de Peiresc (*loc. cit.*, reg. LXXV, t. II, p. 158), qui ajoute : « Scellé en double corroye de cuir blanc, d'un petit seel, sur un seul costé duquel est imprimee une figure à cheval, de gosse maniere et mal conservee, avec l'inscription à l'entour : † SIGILLUM W. COMITIS VALENTINI », dans le *Cah. des privil.*, etc. Le texte a été publié par Guichenon (*Biblioth. Sebusiana*, cent. I, cap. XVIII, p. 46-7, ad an. 1183); analyse dans Georgisch (*Regesta chronol.-diplom.*, t. I, p. 715 a) et Bréquigny (*Table chron.*, t. IV, p. 49).

(1) On trouvera une qualification semblable dans la ch. XIII du *Cartul. de l'église de Die* (p. 35), ce qui, outre les caractères extrinsèques de l'original de cette pièce, nous engage à la croire de la même époque, contre l'opinion des auteurs indiqués qui la datent de 1183 ; il s'agirait de l'abbé Géraud et non de l'abbé Guigues. Voir ch. VIII, n. 1.

XIX.   *(8 novembre)* 1171.

(Compositio inter Leoncellenses et Guillelmum Camerarium)*.

Quoniam[1] labilis est hominum memoria et cito decidua, et vana loquendo plerique homines falli et fallere ad invicem non erubescunt, idcirco querimonia inter fratres Fontis Lione et Vuilhelmum Camerarium et ejusdem filium diu agitatam, que tandem per manum domini Odonis Valentini episcopi amicabili compositione sopita (est), ne crepusculus dubietatis in posterum possit oriri, presenti carte annotari dignum duximus. Ego igitur Odo Valentinus episcopus, predecessoris mei Barnardi bone memorie velud pedagogus et sequipeda sequi volens vestigia, sicuti in carta ejusdem sigillo ipsius insignita[2] anotatum fuerat, laudavi et impressione sigilli mei utriusque partis precibus munivi, laudavitque Guilhelmus Camerarius et filius ejus, hoc addito quod de triginta et tribus sextariis annone et bubus quos Vuilhelmus et Vuilhelmus filius Camerarii rapuerant, fratres Fontis Lione condonaverunt sibi, ita tamen quod annualem censum, quem a fratribus predictis Vuilhelmus Camerarius suscepturus est in sequenti anno, Leoncellenses sine calumnia percipiant, transacto vero sequentis anni spacio annualis census Vuilhelmo Camerario et liberis ejus sine contradictione tradetur. Sunt autem termini hujus terre pro qua hic annualis census traditur, tota terra de Paralangis, cum nemusculo quod in ipsa media terra erat, et terra videlicet que est inter duas vias, excepto nemore majore quod juxta est : has, inquam, terras ad annuum censum, id est novem sextariorum siliginis et novem avene et ordei ad Valentinensem mensuram, in perpetuum possidendas dederunt, nullo prorsus in eadem terra retento usu et consuetudine. Quod ut hoc firmum et inconvulsum omni evo permaneat, tactis sacrosanctis Evangeliis, Vuilhelmus Camerarii filius et sorores ejus Sivilla et Sivilla firmarunt, ne de cetero Leoncellensibus calumniam inferant, annuali tamen censu soluto, quod iterum juraverunt; quod si soror eorum, que in castello de Monvenre desponsata est, et liberi ejus Leoncellenses iterum inquietare temptaverint, pro Lioncellensibus se semper opponere debent justicie. Pro hoc autem facto Leoncellenses triginta solidos Vuilhelmi Camerarii filio et sororibus ejus dederunt. Facta sunt hec in domo ejusdem Camerarii, per manum domni Odonis Valentini episcopi, qui hujus placiti fidejussor est, presentibus et fratribus ipsius abbatie, scilicet Vuilhelmus de Ornaceu, Poncius Celarer, Armandus, Petrus Maza, Latgerius, Equinus, Valentine ecclesie canonici, Vuilhelmus de Vibia, Vuilhelmus de Barnava, Vuilhelmus de Belmunt, P. d'Auriol, qui vicariam tunc possidebat, Bermundus bajulus, Nicholaus de Equart, P. Chais, Petrus Dalmas, Oideles de Montelles et plures alii, anno ab Incarnatione Domini millesimo centesimo (septuagesimo) primo, Frederico Romanorum imperatore regnante, Alexandro in Urbe sedente, feria IIII^a, luna secunda.

(*) L'original parch., coté **Quia 511** (*Inv. A*) et CCCCXIX (*Inv. B*), ne s'est pas retrouvé : nous donnons le texte fourni par le cahier DXIX (Copies des titres du Cosnier), p. 145-7.

(1) Le texte porte à tort *Quam*. — (2) Voir la ch. IV, p. 7.

XX.

(Carta) Rotgerii de Clariaquo de pedagiis*.

Notum sit omnibus presentibus et futuris quod ego, Roggerius de Clariaco [2], pro animabus patris et matris mee et antecessorum meorum, et in remissionem meorum peccaminum, dedi Deo et domui Liuncelli ac fratribus ibidem commorantibus, ac in perpetuum habendum concessi quod de rebus suis, de animalibus sive de aliis quibuslibet mobilibus usaticum aliquod vel aliqua pecunia, occasione pedagii, ab ipsis vel eorum nunciis de cetero non exigatur; set iumenta, et saumarii et omnes res eorum per totam terram meam sive per aquam liberum et absque omni exactione transitum et reditum habeant imperpetuum. Et ut firmius habeatur, sigillo meo precepi hanc cartulam roborari ; testes sunt : B(ernardus) abbas Liuncelli, B. de Cabeolo mo(nachus), Ugo de Montilisio canonicus, W. Baiuli, Arnaldus de Roias et frater eius Lambertus.

(*) Original parch. de 11 lig., coté **A 481** (*Inv. A*); trace de sceau sur lanière de cuir à double queue ; au dos : *Libertas exactionum domini de Clayreu*. Transcription dans le *vidimus* de 1548 (n° III), qui ajoute : « Laquelle carte est scellee en cire blanche d'un scel auquel il y a impresse homme arme tenentz son espee en main, a cheval, et lettres a l'entour ; c'est SIGILLVM et aultres qu'on ne peult lire », et dans le *Cah. des privil.*

(1) Roger I*er*, fils de Silvion II, seigneur de Clérieu (A. DE GALLIER, *loc. cit.*).

XXI.   ?.

(Carta) domini Castri Novi de pedagiis*.

Ne gestarum rerum memoria processu temporis evanescat aut pereat, litterarum solet memorie comendari. Sciat ergo presens etas et noscat postera quod ego, Willelmus dominus Castri Novi, pro salute anime mee et parentum meorum, dono et concedo in perpetuum sancte domui Leoncelli et eiusdem domus fratribus omne pedagium et exactionem et omnia usatica per totam terram meam et per aquam, ita videlicet ut bestie eorum vel res quelibet alie a nobis et a nostris libere sint et secure, et ab omni exactione et usatico penitus immunes, ubicumque transierint per terram nostram vel per aquam. Ut autem hoc instrumentum perpetuam habeat firmitatem, sigilli nostri appositione illud confirmamus et domno abbati Bernardo Leoncelli concedimus et donamus.

(*) Original parch. de 12 lig. d'une écrit. assez grosse, coté **Li. 478** (*Inv. A*); au dos la date : 1100. Sceau équestre rond, sur lanière de cuir à double queue, cavalier galopant à gauche et brandissant son épée ; la légende était peut-être : † *SIGILLVM. WILLELMI. DOMINI. CASTRI. NOVI.* Copie dans le *Cahier des privil.*

XXII.

1173.

CARTA DOMINI ODONIS EPISCOPI VALENTINI PRO QUIBUSDAM TERRIS (DE) COOGNER*.

Desiderium proposito religionis conveniens Ecclesie filii tanto libentius amplexari religiosorumque petitionibus tanto faciliorem prebere consueverunt assensum, quo spiritualis questus largiorem inde fructum sibi non dubitant pervenire. Hinc est quod ego, Odo Valentinensis episcopus, dilectis filiis et fratribus abbatie Liuncelli in episcopatu nostro site, Poncio quoque ejusdem loci abbati, quem sicut proprii pupillam oculi veneror simul ac diligo [1], et omnibus ibidem Deo servientibus presentibus atque futuris concedo, laudo et dono, consilio totius capituli Valentinensis, quicquid ad ecclesiam Valentinensem pertinens possident, de quibus in presentiarum, anno videlicet ab Incarnatione Domini M°. C°. LXX. IIJ, investiti fore noscuntur, id est terram de Blachia, utrumque Coognerium, terram de Paralanges, terram de Becela, necnon et omnia que ad ecclesias de Burgo Sanctique Felicis pertinentia possident; concedens eis ac donans perpetuo usus rerum ab eis apud Valentiam emptarum vel venditarum, ut sicut a peccati jugo secularium comparatione liberi creduntur existere, ita ab exactione fisci preter morem secularium immunes valeant permanere. Testes hujus rei sunt : Eustachius Valentinensis ecclesie prepositus [2], Lambertus quoque decanus [3], Munaldus etiam et Hugo de Castello Novo, Hugo de Stella, Aquinus, Eudeno, Guigo de Sancto Romano, necnon et omne capitulum Valentinense.

(*) Original parch. de 10 lig., coté Geni. 533 (*Inv. A*) et CCCCXX (*Inv. B*); trace de sceau sur longue lanière de cuir. Le P. Columbi a donné la partie principale de cette charte dans ses *De reb. gest. Valent. episc.* (1638, p. 26-7; 1652, p. 32-3) et dans ses *Opusc. varia* (1668, p. 258); analyse dans Bréquigny (*Table chron.*, t. III, p. 479).

(1) La même expression se rencontre dans le diplôme de Raymond, marquis de Provence, en faveur de l'abbaye de Bodon, en 1179 (mss. de Peiresc à Carpentras, reg. LXXVI, t. I, p. 424).

(2) Voir sur Eustache, prévôt de l'église de Valence et abbé de St-Pierre-du-Bourg, la notice préliminaire du *Cartul.* de ce prieuré.

(3) Lambert, doyen du chapitre de Valence, figure dans un grand nombre d'actes de ce *Cartul.*; nous possédons en outre la donation qu'il fit le 24 janv. 1184 (n. st.) aux Templiers de Valence, un accord du même temps avec les chanoines de Saint-Félix et une gratification à l'ordre de St-Ruf en 1200.

XXIII. 1173.

Carta Lamberti de Flandinis de pascuis*.

Si rerum gestarum memoria perpetuari potuisset, nec scripturarum testimonium nec viva vox testium necessario quereretur, quippe cum nec error quemquam dehonestaret et, justicia mediante, quisque quod suum est nullo contradicente possideret; hinc est quod cunctis mortalibus optate pacis et equitatis virtutum res geste scripti certitudine firmantur, astipulatione testium roborantur, ne umquam subrepat oblivio sed rerum gestarum perpetuo maneat certitudo. Noverint igitur presentes et absentes, Lambertum de Flandinis Deo et beate Marie Liuncelli et omnibus ibidem Deo servientibus, presentibus et futuris, quicquid habebat vel habebatur ab eo in territorio de Biún et in omnibus montanis a colle Biun, qui est a Flandinis, usque ad Bellum Gonturdi et usque ad collem Umblicis et usque ad Casfalgum et usque ad collem de Turnino, necnon et pascua in toto mandamento de Flandinis et in omni terra sua ad alenda animalia ipsorum, sine sui suorumque dampno, perpetuo concessisse atque dedisse, habitis inde trecentis solidis Viennensis monete; nichil ibidem omnino retinens, nisi tantum v. sextarios siliginis et v. aveno ad mensuram Romanensem singulis annis persolvendos. Concessit etiam ipse Lambertus jam dictis fratribus, ut quomodo et quando et quod potuerint in montanis adquirant; promittens etiam ut filium suum adhuc parvulum, cum ad laudabilem venerit etatem, laudare id faciat. Promisit etiam ut, si quispiam consanguineorum ejus vel alius quisquam in predictis terris hereditario jure querimoniam moverit vel injuriam fecerit, ipse ad justiciam respondeat et Liuncellensibus in pace teneri faciat : quod si factum quoquomodo non fuerit et Liuncellenses inquietudo vel dampnum quandoque propter hoc afflixerit, predictum censum sine ulla contradictione tamdiu retineant, donec predictas terras de Biún et de montanis in pace possideant et dampnum propter hoc sibi illatum ex integro restituatur. Hoc totum predictus Lambertus, in manu domni Pontii Liuncelli abbatis, apud Tamcium, anno ab Incarnatione Domini M°. C°. LXX°. III°, se perpetuo tenere promisit atque juravit; hoc ipsum etiam laudauda vit mater Lamberti Sibilla et uxor illius Borlona. De laude Lamberti sunt testes : domnus Poncius abbas Liuncelli, Giroudus, Petrus de Russilione, Petrus Macia, Liuncelli monachi; Johannes etiam Algos conversus, Rostagnus quo-

que de Miribel et Hugo de Pelafol, Chatbertus Rainerii et Villelmus Constantini, Odo de Ponte et Poncius Agnellus, Ismido Agnellus et Pontius Garnerii, Nicholaus Gaspannos et Umbertus Reparus. De laude matris Lamberti Sibille et uxoris ejus Berlone sunt testes : Petrus de Russilione monachus, Johannes Algós conversus, Hugo de Pelafol, Villelmus Constantini et Poncius Garnerii. Ut autem fraus que per oblivionem non numquam subrepere solet procul absistat, presens carta gesto rei certitudinem continens ac bis descripta, alfabeto per medium inciso signata, consistit. Ad hec sciendum quod predictus Lambertus, in presentia domni Pontii Liuncelli abbatis, simul et Petri de Russilione, Villelmi quoque Constantini, Nicholai Gaspannun, nec non et fratris ejus Lantelmi, cartam istam apud Sanctum Nazarium, anno ab Incarnatione Domini M°. C°. LXX°. III°, sine ulla contradictione recepit et Liuncellensibus inperpetuum confirmavit atque laudavit. Ego Petrus Diensis episcopus, mandato Lamberti, hanc cartam sigillo meo munivi.
A B C D E F G H I K L M N O P Q R S T V X Y Z

(*) Original parch. de 23 lig., coté YYY 72 (Inv. A) et I (Inv. B) ; trace du sceau de Pierre, évêque de Die, sur lanière de cuir à double queue (cf. ch. XVI, n. 1). Copie.

XXIV. (6-27) décembre 1174.

(CARTA GUEDELINI DE ROYANS, DE MONTANA DE MUSON)*.

Cunctis pateflat legentibus quod Guedelinus de Royans et filii ejus, assensu et voluntate uxoris sue Flote, pro salute animarum suarum suorumque parentum, dederunt Deo et beate Marie Lioncelli et Poncio ejusdem loci abbati et omnibus fratribus ibidem commorantibus, tam presentibus quam futuris, totum jus quod habebant in montana vel territorio de Muson, ut eamdem jure perpetuo possideant et excolant, et quicquid in ea vel de ea eis placuerit operentur et faciant. Hec vero montanea hiis terminis diffinitur, videlicet per drayam virorum illorum qui vocantur Agni et per fontem de l'Albassa et per lo folhet dot Pencher, deinde per lo folhet de Chassa Borssa. Notandum vero quod predictus Guidelinus cum uxore sua et filiis, tactis sacro Dei sanctis Evangeliis, promiserunt eamdem montanam ab omni hominum inquietudine fratribus Lioncelli liberam facere, defensare ac manutenere; et sciendum est quod nullum tenorem vel villanagium ibi cognoscit aliquem habere Guidelinus, nisi tantum Bertrandos : quod si ibi aliquis villanagium quesierit, ad audienciam suam et fratrum Lioncelli debet eum vocare Guidelinus, et si de jure potuerit aliquid cum servare, a sepedictis fratribus Lioncelli habebit et censum et tachiam, et omnia que dicto Guidelino reddebant eis reddant. Dederunt preterea idem Guidelinus et filii ejus fratribus Lioncelli pascua ad eorum nutrienda animalia per terram suam, videlicet sicut Liona decurrit in Bornam et Borna in Yseram, et (ut) breviter omnia concludam, omnem Muson et que infra sunt usque ad predicta flumina debent eisdem fratribus, tactis sacro sanctis Evangeliis, ab omnibus animalibus omnium ordinum defensare et custodire, exceptis tantum propriis cultoribus et habi(ta)toribus ejusdem terre, et excepto transitu omnium fratrum Vallis Sancte Marie unius diei tantum sive duorum, cum ad y(e)mandum ierint sive inde redierint, necnon pedagium et leydam et liberum transitum omnium rerum suarum per omnem terram suam eis concesserunt atque laudaverunt. Quod demum ut firmum et stabile eis permaneret, acceperunt ab eis trecentos solidos, Viennensis monete pro investitura. Hec autem facta sunt per manum domini Odonis Valentinensis episcopi, apud villam de Balmis, qui rogatu Guielini presentem cartam proprio sigillo fecit muniri, anno ab Incarnacione Domini millesimo centesimo septuagesimo quarto, mense decembri, feria sexta; testes hujus rey existunt ; predictus episcopus et Poncius abbas Lioncelli, Petrus Belliregardi archipresbiter, Guillelmus de Ornaceo, Petrus Macia monachus, Johannes Algos conversus, Berlio Franciscus, Guillelmus de Rocha Chinart, Guillelmus Constantini et frater ejus Ysmido, Bonetus de Osteduno, Adhemarus Marrons, Nancellinus et Guillelmus Marrons fratres ejus, Guigo de Ceparnifaris, Odo de Ponte, Chabertus de Caminas, Nycholaus de Petra, Nicholaus Gaspanhons, Falco de Sancto Boneto, Guillelmus Aljus; de laude Guigonis, Bertrandi (et) aliorum filiorum predicti Guiellini et domine Flote sunt testes : Gundus, Alamandus, monachi, Bonetus, Guillelmus de Ruppe Chinardo, Lambertus de Flandenis, Guillelmus Constantini, Ysmido frater ejus, Valensanus, Odo de Pausa, Nicholaus Gaspanhos : Frederico Romanorum imperatore regnante, Alexandro summo pontifice in Ecclesia sedente.

(*) Cette charte, cotée **B 2** (*Inv. A*), ne se trouve que dans le cahier CCXXX (Copies de titres pour la montagne de Muzan, xvi⁰ siècle), f⁰ 1-2. On a effacé à la fin : *Anno et die quibus supra*.

XXV. 2 avril 1176.

CONFIRMATIO OMNIUM GRANGIARUM LEONCELLI PER PAPAM ALEXANDRUM (III) FACTA*.

ALEXANDER EPISCOPUS, SERVUS SERVORUM DEI, DILECTIS FILIIS PONTIO ABBATI MONASTERII SANCTE MARIE DE LEONCELLIS EJUSQUE FRATRIBUS TAM PRESENTIBUS QUAM FUTURIS REGULAREM VITAM PROFESSIS, IN P(er)P(etuu)M. — Religiosam vitam eligentibus apostolicum convenit adesse presidium, ne cujuslibet temeritatis incursus aut eos a proposito revocet aut robur, quod absit, sacre religionis infringat. Ea propter, dilecti in Domino filii, vestris justis postulationibus clementer annuimus et prefatum monasterium beate Dei genitricis semperque virginis Marie, in quo divino estis obsequio mancipati, sub beati Petri et nostra protectione suscipimus et presentis scripti privilegio communimus. In primis siquidem statuentes ut ordo monastichus, qui secundum Deum et beati Benedicti regulam et institutionem Cisterciensium fratrum in monasterio vestro noscitur institutus, perpetuis ibidem temporibus inviolabiliter observetur. Preterea quascumque possessiones, quecumque bona idem monasterium inpresentiarum juste (bis) et canonice possidet aut in futurum concessione pontificum, largitione regum vel principum, oblatione fidelium seu aliis justis modis prestante Domino poterit adipisci, firma vobis vestrisque successoribus et illibata permaneant; in quibus hec propriis duximus exprimenda vocabulis : locum ipsum in quo prefatum monasterium constructum est, cum omnibus pertinentiis suis, grangiam de Cohongerio, cum omnibus appendiciis suis, grangiam de Palarangis, cum omnibus appendiciis suis, grangiam de Vulpa, cum omnibus appendiciis suis, grangiam de Lenthio, cum omnibus appendiciis suis, grangiam de Cumba Calida, cum omnibus appendiciis suis, Malum Montem, Charchaleves, Calmen Medianam, Vallem Lutosam et adjacens nemus, terram Bierini de Chabiol sitam inter duos folliculos, totum Bion, montana de Muson. Sane laborum vestrorum quos propriis manibus aut sumptibus colitis sive de nutrimentis vestrorum animalium, nullus omnino a vobis decimas presumat exigere; liceat quoque vobis clericos vel laicos e seculo fugientes liberos et absolutos ad conversionem recipere et in vestro monasterio absque contradictione aliqua retinere; prohibemus insuper ut nulli fratrum vestrorum, post factam in loco vestro professionem, fas sit de eodem loco absque licentia abbatis sui discedere, discedentem vero absque communium litterarum vestrarum cautione nullus audeat retinere. Paci quoque et tranquillitati vestre paterna sollicitudine providere volentes, auctoritate apostolica prohibemus ut infra clausuras locorum seu grangiarum vestrarum nullus violentiam vel rapinam sive furtum committere aut ignem apponere, seu hominem capere vel interficere audeat. Decernimus *(ut in ch. XIII, p. 15)*... *(l. 27)* aut quibus... *(l. 28)* integra et illibata serventur... : salva Sedis apostolice auctoritate. Si qua... *(l. 33)* suum digna... *(l. 36 et 39)* Jhesu... AMEN.

1 Ego Alexander, catholice ecclesie episcopus, SS. (subscripsi).

† Ego Hvbaldus, Hostiensis episcopus, SS.

† Ego Bernardus, Portuensis et Sancte Rufine episcopus, SS.

† Ego Johannes, presbiter cardinalis Sanctorum Johannis et Pauli tituli Pamachii, SS.

† Ego Albertus, presbiter cardinalis tituli Sancti Laurentii in Lucina, SS.

† Ego Guillelmus, presbiter cardinalis Sancti Petri ad Vincula, SS.

† Ego Boso, presbiter cardinalis Sancte Pudent(iane) tituli Pastoris, SS.

† Ego Johannes, presbiter cardinalis tituli Sancti Marci, SS.

† Ego Theodinus, presbiter cardinalis Sancti Vitalis tituli Vestine, SS.

† Ego Manfredus, presbiter cardinalis tituli Sancte Cecilie, SS.

† Ego Petrus, presbiter cardinalis tituli Sancte Susanne, SS.

† Ego Jac(inthus), diaconus cardinalis Sancte Marie in Cosmydyn, SS.

† Ego Cinthyus, diaconus cardinalis Sancti Adriani, SS.

† Ego Hug(o), diaconus cardinalis Sancti Eustach(ii) juxta templum Agrippe, SS.

† Ego Laborans, diaconus cardinalis Sancte Marie in Porticu, SS.

Datum Anagnie, per manum Gratiani Sancte Romane ecclesie subdiaconi et notarii, IIII° nonas aprilis, indictione VIII^a, Incarnationis Dominice anno M°. C°. LXX°. VI°, pontificatus vero domni ALEXANDRI pape III anno XVII° 2.

(*) Original parch. de 25 lig. (signatures non comprises), coté **Tua 480** (*Inv. A*) et DCVIII (*Inv. B*) ; au dos : *Confirmacio dom. Alexandri pape iercii omnium bonorum monasterii Lioncelli.* Trace, sur fils de soie rouge, de la bulle en plomb d'Alexandre III (ch. XIII, n. 1), que décrit une copie collationnée en 1697 : ...*in quo sigillo sic habetur :* ALEXANDER PP. III, *et ex parte crucis sunt capita beatorum Petri et Pauli apostolorum, super quibus sic legitur :* S. P. A. S. P. E.

(1) Comme dans la description de la ch. XIII (n. 2).

(2) Tout, dans cette bulle, est conforme aux *Regesta* de JAFFÉ, dont elle formera le n° **8425** *bis*.

XXVI. ?.

Sigillum domini Arberti de Turre pro pascuis*.

Notum sit omnibus tam presentibus quam futuris, quod dominus Arbertus de Turre [1] donavit pascua per omnem terram suam, et filii ejus Arbertus et Berlio, excepto mandamento de Turre, ad quadraginta trigenarios ovium, pro animabus suis et parentum suorum, abbati et monachis de Leuncello, tam presentibus quam futuris. Hoc donum fuit factum per manum domni Ugonis abbatis Bonevallis. Hujus facti testes sunt : Berlio Franciscus, monachus ejusdem domus, et Petrus d'Arsei conversus, Petrus de Vinnaico, Ademarus de Chassenagio, Umbertus de Sancto Georgio, Antelmus Boillaz, Aimo de Bocosel, Umbertus Lattardus et Berlio frater ejus, Martinus Ferrandus, Soffredus Garnerii, Jaccrandus de Bergon, Petrus Galterius, Ademarus Michalli, Petrus Michalli, Othmarus Crassus.

(*) Original parch. de 6 longues lig. d'une grosse écrit., coté **Autem 415** (*Inv. A*) et CLI (*Inv. B*). Fragm. de sceau ovale sur lanière de cuir ; on distingue dans le champ un château crénelé et dans la légende : † *SIGILLVM DOMINI ARBERTI DE TVRRE*.

(1) Albert Ier, seigneur de La Tour, fils de Géraud, père d'Albert II et de Berlion ; voir Valbonnais, *Hist. de Dauph.*, t. I, p. 162.

XXVII. *1178-(9)*.

(Carta) Aelmos Castri Duplicis
pro pascuis Castri Duplicis et Calme Mediane*.

Noverint presentes et absentes quod venerabilis Aelmós, uxor quondam Chatberti, [Castri Duplicis domina, in perpet]uum d[edit Deo et beato Marie Li]uncelli et fratribus omnibus ibidem [habi]tant[ibus, ta]m presentibus quam futuris, omnia pascua mandamenti Castri Duplicis, [de Chalme Mediana et de] Turó ; prom[ittens sine omni] retentione, quod ab animalib[us omnium] religiosorum et quorumlibet extraneorum hominum ea defendat, integra et il[libata servet domui] Liuncel[li, nichil sibi reser]vans. Retinuit tamen in préd[ictis] pascuis et pro predictis pascuis xv. solidos censuales singulis annis a predicte d[omus fratribus persolvendo]s : accip[it inde pro inv]estitura c. solidos et Rainaudus ejus b[ajulus] quinquaginta. Hoc factum est anno ab Incarnatione Domini nostri Jhesu Xpisti M°. C°. L[XX° VIII°, apud Castrum D]uplex, in [manu do]mni Poncii Liuncelli abbatis, in presenti[a] Villelmi de Ornacelo, Johannis Cellararii et Petri Máci, Liuncelli monachorum, Rai[naudi Baronis, Berlionis] Francisci, [Villelmi] de Roiás et Petri de Bosco, Pontii Umberti et Rotgerii de Crest, laicorum. § Amalburgis etiam, predicte domine Aelmos filia, [omnia pascua mandamenti] Castri Duplicis, [de Ch]alme Mediana et de Turó, eadem conditione et eodem tenore quo mater ejus fecerat, domui Liuncelli cum viro suo Hugone d'Ais perpetu[o tenenda de]dit; insuper et donum matris sue Liuncellensibus laudavit, ipsa pascua tocius mandamenti Castri Duplicis integra simul et illibata omnium ordinum et extr[aneorum hom]inum Liuncellensibus se servaturam fideliter compromittens; et habuit inde c. solidos pro investitura, xv. solidos censuales pro eisdem pascuis sing[ulis annis sibi] persolvendos retinens. Hoc factum est apud Diam, in castro quod est juxta civitatem, in manu domni Poncii Liuncelli abbatis, in [present]ia Berlionis Francis[ci, ...] de Vado et filii ejus Radulfi, nec non et Villelmi Silvionis de Chassannatiu et Petri de Bosco laici, predicte domine Ama[lburgis] bailii. § Ad hec [scien]dum quod Chatbertus, filius ejusdem Amalburgis, ipsa pascua tocius mandamenti Castri Duplicis, habitis inde c. solidis, d[edit et] laudavit in perpetuum domui Liuncelli et omnibus ibidem habitantibus, presentibus et futuris, ea conditione quod ab animalibus omnium hominum extraneorum, nec non et omni[um r]eligiosorum, etiam si intra Castrum Duplex vel in mandamento ipsius edificarent vel edificia adquirerent, penitus eadem pascua Liuncellensibus de[fe]ndat in fide sua, Pontio Liuncelli abbati promittens et osculum pacis ei offerens ut predictum donum de pascuis, sicut dictum est, perpetuo Liuncellenses in pace possideant. Hoc factum est apud Castrum Duplex, in presentia supra dicti abbatis, Hugonis Gauterii et Guntardi fratris ejus, David canonici, [...]untusi presbiteri, Ismidonis Burnonis et Petri de Bosco, Rainaudi Baronis et Petri Gauterii, Chatberti filii Villelmi de Roias et Johannis Tondú, Saramanni et Oliverii, Alamanni et Petri Bernardi et Falconis Dármas. — § Insequenti vero anno, Rainauda, filia predicte venerabilis Amalburgis, et maritus ejus Villelmus Artaudi donaverunt et laudaverunt prefate domui predicta pascua, eodem tenore et eadem conditione, habitis inde xx[ti] solidis. De laude Villelmi Artaudi sunt testes : Giroudus m(onachus), Berlio Franciscus, Villelmus de Osteu et Chatbertus Castri Duplicis; de laude Rainaude sunt testes : Poncius abbas Liuncelli et Berlio Franciscus, Ervisus de Bocesel et Gontardus Gauterii, Petrus de Bosco et Petrus Gauterii et Martinus frater ejus.

(*) Original parch., coté **Hector 691** (*Inv. A*) et LXXXX (*Inv. B*), de 21 lig. dont plusieurs manquent en partie et n'ont pu être suppléées que d'après nos conjectures. Trace de deux sceaux, dont une lemnisque ; au dos : *De pascuis Castri Duplicis.*

XXVIII.   1178.

(Carta) Petri Odonis de Secusia, de Zotis et aliis in montanis*.

Quoniam gesta mortalium facile labuntur ab animis gravedine carnis depressis et patre mendatii suggerente, ab his qui ex parte ejus sunt falsis assertionibus veritas sepe obtunditur ; ne id in nostris actibus impune proveniat, volumus scriptis mandare posteris quod nos visu et auditu vera esse certissime comprobamus. Ideoque notum fieri volumus presentibus et futuris, quod Petrus Odo de Secusia, post multas injurias et infestationes quas domui Liuncelli intulerat, totum jus, omnes querimonias et requisitiones, quod in omnibus rebus et possessionibus que a parentibus et consanguineis suis tunc temporis domus Liuncelli possidebat, quoquomodo se habere credebat, videlicet a Chaaphale usque Tornim et in territorio quod Zotas dicitur, predicte domui jus dedit, querimonias omnes et requisitiones remisit et, ut id perpetuo ratum habeatur, jurejurando in manu domni Pontii abbatis se servaturum devotissime repromisit. Hujus rei testes sunt : predictus abbas, Armannus prior, Petrus de Rossillone et Vill(elmus) de Ornaceu, mo(nachi), Guigo Chatia et Durannus, presbiteri ; item testes et fidejussores sunt : Pontius de Miribel et Chatbertus Rainerii, Pontius de Luc, Garnerius de Bais et Johannes Chabatz ; item testes sunt : Virasacs, Cibarz et Arnaudus Chais. Sciendum vero est quod pro his omnibus a fratribus Liuncelli x. sol(idos) habuit et sigillo Rotberti Diensis episcopi muniri rogavit. Hoc autem factum est anno ab Incarnatione Domini millesimo centesimo septuagesimo octavo.

A   B   D   E   F   G   H   I   K   L   M   N   O   P   Q   R

(*) Original parch. de 17 lig., coté **Mec 422** (*Inv. A*) et DXXXVIII (*Inv. B*). A la partie supérieure pend, sur des lacs de fil, un beau sceau en cire brune de Robert. évêque de Die (voir le *Cartul. de l'église de Die*, ch. 1, n. 6) : ovale (7 cent.), prélat en pied, chapé, mitré, tenant sa crosse de la gauche et bénissant de la droite ; légende (complétée par un exempl. du fds du Val-Ste-Marie) : † **SIGILLVM : ROTBERTI : DIENSIS : EPISCOPI :**. Au dos : *Donatio domini Secussie in montanis.* — Les archives de Léoncel possédaient un 2e original du même acte (probablement l'autre *partie de la ch.), coté* **Neque 359** *(Inv. A : Donatio Petri Odo de Exequtia, (qui) dedit jura sua in territoriis Calde Falcii usque Torniou et in territorio quod Zota dicitur; sigill(atur anno) M centesimo septuagesimo octavo) et* CCCCXXI *(Inv. B).* Copie dans le cahier DXCVII.

XXIX.   *9 août 1178.*

(DIPLOMA FREDERICI I¹ IMPERATORIS, QUO MONASTERIUM ET EJUS BONA IN CÆSAREA PROTECTIONE RECIPIT)*.

IN nomine sancte et individue Trinitatis, Fredericus divina favente clementia Romanorum imperator augustus [1]. — Si Xpisti ecclesiis nostre manutuitionis [2] providere studeamus ac eas clementie nostre respectu foveamus, credimus nos fratrum in ipsis Deo famulantium orationibus apud Regem regum adjuvari, ut et terrenum imperium prosperiore decursu gubernemus et celestis regni beatitudine non privemur. Noverint igitur omnes imperii nostri fideles presentes et futuri, quod nos, ob petitionem Pontii religiosi et venerabilis abbatis, monasterium cui ipse profuit, scilicet ecclesiam sancte Marie de Liuncello [3], cum personis et rebus ac possessionibus et justitiis ad eum pertinentibus, in nostre protectionis speciale patrocinium suscepimus, et omnia que eadem ecclesia ab imperio seu largitione pontificum vel aliorum nobilium aut quorumlibet fidelium seu qualicumque acquisitionis titulo ad hec nostra tempora juste possedit ac tenuit, et ea simul que in futurum rationabiliter acquiret, eidem ecclesie perpetuo jure tenenda concedimus et nostra imperiali auctoritate confirmamus ; ex quibus propriis quedam vocabulis exprimere dignum duximus : territorium in quo prefata domus constructa est, ecclesiam et villam Sancti Romani, cum omnibus appenditiis suis; grangiam de Cognerio [4], grangiam de Vulpa, grangiam de Paladangiis, grangiam de Lentio [5], grangiam de Combacalida, cum omnibus appenditiis earum ; vallem Lutuosam [6] et montaneam de Muson [7], Calmem [8] Mediam, Scarcaleves, Malum Montem, cellarium Sancti Juliani et omnes pascuas quas hactenus acquisivit eadem ecclesia vel adhuc acquiret. Insuper ex nostra benevolentia fratribus ejusdem ecclesie donamus, ut in Arelatensi archiepiscopatu et simul Viennensi et in eorum suffraganeis ecclesiis vel ipsarum terminis nullum persolvant pedagium seu thelonium, sed cum sarcinis libere illic suis transeant. Precipimus autem firmissime statuentes, ut nulla persona magna vel parva, secularis aut ecclesiastica, nulla quoque civitas, nullum castrum nec ullus populus presumat in bonis fratrum predicte ecclesie aliquam collectam vel exactionem facere nec homines eorum, occasione muniendorum castrorum vel indebitarum expensarum aut laborum, molestiis gravare : quod si quis contra hec nostra precepta venire presumpserit, a gratia nostra sit exclusus et pena viginti librarum auri condemnatus, quarum medietas fisco imperiali applicetur, residua predicte ecclesie abbati persolvatur. Ut hec autem rata de cetero et inconcussa eidem ecclesie serventur, presentis privilegii paginam fecimus conscribi et majestatis nostre sigillo roborari. Testes hujus rei sunt : Robertus Viennensis archiepiscopus [9]. Hugo Verdensis episcopus, Odo Valentinensis episcopus, Hugo abbas Bone Vallis et alii quam plures.

Signum domini Frederici Romanorum imperatoris invictissimi [10].

Ego Godefridus cancellarius, vice Roberti Viennensis archiepiscopi et regni Burgundie archicancellarii, recognovi. Actum est hoc anno Dominice Incarnationis M° C° LXX° VII°, indictione undecima, regnante domino Frederico Romanorum imperatore gloriosissimo, anno regni ejus xxvII°, imperii autem xxIII°, feliciter, amen. Datum in civitate Valentie, v idus augusti mensis.

(*) L'original de ce diplôme, coté **In morte 408** (*Inv. A*, simple *vidimus?*) et DCIX (*Inv. B*, scellé du grand sceau), a disparu des archives de Valence. L'*Inv. A* indique (cote **Sit 411**) un *Vidimus Friderissi Romanorum imperatoris extractum pro dom. abbate Bonarum Vallium a dom. judice Viennesii et Terre Turris et sigillatur* (f° 77) et l'*Inv. B* un autre « *Vidimus* des priviléges accordés à l'abaie de Lioncel par l'empereur Frédéric et plusieurs papes (cote DCXX) ». Le texte en est établi d'après le *Cahier des privil.*, une copie séparée et le *Vidimus* de 1548 (n° XIV), qui ajoute : « Laquelle lettre ou carte autenticque en parchemin delle escripte est seellee d'ung grand seel de cire blanche pendent et tenent a fillet de soie, auquel seel est la figure de la mageste d'ung empereur assis en cheire. »

(1) Var. *d. f. cl. semper augustus.* — Couronné à Arles, le dimanche 30 juillet 1178, par l'archevêque de cette ville assisté des prélats du Dauphiné, l'empereur Frédéric Ier Barberousse concéda le même jour un péage à Guillaume de Poitiers, comte de Valentinois (VALBONNAIS, v° reg. ms., n° 145), et confirma les droits régaliens à Robert, évêque de Die (*Cartul.* de cette église, ch. I, p. 4-7), ce qu'il fit le lendemain (31) en faveur de Grégoire, évêque de Gap (J.-FR. BŒHMER, *Regesta imper. Roman.*, n° 2609); le 2 (al. 3) août, à Montélimar (*ap. castrum Montilium Ademari*), il accorda à Ponce, évêque d'Avignon, la faculté d'établir un bac sur la Durance et mit les Juifs sous sa protection (VALBON., v° reg. ms., n° 20; *Gallia christ.* nova, t. I, instr. c. 87); il y était encore le 6, qu'il assura la possession de Sault et de sa vallée à Raymond d'Agoult (*original* à M. Léop. Faure de Grignan); il était à Valence le 8, jour où il confirma à Raymond de Mévouillon l'héritage de ses pères (*vidimé* du 14 octob. 1272 à la Préfect. de l'Isère), et le lendemain (9), qu'il délivra le présent diplôme. A Vienne, le 14 (20 cal. sept.?), il fit expédier un diplôme en faveur de l'évêque de Valence (Biblioth. de Carpentras, ms. DII, f° 203) et y régla, le 15, certains différends entre ce prélat et les habitants de sa ville épiscopale (J. OLLIVIER, *Essais histor.*, p. 238-48) ; enfin à Lyon (*ap. Lugd. super*

Rhodanum), il confirma, le 19, les donations faites à la chartreuse d'Oujon (*Mém. et Doc. de la Soc. d'hist. de la Suisse rom.*, t. XII, p. xxxi) et, le 20, les possessions de l'abbaye de Bonnevaux (expédition du 20 mai 1444 à la Préfect. de la Drôme); il maintint le même jour les droits régaliens à Jean de Sassenage, évêque de Grenoble (*original* à la Préfect. de l'Isère). Parmi les autres diplômes inédits de ce prince que nous possédons, nous indiquerons: 1153 (*d. quo Arnoldus in archiepisc. Moguntin. sublimatus* [7 juin], à Worms), inféodation du château de Clérieu à Silvion (VALBON-NAIS, v° reg. ms., n° 19); 1155, juil. 7 (*in territorio Tusculano*), concession d'une mine d'argent près Ramo au dauphin Guigues (*Chartul. Delphin.*, f° 3, etc.); 1157, novemb. 25 (à Besançon), confirmation des droits utiles de l'abbaye de Romans (copie aux arch. de la Drôme, fds St-Barnard); 1164, avril 12 (*ap. Sum Salvatorem juxta Papiam*) concession de juridiction indépendante à Géraud Adhémar (copies aux arch. de l'Isère et à la biblioth. de Carpentras).

(2) Var. *manulentionis*. — (3) Var. *Lioncello*. — (4) Var. *Coonerio*. (5) Var. *Lenthio*. — (6) Var. *Luctuosam*. — (7) Var. *Muison*. — (8) Var. *Calmen*. (9) Voir sur ce prélat le n° 176 du *Nécrologe de Saint-Robert-de-Cornillon*. — (10) Var. *augustissimi*.

XXX.   29 juillet 1183.

SIGILLUM SANCONIS COMITIS PROVINCIE[*].

In nomine Domini, anno ejusdem Incarnationis M°. C°. LXXX°. III°, Ego S'. Dei gratia comes et marchio Provincie [1], intuitu pietatis et misericordie nec non et peccatorum meorum remissione atque parentum, dono, laudo et titulo donationis imperpetuum confirmo Domino Deo et monasterio Leoncelli, in honore beate Marie constructo, et tibi G. abbati et fratribus ibidem Deo servientibus, ut per totam terram meam et per mare, si acciderit, libere pergatis, vendentes et ementes et aquas transeuntes absque ulla exacci(o)ne et usatico et pedatico, et proprie in villa de Laurata nec in aliis locis ullum pedaticum seu uzaticum donetis; preterea domum et omnes res domus predicte sub mea protectione et deffensione et tutela accipio. Si quis autem donum in aliquo violare temptaverit, iram meam cum detrimento rerum suarum super se devenisse non dubitet. Facta fuit hec carta et hec donatio in castro Tarasconis, in die festivitatis sancte Marthe. R'. Gaucelmi, domini comitis notarii (*sic*), scripsit.

(*) Original parch. de 11 lig. 1/2, coté **Ma. 482** (*Inv. A*) et DCXXIIII (*Inv. B*); trace de sceau sur lanière de cuir à double queue. Transcription dans le *Cah. des privil.* et à la biblioth. de Carpentras, dans la liasse DCXXXVI (à l'an. 1183) et le reg. LXXV (t. II, p. 144) de PEIRESC, qui ajoute: « Scellé en double corroye de cuir blanc du grand seel de cire jaulne, où le prince est à cheval, avec son escu sur lequel paroissent les pals d'Aragon ou de Barcelone; et sur le dos est cotté d'escritture aussy ancienne que le texte : *S. Sc'onis com. Prov.*, pour *Samchonis* ». Le texte a été donné inexactement dans l'ancien *Gallia christ.* (t. IV, p. 559, c. 1, sous l'an. 1163).

(1) Sanche, frère d'Alphonse II, roi d'Aragon, succéda à son autre frère, Raymond-Bérenger IV, comme comte de Provence en 1181 (BOUCHE, *Hist. de Prov.*, t. II, pp. 164 et 170).

XXXI. *22 novembre (1183).*

(BULLA LUCII III PAPÆ PRO IMMUNITATE MONASTERII)*.

LUCIUS episcopus, servus servorum Dei [1], dilectis filiis.. Abbati et fratribus Leuncelli, salutem et apostolicam benedictionem. Officii nostri ratio exigit et requirit ut defectus ecclesiarum Dei, per eos maxime veniens qui vocati sunt in partem sollicitudinis, a nobis auctore Domino suppleatur, qui accepisse videmur plenitudinem potestatis. Quoniam igitur .. Valentinus et .. Diensis episcopi de possessione vestri monasterii litigantes, dum que sua sunt querunt, vestra sicut accepimus commoda pretermittunt, presentium vobis auctoritate concedimus ut, quamdiu inter eos contentio ista duraverit, liceat vobis sacros ordines et cetera ecclesiastica sacramenta ab archiepiscopo Viennensi recipere, aut pro his obtinendis catholicum quemlibet adire pontificem qui, nostra fultus auctoritate, quod postulatur indulgeat. Nulli ergo omnino hominum liceat hanc paginam nostre confirmationis infringere vel ei ausu temerario contraire; si quis autem hoc attentare presumpserit, indignationem omnipotentis Dei et beatorum Petri et Pauli apostolorum ejus se noverit incursurum.

Datum Anagnie, x. kalendas decembris.

(*) Original parch. de 13 lig., coté **Sancti 440** (*Inv. A*) et DCXXXIII (*Inv. B*); au revers : *Episcopo Diensi — Episcopo Valentinensi*. Bulle de plomb (31 mill. de diam.), sur fils de soie rouge et jaune à double queue; avers : LV-CIVS-·PP·III·; revers : têtes de saint Paul et de saint Pierre séparées par une croix latine ; au dessus : S' P A, S' P E.

(1) Luce III, élu le 1ᵉʳ et consacré le 6 septembre 1181, mourut le 25 novemb. 1185. Le *Cartul. de l'église de Die* contient deux bulles de ce pape (ch. IV et V, cf. p. 194); outre les deux qui suivent ici, une autre inédite, du 9 janv. 1185 (à Vérone), fait partie de notre *Codex diplom. ord. S. Ruf* (bull.). Les dates de ces pièces, sans années de pontificat, ont été fixées d'après les *Regesta* de JAFFÉ (p. 835-54).

XXXII.   *17 octobre (1184-5).*

(BULLA LUCII III PAPÆ), NE DE TERRIS QUAS PROPRIIS SUMP-
TIBUS COLIMUS DECIMAS DARE TENEAMUR*.

LUCIUS episcopus, servus servorum Dei, venerabilibus fratribus archiepiscopis, episcopis et dilectis filiis abbatibus, prioribus, archidiaconis, decanis, presbiteris et aliis ecclesiarum prelatis ad quos littere iste pervenerint, salutem et apostolicam benedictionem. — Audivimus et audientes mirati sumus quod, cum dilectis filiis abbati et fratribus Leoncelli, sicut omnibus Cisterciensis ordinis fratribus, a patribus et predecessoribus nostris concessum sit et a nobis ipsis postmodum confirmatum ut, de laboribus quos propriis manibus aut sumptibus excolunt, nemini decimas solvere teneantur, quidam ab eis nichilominus contra indulgentiam apostolice Sedis decimas exigere et extorquere presumunt, et prava ac sinistra interpretatione apostolicorum privilegiorum capitulum pervertentes, asserunt de novalibus debere intelligi ubi noscitur de laboribus esse inscriptum. Quoniam igitur manifestum est omnibus qui recte sapiunt interpretationem hujusmodi perversam esse et intellectui sano contrariam, cum secundum capitulum illud a solutione decimarum, tam de terris illis quas deduxerunt vel deducunt ad cultum quam de terris etiam cultis quas propriis manibus vel sumptibus excolunt, liberi sint penitus et immunes, ne ullus contra predictos fratres materiam habeat malignandi vel quomodolibet ipsos contra justitiam molestandi, vobis per apostolica scripta precipiendo mandamus, quatinus omnibus parrochianis vestris auctoritate nostra prohibere curetis, ne a memorato abbate suisque fratribus de laboribus vel de aliis terris quas propriis manibus vel sumptibus excolunt seu de nutrimentis animalium ullatenus decimas presumant exigere vel quomodolibet extorquere : nam si de novalibus tantum vellemus intelligi, ubi ponimus de laboribus de novalibus poneremus, sicut in privilegiis quorumdam aliorum apponimus. Quia vero non est conveniens vel honestum ut contra instituta Sedis apostolice veniatur, que obtinere debent inviolabiliter firmitatem, mandamus vobis firmiterque precipimus ut si qui canonici, clerici, monachi vel laici contra privilegia Sedis apostolice predictos abbatem et fratres decimarum exactione gravaverint, laicos excommunicationis sententia percellatis, canonicos et clericos sive monachos, contradictione et appellatione cessante, ab officio suspendatis, et tam excommunicationis quam suspensionis sententiam faciatis usque ad dignam satisfactionem inviolabiliter observari. Ad hec presentium vobis auctoritate precipiendo mandamus, quatinus si quis in predictos fratres manus violentas injecerit, eum accensis candelis publice excommunicatum denuntietis et faciatis ab omnibus excommunicatum cautius evitari, donec congrue satisfaciat predictis fratribus, et cum litteris diocesani episcopi rei veritatem continentibus apostolico se conspectui representet.

Datum Verone, XVI. kalendas novembris.

(*) Original parch. de 19 lig., coté **E. 437** (*Inv. A*) et DCXXXVI (*Inv. B*); au revers : *Generales,* — *Abbati de Leoncello et fratribus ejus;* au dos : *Privilegium dom. Lucii pape tercii de decimis non dandis.* Trace de bulle, sur fils de soie rouge et jaune. Vidimé par l'official de Valence le 27 mars 1303 (*vid. ad h. an.*); transcription dans le *Cah. des privil.*, etc.

XXXIII. *13 novembre (1184-5).*

Indulgentie Lucii (III) pape, ne fratres nostri ad secularia judicia trahantur*.

Lucius episcopus, servus servorum Dei, dilectis filiis .. abbati et conventui Leoncelli, salutem et apostolicam benedictionem. Justis petentium desideriis dignum est nos facilem prebere consensum, et vota que e rationis tramite non discordant effectu prosequente complere. Eapropter, vestris justis postulationibus grato concurrentes assensu, presentium auctoritate statuimus ut abbatia [1] et grangie vestre perpetuam optineant a pravorum incursibus libertatem, nullique omnino liceat infra clausuram locorum ipsorum hominem capere vel interficere, seu ignem apponere aut rapinas vel violentiam aliquam excercere, aut juxta loca ipsa infra dimidiam leuwam nova edificia facere, de quibus enorme vobis debeat incommodum provenire. Interdicimus etiam ne quis audeat fratres vestros ad secularia judicia provocare, set si quis sibi putaverit aliquid in eos de jure competere, sub ecclesiastico judice experiendi habeat facultatem; in causis autem vestris, approbatione diocesani episcopi, iconomum vos habere concedimus, qui pro vobis si necesse fuerit juramentum calumpnie prestet, et agendi ac respondendi de assensu capituli liberam habeat omnimodis potestatem. Si qui autem de his qui in domum vestram ad conversionem veniunt, in ipsa conversione vel postea confessi fuerint quod, pro incendio vel violenta manuum injectione [2] in clericum, in canonem inciderint generalem [3], liceat abbati qui pro tempore fuerit eorum confessione suscepta ipsos absolvere et penitentiam eis injungere congruentem. Nulli ergo omn. hominum liceat hanc pag. nostre institutionis seu concessionis infringere vel ei ausu temer. contraire; si quis aut. hoc attentare presupserit, indign. omnip. Dei et bb. Petri et Pauli apost. ejus se nov. incurs.

Datum   Verone,   idus   novembris.

(*) Original parch. de 17 lig., coté **Terra 454** (*Inv. A*) et DCXXXII (*Inv. B*); dans le repli : *anno* 1196 (!) ; au dos : *Privilegium dom. Lucii pape tercii de immunitate monasterii Lioncelli*. Bulle de plomb (conforme à celle de la ch. xxxi) pendant sur fils de soie jaune à double queue. Transcription dans le *Cah. des privil.*
(1) L'original porte *abbatium*. — (2) Dans l'original *injectionem*.
(3) GRATIANI *Decretum*, pars II[a], causa xvii, quæst. iv, cap. 29 : *Si quis, suadente diabolo...* (*Corp. Iur. canon.*, ed. H. BÖHMER, t. I, c. 702).

XXXIV.   1185.

(CARTA) WILLELMI DE CLARIACO, DE PASCUIS DE REVEST ET PISANCIANO*.

Quoniam, litis mater et noverca pacis, oblivio rerum bene gestarum ordinem multociens mutare nititur, omnibus tam futuris quam presentibus notum fieri volo quod ego, Guillelmus de Clario, abbas Sancti Felicis [1], post multas calumpnias cum fratribus Liuncelli habitas, dono et concedo Deo et beate Marie ejusdem Liuncelli totum quod adquisierunt intra terminos abbatie ejusdem Sancti Felicis et unde investiti sunt ad presens, anno videlicet ab Incarnatione Domini M°. C°.LXXX°. V°. Addo etiam huic dono pascua territorii de Revest et pascua castellarie de Pisencans, quantum ad me adtinet, et quicquid predicti fratres Liuncelli adquirere poterunt ab hominibus et feodariis meis, retento censu usuario. Et in his omnibus me custodem et defensorem contra omnes homines pro posse meo fore promitto; et ut hoc factum ratum et inviolatum perhenniter teneatur, presentem cartam sigillo meo et sigillo domini Roberti Viennensis archiepiscopi munire feci. Hujus rei testes : Pontius archipresbiter Romani, magister Guarinus, Umbertus de Curcon, canonicus Sancti Felicis, Durandus canonicus de Burgo, Guillelmus de Candiaco, Ademarus de Alta Villa, Garento de Castel Boc, Lambertus Jeremie et Petrus de Revest, mistrales, Johannes Marchers, Petrus Macia et Petrus Faramanni, Liuncelli monachi, frater Raimundus et frater Ozmarus conversi. Tunc habui ab eis sex libras et quinque solidos.

(*) Original parch. de 15 lig. 1/2, coté **No. 499** (*Inv. A*) et CCCCXXII (*Inv. B*); au dos : *Guill⁹ de Clario dat Leoncellensibus investituram omnium quæ acquisierunt intra terminos abbatiæ Sti Fœlicis.* Fragm. de deux sceaux, sur cordelettes à double queue : celui de droite est de l'archevêque de Vienne Robert, comme ch. XXVIII, n.* :. **SIGILLUM**...; l'autre est celui de l'abbé de Saint-Félix, un senextrochère tenant un oiseau de vol et ces lettres de la légende : .....**ABBAT**.... Copie.

(1) Guillaume II de Clérieu, abbé de St-Félix de Valence et sacristain de St-Barnard de Romans, comme son oncle (ch. VI, n. 1). Nous avons communiqué à M. A. de Gallier des chartes qui le concernent (voir son *Essai hist.*, chap. 1).

XXXV.   1185.

(Carta) Lantelmi de Gigorz, de pascuis et quibusdam aliis in montania*.

Anno ab Incarnatione Domini M⁰. C⁰. octogesimo V⁰, Ego Lantelmus de Gigorz, in manu domni Villelmi abbatis Liuncelli, dedi Deo [et] beate Marie et monachis et domui Liuncelli, pro anima mea et pro animabus antecessorum meorum, quicquid habebam in montanea a balma Sancti Romani sicut scta tendit usque ad petram Trastornû, que est supra viam Encle, et ex alia parte per trivium Sancti Romani, quod est supra predictam balmam, sicut ducit via Castri Duplici usque ad Cialér versus abbaciam Liuncelli, nichil omnino infra hos terminos michi retinens : tamen habui a Liuncellensibus octo libras Viennensis monete. Laudavi etiam eis bona fide ea que pater meus ipsis dederat, scilicet partem suam territorii de Torniuo et terram Chalme Mediane et suam partem decime quam dederat ecclesie Sancti Romani, et usuaria et pascua per totam terram suam : de his omnibus promisi me tutorem et defensorem fidelem semper esse predicte domui contra omnes calumpniatores; et hoc ipsum, tactis sacrosanctis Evangeliis, sacramento confirmavi et Chatbertum Rainerium fidejussorem dedi. Hoc etiam laudavit Rotbertus Estraers bailio, et bailiam quam habebat infra prenominatos terminos sine retentione guerpivit. Hujus rei sunt testes : Petrus de Rossilione, Petrus de Cerzeu et Petrus Macia, monachi, Johannes de Boc[oi]ro et Otmarus, conversi, Johannes Chabatz et Johannes Rebolz Umblicis, Franco Estorgues de Aigleu, Jarento Bermundi et Villel[mus Tr]ota. Hoc totum laudavit uxor mea, filia Guielini de Roias; de laude cujus testes sunt : Raimundus presbiter de Gigorz et Chatbertus Rainerii, Arbertus de Monte Claro, Girbertus de Bais et Bonus Tosus. Et ut hoc firmum et illibatum per omne evum maneat, rogavi dominum meum Rotbertum Diensem episcopum, quatenus hoc devotionis mee donum sigilli sui munimine confirm[aret].

(*) Original parch. de 15 lig., coté **Pas. 634** (*Inv. A*) et CXXIV (*Inv. B*); fragm. de sceau indistinct, sur cordelette à double queue. Copie.

XXXVI.   1188.

(Carta) Hugonis ducis Burgundie*.

Beneficia ecclesie filiis et maxime religiosis a nobilibus viris intuitu pietatis collata, inviolabilem firmitatem debent obtinere, nec fas est a quolibet ea minuere vel immutare, set integra decet ea et illibata persistere, eorum utilitatibus quorum usibus deputata sunt perpetuo profutura. Inde est quod ego, Hugo dux Burgundie, comes Albionis¹, concedo, laudo et dono in perpetuum, assensu et voluntate uxoris mee B(eatricis), Albionis comitisse, pro meorum suorumque salute, Domino Deo et monasterio beate Virginis Marie Liuncelli et venerabili W(illelmo) ejusdem loci abbati et fratribus ibidem consistentibus, tam presentibus quam futuris, XL. sextarios frumenti ad mensuram Romanensem, sicut mihi aput Sanctum Donatum pro clauso comitali singulis annis in festivitate sancti Michaelis persolvebantur, ipsis ita omni remota occasione persolvendos; tali videlicet pacto, ut anniversaria dies predictorum in capitulo Liuncelli, cum absolutione, missarum et orationum beneficio, semper recolatur. Concedo etiam et dono eadem conditione, jam dictis fratribus Liuncelli, per totum comitatum Albionis, tam in terra quam in aqua, leisdas omnes de rebus propriis ipsorum, pedagia quoque et usatica omnia, a quorum exactionibus eos omnino liberos esse volumus et immunes. Hujus rei testes sunt : Hvgo Bone Vallis abbas, Pontius et Villelmus monachi, Villelmus etiam conversus et Ismido de Pauta et Guigo de Puibusun, Lambertus quoque prepositus necnon et Johannes notarius ducis. Acta aput Viennam et tradita, anno ab Incarnatione Domini Mº. Cº. LXXX. VIIJ.

(*) Original parch. de 13 lig., coté **Amen 484** (*Inv. A*) et DCXXIII (*Inv. B*); au dos : *Lictera ducis Burgundie de xl sest. frumenti percipiendis in Sancto Donato*. Petit fragm. de sceau, sur fils à double queue : équestre, cavalier à droite, écu indistinct ; contre-sceau : tour à 4 embrasures 2 et 2, crenelée de 5 pièces, reliée par un mur et un cintre à deux tourelles, à 1 embras. et crenelées de 4 pièces. Transcription dans le *Cah. des privil.*

(1) Hugues III, duc de Bourgogne, épousa en 1184 Béatrix, fille de Guigues V et héritière du Dauphiné, et eut d'elle Guigues-André, tige des dauphins de la 2° race.

XXXVII.   1188.

CARTA GEDELINI DE CABIOLO PRO PARTE DEI*.

INNOTESCAT OMNIBUS TAM PRESENTIBUS QUAM FUTURIS, QUOD GUIDELINUS DE CABEOLO, CUM TRANSMARINAS adire partes proposuisset, dedit Deo et beate Marie et habitatoribus loci illius qui Pars Dei dicitur, tam presentibus quam futuris, pro sua et predecessorum suorum salute, et omni ordini ad quem dicti habitatores modo vel in posterum se causa religionis, honestatis seu ordinationis transferre sive donare voluerint, libere et absque omni retentione et in perpetuum habere concessit quasdam possessiones in mandamento Pisantiani, scilicet mansum unum qui dicitur deuz Crocs, et medietatem alterius mansi qui est ibidem, et terram Giraudi de Crocs, et medietatem mansi qui dicitur deuz Chapoteirs quem tenebat Petrus Raimundi : pro quibus omnibus accepit predictus Guidelinus a Garnerio, qui erat edificator et constructor ejusdem loci, M. et CCCC. sol(idos). Hoc autem factum fuit cum laude et consilio fratrum suorum, scilicet Lamberti decani et Ysmidonis canonici Valentin., quibus etiam prescriptus Garner(ius) pro hoc eodem cc. sol(idos) ipsis donavit. Hanc autem donationem laudavit Aalis uxor Guidelini et Gontardus filius ejus ; laudavit iterum Guinisius de Castronovo et filius ejus Gontardus, qui a Garnerio sub nomine lau[dation]is LXX. et III. sol(idos) acceperunt. Omnes isti donationem istam se observaturos firmiter jurejurando promiserunt. [Quod si] Guidel(inus) vel fratres ejus contra hoc ire presumpserint, universi subscripti Romanis ire debent et ibi tamdiu inmorari donec de illatis injuriis plene fuerit satisfactum, quorum sunt hec nomina : Petrus Atoers, Poncius Duranti, Humbertus frater ejus, Poncius de Liberone, W. de Stabulo, (....) Babilonis, Johannes Ademari, Barn(ardus) Pollicers, Johannes Jais, W. Galarandi, Arnaudus Galarandi. Quod si predicti obsides, ut dictum est, Romanis obstagium tenere noluerint, tenentur pro eis W(illelmus) abbas de Clariaco, Ainardus Viennensis decanus, Rico Valentinus canonicus. Sciendum est quod chaslani de Pisantiano, scilicet W. Disderius, Johannes Aucherius et W. de Stabulo, solverunt et dederunt Deo et beate Marie et habitatoribus sepedicti loci quicquid juris in supranominatis locis habebant, et Guidel(i)nus et fratres ejus ipsis tantundem reddituum alibi assignaverunt. Hoc autem factum est anno ab Incarnatione Domini M°. C°. LXXX°. VIIJ°, per manum domini Falconis Valentinensis episcopi [1], secundo anno pontificatus ipsius, qui presentem paginam ad perpetuam rei memoriam jussit sigilli sui munimine roborari. SS. Ego Jacobus, domini episcopi notarius, hanc cartam mandato ejus scripsi.

(*) Original parch. de 22 lig., coté LL 207 (Inv. A) et CCXLIX (Inv. B); trace de sceau arraché; au dos : Willelmi de Cabiolo... Copie.
(1) Voir sur l'évêque de Valence, Falcon ou Falques (1187-1200), la n. 3 de la ch. ix du Cartul. de St-Pierre-du-Bourg, qui contient une pièce de lui (xiv°) et on offrira une autre de 1197 dans l'appendice; le Codex diplom. ordinis S. Ruf en renferme de 1188, 1190 et 1197, le Cartul. de St-Félix une de 1199.

XXXVIII.   4 novembre 1188.

SIGILLUM HV(GONIS) ABBATIS BONEVALLIS PRO FRATRE SUO GUIENISIO CASTRI NOVI DE PASCUIS*.

Ego Hvgo, fratrum Bonevallis minister indignus, universis Xpisti fidelibus ad quos presentes littere devenerint, volo fieri manifestum quod Guenesius de Castro Novo, frater meus, et uxor ejus Aaldis et filius eorum Guntardus laudaverunt et confirmaverunt Deo et beate Marie et fratribus Leoncelli jure perpetuo, bona fide, omnia ea que pater noster Raymundus eidem contulerat et dederat monasterio, sicut in cartha Leoncellensium sigillo domini Odonis Valentinensis episcopi roborata [1] contineri noscuntur. Hec laudatio et confirmatio facta est per manum meam, apud Castrum Novum, in domo ejusdem Guenesii, anno ab Incarnatione Domini M°. C°. LXXX°VIIJ°, pridie nonas novembris; testes sunt : Johannes subprior Bonevallis, Petrus Marci, Giroldus de Burbuello, monachus Bonevallis, Guigo Macibos, Odilo de Castro Novo, Jarento Vaca, Petrus Macibos, Jonzo Fillous, Jarento Bernardi, milites, Petrus Salueth bajulus, Bernardus de Chalayri, Andreas molendinarius, Chatbertus faber, Andreas pedagiarius, Petrus de Montecanuto, Avoyanus.

(*) Original parch., coté L 130 (Inv. A), 8 lig. d'une écriture menue; trace de sceau. — (1) Voir la ch. xi.

XXXIX.   *10 décembre (1188)*.

(Bulla Clementis III papæ pro libertate ab ordine)*.

CLEMENS episcopus, servus servorum Dei [1], dilectis filiis.. Abbati et fratribus Leoncelli, salutem et apostolicam benedictionem. Officii nostri ratio *(ut in ch. XXXI, p. 37)*... *(l. 14)* optinendis... *(l. 18)* nostre concessionis... *(l. 15)* attemptare... Datum Laterani, iiij. idus   decembris,   pontificatus   nostri   anno   primo.

(*) Original parch. de 12 lig., coté **Nomen 442** (*Inv. A*) et DCXIX (*Inv. B*); au revers : *Abbati Liuncelli — pro episcopis Valentin., Diensi*. Bulle de plomb (33 mill. de diam.), sur fils de soie jaune à double queue ; avers : CLE-MENS-PP·III· ; revers comme à la ch. xxxi. Transcript. dans le *Cah. des privil.*
(1) Clément III, élu le 19 et consacré le 20 décemb. 1187, mourut à la fin de mars 1191. Le *Cartul. de St-Pierre-du-Bourg* contient l'analyse d'un bref de lui, du 28 décemb. 1189 (ch. x); un autre, du 21 juil. 1193 (à Latran), se trouvera dans notre *Cartul. du Val-Sainte-Marie*.

XL*.   *1190*.

Carta pergamenea qua inter (alia) continetur modus levandi decimas per priorem de Cossaudo in terris Voulpe, anno Domini millesimo centesimo nonagesimo.

(*) Nous n'avons de cette charte que le sommaire de l'*Invent. A*, coté **Matheus 580** (fo 109).

XLI.   · *1191*.

Carta Jarentonis de Trivio*.

A   B   C   D   E   F   G

PRESENTIBUS et absentibus notum fieri volumus atque certissimum, quod Timiama, uxor Jarentonis de Trivio, donavit, laudavit et concessit, assensu et voluntate prefati viri sui Jarentonis, in perpetuum Deo et beate Mariæ Liuncelli et Pontio ejusdem loci abbati et fratribus ibidem habitantibus, tam presentibus quam futuris, pro sua suorumque salute, condaminam que vocatur Malaric, in territorio de Monmairan sitam, nichil ibidem sibi vel suis retinens, set predictorum fratrum usibus, quibus eam tantum pietatis intuitu tradidit, profuturam absque ulla retentione dimittens; quam etiam condaminam Jarento, vir Timiame predicte, a [........]rio Lautaudi septingentis solidis redemerat, quos solidos septingentos dedit et ipse cum ipsa terra, pro sua suorumque salute, [...................]lum; et Pon. abbas Liuncelli et fratres ejusdem loci dederunt et concesserunt Jarentoni et Timiame [predictis] omnibusque predecessoribus et s[uccessoribus e]orum, in vita et in morte participationem divinorum beneficiorum in vigiliis, psalmis, orationibus, in primis (?) missis et in elemosinis et in ceteris beneficiis ordinis Cisterciensis. Nichilominus illis permittentes habere tantum in vita sua predictam condaminam, ita tamen ut nullum impedimentum quo a domo Liuncelli valeat ipsa condamina alienari faciant vel fieri permittant, retinentes ibidem unum annone sextarium, quam predicte condamine terra produxerit, singulis annis ab eisdem domui Liuncelli dum vita comes fuerit persolvendum. Quod si predictus Jarento conversionis gratia aut post mortem causa sepulture ad abbatiam delatus fuerit, ipsum ut fratrem debent suscipere; cum autem predictam condaminam in pace possederint, coram altari beate MARIE lampadem pro ipsis debent manutenere. Hoc factum est anno ab Incarnatione Domini nostri Ihesu Xpisti M°. C°. LXX°. VIJI°, Frederico Romanorum imperatore regenante, per manum domni Hugonis Bonevallis abbatis et domni Poncii abbatis Liuncelli et domni Willelmi Arberti Sancti Ruphi abbatis, in presentia Pontii de Sancto Romano, Pontii Aalgis, Johannis de Pausa, magistri Aalgis, canonicorum Sancti Ruphi, Adonis quoque Bonevallis monachi, Willelmi etiam de Ornacco et Petri Maci, Liuncelli monachorum, Guigonis de Sancto Romano, canonici Sancti Apoll(inaris), necnon et Erpini, predicti Jarentonis filii. — Postea vero predicta Timiama, uxor Jaren(tonis), laudavit et concessit donum prefatum, coram domino Valentino episcopo, fratribus Liuncelli; unde ego Falco predictus episcopus presentem cartam ad confirmationem et ad tenorem majorem sigillo nostro munio et confirmo. Hec confirmatio facta est aput Cabeolum, anno ab Incarnatione Domini M°. C°. XC°. J°. SS. Ego Jacobus, domini episcopi notarius, hanc cartam mandato ejus scripsi.

(*) Original parch. de 18 lig. 1/2. dont 3 ont souffert de moisissure, coté **Q 148** (*Inv. A*) et CCCCXXI (*Inv. B*); trace de sceau sur double queue.

XLII. 1191.

Carta Rainaldi de Brione de montanea*.

Anno ab Incarnatione Domini millesimo centesimo nonagesimo primo, Rainaldus de Brione dedit Deo et beate Marie et fratribus Liuncelli, tam presentibus quam futuris, quatuor sextarios avene et duos siliginis duosque frumenti, quos predicti fratres debebant ei censuales; deditque etiam quicquid juris habebat in montania a villa que dicitur Quadafalcum usque ad collum Tornini, pro salute anime sue et omnium antecessorum successorumque suorum, sine omni retencione et omni exactione. Hec autem omnia primum fecit et dedit in generali capitulo Liuncelli, dominica die in Ramis Palmarum, super librum et inter manus Petri abbatis; testes sunt hujus doni : Petrus abbas, Apollinaris prior, Petrus de Rossillone, Rainaldus, Villemmus sacrista, Johannes Gigas, Petrus Muscia, Stephanus de Visnai, Villemmus de Bais, Bernardus de Romanis, Villemmus de Marzac, Jordanus, Petrus de Foramando, monachi, Ademarus Bos, Johannes Algos, Lantelmus, Arbertus, Silvester, conversi, totusque conventus. Postea vero idem Rainaldus omnia predicta dedit, concessit, laudavit, sine omni retencione et omni exactione, modo quo supra, fratribus Liuncelli, in Diensi civitate et in domo Umberti de Burna, inter manus domini Jarentonis Diensis episcopi, die qua primum ipse episcopus missam celebravit; itemque, ut hec omnia magis haberentur rata et inperpetuum firmiora tenerentur, super sacro sancta Evangelia jurejurando confirmavit, promittens se et asserens predicta dona bona fide in pace custodire, defendere, tueri atque manutenere, et omni calumpnianti atque contradicenti pro viribus se opponere. Preterea quoque, ad majorem cautelam predictus sepe Rainaldus Jarentonem Diensem episcopum et Guigonem de Bais fratrem suum fidejussores, de pace et pro pace tenenda in donis predictis, fratribus Liuncelli donavit; denique sepedictus Rainaldus Jarentonem Diensem episcopum rogavit ut hec omnia, tam a(u)ctentice facta et in scripto redacta, sigillo suo muniret et auctoritate sua confirmaret. His itaque omnibus completis et confirmatis, abbas tunc requisitus an aliquid ei daret vel esset daturus, ccc. solidos Viennensis monete predicto Rainaldo donavit; cui etiam concessit quod tantum fieret ei in die obitus sui quantum uni ex fratribus Liuncelli. Testes sunt hujus rei : Jarento Diensis, Falco Valentinus, Nicolaus Vivariensis episcopi [1], Bertrandus de Sirmonta, Monaudus d'Aleis, Eudes, Aquinus, canonici Valentinensis ecclesie,

Durandus de Turnone, canonicus ecclesie de Burgo, Umbertus de Barna, canonicus Diensis, Guigo de Bais, frater Rainaldi, Petrus miles de Montcilles, Petrus de Auriolo, vicarius Valentinus, Audebertus Otgerii, Petrus Gauterii, Petrus abbas Liuncelli, Petrus Masci, Petrus de Foramanno, monachi, Raimundus conversus. Denique vero Joieta, uxor predicti Rainaldi, omnia predicta dedit et concessit Deo et beate Marie et fratribus Liuncelli, tam presentibus quam futuris, sine omni retencione et omni exactione, pro salute anime sue et filii sui   , inter manus Petri abbatis, in castro de Bais et in calefactorio, Guigonis de Bais, fratris Rainaldi; propter hoc Petrus abbas dedit prenominate Joiete xx^{II} sol(idos) Vien(nensis) moncte. Testes sunt hujus doni : Guigo de Bais et uxor ejus Aalis et Catbertus filius ejus et ipse Rainaldus, Petrus Garnerii, Ugo Genz, Poncius Trabo, Guigo Bocs, Petrus abbas, Petrus de Foramanno, Willemmus de Bais, monachi.

(*) Original parch. de 25 lig. 1/4 d'une grosse et belle écriture, coté **Tui 412** (*Inv. A*) et DXXXIX (*Inv. B*) ; au dos : *Exoneratio census et donatio Caldefaci usque ad collem de Tornieu*. Magnifique sceau en cire jaune (ovale, 5 cent.), sur lanière de cuir, de Jarente, évêque de Die (voir *Cartul. de Die*, p. 29, n. 3) : prélat en pied, chapé, mitré, appuyant sa crosse de la gauche sur la poitrine et bénissant de la droite : † **SIGILLVM·IARENTONIS·DIENSIS·EPISCOPI**. Copie.

(1) Nicolas fut évêque de Viviers de 1177 à 1198.

XLIII.   1191.

CARTA ODONIS DE QUINT, PRO PASCUIS IN MONTANA*.

Anno ab Incarnatione Domini millesimo C°. nonagesimo I°, Odo de Quint, beati Jacobi limina visitaturus, dedit Deo et beatæ Marie et abbati Petro et omnibus fratribus Liuncelli, tam presentibus quam futurus, jure perpetuo pascua in Urla et in Anbel, ad alenda ipsorum animalia, a patre et a fratribus suis hisdem pascuis prius datis et concessis prenominatis fratribus Liuncelli, pro salute animæ suæ omniumque suorum. Hoc autem donum fecit in capitulo Liuncelli, jurato super librum et in manu predicti abbatis quod ab omni contradicenti donum predictum defenderet et omni calumpnianti se opponeret, rogans etiam et deprecans presentem cartam a Diensi episcopo confirmari atque sigillo suo muniri. Testes hujus rei sunt : Petrus abbas, Apollinaris prior, W° Drapelz, Johannes Gigas, Stephanus de Visnai, W° de Bais, Stephanus Valentinus, W° de Marzac, Helyas et predictus Odo miles, et Petrus de Roezas aliique plures.

(*) Original parch. de 12 lign., coté **A 82** (*Inv. A*) et III (*Inv. B*).

XLIV. *(25) septembre 1190-(27) mai 1192.*
Conposicio Liuncellensium et Vallis Sancte Marie*.

A B C D E F G H I K L M N O P Q R S T U X Z

Quotiens rerum gestarum memoriam inviolabilem posteris nostris memoriter transmittere intendimus, totiens litterarum monimentis id ipsum esse agendum intelligimus : his etenim ab oblivionis interitu memoria defenditur et velut in dies singulos renovatur. Illinc est igitur quod amicabilem compositionem factam, de controversiis quæ inter fratres Liuncelli et fratres Vallis Sanctæ Mariæ de valle de Bovanti, de manso Odonis Johanne, Monte Florido, Lenta, olim et inpresenti vertebantur, presentibus scriptis tradere curavimus. Transegerunt autem inter eos Albericus abbas Aquæ Bellæ, Amedeus abbas Vallis Magnæ, Guntardus prior Excubiarum, Umbertus prior de Silva, Willelmus prior Sancti Medardi, adiunctis sibi duobus iurisperitis, Bertrando Bonelli et Duranno de Tornone, utriusque partis firmiter et integre da[to] eis consensu, ut quicquid ipsi super prefata pacis compositione dicerent utrique ratum haberent. Dixerunt autem ut vallem de Bovanti a summitate Montis Superioris, sicut tendit li seia eiusdem montis a colle d'Umbleses usque ad passum de la Charia et inde descendit usque in Lionna, mansum quoque Odonis Johanne, Montem Floridum, Lentam fratres Vallis Sanctæ Mariæ in perpetuum et in pace possiderent ; quicquid vero a summitate eiusdem montis versus Liuncellum respicit, fratres Liuncelli perpetua pace possideant. Preterea pro hac pacis compositione amicabiliter conservanda, Johannes prior Vallis Sanctæ Mariæ, consensu et voluntate fratrum suorum, cccc. solid. Viennensium dedit Petro de Neirunda abbati Liuncelli et fratribus eius. Quod si deinceps aliqua contentio de terminis, pascuis vel divisionibus faciendis int[er eo]s orta fuerit, duo ex fratribus Liuncelli et duo ex fratribus Vallis Sanctæ Mariæ eam pacifice dirimant; si vero concorditer hoc ipsi facere nequiverint, abbas Liuncelli et prior Vallis Sanctæ Mariæ per se ipsos hoc faciant. Acta sunt hæc anno ab Incarnatione Domini M°. C°. XC°, mense septembri, feria III, indictione VIII, luna XXII, iuxta æcclesiam Beati Martini del Colonel, prenominatis abbatibus atque prioribus presentibus, laudantibus et fieri volentibus, presentibus etiam atque laudantibus Petro abbate de Tamedio, Guntardo abbate de Selianca, Pontio abbate de Ulmeto, ipso Liuncelli abbate cum suis monachis, his : Petro Maza, Petro de Faramant, Petro de Rossilione, et cum his suis conversis : Ademaro

Bovet, Raimundo de Nemore, Apollinare, Duranno Pellipario; presentibus item et hæc pro pacis aviditate fieri volentibus : Johanne Vallis Sanctæ Mariæ priore, Pontio de Spaleto ejusdem domus monacho et Aimone Paguno Cartusiæ converso, Guitfredo Excubiarum et Guigone de Silva conversis, Girberto priore Salientis, Marrone et Guntardo, cum Alamanno priore suo Sancti Johannis, Gauterio priore Sancti Felicis et Berlione canonico ejus, Guigone priore de Ponte et Raimundo nepote ejus, Willelmo decano Gratianopolitano, Bertrando archipresbitero, ejus canonico, Burnone de Lanz, decano Sancti Andreæ; Petro Pineti, Aimone, Unberto de Borna, Diensibus canonicis; Willelmo de Aigleuno, Guigone priore de Borc, Eudenone, Valentie canonicis; Lamberto de Flandenis et Petro filio ejus, Ismidone Garani, Disderio Sancti Johannis, Petro presbitero Sancti Martini et Raimundo fratre ejus, Michaele Berardi et Falcone fratre ejus.

§ Veruntamen huic factæ compositioni fratres de Liuncello qui non interfuerunt assentire nolentes, iterum pro eadem controversia sopienda convenerunt in colle de Biun dominus Jerento Diensis episcopus et domnus Ugo Bonævallis abbas, et presentibus Petro de Nelrunda, cum fratribus suis, qui erat abbas Liuncelli, et Johanne priore Vallis Sanctæ Mariæ cum suis, additis cc. solidis cum prioribus cccc, utriusque partis assensu predictam compositionem ratam esse perpetuo confirmaverunt. De Liuncello cum abbate presentes fuerunt frater Petrus Maza, Petrus de Faramant, Petrus de Rossilione et Jordanus, monachi, frater Johannes Algo, Apollinaris, Raimundus et Bernardus, conversi; de Valle Sanctæ Mariæ cum priore Pontius Novelli, Ugo, Willelmus Artaudi, conversi; cum his testes fuerunt frater Radulfus et frater Garnerius, monachi Bonevallis, Amedeus prior de Quint, Willelmus prior de Sancto Medardo et Lambertus de Flandenis miles. Tercia vero die convenerunt in capitulo Liuncelli prenominati viri, Diensis episcopus, abbas Bonevallis et alii, et quod in colle de Biun factum fuerat ab universo capitulo confirmatum est; et ut hoc firmum et stabile perpetuo servaretur, sigillo domini Diensis episcopi et sigillo abbatis Bonevallis, abbatis quoque Liuncelli et prioris Cartusie, prioris etiam Vallis Sanctæ Mariæ instrumentum hoc placuit insigniri. Acta sunt hæc anno ab Incarnatione Domini M. C. XCII, mense maio, feria IIII^a, luna XI, indictione X, Celestino summo pontifice, Henrico imperatore.

Sigillum Ja(rentonis) Diensis episcopi. — Sigillum abbatis Liuncelli. — Sigillum Cartusie. — Sigillum abbatis Bone Vallis. — Sigillum Vallis Sancte Marie.

(*) Superbe original en fort parch. de 29 lig. 1/2 d'une grosse écriture, coté **K † 60** (*Inv. A*) et II (*Inv. B*). Chacun des cinq sceaux est surmonté d'une inscription que nous transcrivons en commençant par la droite ; il reste encore les cinq grosses lanières de cuir auxquelles ils pendaient sur double queue et le sceau de la chartreuse de Bouvante.: la Sainte Vierge à mi-corps, couronnée, la gauche appuyée sur la poitrine, bénissant de la droite; légende : ✠ **SIGILLUM** *VALLIS SCE MARIÆ*. Copie ancienne, coté **HH 35** (*Inv. A*), et autre récente. — L'original *parti* du Val-Sainte-Marie (*Invent.* de 1737, p. 804, tiroir LVII) est perdu ; il en reste une belle copie sur parchemin ; au dos : *Transactio acta inter abbatem Leoncelli et priorem Vallis Stæ Mariæ.*

XLV.   1192.

(Carta) Falconis episcopi Valentie, Cooinerii*.

VIRI RELIGIOSI FUNDITUS MUNDO ABRENUNCIANTES ITA SECULO MORIUNTUR, UT TOTA INTERNE mentis acio Dei presenciam et angelice societatis frequentiam contemplentur, qui quanto a mundano strepitu longius se faciunt, tanto ab antiquo hoste et a membris ejus frequencius infestantur. Ea prefecto ratione, ad Dei servorum pacem karitatisque custodiam, ego Falco Dei gratia Valentinus episcopus et domui Israhel speculator deditus, dono, laudo et concedo Deo et beate Marie Lioncelli et Petro abbati atque fratribus ejusdem loci, tam presentibus quam futuris, in perpetuum pro salute anime mee et domni Odonis atque Lantelmi omniumque aliorum predecessorum meorum, omnes coroaas boum que in terris predictorum fratrum a me et a meis annuatim exigebantur, et duos sextarios pro gaiaa ad parvam mensuram atque duodecim denarios in campo de la Blacha, in mandamento de Monteilles. Sane sciendum quod domnus Ugo, quondam abbas Liuncelli, pro omni isto censu censuali XII. libras domno Odoni bone memorie, anno ab Incarnacione M°. C°. LX°. IJ°, accomodavit ¹. Testes hujus rei : Petrus Masza, W. d'Ornaceu, monachi, Pe. Arberti bailes de Aleissa, W. Riperti, W. de Barnava et alii plures. Postea vero Petrus abbas Liuncelli et fratres ejusdem loci dederunt mihi Falconi, Valentino episcopo, pro omni predicto censu XVIII. libras Valentinensis monete, anno ab Incarnacione Domini M°. C°. XC°. IJ°, que omnes libre cum supradictis simul XXX. fiunt. Testes : Petrus abbas, Pe. Masza, Pe. de Foraman, monachi, W. de Belveer, Po. de Jaunac, Guigo de Larnatge, Guion de Monmaira, Odils de Monteilles, Po. de Rocha, R. de Mirabel, Eustachis Beralz, Ademarus Beralz, W. de l'Estable, milites, Jordanus bailes, Eustachis Leuraz, Guio, Andreus Chapairos et alii plures.

(*) Le texte de cette pièce est fourni par la ch. LXXII, dans laquelle elle fut insérée pour suppléer à la perte de l'original. Le P. COLUMBI l'a indiquée (*Opusc. var.*, p. 261).

XLVI. 1192.

SIGILLUM ADEMARI PICTAVIS, DE AQUISITIS ET ADQUIRENDIS*.

IN nomine sancte et individue Trinitatis, ego Ademarus Pictaviensis, comes Valentinus [1], laudo, dono et concedo Deo et beate Marie et Petro abbati et omnibus fratribus Liuncelli, tam presentibus quam futuris, quicquid datum est eis in helemosinam vel amodo datum fuerit in omni dominacione mea, pro salute anime mee et patris et matris mee omniumque antecessorum meorum. Insuper universa bona dicti cenobii, tam mobilia quam immobilia, sub proteccione mea suscipio necnon et homines ad eundem locum pertinentes, et omnes etiam utilitate seu devocione monasterii euntes et recedentes. Quicumque igitur violare presumserit vel infringere temptaverit presens donum, sciat certissimum meam omniumque meorum offensam incurrere. Hoc autem actum est apud Cristam, anno ab Incarnacione Domini M°. C°. LXXXX° IJ°; hujus doni testes sunt : Petrus abbas, Petrus de Faramanno mo(nachus), Raimundus conversus, Gencio de Devajua et Gencio d'Urre, milites, Arnaudus, Wi(llelmus), Petrus Saonensis abbas, Bernardus de Quint, Petrus de Quint, W^g Silvester, Ugo Rotgerii, Petrus de Mirabel, Arnaudus de Crista, Matheus Ainardi.

(*) Original parch. de 10 lig., coté **Qui 409** (*Inv. A*) et DCXXVI (*Inv. B*); au dos : *Lictera domini comitis Valentini de concessione datorum et dandorum Lioncellensibus in juridictione sua;* grosse lanière de cuir à double queue. Transcription dans le *vidimus* de 1548 (n° 1), le *Cah. des privil.* etc. et dans les mss. de PEIRSSC (*loc. cit.*, reg. LXXV, t. II, p. 160), qui ajoute : « Scellé en corroye de cuir blanc du seel de cire jaulne, dans les vestiges duquel se voyent les vestiges de la grande estoille à seize raiz au moins du centre, sur lequel paroit distinctement le grand croissant au minuant de lune, bien que les cornes semblent se toucher au costé gauche à l'endroit où paroissent quelques vestiges d'une petite estoille, mais mal nette et qui seroit mal asseuree si on n'en avoit des vestiges ailleurs... De l'autre part se voyent aussy les vestiges de la figure à cheval, dans l'escusson de laquelle paroissent fort distinctement les besants de la maison de Poictiers et je ne scay quoy du chef, mais les inscriptions sont entierement rompues et perdües. » L'ancien *Gallia Christ.* a donné un texte incomplet de cette ch. (t. IV, p. 559) : cf. BRÉQUIGNY, *Table chron.*, t. IV, p. 161.

(1) Nos *Cartulaires* renferment un grand nombre d'actes d'Aimar II de Poitiers, fils de Guillaume Ier (ch. VIII, n. 1), et comte de Valentinois de 1188 à 1230; voir les index des *Cartul. de Die* et de *Saint-Chaffre*.

XLVII.

1192.

Carta de convenientia prioris de Cozau de territorio Vulpe*.

Quoniam] omnia que temporaliter decurrunt cito ab humana labuntur memoria, ideo ego Pe[trus] abbas Liuncelli et fratres nostri pacem (quam) cum Lamberto priore de Cozau, per manum Guigonis de Larna[ge] et Jordanis de Aleissa, fecimus dignum scribere duximus; sane posteris nostris valde utile et satis [com]modum seriem pacis cupientibus scire et subsequentia legere. Igitur, cum fratres nostri super decimarum exactiones grangie Vulpe a Lamberto priore de Cozau et a suis diu vexarentur, placuit amicis nostris supranominatis, mediatoribus ab utraque parte constitutis, quod juxta pacis antique compositionem, quam cum Lantelmo Macia predecessore suo domus nostra a quindecim annis et supra habuerat, omnibus aliis exactionibus et querimoniis, quascumque et ubicumque prior predictus faciebat, omissis omnino atque sopitis, pax vera inter nos et priorem et sequaces suos conservaretur, et prout decet viros religiosos ammodo perpetuaretur, et in reddendo et retinendo certus modus prefigeretur : scilicet, ut in terris quas tunc in parrochia de Cozau habebamus vel sumus habituri vel quandoque adquisituri, que decimas debent prestare, de unaquaque carrata hyemalis annone unam novenam prior de Cozau habeat et de tremsalla tricesimum sextarium; pro omni vero legumine non nisi unum sextarium fabarum annualem; vineam autem liceat crescere et dilatare, et etiam si opus fuerit alias mutare, que tamen semper immu[ni]s existat sicut semper exstitit ab omni decimarum exhibitione. His ergo per viros [commune]s, scilicet Guigonem et Jordanem sic dispositis et constitutis et ab utraque parte [conc]essis, prior Lambertus III^{or} libras proinde a nobis habuit, qui tunc etiam promisit, sicut decuit, ut fedus pacis confederatum fideliter custodiret, defenderet et omni ratione justicie manuteneret; deinde hoc idem Hugo prior de Sancto Felici, cum conventu suo, in capitulo laudavit, confirmavit et presentem cartam sigillo suo et nostro muniri fecit. Facta sunt autem hec omnia anno ab Incarnatione Domini M°. C°. XC°. II°; hujus rei testes sunt : Petrus abbas Liuncelli, Petrus Macia et Petrus de Faraman, monachi, Raimundus conversus, Hugo prior de Sancto Felici, Girardus sacrista et Umbertus de Curzó, Umbertus Macia et Villelmus Rufus, Radulfus Urserlus et Rostagnus frater ejus et alli canonici, Guigo de Larnage miles, Jordanus de Aleissa et Martinus sacerdos.

(*) Original parch. de 26 lig., coté **Matheus 580** (*Inv. A*) et CCCCXXIII (*Inv. B*); au dos: *Convenientia prioris de Cousaul, de Vulpa;* trace de trois sceaux. Copie dans le cahier DXIX. — *L'Invent. A* mentionne un autre origin., sous la cote. **Del 565** (f° 107 v°) : *Carta dict. decimarum Voulpe alio modo scribitur, scil. domus Leoncelli de terris quas tenet in parrochia de Cossau de una quaque carrata hiemalis annone unam novenam prior de Cousou habeat et de transallia tricesimum sestarium, pro omni vero legumine nisi unum sestarium fabarum, de vinea nulla decima; scripta millesimo centesimo nonagesimo secundo.*

XLVIII.   *1192-(?).*

[Carta Blemos] matris Artaudi Tempeste*.

Noverint ta[m prese]ntes quam futuri quod Blemos, uxor Lagerii de Rochifort et mater Artaudi Tempesta, dedit Deo et be[ate Mar]ie Liuncelli et fratribus ejusdem loci tam presentibus quam futuris, pro salute anime sue, anno ab Incarn[atione] Domini M°. C°. XC°. II°, medietatem condamine cum tribus sextariis frumenti censualibus et emi[na], que Fontanilis habetur. Quod donum Artaudus filius ejus concessit et jurato supra sacrosanctum Evangelium [confirm]avit; qui etiam iterum dedit quicquid juris habebat in tota montanea a Zotis Cadafalci us[que ad co]llum de Tornim; quod iterum inter manus Petri abbatis Liuncelli, ante auditorium conversorum in di[e sepulture] matris sue confirmavit. Et ut utrumque donum ratum et firmiter in pace teneretur, fide[jussores iterum d]edit Petrum Odonem de Secusia, Lambertum de Aigleu, Lambertum de Rochifort, Petrum [Garnerii et Garn]erium fratrem ejus, Villelmum Garnerii, Poncium Rotbaudi, Poncium Chais. Testes [hujus rei sunt : Apollinari]s prior, Villelmus de Bais, Johannes Gigas, Stephanus de Vinnai, Arbertus de Morae[ta, Jordanus, Poncius Marchis], mon(achi), Ademarus Bos, Johannes Algós, Poncius, Bernardus Faber, conversi, Hugo Ge[nz, Garnerius bailio], Jacobus, Hugo de Sebia, Lantelmus Gúers. Et adhuc ad majorem tenorem toci[us executionis h]abende, presens carta per alfabetum exarata et sigillo domini Ja(rentonis) Diensis episcopi muni[ta, utrique] parti traditur habenda.

A B [C D E F] G H I K L M N O P Q R S T V X Y Z

Postea vero, predictus Artaldus alteram medietatem condamine cum aliis tribus se[xtariis fr]umenti censualibus et emina dedit fratribus Liuncelli, supplicando et rogando pro bovibus sibi ablatis, pro rapina facta in grangia vallis Luctuose, et aliis multis et magnis malis que fecerat ille, rogando ut pro eo Deo supplicarent et sepulturam si licitum esset ei traderent. Fidejussores hujus rei : Uber. Martini, Lam-

(bertus) de Egleu; testes vero sufit: Arnaudus d'Orcha, Nalis de Bais et ejus filius Eustachius, ambo fidejussores, P. Odo et uxor ejus Galicia et Arbertus eorum filius, laudatores et fidejussores.

(*) Original parch. de 14 lig. jusqu'à l'alphabet et 10 au revers, très-endommagé, coté **Et grangiagium 320** (*Inv. A*) et XXXX(*Inv. B*) ; au dos : *De uxore Lagerii de Rochifort, de condamina et* III*os sextar*... *Fontanellis.* Trace de sceau sur lanière de cuir. — L'*Invent. A* indique un autre origin. coté **Mi. 366** (f° 71 v°) : *Donatio per uxorem Lagerii de Rochifort, que dedit medietatem sue condamine cum tribus sest. frumenti. Et sigill. anno Dom. M° C.LXXXXIJ.* Copie séparée.

XLIX. *1193.*

(Carta Guinisii de Castello Novo et filiorum ejus)*.

Universis fidelibus patet quod honor paternus exhiberi debet lege divina et fideliter executione peracta longeva nato promittitur vita. Hac ergo de causa, ego Guinisius de Castello Novo et filii mei Gontardus et Guinisius, ne tantis bonis tanquam degeneres videamur privari, laudamus ubique et omnino confirmamus absolute, jurato super sacrosancta Evangelia inter manus Petri abbatis Leoncelli, eleemosinam testamenti quam venerabilis pater meus Raimundus de Castello Novo, pro salute anime sue, in presentia domini Odonis Valentie episcopi et domni Hugonis fratris mei, quondam abbatis Leoncelli, fecit et dedit Deo in perpetuum et fratribus Leoncelli in Aleissa et apud Aleissa et in omnibus locis in mandamento ejus, tam in terris quam in hominibus suis in eis habitantibus vel colentibus eas; preterea Petrum de Columber, quem pro nostro tenebamus, cum filiis suis et omni superlectili sua reddidimus et dedimus per manum absolute et amodo libere Petro abbati et fratribus Leoncelli, habitis duodecim libris, nec non et Lantelmum enginatorem cum omnibus suis, omnesque alios similiter cum omnibus suis vel terras eleemosine predicte quas colunt vel inhabitant, septuaginta solidis habitis inde, ex quibus quinque solidos habuit Gontardus et quinque solidos Guinisius frater ejus et quinque uxor Gontardi. Verum, quia habita seu data parum aut nihil prosunt nisi custodiantur, idcirco bona fide et sub predicta promissione promittimus elehemosinam predictam nunquam per nos neque per alium infringere sed potius ab omni injuria a quibuscunque possumus vel poterimus perpetua pace custodire; preterea volumus et rogavimus dominum Falconem, Valentinum episcopum, ut presentem scripturam sigilli sui autoritate et munimino confirmaret. Hec autem omnia-facta sunt anno ab Incarnatione Domini millesimo centesimo nonagesimo tertio et in presentia Petri abbatis Leoncelli ; hujus rei testes sunt : Petrus Masza, Poncius Marchis, monachi, Poncius de Alexano, Guifgo de Larnage, Humbertus Senioretz de Pairi, milites, Jordanus de Alexano, Ismido frater L(amberti) decani, Villelmus Boso, Guigo Maszabous, Jenson Filliolz, Johannes Alamanz et alii plures. Ego Jacobus, domini episcopi notarius, hanc cartam sexto anno pontificatus ipsius mandato ejus scripsi.

(*) L'original coté **Nos 577** (*Inv. A*) et CCCCXXIV (*Inv. B*) ne s'est pas retrouvé en 1812 ; nous donnons le texte fourni par le cahier DXIX (Copies de titres du Cosnier), p. 143-5.

L. *1193*.

CARTHA GUIENISII DE CASTRO NOVO FILIORUMQUE EJUS
DE PASCUIS TOCIUS MANDAMENTI DE CASTRO NOVO,
DE COOINERIO*.

QUIA OMNE QUOD ANTIQUATUR ET SENESCIT TENDIT AD INTERITUM, DIGNUM DUXIMUS SCRIBERE ET MEMORIE COMENDARE quod Guinisius de Castronovo et Gontardus et Guinisius, filii ejus, dederunt libere et sine ulla exactione Deo et beate Marie Leoncelli et mihi Petro locum abbatis tenenti et omnibus fratribus ejusdem loci tam presentibus quam futuris, pro salute animarum suarum, pascua sibi ubique pertinentia, animalia nostra in omni mandamento de Castronovo, preter sata et meisa. Hoc autem juramento confirmato, rogaverunt quod sigillo domini Valentini episcopi totum muniretur ; testes sunt : W. de Marzas monacus, L(ambertus) decanus Valentinus, Dalmas de Popia, Poncius de Malavalle, Ber(nardus) capellanus de Sancto Paulo, Bernardus cellararius de Montellz ospitalarii, Giraudus de Chairanches sacerdos, Guigo Macibos miles, W. de Chaissan bajulus. Testimonio subsequentis scripture et auctoritate proprii sigilli ego Falco Valentinus episcopus, precibus Odilionis de Castrobucco, tam presentis etatis quam future posteritatis hominibus notum et certum facio quod, eodem modo sicut superius dictum est de donatione facta a Guinisio et filiis suis, quod ipse O. concessit et donavit Petro sancte Marie Leoncelli abbati et ejusdem domus fratribus, pro sua et predecessorum suorum salute, pascua animalibus suis in omnibus terris suis ubicumque habeat libere et absolute, nam et pater suus Umbertus hoc idem eis concessesat; preterea prenominatus O., ut animalia et omnes res eorum libere et absque ulla exactione per por-portum *(sic)* Castrinovi et per portum Confluentis in quantum ad ipsum spectat transire valeant, eisdem similiter donavit et in perpetuum habere concessit. Testes sunt : Petrus ejusdem monasterii abbas, Petrus de Faraman cellararius et ipse Odils, W. de Castronovo, Ar. nepos ejus, Guigo de Larnatge, W. nepos ejus, W. de Cruszol junior. Acta sunt hec anno Incarnacionis Dominice M°. C°. XC.III. SS. Ego Jacobus, domini (episcopi) notarius, VIJ° anno pontificatus ipsius, presentem cartam mandato ejus scripsi.

(*) Original parch. de 15 lig., coté **A 124** (*Inv. A*); au dos : *Caynerii de pascuis Castri Novi;* trace de sceau sur cordon de soie noire à double queue. Copie dans le cahier DXIX.

LI. ?.

(Carta) Latardi Mercer, de Coonierio*.

INNOTESCAT OMNIBUS APICES ISTOS LEGENTIBUS, QUOD LATARDUS MERCERS, JUXTA BEATI JACOBI apostoli consilium dicentis : « Estote factores verbi et non auditores tantum ¹ », non ut surdus auditor illud attendens evangelicum dicens : « Facite vobis amicos de mamona iniquitatis, qui cum defeceritis recipiant vos in eterna tabernacula ², » destinavit de suis aliquid pauperioribus et Deo servientibus inpertiri. Igitur, pro salute anime sue et uxoris sue et patrum et matrum eorum, Deo et beate Marie et fratribus Liuncelli dedit cccc^{tos} sol(idos), ex quibus empta sunt caballagium et decime que Falcho de Stella habebat supra terras quas Ademarus Bovez dederat domui Liuncelli, et quoddam pratum juxta Vulpam et quedam petia terre apud Partem Dei. Unde predicti fratres Liuncelli debent annuatim procurationem habere et in die obitus sui, scilicet Latardi et uxoris sue, tantum pro unoquoque eorum quantum pro uno monacho vel converso, apud Liuncellum debet fieri. Et sciendum quod, si in vita sua apud Liuncellum vel Partem Dei causa conversionis venire voluerit, in fratrem suscipiatur.

(*) Original parch. de 9 lig., coté **Terra 286** (*Inv. A*) et CCCCXXV (*Inv. B*); au dos : *Partis Dei et Vulpe.* Fragm. de sceau ogival, en cire jaune sur lemnisque : prélat en pied, tenant sa crosse de la droite; légende : ✝ *SIGILLVM· ABBATIS· LEONCELLI.*
(1) Jacob. I, 22. — (2) Luc, XVI, 19.

LII. 1194.

Carta Petri Gauterii in montanis*.

Quia omne bonum karius atque venustius illucescit cum in comune deducitur, propterea universis tam presentibus quam futuris, presentibus litteris notificari volumus, quod Petrus Gauterii emit bona fide et adquisivit quicquid juris, taschie et consuetudinis Umbertus de Stella et Raimundus frater ejus habebant in montanea Cumbe Calide; de qua emptione et adquisicione facta bona fide tantum dedit Deo et beate Marie et Petro abbati Lionczelli et fratribus ejusdem loci in perpetuum, pro salute anime sue omniumque suorum tam vivorum quam defunctorum, quantum pertinet ad territorium predictorum fratrum. Hoc donum anno ab Incarnacione Domini M°. C°. XC°. IIIJ° peractum, Aelmudis et Chatberta filia ejus dederunt et laudaverunt similiter, pro salute animarum suarum omniumque suorum. Hujus rei testes sunt : Petrus abbas, Pe. Macza, Pe. Faramanz, monachi, Poncius Umberti conversus, Rainaudus Baro, Petrus Rotgerii, Cluczaprea, P. de Balma, Raimundus Aurifex, Martinus Garrez. Factum est hoc aput Castrum Duplex; Ego F(alco) Valentinus episcopus, voluntate predictarum dominarum, sigilli mei munimine presentem paginam confirmavi. SS. Ego Jacobus, domini episcopi notarius, viii^{to} anno pontificatus ipsius, hanc cartam mandato ejus scripsi, sedente in urbe Celestino papa, regnante Henr(ico) serenissimo Romanorum imperatore.

(*) Original parch. de 12 lig., coté **N° 349** (*Inv. A*) et DXXXX (*Inv. B*); trace de sceau sur lacs de soie rouge et jaune à double queue.

LIII. 1194.

Carta abbatis de Clariaco ¹ pro Parte Dei*.

Ne rerum bene gestarum seriem oblivio calumpniosa intercipiat, litterarum debent memorie commendari. Universis ergo ad quos presens scriptura pervenerit notum fiat, quod quidam laici in mandamento Pissanciani quandam domum, que Pars Dei dicitur, sub religionis nomine construxerunt. Procedente vero tempore, attendentes qui in predicta domo ad habitandum convenerant, quod sine capite non possent proficere nec taliter diutius permanere, Deo et beate

Marie et ordini Cisterciensi et domui de Lioncel specialiter se dederunt, hoc poscentibus cum summa precum instancia Guarnerio Albrico et Martino de Borzosel, qui locum in quo fundata est predicta domus de rebus propriis acquisiverunt multaque beneficia eidem domui sepissime contulerunt. Ego vero Villelmus de Clariaco, in cujus possessione eadem domus est constructa, qui ibidem feci cimisterium dedicari, acquiescens honestis peticionibus domni Ugonis abbatis Bone Vallis bone memorie et P(oncii) tunc temporis abbatis Lionczelli, hanc donationem consensi fieri et plurimum conlaudavi, in hoc consulens saluti anime mee et uxoris mee et filiorum meorum, et patris et matris mee et omnium parentum meorum viventium et pariter defunctorum : salva in omnibus auctoritate ecclesie Romanensis. Et quia, sicut ait Apostolus, his qui nobis ministrant spiritualia debemus temporalia ministrare ², Ego considerans sanctitatem tante religionis et beneficium orationum totius ordinis Cisterciensis et specialis orationis que jugis debet fieri in loco eodem qui Pars Dei dicitur et in domo Lioncelli, ex dono abbatis et tocius capituli, pro me et uxore mea A. et filiis et universis parentibus meis, dono eis inperpetuum medietatem mansi qui dicitur deuz Chapuisos et nemus de Soiseiranas et nemus deuz Chalvez, retento censu annuo ii. sest(ariorum) avene. Concedo eis preterea pascua in mandamento toto Pisantiani secundum partem dominii mei, sine dampno pratorum, segetum et tallaite ; et illa specialiter que limitantur seu terminantur a strata publica que tendit ab ulmo de Aleisan versus Rovoira, et habent latitudinem versus Rupem Fortem, sub ea libertate ut nullis aliis religiosis pascua ista que sunt collata specialiter intrare liceat, nisi conpellat necessitas transeundi : ipsi vero tenentur mihi solvere ii. sol(idos) pro caseo, pro pascuis pretexatis. Preterea concedo eis quecumque poterunt, aut emptionis titulo aut beneficii nomine, comparare intra pascua specialiter limitata. Hec autem domus, que Pars Dei dicitur, cum domo de Lionczel est eadem et unica abatia ; unde conventus de Lionczel tenetur ibidem, s(cilicet) in Parte Dei, residentiam facere a festo sancti Andree usque ad Pascha, et per reliquum anni spatium debent ibi iii[or] vel sex de monachis in Dei servitio permanere. Ego quoque Villelmus de Clariaco et A. uxor mea jurejurando promisimus, in manu Petri tunc temporis abbatis de Lionczel, hanc concessionem nos in perpetuum servaturos, et hoc idem jurare fecimus Lantelmum de Valle et Arnaudum monachum, qui presentes huic negotio affuerunt. Et ut ista donatio atque concessio rata et inconcussa inperpetuum permaneret, ego Villelmus de Clariaco hujus concessionis paginam sigilli mei munimine confirmavi, et domino R(oberto) Viennensi archiepiscopo et domino F(alconi) episcopo Valentino ut sua sigilla apponerent supplicavi. Huic rei presentes affuerunt : Petrus abbas de Lionczel et Petrus de Faraman, cellararius ejusdem domus, et Villelmus Drapeuz monachus et Raimundus conversus et Barnardus conversus Bone Vallis, magister Barnardus, Aimo Chatberz, Guarnerius de Loivis, Andreas Gislamars, Bernardus Girouz, Gontardus de Chabúeil, Juvenis Faber, Guarnerius Albricus. Factum est hoc anno ab Incarnatione Domini M°. C°. nonagesimo IIII°.

(*) Bel original parch. de 30 lig., coté MM 208 (Inv. A) et CCLI (Inv. B); trace de trois sceaux, avec fragm. du 2ᵉ sur lemnisque, où l'on ne distingue que ces lettres : ...ViLL... Vidimus par l'official de Vienne à Romans, le 9 févr. 1379 (vid. ad h. an.).
(1) Var. Clariaci. — Voir sur Guillaume de Clérieu la ch. xxxiv.
(2) Ad Roman. xv, 27 ; I Corint. ix, 11.

LIV. *1194.*

Carta Lamberti decani Valentie pro Parte Dei*.

Ne rerum bene gestarum *(ut in ch. præced.)...* *(l. 4)* Pisanciani... *(l. 8)* Lionczel... *(l. 9)* instantia Garnerio... Ego vero Lambertus Valentinus decanus, ad cujus dominium predicte domus territorium partim spectabat, acquiescens honestis peticionibus Rotberti Vienn(ensis) archiepiscopi et Falconis Valentini episcopi et Petri tunc temporis Lionczelli abbatis, hanc donationem consensi fieri et plurimum conlaudavi, in hoc consulens saluti anime mee et patris et matris mee et omnium parentum meorum viventium et pariter defunctorum. Et quia, sicut... *(l. 22)* tocius... et spetialiter orat... *(l. 23)* in eodem loco... Lionczelli... *(l. 24)* pro me et patre meo et matre mea et universis parentibus meis, dono eis inperpetuum mansum de Crox et cabannariam, cum nemoribus et aliis omnibus appendiciis suis, et medietatem mansi del Chapuisos cum consuetudinibus suis. Concedo eis... *(l. 28)* Pisanciani... *(l. 29)* taillate; et illa spetial... *(l. 31)* Alaisan... *(l. 36)* limittata... *(l. 38)* abbatia... Ego quoque Lambertus decanus et Ismido frater meus jurejurando promisimus, in manu domini Falconis Valentini episcopi et domni Petri tunc temporis abbatis de Lionczel, hanc concessionem nos in perpetuum servaturos, nec non et Gontardus et Arbertus nepotes mei et Auda neptis mea hoc idem laudaverunt et inperpetuum dederunt. De donatione et laudatione Lamberti et Ismidonis, que facta fuit in aula Valentini episcopi F., testes sunt : F. episcopus, P. abbas, P. Macza, P. de Faraman, monachi, P. villicus Valentinus, magister P. canonicus Sancti Rufi, Achilleus sacerdos, Jacobus notarius episcopi. De laude Arberti et Aude sororis sue, que facta fuit apud castrum de la Rocha de Gluin, in manu predicti abbatis, testes sunt : P. abbas, P. de Faraman, Villelmus de Marczas, monachi, Villelmus abbas de Clariaco, Lanbertus decanus, Villelmus Boso et Aalis, uxor Villelmi abbatis predicti. De donatione vero et laudatione Gontardi, quam fecit tactis sacrosanctis Evangeliis, in manu P. Lionczelli abbatis, apud Pisantianum, in camera Villelmi abbatis de Clariaco, testes sunt : P. abbas, P. Macza monacus, Villelmus Boso, P. Berauz, Johannes Auchers, Johannes Girberz, P. Ato, Ratioz, Villelmus Ners. Et sciendum est quod caslani de Pisantiano, s(cilicet) Villelmus Disders et Johannes Auchers et Villelmus de Stabulo et domina Aisingars de Charpei et Petrus Odo dederant et concesserant Deo et beate Marie et habitatoribus sepe dicti loci quicquid juris in supra nominatis terris et nemoribus habebant, et Guidelinus et fratres ejus Lanbertus et Ismido ipsis tantundem redditum alibi assignaverunt, s(cilicet) Villelmo Disder m^{or} sextariatas terre a Corro et em(inam) avene et xv. d(enarios) in manso de Merlis ; P. Odonis em(inam) avene et xv. den. in eodem manso, Johanni Aucherii tantundem, domine Aisingari tantundem : hii omnes jurejurando promiserunt predictam domum custodire, manutenere pro posse suo. Hoc autem factum est anno ab Incarnatione Domini M°. C°. LXXXXIIIJ°; et ut ista donatio atque concessio rata et inconcussa in perpetuum permaneret, Ego Lanbertus Valentinus decanus presentem paginam munimine sigilli mei confirmavi et domino A(inardo) Vienn(ensi) archiepiscopo [1] et F. Valentino episcopo ut sua sigilla apponerent supplicavi. Nec pretereundum quod Villelmus Armanni, predictarum rerum bajulus, quicquid juris in hiis habebat dedit et concessit jurejurando in manu P. Lionczelli abbatis, in camera predicti Villelmi abbatis de Clariaco ; hujus rei testes sunt : Lanbertus decanus, Villelmus Boso clericus, Villelmus de Marczas, P. de Faraman, monachi, et Martinus capellanus, Johannes Girberz, Johannes Gibelis.

(*) Original parch. de 37 lig., coté **MM**ᵉ **209** (*Inv. A*) et CCLIII (*Inv. B*). Trois sceaux pendaient sur des flottes de soie rouge et jaune à double queue ; il ne reste qu'un fragm. du 1ᵉʳ (celui de l'archevêque Ainard), où paraissent ces lettres : ....**AINAR**... *Vidimus* par l'official de Vienne le 9 févr. 1379 (*vid. ad h. an.*).

(1) L'archevêque de Vienne Robert étant mort le 15 juin 1195, d'après son épitaphe rapportée par CHORIER (*Antiquités*, l. III, c. v; cf. *Néorol. de St-Robert de Cornillon*, nᵒ 176), l'apposition du sceau de son successeur Ainard (1195-19 novemb. 1215) à cette charte doit être postérieure à sa date, d'autant plus qu'il figure lui-même encore dans la ch. LVI.

LV. *Janvier 1195.*

CARTA FALCONIS EPISCOPI PRO PARTE DEI*.

Quia non omni inchoanti set bene currenti bravium eterne remunerationis debetur, idcirco ego Falco, sancte Valen(tinensis) ecclesie episcopus, quod inspirante gratia divina incepi, ipsa auxiliante ad finem cupio devenire optatum. Nunc igitur universitati fidelium presenti pagina notificamus, quod domum Partis Dei, pro qua generali capitulo Cisterciensi supplicavimus, Deo et beate Marie et ordini Cisterciensi et specialiter domui Liuncelli donamus, laudamus et perpetuo possidendum concedimus, cum omnibus appendiciis suis, cum datis bonis et dandis, acquisitis et acquirendis, et locum ipsum in omnibus pro posso diligere, fovere, defendere fideliter promittimus et manutenere ; omnes quoque locum istum injuste presumentes inquietare seu in aliquo attemptantes injuriari, donec ad plenam veniant emendationem, sentencie precipimus subjacere districte. Ad hujus etiam facti confirmationem, presentem paginam jussimus fieri et sigilli proprii munimine roborari. Datum Romanis, anno Incarnationis Domini M°. C°. XC°. IIIJ°, mense januario.

SS. Ego Jacobus, domini episcopi notarius, VIII° anno pontificatus ipsius, presentem cartam mandato ejus scripsi.

(*) Original parch. de 17 lig., coté **Et animalibus 326** (*Inv. A*); trace de sceau sur longue flotte de soie rouge et jaune. Copie dans le cahier CCCXCI.

LVI. *Janvier 1195.*

CARTA ARCHIEPISCOPI VIENNENSIS PRO (al. DE) PARTE DEI*.

Qvia non omni *(ut in ch. præced.)*... sed... *(l. 2)* iccirco ego R(obertus), Viennensis archiepiscopus et ecclesie Romanensis abbas vocatus, quod insp... *(l. 6)* Marie et ord. Cisterciensi et spec. dom. Lioncelli... *(l. 8)* appenditiis... dandis et adquis. et adquir... *(l. 10)* deffendere... *(l. 13)* sententie... Datum Romanis, anno Domini M° C°. XC°. IIIJ°, mense januario.

(*) Original parch. de 13 lig., coté **Ad manus 322** (*Inv. A*) et CCLIV (*Inv. B*) ; au dos : *De parte Dei*. Trace de sceau sur lanière de cuir à double queue. Copie dans le cahier CCCXCI.

LVII. 1195.

(CARTA) WILLELMI DESIDERII PRO PARTE DEI*.

: V : B : C : D : E : F : G : H : I : K : L : M :

Quoniam rerum precedentium memoria oblivionis nebula cito contegitur, idcirco mortalium gesta in archa scripturarum commendantur. Igitur omnibus presentibus et futuris per presentem paginam notificamus, quod Willelmus Desiderii dedit Deo et beate Marie, Petro abbati Liuncelli et fratribus ejusdem loci, necnon et Parti Dei quicquid juris habebat in territorio de Parte Dei, tam in terris quam in nemoribus, excepta tercia parte quartonis de medietate mansi Petri Raimundi, et pascua in toto mandamento Pisanciani *(ut in ch. LIII, l. 28)*... taillate... *(l. 31)* de Alexiano... *(l. 33)* comp. neces. transeundi. Preterea concedo *(ibid., l. 35)*... limitata et perhenniter possidere. Hanc donationem quam jurejurando fecit dictus W. apud Romanis, in domo Bonevallis, in manu domini Falconis Valentini episcopi et domni Petri Liuncelli abbatis, laudaverunt et concesserunt mater ejus Armanna et Artaudus frater ejus et uxor ejus Curezona et filius ejus Desiderius. De donatione et laudatione omnium istorum testes sunt : Durandus de Turnone, Guigo de Larnatge, Poncius de Alexiano, Jordanus de Coszau, Petrus de Faraman monacus, Ademarus Boso, Raimundus conversus; de donatione Willelmi Desiderii testes sunt : F. Valentinus episcopus, Petrus abbas, Petrus de Faram[an], Bernardus, monachi, Silvester conversus et omnes qui supra. Et sciendum quod pro hoc W. Desiderii habuit a fratribus Liuncelli ccc. et [x.] sol(idos) et Artaudus frater ejus xL. sol. et filius ejus Desiderius fuscotinctum. Ego vero Falco Valentinus episcopus, prece et voluntate ipsius Willelmi Desiderii, sigilli mei munimine hanc presentem paginam roboravi, anno Incarnationis Dominice M°. C°. XC°. V°, sedente in Urbe Celestino papa, regnante Henr(ico) serenissimo Romanorum imperatore.

SS. Ego Jacobus, domini episcopi notarius, vIII° anno pontificatus ipsius, presentem cartam mandato ejus scripsi.

(*) Original parch. de 17 lig., criblé de trous, coté N° 254 *(Inv. A)* et CCLV *(Inv. B)*; trace de sceau sur soie rouge et jaune. Copie dans le cahier CCCXCI.

LVIII. 1195.

CARTA ADEMARI BOVET APUD MARCHIS, DE PARTE DEI*.

A : B : C : D : E : F : G :

Quoniam res geste plerumque a memoria hominum vetustate delentur, visum est humane industrie multa que labilis mens humana retinere non poterat scripturis [1] comendare. Notum ergo esse volumus presentibus et futuris, quod Ademarus Bovetz, pro salute anime sue, patris et matris [2] et fratrum omniumque antecessorum suorum, dedit Deo et beate Marie et fratribus Liuncelli, tam presentibus quam futuris, domum de Finzaias cum ortis et peciem terre que est juxta domum, et alias xxiiii. sextariatas terre cum pratis ejusdem terre continguis et iiii. sextariatas apud Marchas; et ideo ipse Ademarus cum omnibus parentibus, scilicet pridie nonas octobris, in capitulo Liuncelli debet absolvi et conventui procuratio plenarie debet preparari, necnon et fratribus Partis Dei, quia ipse Ademarus ibi requiescit, die eadem pidancia debet fieri. Testes hujus rei sunt : W. de Bais monachus [3], Bernardus de Ostiun, W. de Alamenc, presbiteri, Petrus de Alexiano, W. de Mercurrol, canonici Romanenses, Paganus Falavel, Aimo Chatberti, Bernardus de Monchabrel.— Iterum noverint presentes et futuri quod Falco de Stella, ad cujus dominium spectabant supradicte terre, consilio et laude fratrum suorum, Ugonis et Artaudi, et uxoris sue Ermengart, necnon et Riconis canonici, quicquid juris habebat in predictis rebus tam in terris quam in pratis laudavit, dedit et concessit Deo et beate Marie et fratribus Liuncelli tam modernis quam futuris, retentis duobus solidis annuatim sibi persolvendis; et ideo a fratribus Liuncelli habuit xiii. libras et uxor ejus xv. oves cum agnis. Et sciendum quod in die obitus, scilicet F(alconis) et uxoris sue Ermengart et fratrum Ugonis et Artaudi, tantum pro uno quoque eorum in capitulo Liuncelli debet fieri quantum pro uno monacho vel converso ; set et multas et magnas injurias, quas tam ipse F. quam sui fratribus Liuncelli intulerant, Petrus abbas et fratres predicti ei [4] indulserunt : ipse vero domum Liuncelli et omnia ei pertinencia pro posse suo diligere, custodire et manutenere sub jurejurando [5] promisit. Hujus rei testes sunt : Pe. abbas, Pe. Masza, Pe. de Faraman, Gontardus, monachi, Raimundus conversus, Rico de Stella, magister Senioretus, Poncius Chamcors, Jenzo Ronaz, Guigo de la Chesa [6]; de laude Ermengart testes sunt : W. de Bais, Pe. de Faraman, Gontardus de Rochafort, Nicholaus nepos ejus, Poncius, de Gironda. Ego vero Falco

Valentinus episcopus, prece et voluntate supradictorum, sigilli mei munimine hanc presentem paginam roboravi, anno Incarnationis Dominice M°. C°. XC°. V°, sedente in Urbe Celestino papa, regnante Henrico Romanorum 7 imperatore.

SS. Ego Jacobus domini episcopi notarius, viii. anno pontificatus ipsius, presentem cartam mandato ejus scripsi.

(*) Les deux originaux de cette ch.-partie se conservent aux archives de la Drôme : — l'un, de 19 lig., est coté **Cri. 238** (*Inv. A*) et CCLVI (*Inv. B*) ; au dos : *Lictera quarumdam possessionum quas Ademarus Bovetz dedit domui Lioncelli* (*non facit pro ecclesia, set pro abasia Liunselli*) ; trace de sceau sur soie rouge et jaune ; — l'autre, de 20 lig., est coté **Ster 256** (*Inv. A*) ; au dos, longue analyse. Copie dans le cahier CCCXCI.
(1) Var. *scriptis*. — (2) *P. et m.* def. — (3) Var. *monacus*. — (4) Var. *eis*.
(5) *S. jur.* def. — (6) *La Ch.* def. — (7) *Rom.* def.

LIX. 26 janvier 1196.

Carta Odonis de Turnone, de pedagiis*.

Notum sit omnibus presentibus et futuris, quod ego Odo dominus de Turnone, pro mea et parentum meorum salute, donavi domui Liuncelli et fratribus ibidem commorantibus ac in perpetuum habendum concessi, quod de rebus suis, de animalibus sive de aliis quibuslibet mobilibus usaticum aliquod vel aliqua peccunia, occasione pedagii sive lesde sive pontonatgii, ad ipsis vel eorum nunciis de cetero non exigatur, set jumenta et saumarii et omnes res eorum per totam terram meam sive per aquam liberum et absque omni exactione transitum et reditum habeant in perpetuum; et ut firmius habeatur, sigillo meo precepi hanc cartulam roborari. Et ego Fulco Valentinus episcopus, precibus supradicti Odonis, ad perpetuam rei memoriam, presenti scripture sigillum meum jussi apponi. Testes sunt : Guigo de Mota miles, Petrus de Faraman cellararius de Liuncel, Petrus de Chazanata monacus, Raimundus conversus, Gontardus de Cabeolo, Pon. Conilz, magister Petrus, canonici Sancti Ruphi, Aicelinus de Cresta et Paganus, Guigo Umbertz, P. Bosvis, W. de Maschailla, Guigo Umbertz. Datum Valentie, vii. kalendas feb(ruarii), anno Incarnationis Dominice M°. C°. XC°. V°, in aula Valentina, Cel(estino) sedente in Urbe, regnante Henrico imperatore.

(*) Original parch. de 13 lig., coté **Mitu 421** (*Inv. A*) et DCXXVII (*Inv. B*); fragm. du sceau unique, sur lanière de cuir à double queue : équestre, à droite, d'une forme particulière. Copie dans le *Cahier des privil.*

LX.   1196.

CARTA ADEMARII PICTAVI PRO BRUISIA - DE PARTE DEI*.

Notum sit omnibus fidelibus quod ego, Ademarus Pictavensis, comes Valentinus, sicut relatione multorum didici, pater meus (?) dedit domui que vocatur Pars Dei et ibi Deo servientibus quiquid habebat in nemore quod vocatur Bruisa. Quoniam igitur placuit Deo ut predicti fratres traderent se et sua domui Liuncelli, placuit michi quatenus et ego domui Liuncelli concederem et sigilli mei impressione confirmarem jam dictum nemus, nichil ibi omnino retinens nisi remunerationem divinam et salutem anime mee et anime patris et matris mee et omnium decessorum meorum. Ujus rei testes sunt : Arnaldus Will(elmi), Willelmus Silvestri, Poncius de Sancto Prejecto, Petrus Maza, mo(nachi). Acta sunt hec (anno) ab Incarnatione Domini millesimo centesimo nonagesimo VI.

(*) Original parch., coté **Marcus 879** (*Inv. A*) et CCCX (*Inv. B*, date 1290), 9 lig. d'une écrit. effacée par moisissure ; trace de sceau sur cordonnet à double queue.

LXI*.   1196.

Donacio facta Deo et beate Marie de Leoncello per Petrum de Bersulena ac Chabertum et Pontium ejus filios; dederunt, anno milleno centeno nonagesimo sexto, octo solidos censuales quos percipiebant super tenemento cellerii, sigillatum sigillo domini episcopi Die.

(*) Sommaire fourni par le seul *Invent. A*, cote **Sio 635** (f° 142).

LXII.   (*Env. 1196*).

COMPOSITIO SUPER PASCUIS [DE TAMEIO ET DE] MUYSON (CUM DOMO VALLIS SANCTE MARIE)*.

. A . E . I . O . V . ET M .

Postero]rum memorie volumus comendare quod, cum controversia super quibusdam pascuis inter domum Liuncelli et [domum] Vallis Sancte Marie diu fieret, demum in domnum abbatem Aque Belle nomine Elsiardum et in priorem [Excubia]rum nomine Ainardum utriusque domus habitatores unanimiter convenerunt, ut ad eorum arbitrium ter[minaret]ur controversia supradicta. Predicti vero viri, diligenti facta discussione cum multa deliberatione, per com[positionem a]micabilem sopire querelam memoratam superius studuerunt : unde pascua de Tameio utrique domui [utenda com]muniter concesserunt ; domui autem Liuncelli pascua de Muison, cujus montanie ad fratres Liuncelli [possessio] pertinebat tam ex dono Guielini quam ex debito servitio censuali, fratribus Liuncelli possidenda et de[fende]nda concesserunt, juxta positionem terminorum qui in eorum instrumento veteri, quod sigillo Odonis Valenti[ne]nsis episcopi signatum est, continetur [1], quorum primus est li druia deuz Agneuz, secundus le folleuz de Chauza[bors]sa, tercius le folleuz deuz Pencheners, quartus le fons de l'Erbaza. Notandum autem quod, ad preces predic[torum] compositorum, fratres Liuncelli fratribus Vallis S^e Marie liberum transitum per suam possessionem quamdiu voluerint et nes[cesse fu]erit concesserunt ; qui transitus istis terminis comprehenditur : per la grea, per la zocha naloara, de sotz lo follel goiet, [per lo bo]sc deu de sotz la zurra lonc la font de l'Erbaza, et inde quantocius in eundo et redeundo sine dampno procedant. [Et sciendum quo]d pascua Muyson inferioris, que utrique domui erant communia, propria et defendenda Vallis S^e Marie fratribus [remanseru]nt. Preterea memorie comendandum, quod utraque domus sibi invicem concesserunt triduanum transitum cum ad [hiemand]um ierint vel inde redierint. Hujus rei testes sunt : Elsiardus abbas Aque Belle, Petrus abbas Liuncelli, Ainartz prior Excu[biarum, P.] prior Vallis Sancte Marie, Berilio prior Castri Duplicis, P. Maza, Villelmus de Marzas, Gontardus, monachi Liuncelli, frater Raimundus, [..........], Geraldus, Stephanus, Ugo, Martinus, conversi Liuncelli, Armannus Aque Belle, Johannes de la Terraza, conver(si), Lambertus de Flandinis.

(*) Original parch., coté **L 61** (*Inv. A*) et CC (*Inv. B*), de 18 lig. dont la partie gauche est rongée. Trace de 4 sceaux dont il reste : 3 attaches de cuir sur double queue ; le 2e, qui appartient au Val-Sainte-Marie, conforme à celui de la ch. XLIV (n.*), dont il complète la légende ; et un fragment du 3e, très-petit, figure du Christ tournée à gauche, dans la légende : ..IEESV... Transcription dans le cahier CCXXX (xve siècle).

(1) Il s'agit ici de la ch. XXIV (p. 27-8).

LXIII.   1198.

(Carta) Aelmundis de Castro Duplici, de Peiruz*.

Cum omnibus Xpisti fidelibus, juxta Apostolum, debitores simus [1], eis tamen propensiori karitate tenemur astricti qui renunciantes seculo in religionis habitu Domino famulari devoverunt. Universis igitur sancte Dei ecclesie filiis notum fieri volumus, quod ego Aalmudis, Castri Duplicis domina, ecclesie Sancte Marie de Liuncello plurima contuli, pietatis intuitu, beneficia, in voluntate habens addere ampliora; domum namque de Peruz, quam jam dudum fratres de Liuncello construxerunt, cum omnibus que aud dono aud emptione adquisierant, Deo et beate Marie et ordini Cisterciensi et dictis fratribus, scilicet de Liuncello, tam presentibus quam futuris ibidem Deo servientibus dono, tam pro mea quam pro predecessorum sive successorum meorum salute, et specialiter pro Chatberto viro meo et filia mea Malberion, et eis in pace concedo perhenniter possidere : salvo tamen annuo censu. Hanc itaque donationem ego Aalmudis filiis ac filiabus ceterisque successoribus de propagine carnis mee descendendo procreatis precipio et imprecor, quatinus eam firmiter teneant et conservando concedant. Facta autem elemosine donatione sollempni, in presentia domni Andree Liuncelli abbatis, in domo Petri Rotgerii apud Cristam, certum fieri volo quod de karitate prefate ecclesie ego A. c. solidos accepi et unam gatgeriam xl. solid., et ut hec datio firma teneatur et inconcussa, filii mei Arnaudi de Crest sigillo presentem cartam premunivi, domnum vero F(alconem) Valentinum episcopum et J(arentonem) Diensem ut sigilla sua apponerent attencius exoravi. Testes de donatione facta apud Cristam : W. de Bais monachus, W. Greillo clericus, Arnaudus Willelmi, Petrus Rotgerii, Bernardus Bontos, Paganus de Crest, Durandus de Augusta, Ugo de Valnavés. Postmodum vero jamdicta domina, apud Castrum Duplex, ante ecclesiam Sancti Michaelis, omnia supra scripta confirmavit ; testes : Petrus de Faraman tunc temporis cellararius, Raimundus conversus, Berlio Frances, Pe. de Devajua, W. Blancs, Bonustos presbiter, W. Chaszaperia, Ademarus bajulus, Raimundus Aurifex, Po. Umberti canonicus, W. Lupus, Guigo cellararius, Jarento Chatbauz, Poncius Berengarii.

Datum anno ab Incarnatione Domini M°. C°. XC . VIII°, epacta xi°, concurrente iii°, indictione prima, sedente in Urbe Innocencio summo pontifice.

SS. Ego Jacobus, domni episcopi notarius, xi° anno pontificatus ipsius, presentem cartam mandato ejus scripsi.

(*) Original parch. de 20 lig., coté **Paris 692** (*Inv. A*) et LXXXXI (*Inv. B*) ; trace de 2 sceaux, l'un sur fils de soie rouge et jaune, l'autre sur lanière de cuir, à double queue. Au dos : ...*pro domo de Perux*. — *Cellarii de Peyrus*. — (1) *Ad Rom.* I, 14.

LXIV.   1199.

CARTA LAMBERTI DE FLANDINES, DE COOINERIO*.

A   B   C   D   E   F   G   H   I   K   L   M   N   O   P   Q

Quoniam totius boni velut seva noverca ceca oblivio bonorum spiritualium bene gesta virorum delere consuevit, ne nobis in posterum noceat, cecitati ipsius dignum duximus obviandum. Notum igitur fiat sancte Dei Ecclesie filiis tam presentibus quam futuris, quod Lambertus de Flandinis et P(etrus) filius ejus Deo et beate MARIE et ecclesie de Liuncello, pro salute animarum suarum, patrum, matrum uxorumque totiusque cognationis, v. sestarios siliginis totidemque avene, quos eadem domus eis annuatim reddebat, in helemosinam perpetuam dederunt. Hoc autem factum est apud Alexanum, in domo P. de Rocha, cum multarum effusione lacrimarum, genibus flexis coram domno A(ndrea) abbate, P. de Fareman presente. Deinceps autem, ne in irritum revocari posset, quam dederant helemosinam in sollempnitate Sanctorum Omnium, aput Liuncellum, in communi capitulo coram omnibus fratribus, monachis et conversis, donationem predictam confirmaverunt L. et P. filius ejus; unde Abbas totusque conventus, totius ordinis societatem et beneficii specialis participacionem L. et P. filio ejus misericorditer concesserunt, in vigiliis, missis, horis ceterisque bonis communibus et privatis, et in missa que cotidie canitur pro defunctis, et in die obitus sui sicut uni monachorum. Testes : Abbas, Bernardus prior, P. de Rosillon, J. Gigas, Stephanus de Valentia, Willelmo de Bais, P. de Chassenete, Arber(tus) de Morete, Ponz Marchis, Hugo cantor, Gontardus supprior, Umbertus, Willel(mus) de Charpe, Oger(ius), Martinus, monachi, Aimarus Bos conversus, Pontius Fruichiers¹, Boso bubulcus, P. dux, G. caprarius et alii plurimi. Sciendum etiam quod fratres de Liuncello Lamberto et Petro filio ejus DC. solidos commodaverunt, quos Lamber. et P. filius ejus jure debiti reddere tenentur in hunc modum : in diebus sanctis Pentecostes computari debet precium v.

sestariorum siliginis et totidem avene, quod vero deerit debent ad numerum c. solid. annuatim Lamber. et P. filius ejus perficere et fratribus de Liuncello ² reddere, donec numerus vi. centorum solid. ex integro reddantur. Hanc autem conventionem in manu abbatis spoponderunt et affirmaverunt fideliter tenere, et ut rata esset fidejussores dederunt, quorum nomina hec sunt : P. Pil¹. et Umbertus filius ejus, O. de Montellisio, Ponz de Alexano, P. de Rocha. Factum est hoc anno ab Incarnatione Domini M°. C°. XC°. IX°.

(¹) Les deux originaux de cette ch.-*partie* existent encore : l'un, coté **P 66** (*Inv. A*), a 35 lig. de 9 cent., trace de sceau sur lemnisque de parch.; l'autre, coté **Ecclesie 272** (*Inv. A*) et CCCCXXVI (*Inv. B*), a 36 lig., avec trace de sceau; au dos : *Quitatio de V sest. siliginis et quinque avene*. Copie.
(1) Var. *Fruchers*. — (2) Var. *Leuncel*.

LXV. 1201.

(BULLA PRIVILEGII INNOCENTII III PAPÆ)¹.

Innocencius tercius papa ¹, dilectis abbati et religiosis Lioncelli, vestris postulationibus clementer annuimus et nostra protessione monasterium succipimus, locum primo in quo monasterium prefactum situm est, cum pertinenciis suis, territorium Sancti Romani, Combam Calidam, Valem Lutuosam, pascua de Muson, pascua de Ambel, grangiam de Conerio, grangiam de Paralenges, grangiam de Vulpa, domum Partis Dei, celerium de Perus, celerium de Sancto Julliano, grangiam de Lensio, cum appendenciis suis. Sane laborum vestrorum, tam de terris cultis quam incultis, et piscationibus vestris, nullus a vobis decimas exhigere presumat; liceat quoque vobis clericos vel laycos seculo fugientes ad conversionem recipere et eos retinere. Prohibemus ut professi sine licencia dicedere habeant (*leg.* audeant); inhibentes ne terras seu quodlibet beneficium ecclesie vestre collatum liceat alicui dari vel alienari sine licencia capituli, alienata aliter eas irritas esse censemus. Proibemus ne monacus vel conversus, sine consensu abbatis et capituli, pro aliquo fidejubeat vel pecuniam mutuo accipiat, nisi pro manifestam utilitatem : quod si secus fiat, conventus non teneatur respondere; licitum sit vobis in causis propriis civilem vel criminalem testimonium uti, ne deffectu testium jus vestrum valeat deperire. Insuper inhibemus ne (quis) ad sinodos et conventus forenses vos ire (compellat) nec regularem electionem abbatis vestri impediat; si vero episcopus, in cujus parrochia domus vestra fundata est, substi(tu)tum abbatem benedicere renuerit, licitum sit eidem abbati, si fuerit sacerdos, proprios novissios benedicere et que ad officium episcopi pertinent excercere. Pro consecratione altaris et pro oleo sancto et sacramento ecclesiastico nullus a vobis liceat extorquere; benedictiones vasorumque (consecrationes) a quocumque episcopo recipere valeatis, in vestrisque bonis et infra clausuras vestras nullam violenciam audeat excercere, in vestrisque possessionibus turbare nec ablatas retinere, libertatesque a predecessoribus nostris ordini vestro concessus et obtemptus a principibus et aliis auctoritate apostoliqua confirmamus. Datum Laterani, per manum Blasii notarii, anno mille II^c J, pontificatus anno quarto.

(*) On ne possède malheureusement de cette bulle solennelle que l'analyse de l'*Invent. A*, cote **Tuum 447** (f°s 82 v°-3); l'original existait encore en 1812 (*Inv. B*, cote DCXXIX).

(1) Innocent III, élu pape le 8 et consacré le 22 janv. 1198, mourut le 17 juill. 1216. Notre *Codex diplom. ord. S. Rufi* renferme de lui un bref inédit : 1198, août 8 (à Riéti), à l'abbé et au couvent de St-Ruf.

LXVI. *1202.*

Carta Lamberti de Aigleu, cum Montania*.

Notum sit omnibus presentibus et futuris, quod ego Lambertus d'Aigleu veniens Liuncellum intravi capitulum monachorum, et ibi in manu et per manum Petri tunc temporis abbatis, presente omni conventu, concessi et laudavi et om(n)ino confirmando dedi quicquid predecessores mei dederant vel vendiderant predicte domui; set et omnes calumnias quas supra predictas donationes vel venditiones qualicumque modo movissem, et specialiter illam quam super territorium Sancti Romani feceram, donavi et guerpivi fratribus jam dicte domus. Sed et protectorem ac deffensorem omnium rerum eorum fratrum, scilicet Liuncelli, me fideliter promisi, et pro his omnibus L. solidos ab eis accepi. Et ut ratum et inconcussum hoc semper maneat, rogavi dom. U(mbertum) Diensem episcopum ¹ ut sigilli sui munimine presentem paginam roboraret. Factum est hoc anno ab Incarnatione Domini M. CC°. II°; testes sunt : predictus Abbas, Villelmus Drapeuz, Johannes Gigas, Villelmus de Bais, Villelmus de Marzas, Villelmus Ferreir, Guigo de Bais, Gaufredus d'Esparver et omnis conventus, necnon et Petrus Garnerii.

(*) Original parch. de 11 lig. 1/3, coté **Do. 636** (*Inv. A*) et CXXV (*Inv. B*); trace de sceau sur cuir à double queue; au dos : *Pro Sancto Romano*. Le P. COLUMBI a mentionné cet acte (*De reb. gest. Valent. episc.*, 1638, p. 91, 1652, p. 105; *Opusc. var.*, p. 293). Transcription dans le cahier DXCVII.

(1) COLUMBI fait succéder Humbert à Jarente sur le siège de Die en 1197, d'après une charte de Léoncel; il doit y avoir erreur : outre que notre *Cartul.* ne renferme aucune charte de cette année, Jarente y figure encore en 1198 (ch. LXIII).

LXVII.   Octobre 1202.

CARTA PETRI BERENGARII D'URRE*.

OMNIBUS sancte Ecclesie filiis fidelibus per presentem paginam mandando certificamus, quod Petrus Berengarii d'Urre, pro salute anime sue omniumque parentum suorum, dedit tactis sacrosanctis Evangeliis et laudavit Deo et beate Marie et fratribus Lioncelli, tam presentibus quam futuris, inperpetuum et absque ulla retentione VIII. solidos censuales, quos ipsi Lioncellenses debebant ei; dedit etiam eis eodem modo terram cum taschia pro qua predicti VIII. solidi ei debebantur. Hoc laudaverunt fratres ejus sub jurejurando, scilicet Rostagnus et Willelmus. Et sciendum est quod Petrus abbas et omnis conventus concesserunt predicto Petro d'Urre, in morte et in vita, participationem omnium bonorum que fiunt vel fient in domo Lioncelli et in omni ordine Cisterciensi; set et de bono ejusdem domus habuit III^{or} libras. Hujus rei testes : frater Ado conver(sus), Arbertus de Caprariis, Arnaudus Mercers, Armannus Berengarii, Durannus Berengarii, ...Dodo, Petrus de Podio, Willelmus Bosonis le tallare, Bernardus de Tolosa.

Factum est hoc anno Dominico M°. CC°. II°, apud Valentiam, mense octobri.

(*) Original parch. de 11 lig., dont la partie gauche endommagée a été collée sur une 2e peau, *parti* à droite, coté **Tua 361** (*Inv. A*) et DXLI (*Inv. B*); lemnisque. Transcription dans le cahier CCCXCI.

LXVIII.   1204.

CARTA DE DONO WILLERME D'AIGLEU*.

NOTUM fieri volumus presentibus et futuris, quod Villelma d'Aigloú, filia Petri de Laiu, gravi infirmitate detenta, dedit se Deo et beate Marie et ordini Cisterciensi et specialiter domui Liuncelli, inter manus

Villelmi de Bais prioris ejusdem loci, deditque in elemosina pro anima sua omniumque parentum suorum quiquid juris habebat vel habere videbatur in montanis de Liuncel, tam cultum quam etiam incultum, a Chadafalco scilicet usque versus abbatiam et dehinc ubicumque dominium d'Aigleu terminatur, et pascua de Gardi, que pater suus dederat, ipsa dedit et concessit. Et sciendum quod Ademarus et Villelmus, filii ejusdem Villelme, necnon et Verrus maritus ejus hoc idemd ederunt et concesserunt, tactis scilicet sacrosanctis Euvangeliis, et pro posse suo se defensores omnium rerum Liuncelli inperpetuum promiserunt. Testes sunt Villelmus de Bais prior Liuncelli, Villelmus de Marcus subprior, Villelmus Drapeus, Bernardus de Romus, Gontardus, Martinus, monachi ejusdem loci, Eustachius de Brio, Arbertus de Monteclaro et Arbertus filius ejus, Lambertus d'Aigleu, Poncius de Mirabello junior, milites, Villelmus Morrals bajulus, Petrus Garnerii, Ugo Gens, Lautardus de Bais. Ego Humbertus Diensis episcopus, prece et voluntate Ademari et Villelmi, filiorum ejusdem Villelme, necnon et Verri mariti sui, sigilli mei munimine presentem paginam roboravi. Factum est hoc anno Dominico M°. CC°. IIIJ°.

(*) Original parch. de 11 lig. 2:3, coté **Tuo 354** (*Inv. A*) et DXLII (*Inv. B*); lanière de cuir à double queue. Copie dans le cahier DXCVII.

LXIX. *1204.*

Donatio domine Reymonde, filie Francisci domini de Royanis, uxor Reymondi Berengari; dedit Deo et fratribus Leoncelli triginta solidos censuales, quos ei debebat domus Leoncelli pro pascuis que pertinent ad dominum Castri Duplicis, et omn(i)a de quibus predicta domus de Leoncel investita erat in pascuis, in terris et nemoribus a genere suo. Factum anno Domini millio ducentesimo quarto.

(*) Analyse fournie par l'*Invent. A*, cote **Troillus 693** (f° 166).

LXX. *1205.*

CARTA GONTARDI DE CABEOLO, COOINERII*.

GESTA RERUM SCRIPTURARUM APICIBUS CONVENIT COMENDARE, UT PERHENNI MEMORIE CONTRADANTUR. Eapropter per presentem cartam notum fiat presentibus et futuris quod, cum domus Liuncelli de

Gontardo de Cabeolo conquereretur, ipse G. cum domno R. ejusdem loci abbate de querimoniis amicabiliter composuit, donans et concedens prefate domui et fratribus ibidem commorantibus, tam presentibus quam futuris, in recompensatione dampni dati et pro salute anime sue et patris sui, III. solidos, quos ei persolvebant annuales pro territorio Sancti Romani, et III. sol. minus II. denarios et II. sestaria ordei et I. sest. avene et III. jornals de coroaa, quod ab eis pro quibusdam possessionibus annuatim percipiebat. Hoc totum G. in manu ipsius abbatis donavit, et jurejurando promisit quod super hoc dono nichil amplius ab eis decetero exigatur ab ipso nec a successoribus suis, preter libram piperis censualem quam ibi retinuit, et quod fideliter defendat ab omni inquietante et calumpniam inferente. Hanc autem donationem laudaverunt Arbertus frater ejus et dom^a Aalis mater ipsorum, in castro de Cabeolo, ad caput ecclesie, et dom^a Peitavena uxor Gontardi, in camera sua in eodem castro, et quod ratum teneant in manu dicti abbatis eodem modo juraverunt. Testes sunt : Gontardus prior dicte domus et frater Ao conversus, Silvio de Crista, Ponclus Durandi, Boso de Monteveneris, Lambertus Tracoil et Durandus frater ejus, Petrus Saramanni, W. Blancz et Bernardus. Ego Umbertus, Dei gratia Valentinus episcopus [1], ad preces utriusque partis presentem cartam sigilli mei impressione feci comuniri, et domnus abbas et ipse Gontardus sigilla sua similiter apposueru(n)t, ne donatio ab ipso Gontardo facta et a supradictis laudata et confirmata aliquorum possit malicia ullis temporibus perturbari. Factum est hoc anno Incarnationis Dominice M°. CC°. V°, sedente in Urbe Innocentio papa, regnante Philipo Romanorum rege.

SS. Ego Jacobus, dom^i episcopi notarius, VI. anno pontificatus ipsius, presentem cartam mandato ejus scripsi.

(*) Original parch. de 16 lig. 1/2, coté ✝ 132 (*Inv. A*) et CCCCXXVII (*Inv. B*); au dos : *Carta Guntardi de Cabiolo.* — *Carta libre piperis.* Il y a eu trois sceaux, le 1er et le 3e sur cordon blanc, le 2e sur soie rouge et jaune, à double queue ; fragm. du 2e, celui de l'évêque de Valence Humbert, prélat assis, chapé, mitré, tenant sa crosse de la gauche, bénissant de la droite ; le 3e est celui de l'abbé de Léoncel, ogival (45 mill.), en pied, chapé, la gauche appuyée sur la poitrine et tenant sa crosse de la droite, légende : ✝ SIGILLVM·ABBATIS·LEONCELLI.

(1) Voir sur le bienh. Humbert *de Mirabel*, évêque de Valence (1200-1220), la note 6 de la ch. XVI du *Cartul. de St-Pierre-du-Bourg*.

LXXI. 1209.

(Carta) Willelmi de Larnatge, [de Co]oinerio*.

A ⁝ B ⁝ C ⁝ D ⁝ E ⁝

Notum sit omnibus hanc cartam audientibus, quod ego Willelmus de Larnage et Boso et Umbertus fratres mei, donamus Deo et beate Marie et Stephano abbati Liuncelli et fratribus tam presentis etatis quam future posteritatis ibidem commanentibus, pro salute animarum nostrarum, patris et matris et Guigonis fratris defuncti et omnium parentum nostrorum, condaminam que de Larnage dicitur et est prope grangiam Coognerii, et eis [1] concedimus habendam et jure perpetuo possidendam. Hanc autem donationem [2] nos tres predicti fratres, tactis sacrosanctis Euvangeliis, juramento confirmamus, firmiter promittentes ut si quis calumpniam contra jamdictos fratres Liuncelli pro predicta terra moverit, quod nos secundum justicie statuta domum perhenniter defendamus. Fratres vero Liuncelli pro hac donatione [3] in capitulo Cisterciensi nos et parentes nostros constituerunt participes omnium beneficiorum Cisterciensis ordinis, et si forte aliquis nostrum, absque tamen querimonia, habitum religionis sumere voluerit, domus Liuncelli gratis recipere nos tenetur. Ego U(mbertus), Dei gratia Valentinus episcopus, prece et voluntate utriusque partis, laudo et sigilli mei patrocinio munio et confirmo, anno Domini M°. CC°. IX° [4]. SS. Ego Jacobus, dom[i] episcopi notarius, x° anno pontificatus ipsius, hanc cartam mandato ejus scripsi.

(*) Les deux *parties* de cette charte sont encore réunies sur la même bande de parchemin, cotée **Omnes 590** (*Inv. A*) et CCCCXXVIII (*Inv. B*), de 15 lig. de chaque côté ; au dos : *De donacione cujusdam condamine de Larnatge*. Trace de sceaux à chaque extrémité, sur soie cramoisie. Transcription dans le cahier CCCXCI.
(1) Var. *eisdem*. — (2) Var. *donac*... — (3) Var. *donac*... — (4) Var. viiij°.

LXXII. 11 novembre 1211.

(Carta) Humberti episcopi Valentie, Cooinerii*.

Viri religiosi (*vid. ch.* XLV, *p. 51*)... alii plures. Hec autem presens carta, quia autenticum erat amissum, in presencia nostra, scilicet Umberti episcopi Valentini, fuit probata et a nobis plena fides habita : hoc tamen jure a nobis retento, quod suo loco et tempore posset cognosci si valuerit donatio superius dicta vel non ; donec autem hoc cognitum sit, precipimus ne ab aliquo coronte nec aliquid aliud superius dictum ullo modo accipiatur.

SS. Ego Jacobus, dom¹ episcopi notarius, XII. anno pontificatus ipsius, presentem cartam mandato ejus scripsi et sigilli sui patrocinio communivi, anno Incarnationis Dominice M°. CC°. XI°, III°. idus novembris, indictione XIIII°, sedente in Urbe Innocentio papa III°.

(*) Original parch. de 23 lig. 1/2, coté **Deum 525** (*Inv. A*) et CCCCXXIX (*Inv. B*) ; trace de sceau sur fils de soie rouge et jaune. Transcription dans le *Cah. des privil.*

LXXIII. 1212.

Carta (Eustachii) de Brione, de pascuis de Bais*.

Notum sit omnibus hanc cartam legentibus vel audientibus quod, anno Domini M°. CC°. XII°, Eustachius de Brione volens ire Yspaniam contra Sarracenos, recognoscens multa dampna et gravia que domui Liuncelli ipse et mater sua intulerant, tam pro emendatione quam pro anime sue et parentum suorum remedio, donavit Deo et domui de Liuncello et Stephano tunc abbati pascua tocius mandamenti de Bais, ut libere perpetuo et absque omni penitus molestia et exactione eorum animalia et pecora ubique pascantur et transeant, excepta lesione pratorum et segetum et taillate ; promisit quoque fratribus predicte domus, quod extranea deinceps animalia vel peccora in pascua jam dicti mandamenti ad pascendum non introducantur nec pasci permittantur, exceptis animalibus cultorum ipsius manda[menti]. Hanc donationem supradictus Eustachius tactis Evangeliis juramen[to fir]mavit, promittens Liuncellensibus ut sepedicta pascua eis bona fide pro [omn]i posse suo manuteneat et deffendat. Hoc etiam totum donando laudaverunt mater ejus Aalis et uxor ejus Blandina et filii ipsius Guigo, Cerveuz, Rainaldus, Chatbertus, Lairelones, Arnaudus Flota, Arbertus Gauterii miles et uxor ejus Milia. De dono et juratione Eustachii testes sunt : Villelmus subprior, Petrus Maza, Villelmus de Bais, Johannes Seusa, Villelmus Bernardi, monachi, Martinus, Ugo, Bernardus, Johannes, Guigo, Ugo Faber, Carolus, Petrus, conversi et omnis conventus, Villelmus Gauterij, Beroardus, Guigo

Aulainers et alii plures. Factum fuit hoc in domo de Liuncello ; postea vero predicte domine Aalis et Blandina laudaverunt eandem donationem in castro de Brione, presentibus Guntardo de Sancto Martino, Villelmo Anglico, monachis, Geraldo Saurelli capellano de Brione, Bontos Uffres, Francone de Brione, Guigone de Fos, Geraldo d'Ales, Villelmo Fabro, Chiflet. Et notandum quod ipsum Eustachium et parentes illius collegerunt Abbas et fratres Liuncelli in beneficiis domus sue et tocius ordinis Cirterciensis. Ut autem firmiora sint gesta que scripsimus, Ego U(mbertus) Diensis episcopus bulle munimine feci presentem paginam roborari.

(*) Original parch. de 26 lig., coté **Maria 466** (*Inv. A*) et CXXVI (*Inv. B*) ; au dos : *Pascuorum Baini;* trace de sceau sur lanière de cuir à double queue. Transcription dans le cahier DXCVII.

LXXIV.   1212.

(Carta) Lantelmi de Gigorz, de pascuis*.

Noscant omnes et singuli, quod anno ab Incarnatione Domini M°. CC°. XII°, indictione xv°, Lantelmus de Gigorns recognoscens quod pater suus Lantelmus fratribus Liuncelli tam presentibus quam posteris dederat pascua per universam terram suam, eandem donationem quam pater fecerat sacramento corporaliter prestito confirmavit, laudando in perpetuum et prout melius potest intelligi concedendo ; huic concessioni addendo insuper atque finiendo universa pascua que Umbertus de Quinto ejus avunculus vel aliquis antecessorum suorum in mandamento de Quinto vel in alia qualibet terra sua donaverant dicte domui de Liuncello. Concessit autem et concedendo in perpetuum laudavit, quod universa predictorum locorum seu terrarum pascua ad alenda quantacumque voluerint animalia seu pecora, libere ubique et absque omni penitus molestia et exactione habeant et possideant bona pace, excepta lesione segetum et pratorum, que ab antiquo defensa fuerint et exculta ; promisit etiam sub eodem sacramento ipse Lantelmus, quod extranea deinceps animalia seu peccora non introducantur in predicta pascua nec pasci permittantur, exceptis animalibus que locorum incole sua propria introducent. Actum fuit hoc in domo Liuncelli, ante portam ecclesie, presente Lantelmo, dicti Lantelmi filio et Gueeline, qui donationem, laudationem seu concessionem quam pater fecerat confirmavit simili sacramento ; testes sunt :

domnus Stephanus dicte domus abbas, Petrus Maza, Villelmus de Bals, Villelmus subprior, Gontardus de Sancto Martino, Villelmus Bernardi, Johannes Seúsa, monachi, Martinus magister ovium, frater Ugo, frater Bernardus, frater Johannes, frater Guigo, Uguo, Karolus, Petrus Fabri, conversi et omnis conventus, Chatbertus Rainerii, Bostos filius Bontos de Gigorns, Petrus Charners, Artaudus Charners, Guigo Aulainers et alii plures. Postmodum vero, domina Guchelina uxor Lantelmi et Gotolens ejus filia, uxor Amidei de Quinto, quod Lantelmus et ejus filius Lantelmus fecerant laudaverunt et concesserunt; testes sunt : Marcellus capellanus de Clois, ubi dicte domine fecerunt laudationem superius pretaxatam, Chatbertus Rainerii, Saramannus filius Lautardi de Quinto, Petrus Bernardi, Johannes Taberna, Gontardus de Sancto Martino. Ut autem firmiora sint que hac scribuntur pagina, Ego U.(mbertus), Diensis episcopus, rogatu Lantelmi bulle mee munimine roboravi. Nec illud volumus preterire silencio, quod sepedictus Lantelmus recepit quendam palafredum a domno Stephano, abbate Liuncelli, valentem octo libras.

(*) Original parch. de 28 lig., coté **Quoniam 406** (*Inv. A*) et IV (*Inv. B*); au dos : *Lictera de pascuis de Gigors et de Quinto*; écrit. identique à la ch. précéd. et trace semblable de sceau. Transcription dans le cah. DXCVII.

LXXV.   1213.

(Carta) Poncii de Mirabel., de pascuis[*].

Notum sit omnibus tam presentibus quam futuris, quod anno Incarnationis Dominice M°. CC°. XIIJ°, Pontius de Mirabel dedit Deo et beate Marie Lioncelli animam suam et corpus, et Lioncellenses benigne et honorifice susceperunt eum in fratrem domus sue et tocius ordinis Cisterciensis; ipse vero Pontius, pro salute anime sue et Francone uxoris proprie et omnium infantium et parentum suorum, obtulit predicto monasterio in puram helemosinam quicquid juris habebat a balma Sancti Romani usque ad collem de Tornym, nichil ibi retento, et pascua per totam terram suam ut libere semper pascantur et transeant predict. fratrum animalia, salvo jure fondatariorum. Hoc etiam Francona, uxor predicti Pontii de Mirabello, cum juramento laudavit et donavit jam dictis fratribus Lioncelli, presentibus et futuris, jure perpetuo possidendum; duo quoque filii ejus, Pontius et Arbertus, hoc totum cum bona fide prestito juramento laudaverunt cum uxoribus suis, et due filie sepedicti Pontii. De laude jamdicte Francone et filie ejus Petronillo testes sunt : Stephanus tunc abbas Lioncelli, Willelmus de Bais, Willelmus Barnardi et Willelmus de Magalona, monachi, Giraudus Samuel sacerdos, Simeon clericus, Jarento de Mirabello, Pontius Alberti, Willelmus Rollandi, Pontius Cunilz, Bernardus Forners, Albertus de Bois, Petrus Cavilla. De laude filiorum Pontii et Alberti testes sunt : Odo prior de Sermeia, Lantelmus de Gigorz, Albertus de Monte Claro, Chatbertus Rainerii, Albertus de la Mota, Umbertus Ferranz, Chatbertus Bermundi, Nicolaus bajulus, Willelmus de la Costa, et abbas et conventus Lioncelli. Hanc etiam donationem laudavit Ugo d'Aosta et uxor ejus, Gentio et Pontius frater ejus. Et ad firmius testimonium habendum in posterum, Ego D(esiderius), Dei miseratione Diensis episcopus 1, presentem cartam ad preces Pon. de Mirabel auctoritate sigilli mei munio sollemniter et confirmo.

(*) Original parch. de 16 lig., coté **In In 413** (*Inv. A*) et DXLIII (*Inv. B*); au dos : *Pro uxore Francona*; trace de sceau, sur fils de soie rouge et jaune à double queue.

(1) Le bienh. Didier *de Lans* paraît comme évêque de Die de 1213 à 1221 (voir l'index des *Cartul. de Die*); le *Nécrologe de St-Robert-de-Cornillon* en fait mémoire au 3 mai (n° 123).

LXXVI.   1214.

GUIELINA UXOR ANTELMI DE GIGORZ, DE MUISON*.

Notum sit omnibus hanc cartam audientibus, quod anno ab Incarnatione Domini M°. CC°. XIIIJ°, Guielina uxor Lantelmi de Gigorz, cum assensu et voluntate viri sui, dedit animam suam et corpus Deo et beate MARIE Liuncelli, et Liuncellenses promiserunt ei quod cum vellet religionis gratia, sive in vita sive in morte, cum pace viri sui et ecclesie sue ad eos accedere, benigne suscipient eam in sororem domus sue et tocius ordinis Cisterciensis, quasi fundatricem domus Liuncelli. Ipsa vero Guilelma obtulit predicto monasterio in helemosinam quicquid juris habebat in toto territorio de Muson, et expresse perpetuo donavit eis viginti solidos Viennensium quos sibi annuatim pro ipso territorio persolvebant. Hoc totum cum juramento donavit et laudavit Lantelmus de Gigorz vir ejus ; similiter et Lantelmus ejusdem filius et filia hoc donaverunt et laudaverunt prestito sacramento. Hujus rei testes sunt : Amalricus Eracx, Saramannus Brondel, Petrus Barnardi, Galvanz de Roeces, Petrus Guigo, Willelmus de Croisel.

Martinus Gacein, Bosonet, Artaudus Charners, Arnaudus pans et vins, Morrallus, et abbas et conventus Liuncelli. Et ad perhennem rei memoriam dominus D(esiderius) Diensis episcopus, ad preces supradicte Guieline, presentem cartam sigilli sui munimine roboravit.

(*) Original parch. de 12 lig., coté **Z 23** (*Inv. A*) et CCI (*Inv. B*); trace de sceau sur soie rouge et jaune; au dos : ...*pro pascuis et quibusdam aliis in montanis*. Transcription dans le cahier CCXXX.

LXXVII. 1214.

(Carta) Petri Charnerii de pascuis et quibusdam aliis in montania*.

Noverint universi ad quorum notitiam presens carta pervenerit, quod anno Incarnationis Dominice M°. CC°. XIIIJ°, Petrus Charnerii prestito sacramento donavit et vendidit, pretio vi. librarum Viennensium de quibus sibi est plenarie satiffactum, Deo et beate Marie Lioncelli quicquid juris habebat vel habere poterat ex quacumque causa in territorio Gardi, a transitu del Feu sicut convallis dividit usque ad transitum Aie, et inde ascendit per fontem mortuum ad pennam super Cumlam Rotphre, et pascua per totam terram suam. Hoc totum cum juramento donaverunt et laudaverunt Lantelmus de Gigorz et L. filius ejus, et hoc etiam pari modo donaverunt et laudaverunt uxor ipsius Petri Charnerii et tres filii eorum, Petrus videlicet, Pontius et Artaudus, necnon et eorumdem due filie, Audis scilicet et Maria. Hujus donationis et venditionis fidejussores et testes sunt : L. de Gigorz et filius ejus L.; similiter testes sunt : Petrus Barnardi, Morrallus, Martinus Gacaia et Matheus frater ejus, Stephanus tunc temporis abbas Lioncelli, Johannes Sequsie, Willelmus Barnardi, Stephanus bajulus, monachi, Martinus Alvis, Stephanus Pelliparius, Martinus Baruz, Bernardus de Furno et Karolus, conversi. Hoc quoque totum supradictum similiter donaverunt et laudaverunt Willelmus Charnerii et filii ejus; huic donationi conventus interfuit Lioncelli. Et ad majorem firmitatem habendam in antea, dom. D(esiderius) Diensis episcopus, ad preces predicti Pe. Charnerii, presentem cartam suo sigillo sollemniter comunivit.

(*) Original parch. de 12 lig., coté **Se. 367** (*Inv. A*) et DXLIV (*Inv. B*); trace de sceau sur soie rouge et jaune à double queue; au dos : *Petri Charnerii, de quibusdam terris in penis et Gardi*.

LXXVIII.
4 mars 1215.

(Carta) Willelmi Desiderii de Parte Dei*.

Noverint universi ad quorum noticiam presens scriptum devenerit, quod filii Willelmi Desiderii, Desiderius scilicet, Martinus et Franco, pro remedio anime patris et matris sue necnon et omnium antecessorum suorum, dederunt et concesserunt Deo et beate Marie et Stephano tunc temporis abbati Liuncelli et fratribus ejusdem loci unum sextarium frumenti censualem, quem percipiebant in locum in quo positum erat molendinum Partis Dei, cum dominio quod ibi habebant, et duas corroatas boum et octo denarios censualia : habitis inde a Liuncellensibus sex libris et dimia. Cumque in manso Petri Raimundi proponerent se habere terciam partem quartonis in medietate predicti mansi, quicquid juris habebant vel dicebant se habere in toto manso vel in omnibus, in aliis locis et rebus, que tunc temporis possidebat domus Liuncellis in territorio [Par]tis Dei, domui Liuncelli in perpetuum remiserunt et se nichil decetero in eisdem petituros, nullo ibidem retento, prestito sacramento firmaverunt ; et sciendum quod predicti fratres sub eodem sacram[ento promis]erunt se effecturos quod Artaudus frater eorum junior, cum ad etatem xv. annorum pervenerit, [supra]dicta omnia laudet et ju[ramento firm]et. Hoc idem totum per sacramentum confirmaverunt sorores predict. fratrum, Artauda et Willelma ; et Artaudus avunc[ulus eorum, Ro]manensis canonicus, hoc idem laudavit et si quid juris, si quid requisicionis in supradictis habebat, bona fide donavit ; et dom[a] Curszona mater ipsorum hoc idem donavit, laudavit et juramento confirmavit. Acta sunt hec apud Romanis, in domo Petri d'Arlean archipresbiteri, per cujus manum in estris dicte domus, supra fluvium Ysare, supradicta facta fuerunt, anno Incarnacionis Dominice M°. CC°. XIJIJ°, IJIJ° nonus marcii, E. littera dominicali, indictione ij. Insuper ad rei memoriam perpetuandam, munita est presens carta sigillo dom[i] U(mberti) Valentini episcopi et sigillis L(amberti) ejusdem ecclesie decani et nobilium virorum, scilicet Willelmi Gratapailla et Rotgerii, dominorum de Clairiaco, et Petri supradicti archipresbiteri. Hujus rei testes sunt : domnus Stephanus abbas, Gontardus prior, Pe. Masza monacus, frater Armannus et frater Stephanus, conversi domus Liuncelli, Desiderius Lobetz, Guigo de Graiseu, Ugo de Monteillz, Willelmus Pariolz, W. d'Arlea, Artaudus et Petrus bajuli, qui totum hoc per sacramentum laudando confirmaverunt. De donacione et laude

Curszone et Franconis filii ejus sunt testes : G. prior Liuncelli, Desiderius, Ardenes, Pe. Larders, Umbertus Bovers, Guigo Rotlandi, W. d'Orcha. De donatione et laude Artaude sunt testes : Ademarus Marros maritus ejus, G. prior, Pe. Artoutz, Johannes Vilanova, Boso Sancti Donati, Johannes Picaut, W. Bornonis, W. d'Orcha; de donacione et laude Willelme sunt testes : G. prior, Desiderius, Silvio, Alamannus, W. de Graiseu, Armaudus de Castrobucco; de donatione et laude Artaudi avunculi eorum sunt testes : G. prior, Desiderius et Martinus fratres, Mallenus canonicus et vicarius Romanensis, Desiderius Lobetz, Po. Maletz, Pe. d'Alamene clericus.

SS. Ego Jacobus, dom[i] episcopi notarius, xiiii. anno pontificatus ipsius, presentem cartam mandato ejus scripsi, sedente in Urbe Innocentio papa III°, x° vii° anno apostolatus ipsius.

(*) Original parch. de 25 lig., coté ZZ 220 (Inv. A) et CCLVII (Inv. B), déchirures à gauche ; traces de 4 sceaux, dont il ne reste que 3 attaches en soie rouge et jaune à double queue ; au dos : *De uno sest. frumenti dato quod fiebat de molandino.*

LXXIX.   7 juillet 1216.

(Carta) Grexonis et Falconis pro pascuis de
Carcaleves*.

Noverint universi quorum conspectibus presens scriptura monstranda venerit, quod inter Grenonem [d'Esparver et Falconem] fratrem ejus ex una parte et domum Liuncelli ex altera talis controversia vertebatur : asserebant siquidem [memorati fratres, quod] animalia dicte domus in suis pascuis multo tempore pascebantur, unde mercedem non habuerant que eis contingebat jure [pascu]orum ; fratres vero Liuncelli querimoniam faciebant, quod G. et F. superius nominati quedam eorum animalia injuste rap[uerant] et reddere renuebant. Altercantes autem diucius in hunc modum tandem compromiserunt in arbitrum. videlicet B. priorem [de] Castro Duplici, qui allegationibus eorum hinc inde propositis, de consensu utriusque partis inter eos amicabiliter composuit in hunc modum : dicti fratres G. et F. quicquid querele habebant vel habere videbantur adversus domum Liuncelli totum remiserunt, in presentia conventus Liuncelli promittentes bona fide, prestito etiam sacramento, quod dict. domum nullo modo super his decetero molestabunt. Fratres vero Liuncelli, de mandato S(tephani) abbatis, qui tunc temporis egrotabat et his interesse non poterat, quicquid querimonie adversus superius nominatos G. et F. habere videbuntur, totum similiter remiserunt. Preterea dicti fratres G. et F. quicquid in pascuis de Charchaleves jure hereditario vel alio justo titulo possidebant, totum dederunt Deo et ecclesie Liuncelli, prout melius et sanius intelligi potuit : renuntiantes super his omni juri sibi in presenti competenti vel in futuro competituro; promittentes bona fide, tactis sacro sanctis Evangeliis, quod per se sive per alium in dict. pascuis requisitionem sive calumpniam non facient, et quod si alius faceret pro posse suo dict. domum defenderent et ab omni indempnitate custodirent. Prefata vero domus Liuncelli pro dict. pascuis dedit prefatis G. et F. sexaginta solidos Viennensis et Vatentin. monete, quos eisdem in integrum numeravit. Acta sunt hec anno Domini M°. CC°. XVI°, nonas julii, in cimiterio Liuncelli; testes vocati fuerunt : W⁰ Bernardi prior Liuncelli, W⁰ Drapello, W⁰ de Bais, Johannes Secusie, Antelmus de Sancto Nazario, Petrus de Pratis, Ugo de Anjoujo, Johannes Merles, monachi, Martinus Alvis, Giraudus de Tres Lasca, Ugo vacarius, Johannes carpentarius, Guigo Gaustautz, Homarius, conversi, W⁰ Rostagnus, W⁰ Umbertus et filius ejus. Consequenter ego D(esiderius), Dei gratia Diensis episcopus, ad rei perpetuam firmitatem, ad preces utriusque partis presentem cartam sigilli mei munimine roboravi.

(*) Original parch. de 20 lig., coté **Cor. 362** (*Inv. A*) et CXXVII (*Inv. B*); au dos : *De pascuis de Charchalves*; trace de sceau. Transcription dans le cahier DXCVII.

LXXX'.   1217.

Donatio Guillelmi Pillosi, qui dedit quatuor sestarios frumenti, quatuor avene, quos debebant domini Leoncelli censuales pro terris in montanis; sigillatur, anno M° II° XVIJ.

(*) Sommaire fourni par l'*Invent.* A, cote **Tibi 416** (f° 78).

LXXXI.   Mai 1217.

(CARTA LANTELMI ET WILLELMI DESMERS, PRO PARTE DEI)*.

NOVERINT universi quod Lantelmus et W. Desmers, presbiteri, et J. et Raimundus et Ber. Clemenz et Lan. Desmers et filii ejus, Jo. et L., et W. de Bolonia pro remedio animarum suarum dederunt et concesserunt domui et fratribus Lioncelli quicquid habebant, sive in dominio sive in possessionibus, sive ab ipsis habebantur, sive in terris cultis vel incultis, ab ecclesia de Charleu usque ad domum Partis Dei, sine omni retentione, ut quicquid juris habebant vel videbantur habere a predicta ecclesia de Charleu usque ad domum predictam, totum habeat domus Lioncelli et fratres ibidem Deo servientes, absque omni diminutione et contradictione sua et suorum. Hanc donationem laudaverunt et sacramento confirmaverunt, et promiserunt se et successores suos observaturos predicta bona fide, prout melius et sanius intelligi potest ab aliquo; hoc donum laudaverunt Ramues et Bonafemina et alia Bonafemina et Galcia et Caia, filia Lantelmi, et Galbors et Bonafemina de Bolonia et Juvenis, filius L. Desmer, et Apollinaris bajulus : isti omnes juraverunt se temporibus perpetuis predicta pacifice observare. Actum apud Sanctum Justum in Roianis, anno Domini M° CC° XVIJ°, mense maii, in presentia testium : A. prioris della Mota del Fanzaz, Johannis Secusie, W. Bernardi, Stephani de Chadafalco, monachorum Lioncelli, G. Tresllasca, Lan. sacerdotis Sancti Nazarii, Ismidonis sacerdotis Sancti Justi, Lamberti Dalmas, U. Bergers, Nicholai de Petra, Heroardi clerici, P. Bermont, Ju. Clarnors, P. Bernardi.

(*) Les donateurs ayant négligé de faire expédier l'authentique de cet acte, il fut inséré en 1234 dans la ch. cxx.

LXXXII.   1218.

(Carta) Arberti Freel, Sancti Juliani*.

Notum sit omnibus presentem paginam inspecturis, quod Arbertus Freels de Montelar vendidit domui Liuncelli duas pecies terre, unam que est juxta clausum cellarii Liuncelli apud Sanctum Julianum et aliam que est contigua terre que fuit Petri Nicholai, precio quindecim librarum Viennensium quas frater Willel. de Peiruz, de mandato abbatis Petri, dicto Arberto in integrum numeravit et ipse coram eo se habuit pro pacato; quiquid vero juris idem Arbertus in dict. terris habebat vel habere videbatur, pro ut melius potuit intelligi donavit pro taxata pecunia Petro abbati Liuncelli et fratribus ibidem residentibus jure perpetuo possidendum : salvo censu xii. denariorum, quos dict. Arbertus postea donavit Deo et ecclesie Liuncelli pro anima patris sui, tali videlicet pacto ut omni anno in die anniversarii sui in capitulo absolvatur. Preterea juravit supra sancta Dei Evangelia hanc vendicionem sive donacionem nullo modo in posterum retractaturum sive calumpniam illaturum, et quod si alius calumpniam inferret ipse pro posse suo dict. domum servaret indempnem; renunciavit eciam super hoc omni juri sibi conpetenti et omni excepcioni et beneficio legum vel canonum, per quod se vel causam suam posset deffendere vel tueri. Similiter sub eodem sacramento promisit quod, cum filii sui tante erunt etatis quod possint facere sacramentum, eandem vendicionem sive donacionem eos jurare faciet in perpetuum servaturos; similiter bajuli dict. terrarum, videlicet Petrus Chacia et Willel. frater ejus, quicquid juris nomine bajulio in eisdem terris habere videbantur, et eciam placitamentum quod jure vendicionis eis contingebat, totum donaverunt et guirpiverunt domui Liuncelli, corporali prestito sacramento. Acta sunt hec anno Domini M°. CC°. XVIIJ°, apud Sanctum Julianum, in cellario Liuncelli; testes vocati fuerunt : P. abbas Liuncelli, P. Alvernacii mo(nacus), S. de Cadefalco, W. de Peirutz c(onversus), O. Nicholay et frater ejus P., P. Chacia et frater ejus W. Ego vero D(esiderius), Dei gracia Diensis episcopus, ad preces dicti Arberti hanc cartam sigilli mei munimine roboravi.

(*) Original parch. de 16 lig. d'une grosse écrit., coté **Suis 652** (*Inv. A*) et CXLVIII (*Inv. B*) : les deux *Invent.* datent cette ch. de 1294, trompés par la forme du **V** de la date qui se rapproche du **C**. Au dos : *Cellarii Montis Clari*; trace de sceau.

LXXXIII.   1218.

Odilo de Stabulo, de stachiis de Conerio*.

Noverint universi quod Odilio de Stabulo querelam movit contra domum Lioncelli de quibusdam taschiis, que habentur in terris quibusdam, in parrochia Sancti Marcelli de Gavaisano, de quibus dicebat se habuisse quondam a preposito Valentino et prepositus denegabat; et preterea movit querelam de omnibus terris quam dom. Lambertus decanus concesserat domui Partis Dei in mandamento de Pisansa, asserens se esse feudotarium in predictis terris, et similiter conquestus est de dono quod fecit Willelma Charbonella domui Partis Dei, et de 1. sextario avene censuali quod dederat Alamanna, mater uxoris ipsius O., domui Partis Dei et super quibusdam pascuis de Chatuisanges que ad ipsum pertinere videbantur. Hec omnia finivit et guerpivit, pro remedio anime sue, Deo et domui Lioncelli, fratribus ejusdem tam presentibus quam futuris, et sacramento prestito confirmavit se et successores suos in pace predict. donationem servaturos, et quod nullam de cetero in prefatis rebus moveat questionem, set predict. donationem semper custodiat illibatam. Hoc idem laudavit et juravit Pon(tius) de Stabulo, frater dicti O.; et Pon. et W., filii dicti O., hoc idem similiter laudaverunt et juraverunt. Et sciendum quod de bonis domus Lioncelli habuit dictus O. unum pollinum valentem VI. libras. Actum apud Romanum, in camera W. Parioli, anno Domini M. CC. XVIII, testibus : P(etro) abbate [Lion]celli, P. archipresbitero Romanensi et Jo(hanne) priore Lioncelli, P. Masza, fratre Ao converso et W. Pariol et patre ejus et P. Boer converso et Beroardo et Andrea troterio abbatis. Subsequenter, ut predicta majori gaudeant firmitate, coram dom° Guillelmo Valentino ministro [1] omnia predicta recognovit et confirmavit et rogavit ipsum ut presentem cartam, in qua hoc factum continetur annexum, sigilli sui munimine confirmaret.

(*) Original parch. de 20 lig., coté **Michaelis 276** (*Inv. A*) et CCLVIII (*Inv. B*); trace de sceau sur bande du parchemin de la ch. coupée horizontalement.

(1) Guillaume de Savoie paraît sur le siège de Valence dès 1225 (ch. xcv) et mourut évêque de Liège le 3 octob. 1239. Voir le *Cartul. de St-Pierre-du-Bourg* (ch. xxxiii, n. 1).

LXXXIV. ?.

Humbertus Ferrandi pro pascuis*.

Que geruntur in tempore, ne labantur cum lapsu temporis, poni solent in lingua testium vel scripture memoria perhennari. Inde est quod, inspirante divina gratia, Humbertus Ferrandi Deo et beate Marie et fratribus Liuncelli, pro remedio anime sue necnon et predecessorum suorum, dedit et firmiter concessit pascua que sunt a ponte Ainz superius in perpetu(u)m, sine contradictione vel exactione permansura; et hoc in pleno capitulo aput prefatam abaciam, coram omnibus fratribus inrevocabiliter stabilivit. Labente vero tempore, prefactus Humbertus Ferrandi, vel ex obilione *(leg.* oblivione) vel ex mali consilii sugestione, quod jam Deo et fratribus Liuncelli dederat voluit revocare, et pro prefatis pascuis domum Liuncelli s[ep]e sepius invadiavit. Abbas vero et fratres predicte domus super hoc admirantes, prefatum Humbertum allocuti sunt, dicentes quod ipse [eis] divinitus dederat pro quo eos invadiavit. Controversia diutius hinc inde facta, curiam domini Diensis (episcopi) appellaverunt, qui vero eis auditores et judices idoneos statuit, abbatem videlicet Vallis

Crescentis et Petrum Gilferei; qui vero, rationem fratrum predicte domus audientes et sacramenta super predictis recipientes, cognoverunt et, super hanc causam prefato Humberto Ferrandi imponentes silentium, fratribus Liuncelli predicta pascua adjudicaverunt. Cum vero hoc fi(r)miter firmatum extitit, affuerunt testes abbas Vallis Crescentis, Johannes prior de Liuncello, frater Hugo vaccarius de Liuncello, frater Petrus Sancti Medardi, conversus Vallis Crescentis, Petrus Gilfrei.

(*) Original parch. de 11 lig. 1/2, coté **Re 353** (*Inv. A*) et DL (*Inv. B*); au dos : *Petri* (!) *Ferrandi de pascuis*; trace de 2 sceaux sur lemnisque.

LXXXV. 1220.

Carta de dono Lamberti d'Aigleu, cum montania[*].

Notum sit omnibus tam presentibus quam futuris, quod Lambertus d'Aigleu, ipsius uxore in extremis laborante, dedit, concessit, laudavit, bona fide et absque ulla retentione, Deo et beate Marie et fratribus Liuncelli quicquid habebat vel videbatur habere in montanea, a balma Sancti Romani et a via que ducit (a) Castro Duplici versus Liuncellum. Hoc factum est apud Aigleu, presente Villelmo de Bais priore et Gontardo monacho. Postea vero, veniens in capitulo Liuncelli, hanc donationem recognovit et tactis sacro sanctis Evangeliis confirmavit; testes sunt : Villelmus de Bais, Villelmus de Marzas, Martinus, Johannes, Rainaldus, monachi, Freels prior del Chaáfalc, Villelmus Rotmont presbiter d'Aigleu, Villelmus Chiros presbiter de Bais, Lambertus Duranni, Villelmus de Livron, nec non et Arnaudus Estraers, Petrus Reparaz et Johannes Reparaz bajuli, qui hoc idem juraveraverunt *(sic)*, quod hanc donationem pro posse suo conservarent. Ego vero Umbertus Diensis episcopus [1], prece et voluntate ipsius Lamberti, sigilli mei munimine presentem paginam roboravi. Factum est hoc anno Dominico Mº. CCº. XXº.

(*) Original parch. de 10 lig., coté **Laboravi 429** (*Inv. A*) et DXLV (*Inv. B*); trace de sceau. Transcription dans le cahier DXCVII.
(1) Cette charte confirme pleinement la conjecture du P. Columbi (*Opusc. var.*, p. 298) relativement à l'existence d'un Humbert IIIᵉ du nom, évêque de Die.

LXXXVI.

Ugo Beraudi de Parte Dei*.

Avril 1220.

A B C D E F G

Sciant presentes et noscant posteri, quod Ugo Beraudi dedit Deo et beate Marie et fratribus Liuncelli ibidem Deo servientibus et successoribus eorum, pro anima sua et predecessorum suorum, totam terram quam habebat vel habere videbatur in loco qui dicitur Quercus Peoillus et quicquid juris, quicquid requisitionis in predicta terra habebat vel habere poterat, totum donavit et guerpivit eidem domui Liuncelli : que terra debet ecclesie de Marchis unam esminam bladi, talem qualis ibidem creverit et quando creverit. Concessit etiam et laudavit predicte domui Liuncelli, quantum in eo est, quicquid a parentibus suis quocumque gradu distantibus acquirere poterunt et quibus eo tempore investiti erant, et hec omnia predictus U. Beraudi per se et per suos nunc et inperpetuum se observaturum bona fide et sacramento corporaliter prestito compromisit. Et pro predicta terra domus Liuncelli dedit ei xiij. libras Viennenses et pullum equinum duorum annorum; insuper sciatur quod jamdicta domus Liuncelli debet dare annuatim U. Beraudi i. sextarium avene pro supradicta terra, quod sextarium predictus U. Beraudi dedit domui Liuncelli pro remedio anime sue, ita dico si absque herede ex uxore sua legitime suscepto vitam hujus seculi terminaret. Promisit etiam et firmiter observari precepit, ut nec ipse nec heres ipsius legitimus vel eorumdem successores ullo unquam tempore predict. sextarium possint dare vel vendere vel obligare vel alio modo alienare nisi predicte domui Liuncelli, dum tamen justum precium velit pro eodem sextario sibi dare. Ista omnia supradicta laudaverunt et sacramento firmaverunt Willelma et Agnes, sorores predicti U. Berandi, similiter et filii ipsius Willelme supradicto, aput Romanum, in domo Bonevallis, in manu P(etri) abbatis, presentibus Girberto abbate Cassanie, P. Marci, Giraudo sacrista Bonevallis, P. Bruno converso, Umberto cursore predicti abbatis Liuncelli. Item Bona Femina, soror predicti U. Beraudi, hoc idem totum laudavit et concessit, et sub sacramento in manu sacerdotis Sancti Nicolai prestito firmavit, quod nullam requisitionem per se vel per alios in predicta terra de cetero faceret domui Liuncelli; cujus facti testes sunt : Willelmus Apollinaris, Chatbertus Chasta, P. Bover, Juvenis Ursers. Similiter Petronilla, soror sepedicti U. Beraudi, hec omnia supradicta laudavit et concessit domui Liuncelli, et ut a se et suis firmiter observentur, in manu Guinisii sacerdotis Sancti Johannis d'Auteveon, juravit in presentia P. sacerdotis et P. Bover conversi et Jo. Guinisisi et sororis sue Willelme. Preterea Artaudus Amedeus donavit et concessit, in presentia plurimorum, dominium terre predicte prefato U. Beraudo, ut ipse possit eam donare, vendere vel quicquid ei placuerit facere ; et insuper concessit ipse Artaudus domui Liuncelli predict. terram nunc et in perpetuum quiete et pacifice possidendam ; testes interfuerunt Laurencius et Juvenis conversus et Chabertus Chasta et filii ejus et plures alii. Ipse autem predictus U. Beraudi et sorores ipsius abrenunciaverunt super his omnibus exceptioni non numerate pecunie et omni juri tam canonico quam civili, quod eis nunc vel in futurum et successoribus eorum posset prodesse et domui Liuncelli nocere. Ut autem hec omnia supradicta et singula firma semper et inconcussa permaneant, dom. G(eraudus) Dei gratia Valentinus episcopus [1] ad preces utriusque partis presentem cartam sui sigilli munimine roboravit, anno Domini M°. CC°. XX°, mense aprili.

(*) Original parch. de 23 lign., coté **Ejusdem 273** (*Inv.* A) et CCLIX (*Inv.* B) ; trace de sceau sur lanière de cuir à double queue. Transcription dans le cahier CCCXCI.

(1) Géraud, abbé de Molesmes, puis de Cluny, devint évêque de Valence en 1220 ; Grégoire IX le nomma patriarche de Jérusalem le 28 avril 1227 (Hauréau, *Gal. Christ.* nova, t. XVI, c. 311) ; son successeur sur le siège de Valence (ch. LXXXIII, n. 1) paraît dès 1225.

LXXXVII. 1223.

Carta Guinisii de Castro Novo*.

Ut este rei notitia propagatur in posteros, cum venit auctoritas ac robur firmius a testimonio litterarum. Declaretur igitur presentibus et futuris quod Ego, Guinisius dominus Castri Novi, donavi Deo et beate Marie et fratribus Lioncelli tam presentibus quam futuris, pro remedio anime mee et omnium antecessorum meorum, pascua per totum mandamentum Castri Novi, excepto in segetibus et taillatis, ut ea plene habeant et in perpetuum possideant fratres Lioncelli presentes et futuri absque alicujus contradictione. Confiteor preterea et in veritate cognosco hoc idem donum factum esse ab antecessoribus meis prefate domui Lioncelli, et illud idem ratum inperpetuum habebo et firmum ; et hec omnia predicta me observaturum et nunquam de cetero contraventurum jurejurando prestito promitto, et presentem cartam ad perhennem hujus facti memoriam sigilli mei impressione confirmo. Actum anno Domini M°. CC°. XXIII°, in presentia B(ernardi) abbatis Liuncelli, Willelmi de Cornacon cellararii, Duranni Ilion conversi, Petri Chatberti, B. Rainaudi, Rebolli, R. cursoris abbatis, Petri Droocln, Chanaber. Sciendum etiam quod propter hoc habui, ego Guinisius dominus Castri Novi, L. solidos de bonis domus Liuncelli.

(*) Original parch. de 18 lig., coté **I 128** (*Inv. A*); au dos : *De pascuis Castri Novi*. Sceau rond (45 mill.) en cire jaune, sur corde de chanvre, à double queue : château à deux ouvertures, crenelé de 3 pièces et flanqué de deux tours à deux créneaux ; légende : ✝ **S' GVINISII·DE·CASTRO· NOVO**. Copie dans le cahier DXIX.

LXXXVIII.   *(ap. 14 juillet)* 1223.

Carta de pedagio Turnonis*.

Notum sit omnibus presentibus et futuris, quod ego Guigo dominus Turnonis, pro animabus patris et matris mee et antecessorum meorum et in remissionem meorum peccaminum, dedi Deo et domui Liuncelli ac fratribus ibidem commorantibus ac in perpetuum habendum concessi, quod de rebus suis, de animalibus sive de aliis quibuslibet mobilibus usaticum aliquod vel aliqua pecunia, occasione pedagii sive lesde sive pontonagii, ab ipsis vel eorum nunciis de cetero non exigatur, set jumenta et saumarii et omnes res eorum per totam terram meam sive per aquam liberum et absque omni exactione transitum et reditum habeant in perpetuum, et ut firmius habeatur sigillo meo precepi hanc cartulam roborari. Testes sunt : domnus B(ernardus) abbas Liuncelli, Johannes de Turnone monacus, W(illel)mus Cornetus miles et Artaudus frater ejus, W(illel)mus de Chasta, A. Bruniferie. Datum Turnone, anno Incarnationis Dominice M°. CC°. XXIII°, regnante Lodovico rege Francorum, anno primo regni ipsius.

(*) Original parch., de 9 lig. 1/2, coté **Ferno 414** (*Inv. A*). Fragm. de grand sceau rond en cire jaune, sur grosse tresse de coton à double queue ; équestre d'un côté, avec cette légende restituée : ✝ *SIGILLVM·GVIGONIS·DE·TVRNONE* ; au revers, écu semé de France, parti d'un lion ; il ne reste de la légende que deux **M**. Copie dans le *Cah. des privil.*

LXXXIX*. 1223.

Alia donatio ejusdem monasterii facta per Petronillam, uxorem Arberti de la Motta, que dedit territorium de Veraut et certos census designatos in instrumento donationis, sumpto (anno) millesimo ducentesimo vicesimo tercio et sigillatur sigillo dom¹ episcopi Die.

(*) Analyse de l'*Invent. A*, cote Nᵢ 638 (f° 142 v°); bien que l'original de cette ch. soit mentionné par l'*Inv. B* (cote CXXVIII : « Col de Veraut. Charte par laquelle Pétronille, épouse d'Albert de la Motte, et led. Albert conjointement cèdent tout ce qu'ils pouvoient avoir dans le bois et territoire de Veraut, soit en terres, paquerages ou autres propriétés »), il ne s'est pas retrouvé.

XC. 10 août 1223.
(Carta) Lamberti d'Aigleu, de terris et pascuis Montanie*.

Noscat etas presentium et futura quod, anno ab Incarnatione Domini M°. CC°. XX°. III°, IIII. Idus augusti, indictione octava, Lambertus filius Lamberti de Aigleduno, veniens in Diensi capitulo, recognovit quod pater suus Lambertus donaverat Deo et fratribus Lioncelli tam presentibus quam futuris, amore Dei et pro anime sue remedio et uxoris sue Rainaude, quicquid habebat vel habere debebat vel alii ejus nomine possidebant a balma Sancti Romani et a via que ducit (a) Castro Duplici versus Lioncellum. Hanc vero donationem ipse laudavit, donavit, concessit, prout melius potest intelligi, et se et suos disvestiens dict. domum et fratres ejusdem presentes et posteros investivit. Si quis vero contra hanc donationem et concessionem venire presumpserit, ipse defendere et conservare promisit et ad hoc idem faciendum suos heredes alligavit. Ut autem hec omnia firma in perpetuum observentur, tactis sacrosanctis Evangeliis, confirmavit. Testes sunt : Umbertus decanus, W. de Bordellis, Chatbertus sacrista, G. de Torana, Mallenus de Podio Bosono, U. procurator Die, Pe. Tateia clericus, Johanz Bernarz, W. Brocarz, B(ernardus) abbas Lioncelli, Lantelmus monacus, Umbertus Ferrandi. Pro hac autem donatione et concessione habuit a domo Lioncelli ipse Lambertus c. v. solidos; et ut hec supra dicta recognicio et donatio perpetuo firmitatem habeant, nos B. Diensis episcopus¹ et U(mbertus) ejusdem ecclesie decanus et capitulum Diense presentem cartam sigillorum suorum inpressione roborarunt.

(*) Original parch. de 10 lig. 1/3, coté **MI. 637** (*Inv. A*) et CXXIX (*Inv. B*); traces de deux sceaux, sur cordons blancs et verts à double queue; au dos : *De terris a balma Sancti Romani usque Lioncellum.*

(1) Nous hésitons à reconnaître dans cet évêque de Die Bertrand d'Étoile (voir *Cartul. de l'église de Die*, p. 3, n. 1), car, d'après COLUMBI (*Opusc. varia*, p. 298), ce siège était vacant le 3 septemb. 1223 et, d'après le *Cartul. de St-Pierre-du-Bourg* (ch. XXXII, cf. n. 1), Bertrand ne prenait que le titre d'élu le 4 décemb. de cette année; il siégeait encore en 1232 et peut-être en 1233 (ch. CXII). Notons qu'en 1223 l'indiction était XI et non VIII.

XCI.   *30 novembre 1223.*

LAMBERTI PREPOSITI CARTA DE PARTE DEI*.

Noverint universi quod dominus L(ambertus) [Vale]ntinus prepositus, pro remedio animo suo et parentum suorum, donavit et concessit Deo et domui Lioncelli et B(ernardo) abbati et fratribus ibidem servientibus, tam presentibus quam futuris, duas pecies terre quas habebat ad pirum Sancti Albani et sunt VIIJ. sexteriate terre, et alias duas pecies terre quas Rai(naudus) filius P. Raimundi eidem domui dereliquerat, et sunt strate Roianensi contigue et sunt X. sexteriate terre, et condaminam aput Lanszas in qua sunt X. sexteriate terre. Hec omnia donavit et concessit sub censu annuo trium sextariorum frumenti quale seminabitur in domo de la Part Deu, et hoc retinuerunt specialiter quod censum istum prefatum nulli ecclesie aut domui religiose nisi domui Lioncelli concederet vel donaret, et propter hoc habuit de bonis ipsius domus XX. libras et drudi ejus, scilicet P. Cassainz, W. Boso et G. Deloucha, quilibet XV. solidos. Hec omnia supradicta promisit quod bona fide teneret et defenderet eos tam per se quam per successores suos, si aliquis contradictionem faceret in rebus predictis, et promisit se et suos observaturos bona fide prout melius et sanius intelligi potest, et hoc juravit in manu abbatis, et convenit quod Ismido de Chabeolo et Arbertus nepos ejus hec omnia laudarent et approbarent, quod postea plene factum est ab ipsis. Facta fuerunt (hec) aput castrum de Alisio, anno Domini M°. CC°. XXIII°, festo beati Andree, presentibus P. Cassain, W. Bues, U. Boisseira, Pon. Chatber, Ricauz, Amedeus de Quinto, Monaudus Arro, F. de Luira, P. Charle, W. Taboui, P. Taboui, P. d'Auriol, Jo. Scoisa monacus, G. de Tres Laseu con(vers)us, R. cursore abbatis et P. cantore Valentino; et ne presens factum nulla possit in posterum perturbari malitia, ad preces ipsius prepositi et abbatis Lioncelli, dom. G(eraudus) Valentinus episcopus ad firmum testimonium huic carto sigillum suum apposuit, et L(ambertus) prepositus Valentinus ad majorem auctoritatem huic facto prestandam hanc cartam sigilli sui munimine roboravit.

(*) Original parch. de 18 lig. 1/3, coté **Millesimo 260** (*Inv. A*) et CCLX (*Inv. B*); trace de deux sceaux. Copie dans le cahier CCCXCI.

XCII. 1224.

(Carta) domini de Rosillo, de pedagiis*.

Notum sit omnibus presentibus et futuris quod ego, Artaudus de Rossilione, pro animabus patris et matris mee et antecessorum meorum et in remissionem meorum peccaminum, dedi Deo et domui Liuncelli ac fratribus ibidem commorantibus ac inperpetuum habendum concessi, quod de rebus suis, de animalibus sive de aliis quibuslibet mobilibus usaticum aliquod vel aliqua peccunia occasione pedagii ab ipsis vel eorum nunciis de cetero non exigatur, set jumenta et saumarii et omnes res eorum per totam terram meam sive per aquam liberum et absque omni exactione transitum et reditum habeant in perpetuum, et ut firmius habeatur sigillo meo precepi hanc cartulam roborari. Testes sunt : B(ernardus) abbas Liuncelli, Petrus monachus ejusdem domus, Silvio Bajulo et filius ejus Silvio, Johannes Ferlais miles, P. de Chastelboc, W. de Barjas.

Datum Vienne, anno Incarnationis Dominice M°. CC°. XXIIII°, regnante Frederico xpistianissimo imperatore.

(*) Original parch. de 12 lig., coté **Indu. 473** (*Inv. A*); main différente pour les noms des témoins et du lieu de l'expédition; trace de sceau sur tresse de soie rouge et jaune. Copie dans le *Cah. des privil.*

XCIII. 1224(-5).

(Carta Jordane del Revest pro Blacha Rotunda)*.

Noverint universi quod Jordana, uxor quondam Petri del Revest, et filii sui Petrus et Poncius communi consensu et voluntate Deo et domui Leoncelli in perpetuum, B(ernardo) abbati recipienti hoc donum pro se et aliis fratribus, dederunt et concesserunt terram quamdam al Revest, que appellatur Blacha Rotunda vel Belregardet, et duodecim denarios censuales quos precipiebant en l'eissar de Choron, cum omni jure et dominio quod in prefatis locis habebant vel habere videbantur, ut nihil juris, nihil requisi(ti)onis in prefatis rebus possent sibi de cetero vindicare, sed totum sit domus Leoncelli plene et absque omni diminutione. Domus vero Leoncelli, in recompensatione hujus donationis, decem libras Viennensis monete ipsis donavit, que sibi ab abbate et ab aliis qui administrationem gerebant domus in integrum persolute fuerunt, et Jordane matri predictorum, de voluntate ipsorum, dederunt in beneficium personale quandiu ipsa vixerit sex sestarios bladi, tres scilicet frumenti et tres siliginis, et unum modium vini puri et sex caseos et unum porcum valentem tres solidos et quinque vellera ovium, ut quandiu ipsa vixerit ipsa percipiat ista singulis annis pacifice et quiete, post mortem vero ipsius neque filii ejus neque alii successores ob predict. prestationem sibi de cetero faciendam domum Leoncelli valeant convenire. Hanc vero donationem decem librarum sibi factam, prout supra dictum est, tam ipsa Jordana quam filii ejus Petrus et Poncius, tactis sacrosanctis Evangeliis, juraverunt se et successores suos observaturos bona fide, prout melius et sanius posset intelligi, ut nullo jure, nulla ratione possit in posterum retractari. Raimundus vero sacerdos, qui vicem gerebat Johannis abbatis Sancti Felicis, hanc donationem, cum ea que in hac donatione continentur pertineant ad dominium abbatis Sancti Felicis, laudavit pro ipso et per omnia approbavit ut neque ab ipso abbate neque ab alio possit in aliquo perturbari, sed semper rata et firma semper permaneant; et ad rei memoriam presentem cartam sigilli Johannis abbatis Sancti Felicis munimine roboravit et placitamentum rei, scilicet quadraginta solidos, inde habuit. Factum fuit hoc donum apud Valentiam, in domo Leoncelli, anno Domini millesimo ducentesimo vigesimo quarto, testibus intervenientibus : B. abbate Leoncelli, Guillelmo de Cornario cellerario, Ugone Fabro, Guillelmo Sutore, conversis ejusdem domus, Orsello, Guillelmo Rotru, Barnardo de Caprariis, Johanne de Bello Monte, Petro Bovario, Barnardo de Campo, Johanne de Poissenarii, Poncio de Chaszaneta, Petro Droosza. — Subsequente vero anno, hec omnia approbata fuerunt et sigillata a Raimundo sacerdote, prout superius dictum est, et terram quandam, contiguam huic terre que fuit Oasricorum et data fuit domui Leoncelli a Raimundo Oasrici, consentiente fratre suo Petro, Raimundus sacerdos superius memoratus libenter laudavit et placitamentum inde habuit, et sigillo dom¹ J. abbatis sigillavit.

(*) L'original de cette ch., coté **Pro 522** (*Inv. A*) et CCCCXXX (*Inv. B*), manquait en 1812 ; le texte est fourni par le cahier DXIX, p. 3-5.

XCIV.
17 mars 1225.

Confirmacio possessionum in mandamento Marchiarum facta per dom. Willelmum comitem*.

Noverint universi quod dominus Villelmus Pictaviensis, comes Valentinus [1], possessiones quasdam que erant in mandamento de Marchiis, que pertinebant ad suum dominium quia de feudo suo erant, laudavit et concessit pro se et successoribus suis habere et possidere in perpetuum pacifice et quiete Deo et domui Lioncelli, abbati et fratribus tam presentibus quam futuris, et huic donationi adjecit quicquid domus Lioncelli in alio loco habebat et possidebat, sive in terris cultis sive in incultis sive in nemoribus sive in pascuis sive in aliis quibuscumque rebus, totum habeat et in pace semper possideat sine contradictione sua et suorum. Preterea si alique possessiones que ad ipsius pertinerent dominium donate fuerint domui Lioncelli in posterum, laudat et concedit eas predicte domui libere possidendas. Sane si quas res illi de Lioncello, que ad domus spectarent dominium, adduxerint per terram suam vel per aquam, libere erunt a prestatione pedagii et guidagii et thelonei et omnis exactionis. Ad hec dom. Villelmus de bonis domus Lioncelli habuit xx^{ti} libras que sibi fuerunt solute, et omne dampnum quod ipse fecerat per se vel per homines suos, propter hoc factum domus Lioncelli sibi remisit. Facta fuerunt hec per manum dom[i] Ademari Pictaviensis patris sui et Umberti prioris Vallis Sancte Marie, apud Sanctum Nazarium, in curte juxta turrem, anno Domini M°. CC°. XX°. IIIJ°, x°vi° kalendas aprilis, sub multorum presentia, Stephani prioris Lioncelli, Johannis Secusie monachi, Heustorgii de Chambau. Insuper ad perhempnem rei memoriam presens carta sigillata est sigillo suo.

(*) Original parch. de 17 lig., coté **Ciensis 257** (*Inv. A*) et CCLXI (*Inv. B*). Fragm. de sceau rond (45 mill.), en cire jaune, sur cordon plat à double queue : cavalier galopant à droite, tourné de face ; légende : ✝ **S. WIL-LELMI. COMITIS. VALENTINENS.** Transcription dans le *vidimus* de 1548 (n° II).

(1) Guillaume II, fils du comte de Valentinois Aimar II (ch. XLVI, n. 1), mourut quelques mois plus tard, avant son père, en 1226.

XCV.   25 mars 1225.

(Carta) de dono Gontardi de Cabeolo, de pascuis et pedagiis*.

Noverint universi tam presentes quam posteri, quod Gontardus dominus de Chabeolo dedit et concessit domui Lioncelli, B(ernardo) abbati et fratribus ejusdem domus tam presentibus quam posteris pascua in mandamento de Chabeolo, sicut via que descendit a Castro Dupplo protenditur usque ad ulmos prioris et vadit recta usque ad Valentiam; supra viam predictam versus mandamentum de Montilisio, quicquid habetur in pascuis in toto mandamento de Chabeolo et supra castrum de Chabeolo, omnia pascua que sunt usque ad terminos dels estrez de Combauvi. Hec omnia pascua dedit et concessit perhenni jure domui Liuncelli, tamen homines ejusdem castri sua ibidem poterunt pascere animalia et domus Templi et domus Hospitalis de Valentia: alii religiosi non poterunt eisdem pascuis sua pascere vel ducere animalia sine consensu domus Liuncelli. Insuper omnia pedagia, guidagia et usatica per aquam et per terram remisit et donavit domui Liuncelli et omnia que ipse et antecessores sui vel feudotarii eorum dederunt et concesserunt eidem domui, que domus tenebat et possidebat vel investita erat, concessit eidem domui. Et si aliquis in prefatis donationibus contradictor existeret, debet manutenere et defendere domum Liuncelli bona fide. Et ut hec donatio rata et firma permaneat, ipse et filius ejus Guilisius tactis sacrosanctis Evangeliis promiserunt se et successores suos observaturos prout melius posset intelligi, et hanc cartam sigilli sui munimine roboravit et ipsius precibus hanc cartam consequenter dom. W(illelmus) Valentinus minister sigillo suo confirmavit. Facta fuerunt hec in capitulo domus Lioncelli, ab ipso Gontardo et filio ejus [G.], anno Domini M°. CC°. XXV°, mense marcio, in Annunciatione beate Marie, in presentia testium monacorum ejusdem domus, scilicet Jo(hannis) de Turnone prioris, Jo. de Secusia, L. de Sancto Nazario, Ste. de Chaafalc, W. delz Arbrez et plures alii ejusdem domus, et Grennos et W. Lamberti milites, Jo. Acsmars, Vindranz, Chatbert Rollan et multi alii.

(*) Original parch. de 14 lig., coté **I 141** (*Inv. A*) et CCCCXXXII (*Inv. B*); au dos: *De pascuis Cabeoli*. Il a eu deux sceaux, sur tresses en fils de diverses couleurs à double queue; fragm. du 2ᵉ, ogival (52 mill.): prélat en pied, revêtu de l'aube, appuyant des deux mains sur sa poitrine un livre à clous saillants; légende: † *S· W· VALENTIN· ECCLE· ELECTI·*. Vidimus du juge des comtes de Vienne et d'Albon, le 10 avril 1296 (*v. ad h. an.*), et du 27 janv. 1548 (n° xvii). Copie dans le cahier DXIX.

XCVI. *Avril 1226.*

(Carta) Umberti de Castro Novo, de pascuis*.

Geste rei *(ut in ch. LXXXVII, p. 89)...*, quod Ego Umbertus de Castro Novo donavi Deo et beate Marie et fratribus Liuncelli tam present. quam fut., pro remedio anime mee et antecessorum meorum, pascua per totam terram meam quam habeo in mandamento Castri Novi, ut ea plene habeant et in perpetuum possideant fratres Liuncelli pres. et fut. absque alicujus contradictione. Hoc me observaturum et nunquam decetero contraventurum jurejurando prestito promisi, et preterea querelam quam prefate domui faciebam vel facere poteram usque in presentem diem finivi inperpetuum et guerpivi domui pretaxate, et super his omnibus observandis G(uigonem) dominum de Turnone fidejussorem dedi; cartam etiam presentem, ad perhennem hujus facti memoriam, sigilli mei munimine roboravi et ad preces meas dom. W(illelmus) Valentinus minister et dom. G(uigo) de Turnone, ad majus hujus rei testimonium, huic carte sua sigilla apposuerunt. Domnus vero B(ernardus), abbas Liuncelli, de consilio fratrum suorum, dedit mihi propter hoc de bonis domus Liuncelli IIII. libras. Actum anno Domini M. CC. XXVI, mense aprili; testes fuerunt : L. cellararius Liuncelli, P. Odo miles, R. Vitalis et P. Boverius et B. de Capreriis et quidam alii.

(*) Original parch. de 12 lig. 1/2, coté **K 129** (*Inv. A*); au dos : *Litera Coynerii de pascuis*. Trace de trois sceaux, le 1er et le 3e sur soie rouge et jaune, le 2e sur tresse à double queue ; fragm. de celui-ci, en cire blanche, comme ch. LXXXVIII (n.*). Copie dans le cahier DXIX.

XCVII. *15 août 1226.*

Carta Artaudi Tempesta super pascuis*.

Noverint universi quod Artaudus Tempesta pascua quedam que habebat in mandamento de Bais, de quibus faciebat eidem domus Lioncelli unum caseum censualem vel duos solidos, dedit et concessit domui Lioncelli inperpetuum predicta pascua et censum quem ibidem percipiebat, et omne jus et dominium quod ibi habebat vel habere videbatur. Laudavit etiam et confirmavit quicquid ipse vel pater ejus vel mater dederant domui Lioncelli a sota del Chaafalc usque ad collum de Torneu et terram quamdam inter mandamentum Sancti Juliani als Fontanilz, quam mater ipsius et ipsemet contulerant domui Lioncelli et III. d(enarios) censuales qui debentur a Templariis pro chabannaria quam tenent aput Fontanilz. Hec omnia finivit et guerpivit domui Lioncelli, abbati et fratribus tam presentibus quam futuris, et juravit se et suos observaturos inperpetuum hoc donum sine omni calumpnia et contradictione. Actum aput Lioncellum, anno Domini M. CC. XXVI, in Assumptione beate Marie, presentibus B(ernardo) abbate, Jo. (de) Secusia, W. de Bais, Jacobo de Morestel, P. Alverniaz, L. de Sancto Nazario, Ste. del Chauffalc, monachis. Promisit etiam predict. Artaudus hanc cartam presens factum continentem bulla dom¹ B(ertrandi) Diensis episcopi sollempniter insigniri.

(*) Original parch. de 12 lig. 1/3. coté **Cadron 655** (*Inv. A*) et CXXX (*Inv. B*, manquait en 1812). Trace de sceau.

XCVIII.   1227.

(Carta Andree) comitis Albionensis*.

Beneficia Ecclesie filiis *(ut in ch. XXXVI, p. 42)*... Inde est quod ego, Andreas comes Albionensis ¹, pro animabus patris et matris mee et antecessorum meorum et in remissionem meorum peccaminum, concedo, laudo et dono in perpetuum Deo et beate Virginis Marie Liuncelli et venerabili B(ernardo) ejusdem loci abbati et fratribus ibidem consistentibus tam presentibus quam futuris, per totam terram meam sive per aquam lesdas omnes de rebus propriis ipsorum, pedagia, pontonagia quoque et usatica omnia, a quorum exactionibus eos omnino liberos esse volumus et inmunes. Et ut firmius habeatur, sigillo meo precepi hanc cartulam roborari; hujus rei testes sunt : Antelmus cellararius Liuncelli, Villelmus de Montilisio mo(nachus), Antelmus chapellanus, Villelmus de la Balma, Gaufredus Flota, Johannes Lesdarii, Desiderius canonicus Sancti Donati, Lechamarlencs. Datum (in) Sancto Donato, anno Incarnationis Dominice Mº. CCº. XXº. VIIº.

(*) Original parch. de 12 lig. 1/2, coté **Lo 483** (*Inv. A*); trace de sceau sur tresse de soie jaune à double queue. Transcription dans le *vidimus* de 1548 (nº x), qui mentionne un sceau en cire blanche, offrant d'un côté un homme d'armes, l'épée à la main, et de l'autre une tour carrée, — et dans le *Cahier des Privil.*

(1) Guigues VI André, fils de Hugues de Bourgogne (ch. xxxvi, n. 1) et de Béatrix d'Albon, mourut le 13 ou le 14 mars 1237 (*Nécrol. de St-Robert-de-Cornillon*, nº 78).

XCIX*. 1227.

Alia donatio facta per Albertum de Monte Claro, qui dedit et guerpivit monasterio duo sestaria frumenti censualia, quos percipiebat super vinea cellarii, et sigillatur sigillo plombeo anno Domini millio ducentesimo vicesimo septimo.

(*) Analyse fournie par l'*Invent. A*, cote **Johanem 646** (f° 143).

C. 4 mai 1228.

(Carta) Artaldi d'Aigleduno et Antelmi de Gigornz, de pascuis d'Anbel*.

Anno Domini M°. CC°. XX°. VIII°, IIII° nonas maii, Gregorio nono papa sedente et Frederico Romanorum imperatore regnante, Ego Artaudus de Aigleduno et ego Lantelmus de Gigorns confitemur et recognoscimus domno Bernardo abbati, recipienti nomine ecclesie sue de Lioncel, et ejusdem ecclesie conventui, quod coram domino B(ertrando) Diensi episcopo dict. abbatem nomine ecclesie de Lioncel convenimus, proponentes querimoniam quod in pascuis d'Anbel introducere poteramus et debebamus oves nostras proprias et hominum nostrorum, item oves aliorum que essent de nostra gardia vel hominum nostrorum; ad quod respondit dict. abbas, quod pater dicti Artaudi, scilicet Artaudus, et pater dicti Lantelmi, scilicet Lantelmus de Gigorns, dicto domui de Lioncel donaverunt pascua supradicta in hunc modum, videlicet ne in dict. pascuis possent introducere neque pascere oves aliorum, set tantummodo oves proprias et hominum suorum, prout in intrumento inde confecto plenarie continetur; unde dict. episcopus sententiando et de jure a nostra peticione dict. abbatem absolvit. Nos vero, pro redemptione animarum nostrarum et animabus parentum nostrorum, donamus et concedimus per nos et successores in perpetuum dicto abbati..., omnia pascua d'Anbel in hunc modum, videl. ut nos neque successores nostri oves, boves, vaccas, equas neque aliqua animalia in dict. pascuis possimus introducere ut ibidem pascantur, nisi tantummodo animalia nostra propria et hominum nostrorum non commendata, exclusa omni fraude et omni dolo; si vero aliquis vel aliqui dict. domum de Lioncel in dict. pascuis d'Anbel placitando vel alio modo inquietarent, promisimus dicto abbati stipulanti et recipienti... dict. domum manutenere et defendere bona fide. Et sciendum est quod nos promisimus dicto abbati supradicta observare et attendere bona fide, et quod contra non veniamus aliquo tempore per nos vel per aliquem alium firmavimus interposito juramento. Actum in ciminterio Lioncelli; testes fuerunt vocati et rogati : Petrus subprior, Villelmus de Bais, Johannes de Secusia, Stephanus Cadefalchi, Villelmus de Cornacio, Petrus de Monistrol, Johannes de Viu, Lantelmus de Sancto Laterio, Johannes Merles, Ismido, Raimundus de Vaciu, Petrus de Castro Novo, Guigo de [Eras, mo]nachi, Jacobus Jordani, Ugo Faber, Villelmus equarius, Ugo vaccarius, Johannes de Bais. Ad majorem autem [su]pradict. omnium firmitatem et perhempnem memoriam, rogatu dict. Artaudi et Lantelmi, presentem cartam dom. B(ertrandus) Diensis episcopus bulle sue munimine roboravit.

(*) Original parch. de 21 lig. 1/2, coté †.**112** (*Inv. A*) et **V** (*Inv. B*); trace de sceau, sur tresse rouge et jaune à double queue.

CI.   *15 juin 1228.*

Carta Lamberti de Aigleuno*.

Noverint universi quod Lambertus de Aigleuno, qui jecturas multas et dampna gravia intulerat domui de Lioncel, venit ad domum de Lioncel et rogavit humiliter B(ernardum) abbatem et fratres, ut eidem dimitterent quod in predicta domo deliquerat: ipsi vero, ipsius precibus condescendentes, remiserunt eidem offensas quas predicte domui fecerat. Verum ipse Lambertus, penitens de commissis, in emendationem delictorum dedit et concessit domui de Lioncel imperpetuum, B. abbati et fratribus ejusdem domus, tam presentibus quam futuris, quicquid antecessores sui dederant et concesserant domui de Lioncel, in dominicaturis sive pascuis vel aliis rebus, et specialiter remisit et finivit querimoniam quam faciebat in Ambel, ut deinceps domus de Lioncel libere et absolute habeat pascua in Ambel imperpetuum, sine contradictione ipsius et suorum. Donavit etiam predicte domui pascua in mandamento de Bais, in his que sunt sui dominii, et in mandamento d'Aigleu, in omnibus his que ad sui pertinent dominium, ad animalia sua pascenda per totum mandamentum, sive fuerint oves sive capre sive boves sive eque, sive alia animalia que in pascuis pascuntur : predicta pascua non potest dare vel vendere alii Lambertus d'Aigleu, quia imperpetuum data sunt domui de Lioncel, sine contradictione ipsius et suorum. Et dedit eidem domui et imperpetuum remisit et finivit xviii. d(enarios) censuales, quos domus de Lioncel faciebat ei pro pascuis d'Aigleu; dedit etiam predicte domui quicquid juris, quicquid rationis habebat vel videbatur (habere) in terris cultis sive incultis sive in nemoribus, a ponte Encie usque ad Chaaffalc et a Chaaffalc usque (ad) domum de Lioncel, sicut penna de Gardi ducit versus domum. Sane in compensationem istorum beneficiorum domus de Lioncel, B. abbas dedit Lamberto d'Aigleu x. libras quas sibi plenissime numeravit. Et sciendum quod Lambertus d'Aigleu, tactis sacrosanctis Evangeliis, promisit in manu B. abbatis se et successores suos predict. donationes semper observaturos bona fide, prout sanius et melius intelligi posset ab aliquo, ut nullo jure, nulla ratione ab ipso vel a successoribus suis convelli vel conturbari valeant, set firmiter imperpetuum observentur; promisit etiam, sub eodem sacramento, quod deinceps nullum malum inferret domui de Lioncel nec in rebus ipsius domus, set semper manuteneat eam et fratres et deffendat pro posse suo. Et ut supradicta firmiter observentur, dedit fidejussores domui de Lioncel et abbati Gontardum priorem Sancti Johannis de Roias et A(imarum) dominum de Briciaco et Artaudum d'Aigleu patruum suum et filium suum Artaudum, Grenonemque et Petrum Rainaudum priorem del Chaaffalc et Chatbertum Rotlant de Castro Duplici, et omnes isti promiserunt abbati quod si ista non observarentur, ad commonitionem abbatis domus vel ejus nuncii, ipsi se haberent prout abbas vellet et ad dampnum Lamberti essent prout eis esset injunctum. Et ipse Lambertus rogavit dom. B(ertrandum) Diensem episcopum, ut presens factum in scriptis redactum sigilli sui munimine roboraret; et nos B., Dei gratia Diensis episcopus, presentem cartam in qua predicta continentur ad rei memoriam, precibus ipsius Lamberti, bulle nostre munimine roboramus; et A. dominus de Briciaco, ad firmitatem habendam, sigillum suum huic carte apposuit. Hee donationes fuerunt facte in capitulo de Lioncel, anno ab Incarnatione Domini M°.CC°.XXVIII°, xvii° kalendas julii, in presentia testium monacorum : Willelmi de Bais, Johannis Secusie, Willelmi Barnardi, Petri Alvernaz, Lantelmi de Sancto Nazario, Stephani del Chaaffalc, Willelmi de Cornaz, Johannis de Viu, Barnardi de Chabuoil, Petri de Monistrol, Astavert, Guigonis Chastel, Falconis Aurevezer. Et subsequenter prefata sigilla sunt apposita.

(*) Original parch. de 34 lig., coté C 84 (*Inv. A*) et VIII (*Inv. B*); trace de deux sceaux. Transcription sur parch. (xiii° siècle), cotée n° 9 *bis*, etc., passée du cabinet de M. Letellier d'Irville dans celui de M. P.-É. Giraud; copie dans le cahier DXCVII.

CII.   *27 septembre 1228.*

Concordia Guigonis de Secusia
nobis de omnibus que habemus in Montana*.

Cum esset controversia inter domum Lioncelli ex una parte et Guigonem de Seusa ex altera, super rebus in montana de Lioncel que fuerunt quondam Sisbodi patris Guigonis, et proponeret domus Lioncelli quod omnes res quas quondam Sisbodus in montana habuerat Templariis dederat et res illas acquisierat domus Lioncelli a domo Templi, unde nichil juris, nichil requisicionis in eis petendis ipse Guigo habere poterat, quod ab ipso G. vertebatur in dubium, immo proponebat quod res ipsas obtinuerat a Templariis; tandem de consensu utriusque partis inter ipsos hec questio est sopita in hunc modum. Prefatus Guigo de Seusa quicquid juris, quicquid requisicionis habebat vel se habere dicebat vel habere poterat ex quacumque causa in montana de Lioncel a petra Trastornaa usque ad balmam Sancti Romani et sicut tendit via qua itur ad Castrum Duplum, quicquid continetur a via superius et a predictis terminis versus domum Lioncelli, totum donavit et concessit plenarie et absque retentione Deo et domui Lioncelli, pro remedio anime sue et antecessorum suorum, B(ernardo) abbati et fratribus dicte domus, tam presentibus quam futuris, in perpetuum. Hanc autem donationem ipse Guigo promisit abbati, ad utilitatem domus recipienti, se et successores suos ratam et firmam semper habituros, et quod nullo jure canonico vel civili, nulla ratione possit in posterum ipse vel successores sui predict. donationem in aliquo irritare, set eam inviolabiliter observent sicut sanius et melius possit intelligi, et hoc totum prestito sacramento comprobavit; et filius ejus Guigo hoc idem totum laudavit et sacramento prestito confirmavit, ut istam donationem nullo modo, nec occasione minoris etatis nec alia aliqua, valeat perturbare vel domum Lioncelli in aliquo infestare; et hoc totum uxor ejus Beatrix laudavit et renunciavit omni juri quod ei posset competere in rebus que in hac donatione continentur. Acta sunt hec apud Secusiam, in camera ipsius Guigonis, anno Domini M°.CC°.XXVIII°, v° kalendas octobris; affuerunt huic facto de domo Lioncelli, ipse B. abbas, Lantelmus cellararius, Petrus Faber conversus, et alii testes Silvio Cafeuz, Archimbautz bailes, Petrus de Mota, Geraldus Arvernus. Et ad preces ipsius Guigonis, dom. B(ertrandus) Diensis episcopus presentem cartam, in qua supradicta continentur expressa, bulle sue munimine confirmavit.

(*) Original parch. de 23 lig. 1/2, coté **In ge. 420** (*Inv. A*) et DXLVI (*Inv. B*). Au bas pend, sur tresse à double queue, un bel exempl. de la bulle en plomb de l'évêque Bertrand, dessinée en tête de notre *Cartulaire de l'église N.-D. de Die* (p. 1). Au dos : *Concordia facta cum Guigone de Seusa super monte Leoncelli*, et : *Donacio domini de Seusasia*. Copie dans le cahier DXCVII.

CIII.   *20 novembre 1228.*

(CARTA) DE DONATIONE SARAMANDI OLIVERII CASTRI DUPLICIS*.

Noverint universi, quod Saramandus Oliverius dedit se religioni Cisterciensi, et domus Lioncelli cui se dederat recepit eum in conversum et in fratrem, et ipse dedit eidem domui et fratribus ibidem servientibus, tam presentibus quam futuris, imperpetuum pratum quoddam apud Castrum Duplum, quod est in territorio de Borborea, et viii^{to} d(enarios) censuales quos prestabant sibi Poncius Golbertz et Petrus Solatz, pro tribus sextariatis terre que sunt en Chabreta : quicquid juris, quicquid requisitionis, quicquid dominii habebat vel habere videbatur quoquomodo in prefatis rebus, silicet in prato et in terra pro qua sibi prestabantur dicti viii. den. censuales, totum concessit plene et absque diminutione Deo et domui Lioncelli, sicut dictum est. Huic donationi, que facta fuit apud Castrum Duplum, in domo ipsius Saramandi, testes interfuerunt de monachis Lioncelli : W. Bernardi prior, Pe(trus) supprior, Pe. de Castro Novo, Garinus Oliverius, Po. Jarretz, Ademarus Guilla, Jaubertus Seusa. Preterea predictus Saramandus dedit Deo et domui Lioncelli et fratribus ibidem servientibus, tam presentibus quam futuris, imperpetuum xii^{cim} denar. censuales quos faciebant ei li Martinenc, pro dominio cujusdam prati quod est juxta pratum del Lambertencs : quicquid juris, quicquid requisitionis predict. Saramandus habebat vel habere videbatur quoquomodo in prefato prato, pro quo sibi prestabantur dicti xii^{cim} den. censuales, totum donavit et concessit plene et absque diminutione Deo et domui Lioncelli, sicut supra dictum est. Huic autem donationi xii^{cim} denariorum, que facta fuit in cellario de Peirutz, testes interfuerunt de monachis Lioncelli : B(ernardus) abbas ejusdem domus, qui hoc donum recepit, Stephanus de Cadefalco, Antelmus de Vacheriis, Bernardus de Cabeolo, Pe. de Castro Novo, W. de Peirutz conversus, Pe. Rainaldi prior de Peirutz, Po. Jaretz, Pe. Martini, Bostos et Martinus fratres, Guigo cell(ararius), Pe. Lamberti, Ademarus Guilla ; in quorum omnium presencia, predict. Saramandus de omnibus supradict. se expoliavit et domum

Lioncelli per manus B. ejusdem domus abbatis investivit. Cumque res predicte, que in hac donatione habentur, essent de feudo Guinisii de Urra, prefatus G. pro remedio anime sue et omnium antecessorum suorum concessit res predictas, pratum scil. et dominium rerum predict. pro quibus prestabantur xx^{ti} d(enarii) cum censu predicto, Deo et domui Lioncelli habere et possidere inperpetuum pacifice et quiete sine omni contradictione, prout melius et sanius intelligi posset, et hanc cartam in rei memoriam communivit. Hec autem concessio acta fuit apud Secusiam, ante fores ecclesie Sancti Romani, in cimiterio, anno Domini M°. CC°. XXVIIJ°, XII. kalendas decembris, testibus intervenientibus : B. abbate, qui hoc recepit, Willelmo de Cornaz, Jaucerando Piloso, Grenone de Charpeio, Odone de Monte Claro, Garino Oliverio et Oliverio filio ejus, Poncio Jaret.

(*) Original parch. de 31 lig., coté **Eneas 694** (*Inv. A*) et LXXXXII (*Inv. B*) ; trace de sceau sur tresse à double queue.

CIV*.   1229.

Appunctuamentum cum domino priori Sancti Felicis de terris el Regardet, et sigillatur sub data anno Domini millio ducentesimo vicesimo nono.

(*) Sommaire de l'*Invent. A*, cote **Ora 521** (f° 94 v°).

CV.   1er juillet 1229.

(Carta) del Revest de Coonnerio*.

Noverint universi quod Falco Chanabatz, vicem gerens Johannis abbatis Sancti Felicis, qui mandatum generale ab ipso abbate perceperat de negociis abbatie administrandis et omnibus proventibus percipiendis, ut quicquid ab ipso F. fieret ratum et firmum haberetur ab ipso abbate, ut continetur in instrumento sigillo ipsius abbatis sigillato, movit querelam contra domum Lioncelli super quibusdam terris que sunt el Revest, que appellantur Blacha Rotunda vel Bel Regardetz, et xii. d(enariis) consualibus : que omnia assecuta fuerat domus Lioncelli a Jordana et filiis suis Petro et Pontio; et super hiis omnibus que Petrus del Revest, ejusdem Jordane filius, donaverat domui Lioncelli, in quibus continebatur pars illa que sibi contigerat in rebus del Revest ex hereditate patris sui, et prestant annuatim I. sextarium avene abbati Sancti Felicis ; et super duabus peciis terre cum nemore, quas contulerat el Revest domui Lioncelli Andreas Jordani, et prestant annuatim II. sestarios avene; et super campum quendam el Revest, qui fuit quondam Villelmi Bonafos, quem acquisierat domus Lioncelli ab ipso Villelmo et filio suo Pontio et Saramunno, et prestat annuatim II. sestarios avene; et super terram quandam quam domus Lioncelli adquisierat a Petro Lamberti et uxore sua Columba et filiis suis, que prestat annuatim unam eminam avene; et super quandam petiunculam terre quam Raimundus Oalrici contulerat domui Lioncelli, que prestat annuatim I. panem tercie partis emine frumenti et I. caponem ; et super terram quandam quam domus Lioncelli habuit ex permutatione de Raimbauda, et prestat annuatim unam em(inam) avene et I. caponem. De hiis omnibus facta est concordia inter domum Lioncelli et F. Chanabatz in hunc modum : F. Chanabatz ex parte Johannis abbatis Sancti Felicis concessit, laudavit habere et possidere in perpetuum domui Lioncelli, B(ernardo) abbati et fratribus present. et fut. res predictas, salvo censu qui singulis annis debet prestari pro predictis rebus abbati Sancti Felicis, ut supradictum est, ut neque presens abbas nec aliquis post ipsum in abbatia succedentium vel alius pro ipsis aliquam questionem facere possit contra domum Lioncelli, neque pro hiis rebus aliquod placitamentum prestabit decetero, neque ad vendendum compelli poterit; et si aliquam questionem habebat vel habere poterat aliquo modo erga domum Lioncelli, illam penitus solvit et guirpivit. Et sciendum quod prefatus F. IIII^{or} libras et XV. solidos habuit pro placitamento omnium istarum rerum ; et ad rei memoriam et ut hoc factum ratum et firmum habeatur in posterum, prefatus F. presentem cartam sigilli Johannis abbatis Sancti Felicis munimine roboravit. Actum apud Montem Latgerium, anno Domini M°. CC°. XX° VIIII°, kalendas julii ; testes hujus rei sunt : Lantelmus de Vacheriis, Villelmus de Cornatio, monachi, W. Arnaldi, Ugo de Stella et Artaldus fratres, canonici Valentini, Ugo Richardi, Guio Cissaudus, Desiderius Penchenas.

(* Original parch. de 22 lig., coté **Ora 521** (*Inv. A*) et CCCCXXXI (*Inv. B*). Sceau presque entier, ogival (40 mill.), en cire blanche, sur tresse à double queue : ecclésiastique en pied, les mains appuyées sur la poitrine ; légende : † S' **MAGRI** *JOHIS ABBIS SCI FELICIS*. Au dos : *Carta de grangia de Coonerio de quibusdam censibus abbatis Sancti Felicis*, et : *Pro quadam terra sita en Bel Regardet.* Copie dans le cahier DXIX.

CVI. ?.

LICTERA GUIDAGII DOMINI COMITIS VALENTINI*.

A(demarus), comes Valentinus, et A(demaretus), filius condam domini Guillelmi comitis Valentini, universis et singulis fidelibus suis, castellanis et amicis, salutem et bonam voluntatem. Universitati vestre notum volumus fieri per nostras patentes litteras, quod Nos ponimus et recipimus in guidagio et protexione nostra omnes homines et res mobiles vel inmobiles ad domum sancte Marie de Lioncel pertinentes, et ideo vobis mandamus et precipimus quatenus ipsa omnia universa et singula tanquam nostra propria ab omni inquietante defendatis atque custodiatis, et portitorem presencium tanquam nostros proprios in omnibus que vobis super querimoniis dicte domus dixerit fideliter audiatis.

(*) Original parch. de 6 lig. 2/3, coté **In temp. 478** (*Inv. A*). Il ne subsiste que le 1er sceau, sur lemnisque : rond (35 mill.), écu à six besants, 3, 2 et 1, hachures dans le chef, légende indistincte. Transcription dans le *vidimus* de 1548 (n° VI), qui ajoute : « carte...scellee de deux seelz pendantz, l'ung est grand.., y empresse ung homme arme, en main une espee, sur ung cheval, lettres a l'entour de telle teneur : SIGILLVM et autres, et l'autre coste..; l'autre scel est ung escusson à six bessans, les lettres effacees qu'on n'y peult cognoistre », et dans le *Cah. des privil.*

CVII*. 1231.

Donacio nemorum et terre du Verderei, perrochie de Lansas, per Bollotam uxorem Petri Duranti de Cabeolo, et unuos census declaratos in instrumento datato anno Domini millesimo ducentesimo tricesimo primo.

(*) Sommaire de l'*Invent. A*, cote **Nas. 237** (f° 33).

CVIII. 4 juillet 1231.

CARTA DOM^i DALPHINI DE AQUISITIS ET ADQUIRENDIS IN MANDAMENTO MONTIS CLARI*.

In nomine Domini nostri Jhesu Xpisti, anno Incarnationis ejusdem M°. CC. XXXI, IIII. nonas julii, Nos Andreas Dalphinus, comes Vienne et Ailbonis, donamus et concedimus et confirmamus, pro remedio anime nostre et antecessorum nostrorum, ecclesie de Liuncello et Bernardo ejusdem ecclesie abbati, recipienti nomine ipsius monasterii, omnes adquisitiones quas nomine donationis et emptionis seu alio titulo factas olim adquisivit predicta domus de Lyuncello in mandamento Montis Clari, exceptis duobus hominibus, videlicet Petro et Villelmo Charfil fratribus, quos in nostro pleno et proprio dominio retinemus. Item donamus et concedimus predicte domui de Lyuncello, ut adquirere valeat quolibet titulo in mandamento dicti Montisclari ca que de feudo nostro ibi sunt, exceptis domibus militum et turribus et hominibus, et exceptis hiis que ibi jure proprio habemus et excolimus, et exceptis illis in quibus census annuales percipimus. Has autem adquisitiones faciendas a predicta domo sub hac forma eidem domui concedimus, ne ex toto aliqua varvasoria castelli dicti Montis Clari nobis depereat atque evanescat, immo de ipsa varvasoria semper habere possimus servicium debitum atque consuetum. Actum apud Cornelionem juxta cysternam, testibus presentibus Malleno de Podio Bosonis, Villelmo Vetere, Arberto de Conchis, Lantelmo de Mediolano, Jacelmo, Petro procuratore Sancti Rotberti, Lantelmo monacho de Lyuncello et Uguone Rupho. Ad majorem autem firmitatem, presentem cartam fecimus sigilli nostri munimine roborari.

(*) Original parch. de 10 lig. 1/2, coté **Quis 416** (*Inv. A*) et CXXXI (*Inv. B*); trace de sceau sur tresse à double queue; au dos : [De] *aquisitis in eodem mandamento*, et : *Lictera cellarii Montis Clari.*

CIX. *Décembre 1231.*

(DONATIO VILLELMI AUSTORGUES IN NEMORE DE VERAUT)*.

Notum sit omnibus tam presentibus quam futuris quod, anno ab Incarnatione Domini M°.CC° XXX° I°, mense decembri, Gregorio papa sedente, Frederico Romanorum imperatore regnante, Villelmus Austorgues bona fide et sine dolo, prout melius et sanius potest intelligi, recognovit in presentia dom^i Bertrandi Diensis episcopi, quod Franco Austorgues pater suus donavit et concessit, pro redemptione anime sue et parentum suorum, Deo et ecclesie beate Marie monasterii de Lioncello omne jus quod habebat in nemore de Veraut et quicquid juris habebat vel habere debebat in monte de Veraut, videl. proprietates, dominia, pascua, terras cultas et incultas; item recognovit quod dict. Franco pater suus donavit et concessit, pro redemptione anime sue parentumque suorum, III. em(inas) frumenti et III. em(inas) avene et XVIII. d(enarios) censuales, quos facit Petrus

Raidelli, et 1. em(inam) frumenti censualem, quam facit Arbertus Raidelli frater dicti Petri : donavit autem et concessit predict. Franco predicta omnia dicte ecclesie ad habendum, tenendum, possidendum et quicquid voluerit faciendum. Hanc autem donationem dict. Villelmus Austorgues, in presentia dicti Bertrandi Diensis episcopi, laudavit, concessit et approbavit Stephano cellarario domus dicte ecclesie de Lioncello, recipienti nomine dicte ecclesie, et quicquid juris in dict. rebus a Francone patre suo datis habebat vel habere debebat, finivit et remisit dicto Stephano...: promittens se, corporali sacramento interposito, contra dict. donationem per se vel per alium aliquo tempore non venturum. Consequenter Umbertus de Monte Claro, quia res superius memorate ad dominium ipsius pertinere noscuntur, dict. donationem factam a dicto Francone et concessam et approbatam a dicto Villelmo Austorgue filio dicti Franconis, laudavit rogatu dicti Villelmi et res dictas dicte ecclesie concessit in perpetuum libere possidendas. Eodem modo Franco, filius dicti Umberti, easdem res dicte ecclesie laudavit et concessit. Facta est autem hec donationis recognitio in domo episcopali, in camera veteri cum fornello, presentibus et vocatis testibus infrascriptis : Martino de Hostio, converso dicte ecclesie, Aimone de Aigleduno, Ugone de Stella, Petro de Mota. Ad majorem autem supradict. omnium firmitatem et perhempnem memoriam, dom. Bertrandus Diensis episcopus et dict. Umbertus de Monte Claro, rogatu utriusque partis, presentem cartam sigillorum suorum presentia roborarunt.

(*) Original parch. de 20 lig., coté **No. 639** (*Inv. A*) et CXXXII (*Inv. B*); trace de sceau unique à gauche, sur tresse à double queue ; au dos : *Cellarii Montis Clari*. Copie dans le cahier DXCVII.

CX. 1232.

(CARTA) LAMBERTI D'AIGLEUN, DE CONFIRMACIONE*.

Noscant presentes et futuri, quod Lambertus de Aigleduno approbavit et confirmavit, coram dom° Bertrando Diensi episcopo, et credidit esse verum totum illud quod continetur in instrumento publico confirmato sigillo prefati dom¹ Bertrandi Diensis episcopi et sigillo Aimari domini de Brictiaco, quod instrumentum sic incipit : « Noverint universi quod Lambertus de Aigleduno » et cetera, et finitur sic.: « Et subsequenter prefata sigilla sunt apposita » [1]. Laudavit preterea omnes donationes decem sestar. frumenti et siliginis [2], quos tam ipse quam pater condam legaverant domui Liuncelli. Et est sciendum quod, pro satisfactione quarumdam injuriarum quas prefatus Lambertus intulerat dicte domui in rebus et personis, sub jurejurando promisit, coram dom⁰ Bertrando Diensi episcopo, quod prefatum domum et omnia bona ejusdem domus semper pro posse suo manuteneat fideliter et defendat. — Acta sunt hec anno Incarnationis Dominice M°. CC°. XXX°. secundo, in camera ipsius dom¹ Diensis predicti. Hujus rei testes sunt : Petrus abbas Liuncelli, Villelmus subprior, Villelmus Ruine, Bertrandus Lombardi capellanus ipsius dom¹ episcopi, Arnaudus de Blainac, Hugo Rufi, Guigo de Borna. Ad majus vero rei hujus testimonium, Nos Bertrandus, Dei gratia Diensis episcopus, presentem cartam sigilli nostri munimine fecimus communiri.

(*) Original parch. de 15 lig., coté **Tacionem 476** (Inv. A); trace de sceau, sur cordon plat à double queue; au dos : *Domini de Aygluy confirmacio.* Copie dans le cahier DXCVII.

(1) Voir la ch. CI, p. 100. — (2) Les mots *d. s. f. et s.* ont été effacés à dessein.

CXI. *1232 (-?).*

(Carta) Lantelmi de Gigorz de v. sextariis*.

Noscant presentes et futuri quod Ego, Lantelmus de Gigorz, in bona et sana memoria et ultima voluntate, dono corpus et animam meam Deo et beate Marie et ordini Cisterciensi et specialiter domui Liuncelli; fratres vero predicte domus benigne et honorifice me suscipiunt in fratrem suum et tocius ordinis. Et est sciendum quod ego prefatus L., pro salute anime mee et parentum meorum, bona fide et sine dolo per me et per meos presentes et futuros, dono, trado, cedo in perpetuum Deo et beate Marie et fratribus presentibus et futuris v. sextarios frumenti, quos faciunt mihi censuales li Beol et li Groller de Gigorz pro terris quas tenent a Tres Pras, que jure patrimonii mei mihi contingunt; item volo et concedo ut, sicut predicti cultores tenebantur mihi et successoribus meis, ita solvant et teneantur solvere in perpetuum dict. censum fratribus et monasterio Liuncelli. Et notandum quod pro hac donatione annis singulis, dominica in Palmis, domus Lioncelli tenetur pitantiam generalem conventui ministrare. Item dono et concedo fratribus prefatis I. condaminam, que est in Chalme Mediana, quam pater meus et ego dederamus, sicut in instrumentis predict. fratrum planissime continetur. Preterea dono, trado, cedo omnia que habuerunt vel habent a me vel a predecessoribus meis, quecumque sint vel ubicumque sint. Acta sunt hec anno Domini M°. CC°. XXX° II°, apud Cadafalcum, in camera que est juxta ecclesiam, in presentia W. subprioris Lioncelli, W. sacriste, Umberti Peisel, W. Malatac, Nicolay de Ruperorti, W. Brezo, Daldonis, Boneti Vituli. — Postea vero, quando intravi domum Lioncelli et accepi habitum ordinis, recognovi et confirmavi donum predict. in manu B(ernardi) abbatis Lioncelli. Hoc laudavit similiter et aprobavit et concessit Lantelmus filius meus, et corporaliter prestito sacramento promisit se nunquam venire contra nec aliquis arte sua vel ingenio. Hujus rei testes sunt : B. abbas, W. supprior, Johannes de Chales, Odilo de Stabulo, Martinus ad Hostium, conversi, Stephanus prior de Gigorz, Giraudus de Roezas, Petrus frater ejus, Agouz, Savarios, Gigo Faisas. Ut autem hec omnia supradicta perpetuo firmitatem habeant, Ego B(ertrandus) Diensis episcopus, ad preces partis utriusque, presentem cartam sigilli mei feci munimine roborari.

(*) Original parch. de 17 lig. et 1/2, coté **Cum 680** (*Inv. A*) et CXXXIII (*Inv. B*); trace de sceau à double queue; au dos : *Carta apud Gigores, de v. sest. frumenti quos faciunt li Beol et li Groller cellarii Montis Clari, et donacio condamine que est in Chalme Mediana.* Copie dans le cahier DXCVII.

CXII. *Avril 1233.*

(DONATIO ARBERTI DE CABEOLO, SACRISTE ROMANENSIS)*

NOSCANT presentes et futuri quod ego Anthonius de Cabeolo [1], sacrista Romanensis, per me et per meos presentes et futuros, bona fide et sine dolo cum hac carta dono, cedo, trado Deo et monasterio beate Marie Leoncelli et tibi P(etro) abbati ejusdem loci, recipienti hoc donum, et fratribus presentibus et futuris, videl. duos sestarios avene et tres sestarios minus duobus, quos habebam et percipiebam jure patrimonii mei censuales in et de grangia Cognerii, pro quibusdam possessionibus quas prefata domus habebat et possidebat in territorio quod dicitur Chassoneta. Predict. autem donationem, cessionem et conditionem feci dicto monasterio, rogatu et consensu et interventu Gontardi de Cabeolo fratris mei in infirmitate jacentis, de qua et mortuus est, in elehemosinam et redemptionem anime ipsius et mee et omnium parentum meorum. Veruntamen, in recompensationem et permutationem predicte donationis, ego supradictus A. habui et recepi a prefato Gontardo fratre meo, tunc vivente, unum sestarium frumenti censuale, quod ipse habebat et possidebat in quodam molendino quod est in territorio de Chabeolo. Hanc autem prefat. donationem factam dicto monasterio laudaverunt Guillelmus et Lambertus, filii prefati Gontardi, et se nunquam contra venturos in manu supradicti abbatis jurejurando promiserunt ; totum hoc similiter laudavit et confirmavit doma Aalis, mater predict. Guillelmi et Lamberti. Acta sunt hec publice, anno Incarnationis Domini mille ducentesimo trigesimo tertio, mense aprili, in castro de Cabeolo, infra domum ipsius Gontardi ; hujus rei testes sunt : P. abbas, Guillemus su(b)prior, Rocgerius de Clariaco, Guillelmus de Monte Neiro, Falco de Livro, Guillelmus Galarani, Petrus Galarani, Johannes Ademarus. Ad majorem autem rei firmitatem habendam, ego supradictus Ant. presentem cartem sigilli mei impressionne munivi et roboravi. Et sciendum quod ego Arbertus supradictus retineo tres coroatas boum, pro dominio predict. terrarum de Chassaneta, et propter hoc pitantia debet conventui ministrari.

(*) Cette ch., cotée **R 149** (*Inv. A*) et CCCCXXXIII (*Inv. B*), manquait en 1812 ; le texte en est fourni par le cahier DXIX, p. 6-8.
(1) Lisez comme plus bas : *Arbertus*...; mais, d'après les *Invent. A* et *B*, il ne semble pas qu'il y ait erreur dans la transcription de l'original.

CXIII.   *18 avril 1233.*

(Carta) Aimonis de Aigleduno, de pascuis de Velero et de Sermeia*.

Sciant presentes et posteri presentes litteras inspecturi, quod Umbertus Ferrandi dedit et concessit Deo et domui beate Marie de Liuncello et fratribus ibidem servientibus, pro redemptione anime sue et parentum suorum, omnia pascua quecumque habebat et possidebat in toto territorio et per totum de Vellero et de Sermeia. Postmodum, anno ab Incarnatione Domini Mo. CCo. XXXo. IIIo, xiiiio kalendas maii, Gregorio papa nono sedente, Frederico Romanorum imperatore regnante, Aimo de Aigleduno, canonicus ecclesie Diensis, cui predict. Umbertus Ferrandi ultimam voluntatem suam disponens reliquerat et constituerat heredem sibi in omnibus bonis suis, tam mobilibus quam immobilibus, predict. donationem sive helemosinam ab Umberto Ferrandi factam approbavit, laudavit et confirmavit. Insuper, nulla vi coluactus, nullo dolo seductus, set spontanea voluntate sua et inter vivos, dedit et concessit imperpetuum predicte domui de Liuncello et fratribus ibidem Deo servientibus, non solum jura que habebat in pascuis de Velloro et de Sermeia, set omnia jura quecumque habebat vel habere.. poterat in toto territorio et per totum de Vellero et de Sermeia, in pascuis, in aquis, in lignis, in cultis et incultis, ratione donationis sibi facte ab Umberto Ferrandi. Hec autem dedit, prout melius et sanius potest intelligi, pro redemptione animarum Umberti Ferrandi et filii sui Jarentonis Ferrandi, qui in suis bonis eum constituerunt heredem, et pro anima sua, promittens territoria superius nominata se deffensurum et servaturum predicte domui contra omnem hominem qui super predict. territoriis domum infestaret; et voluit et mandavit ut tocius possessionis predicte, frater Stephanus cellararius predicte domus nomine.. donationis sive helemosine possessionem apprehenderet corporalem, quod ita factum est. Istud non est pretereundum, quod Petrus de la Mota, bajulus in illis territoriis, dedit et concessit bona fide et sine dolo, prout melius et sanius..., pro redemptione anime sue, predicte domui quicquid juris habebat... in illis territoriis vel petere poterat jure villicationis. Actum Die, in camera inferiori domus dicti Aimonis; testes sunt vocati: Jacobus conversus Vallis Crescentis, Pontius Faber, Silvester, Petrus Bonett. Ad majus autem hujus rei testimonium, predict. Aimo suo sigillo presentem cartam roboravit.

(*) Original parch. de 21 lig. 1/2, coté **Ar. 355** (*Inv. A*) et DXLVII (*Inv. B*); trace de sceau sur cordon de soie rouge et jaune à double queue; au dos: *Carta de pascuis de Velero et Sermea.* Copie dans le cahier DXCVII.

CXIV.   *Septembre 1233.*

(Carta) Guigonis de Seuza pro Comba Rotfre*.

: A   B   C   D   E   F   G   H   I   N   P   Q   R   S   T

Noscant presentes et futuri quod Ego Guigo, filius quondam Guigonis domini Secusie, per me et per omnes meos presentes et futuros, bona fide et sine fraude dono, cedo, trado imperpetuum ad feudum monasterio Liuncelli et tibi P(etro) presenti abbati ejusdem loci et fratribus presentibus et futuris ibidem degentibus, videlicet totum jus et dominium, proprietates et possessiones quas habebam et habere debebam vel melius antecessores mei visi sunt olim habuise et tenuisse in toto terminio seu territorio de Comba Rotfre, sive sint prata, pascua, pastoralia, culta et inculta, arbores et nemora, rupes et saxa et aque, et quicquid ibi sit quod ad utilitatem monasterii possit converti; et specialiter dono et trado dicto monasterio et tibi P. predicto abbati et fratribus ejusdem loci vi. denarios Viennensis monete, quos habebam et percipiebam... pro censu in dicto loco, quem censum solvebant mihi annuatim cultores illius loci, s(cilicet) Bezos et Paies Rainaudi, pro medietate dominii quod tantum habebam in predicto loco; alteros vero vi. denar. censuales et medietatem tocius dominii, scio et recognosco quod dicta domus de Lioncel habebat et possidebat, et habet modo et possidet jure suo in toto territorio predicto de Comba Rotfre. Item volo et concedo ut, sicut predicti cultores tenebantur mihi et successoribus meis solvere predict. censum, ita solvant et teneantur solvere in perpetuum dicto monasterio. Propter hanc donationem, tradicionem et cessionem tu, P. abbas predicte, dedisti et numerasti mihi L. s(olidos) Viennensis monete, ex certa scientia renuncians exceptioni non numerate pecunie; et si dicta vendicio magis valet dicto precio, totum illud plus valens dono et cedo dicto monasterio, pro redemptione anime mee et parentum meorum : et pro toto dicto feudo, vos et successores vestri dabitis mihi et successoribus annuatim pro censu vi. denar. persolvendos in festum sancti Martini, et nichil aliud nomine servicii vel aliqua alia ratione, set libere et quiete habeatis et possideatis ad omnes voluntates faciendas totum dict. feudum pro dicto censu. Item dono et cedo in munere tibi dicto P. abbati et dicte domui Lioncelli, quod predict. censum et jus quod habeo in dicto feodo nec dabo nec invadabo nec aliquo titulo alienationis tradam alicui persone seculari vel ecclesiastice nec aliis religiosis locis seu aliis ecclesiis nisi propriis legalibus heredibus meis aut dicte domui Lioncelli. Item laudo, confirmo et ratas habeo inperpetuum omnes donationes et helemosinas quas parentes mei et antecessores fecerunt dicte domui, qualescumque sint et ubicumque sint. Item dono, cedo et remitto tibi... omnes actiones, peticiones, querimonius, requisiciones, si quas habebam... vel poteram movere adversus dict. domum, juste vel injuste aliquomodo. Hec omnia... Ego dict. Guigo dominus Secusio firmiter tenebo et observabo in perpetuum tibi dicto P. abbati et domui Liuncelli et fratribus ejusdem, et contra non veniam..., si Deus me adjuvet et hec sacrosancta Evangelia a me corporaliter manu tacta ; et si aliquo jure scripto vel non scripto vel etatis beneficio venire possem in contrarium, omni illi juri penitus renuntio. Hujus donationis et cessionis ero, ego dictus G., legalis guirens et defensor inperpetuum, et si aliquid inde prefato monasterio evinceretur, totum illud jure sibi restituam. Hanc donationem, cessionem et tradicionem predict. laudaverunt et juramento prestito se observaturos confirmaverunt bajuli ejus, s(cil.) P. Chais et P. frater ipsius, et habuerunt inde unusquisque v. s(olidos). Acta sunt hec publice, anno Incarnationis Dominice M. CC. XXXIII, mense septembri, in domo Lioncelli, sub presentia et testimonio domni Antelmi abbatis Vallis Cre(scentis), domni Gontardi mona(chi) et Stephani cell(ararii), Ismidonis, W. supprioris, P. de Castro Novo, G. d'Eras, Umberti Peissel, P. de Monistrol, R. de Vaciui, P. Chais, Petri Chais fratris ejus, J. Chabatz, J. de Gigornz, Symeonis.

Et cum prefatus G. de Secusia non haberet proprium sigillum, ut ipse firmiter asserebat, de mandato ipsius et precibus dom. Umbertus Pilosus de Rochafort hanc cartam sigilli sui appositione laudavit et confirmavit. Hujus rei testes sunt : W⁹ de Monteilles monacus, magister [Du]ranz capellanus de Baisnias, Petrus Pilosus, Wm⁹ del Monester, Pontius Chais bajulus ipsius Guigonis predicti, qui hoc mandatum [dedit] dom⁰ U. Piloso ex parte domini sui G.

(*) Original parch. de 29 lig. (le dernier paragr. d'une encre différ.), coté **Ni 373** (*Inv. A*) et DXLIX (*Inv. B*); trace de sceau ; au dos : *Donacio Combe Roffre*. Un autre original (ch.-partie de la précéd. ?), coté **Do. 370** (*Inv. A*) et DLVII (*Inv. B*), manquait en 1812. La copie mentionnée par l'*Inv. A* (cote **Turbatus 430**) est sans doute différente de celle que renferme le cahier DXCVIII (xv⁰ siècle) ; autre copie dans le cahier DXCVII.

CXV.   2 *septembre 1233.*

(DONATIO GRANGIE SANCTI MARTINI DE ALAMENCO)*.

Noverint presentes et posteri quod ego Arbertus de Cabeolo, sacrista Romanensis, jure proprio do, trado et concedo in empliteosim perpetuo tibi Petro, abbati monasterii Lioncelli, et per te monasterio et conventui petenti et volenti, duos mansos meos quos habeo apud Alamencum, inter viam que tendit apud Maesmans et duos rivulos quorum unus vocatur Fluis et Ausonus alius nuncupatur; do etiam ac trado tibi similiter unam peciam terre continentem circa tres sextariatas, quam habeo in mandamento Pisanciani, juxta terram Villelmi Disder : do, inquam, ac trado tibi abbati recipienti nomine monasterii et conventus tui dict. mansos et dict. terram cum omni jure, usu seu requisicione mihi competente ex ipsis mansis et ex ipsa terra, sive census, dominia, banna, usagia, terre culte vel inculte, nemora, pascua, aque, arbores sint, sive sint jura feudorum vel feudatariorum, donaciones mihi factas vel quecumque alie res cujuscumque generis.. : do, inquam, ac trado dict. mansos et dict. terram tibi abbati, cum omnibus juribus, finibus, accessibus, egressibus et servitutibus...

et quod tamquam domini infra dict. mansos possitis acquirere a quolibet possessore, cum ejusdem tamen voluntate ; do, inquam, ac trado et concedo per me et meos..., ad habendum, possidendum, fruendum, utendum, percipiendum et quicquid... placuerit faciendum, et etiam per terram meam ubique ire, redire, intrare et exire in dict. mansis et in terra pacifice et quiete, me devestiendo de omnibus supradict. et te abbatem nomine et ad opus dicti monasterii et conventus investiendo, et in vacuam et corporalem possessionem inducendo et quasi, censum infra scriptum et jus directi dominii quoad censum mihi et meis in perpetuum retinendo ; et confiteor et recognosco publice quod tu pro supradict. rebus... mihi satisfecisti nomine investiture de quadraginta libris Viennen. in peccunia numerata. Census vero mihi debitus pro supradict. mansis et terra est decem sextarii sigilinis et septem frumenti; et pro aliis terris quas similiter a me tenetis, scil. pro una pecia terre que est super ecclesiam de Lanczas et pro alia subtus eandem ecclesiam et pro alia que est juxta viam de Broisa juxta terram Gratapallie, et pro alia que est ad pirum Sancti Albani, tu et monasterium et conventus debetis mihi facere tres sextarios frumenti, et ita vos mihi pro omnibus supradict. debetis decem sextarios frumenti ad mensuram Romanensem venalem et decem sextarios siliginis annis singulis censuales. Item promitto tibi abbati..., quod ego et mei dict. res vobis et successoribus vestris defendemus bona fide et sine fraude, et nos opponemus jure et racione cuilibet qui in dict. rebus vel occasione dict. rerum tibi vel successoribus tuis vel monasterio tuo inferret molestiam vel gravamen, expensas si quas ob hoc faceretis in judicio vel extra vobis nichilominus refundendo, et si quid evictum fuerit ego et mei reficiemus in integrum pacifice et quiete; et si in predictis... ego vel mei deficiemus, volo et concedo quod tu abbas et successores tui... auctoritate propria possitis, absque omni pena et commisso, retinere censum supradict. donec esset vobis in integrum satisfactum. Et hec omnia et singula, sub obligatione omnium bonorum meorum, tibi abbati stipulanti promitto rata fore per me et meos tibi et monasterio tuo et conventui in perpetuum atque firma, et quod contra non veniemus... occasione minoris investiture vel minoris census ; et renuncio in hoc excepcioni non numerate investiture... et spei future numeracionis,... et omni juri quod mihi vel meis suffragari posset contra predicta..., et recognosco quod in supradictis fuit observata sollempnitas que de jure debuit observari, quamvis forte in hac carta scripta non fuerit vel expressa. Ego vero Petrus abbas, de consensu conventus mei, promitto sub ypotheca omnium bonorum monasterii nostri tibi Arberto stipulanti, quod ego et conventus et successores nostri solvemus et reddemus tibi et tuis vel mandato vestro censum supradict. annis singulis, sicut superius est expressum. Actum Romanis, in domo quondam Petri Guelisii canonici Romanensis, anno Domini M°. CC°. XXX°. tercio, III° nonas septembris, presentibus et rogatis testibus : Lant(elmo) abbate Vallis Crescentis, Rom(ano) cellarario, Johanne Ceusa monacho, Oidelio converso Lioncelli, Desiderio Lobeti canonico, Guelisio Duranti clerico, Petro Guelis, Petro de Pisanc(iano), Bernardo Sancti Pauli, Jaucerando de Hai et B. filio ejus, Martino bajulo de Chanosc, Armanno et Guigone de Olchia, bajulis dicti sacriste. Ed ad perpetuam firmitatem et memoriam omnium supradict., de mandato mei sacriste dom. J(ohannes) Viennensis archiepiscopus et capitulum Romanense presenti carte sigilla sua apposuerunt, et ego eandem meo sigillo proprio roboravi in testimonium veritatis.

(*) Original parch. de 89 lig. 1/2, coté **Summitatem 316** (*Inv. A*) et CCLXIII (*Inv. B*) ; au dos : *Grangie de Alamenco*. Trois cordons à double queue ; fragm. du 2° sceau, celui du chapitre de Saint-Barnard : prélat assis, chapé, bénissant de la droite. Copie dans le cahier CCCXCI ; texte imprimé dans un *factum* du XVII° siècle.

CXVI. *20 novembre 1233.*

CARTA FRANCONIS (DE CURSON), DE PISANZA*.

Noverint universi presentes pariter et futuri quod, anno Domini M°. CC°. XXX°. tercio, XII. kalendas decembris, ego Franco de Curczon vendo, trado et concedo tibi Petro abbati et per te monasterio et fratribus Liuncelli in perpetuum, quicquid juris habeo vel habere debeo in terra de Sabulo, que est prope domum Partis Dei, et quicquid juris habeo vel habere debeo in Podio Chanal a via Roianesa in sursum usque ad viam de Chatusanges et viam de Charleu, terras videlicet cultas et incultas et aquas et arbores et census, cum ingressu et egressu ceterisque omnibus que infra predict. terminos continentur, et ortum quem habeo juxta vineam dels Raspaillartz, et pratum quod est prope ipsum ortum rivo medio, et eminam bladi quam accipio in quodam campo sito prope domum Partis Dei, quando bladum colligitur ex eo : omnia predicta vobis vendo, trado et concedo a vobis et vestris successoribus jure perpetuo possidenda, precio decem librarum Viennensis monete et quatuor solid. quos habuit Ardencus. Retineo autem in rebus predictis venditis duos solidos censuales mihi et heredibus meis annis singulis persolvendos. De precio predicto fuit mihi plenarie satisfactum a te, Petro abbate ; unde ego renuncio exceptioni non numerate et non tradite pecunie, et exceptioni doli et in factum, jurans tactis sacrosanctis Evangeliis me nullo tempore venturum contra venditionem seu renunciationem predict..., et promitto de evictione.. ; et de hoc insuper obligo tibi abbati et fratribus Liuncelli omnes census quos debetis mihi pro rebus predict. et aliis ubicumque sint, videl. ut semper me opponam jure et racione cuilibet qui pro rebus ipsis moveret vobis aliquando questionem. De rebus predict. me devestio et te Petrum abbatem et per te domum Liuncelli in corporalem et vacuam possessionem induco. De venditione predicta sunt cortile quondam Arnaude et cortile quondam Sellarie et cortile de Loistre et ortus et pratum predict. et emina bladi et totum vincale de Podio Chanal, cum suis pertinentiis, et tres sextariate terre super domum quondam Ricardi Airaut et due pecie terre subtus ipsam domum, que continent quatuor sextariatas et eminatam terre, et campus Albii. Actum hoc in domo Partis Dei, presentibus et vocatis testibus Guigone monacho, Oidelio, Armanno, Willelmo, Petro Sarle, Petro Boer et Juvene de Sancto Eleutherio, conversis Liuncelli, Johanne Desmer laico, Johanne Vianes, Bontoso de Caboolio, Gunterio, Ardenco de Pisenciano et Lamberto filio ejus et Johanne Alvernensi et Johanne Geivais. Et ad majorem fidem atque memoriam omnium predict. rogavi ego Franco dom. J(ohannem) Viennensem archiepiscopum, apostolice Sedis legatum, ut presentem cartam faceret sigilli sui munimine roborari.

(*) Original parch. de 24 lig. 1/2, coté **Ler. 227** (*Inv. A*) et CCLXIV (*Inv. B*) ; tresse à double queue; au dos : *Partis Dei*.

CXVII. *Février 1234.*

Carta domine Flote de Marchiis*.

Noverint universi presentem paginam inspecturi quod, anno Domini M°. CC°. X[X°. quarto, xvi° kalendas aprilis], Willelmus de Pictavia, filius domini Ademari comitis Valentini, possession[es quasdam quas habe]bat et possidebat in mandamento de Marchiis, in feodis qui erant de d[ominio suo, laudavit et con]cessit Bernardo abbati et fratribus ejusdem domus in perpetuum pacifice po[ssidere. Insuper quicquid predicta do]mus Liuncelli in aliis locis in dominio dicti Willelmi possidebat, vide[licet terras cultas et incultas] et nemora et prata sive res alias quecumque essent, laudavit similiter et co[ncessit predicte domui pacifice] in perpetuum possidere, et omnes res alias que in suo dominio date forent in posterum domui et fratribus supradictis. Preterea laudavit dict. Willelmus predict. fratribus et concessit ut res proprie domus Liuncelli que ducerent per terram ipsius libere essent in perpetuum ab omni pedagio et guidagio seu malatolta in terra pariter et in aqua. Actum apud Sanctum Nazarium, in curte juxta turrim, per manum dom[i] Ademari comitis predicti et Umberti prioris Vallis Sancte Marie, presentibus pluribus bonis viris. — Postea, anno Domini M°. CC°. XXX°. tercio, domina Flota, filia quondam Ocree Sicce et uxor Willelmi de Pictavia predicti, Petro abbati et fratribus Liuncelli super possessionibus quas possidebant in mandamento de Marchiis movit querimoniam et querelam, asserens quod de suo e[rant] dominio et de dominio quondam patris sui et quod ipsa eas non laudaverat domui Liuncelli. Tandem vero compositum fuit taliter inter ipsam et fratres Liuncelli, mediantibus Bertrando de Roins patrueli domine predicte et Ricardo de Chauzens vicario Romanensi [1], quod ipsa laudavit et habuit ratum in perpetuum quicquid dict. Willelmus quondam vir suus dederat et concesserat domui et fratribus Liuncelli, prout superius in presenti pagina continetur. Dedit etiam eis insuper et concessit pascua mandamenti de Marchiis ad opus bestiarum suarum in perpetuum ; laudavit eis preterea et concessit quicquid ipsis et domui Liuncelli datum fuerit in posterum nomine helemosine in eodem mandamento, et omnes res alias quas predecessores sui quondam contulerunt domui eidem. Fratres vero Liuncelli dederunt eidem domine C. solidos Viennensis vel equivalentis monete pro bono pacis. Actum apud Sanctum Nazarium, anno predicto, mense februario, presentibus Bertrando et Ricardo predictis, W. suppriore, Petro cellarar[io, ...] de Osteuno milite, Umberto Bertrandi, Antelmo de Riveires et pluribus aliis. Et ad majorem firmitate[m atque memoriam] omnium predictorum, fecit dom[a] Flota predicta presentem cartam sigilli sui et sigillorum Bertrandi et Ricardi predict. impressionibus communiri.

(*) Original parch. de 24 lig., rongé à droite et coté **T°. 239** (*Inv. A*) et CCLXII (*Inv. B*); traces de 3 sceaux, sur tresses à double queue. La première partie reproduit en l'abrégeant la ch. xciv (p. 95).

(1) Voir sur ce personnage le *Cartul. de l'église de Die* (ch. xxviii, n. 3).

CXVIII. 1234.

CARTA DOMINE FLOTE DE ROIAS*.

Noscant presentes et futuri quod, anno ab Incarnatione Domini M°. CC°. XXX°. IIIJ°, Ego Flota, filia quondam Ocreesicce, laudo et et aprobo et ratum habeo et veram esse cognosco omnem illam donationem et venditionem quam dom. Guidelinus avus meus et filii sui, s(cilicet) pater meus et ceteri fratres, fecerunt domui Lioncelli, sicud in instrumento publico dom¹ Odonis Valentinensis episcopi sigillo munito plenissime continetur ¹, videlicet totam montaniam sive territorium quod dicitur Muyson, cum omnibus apendiciis et terminis suis, sicud in dicto instrumento ponuntur et conscribuntur ; et quiquid in predicto territorio ego tenebam vel petebam aliquomodo juste vel injuste, totum illud dono et solvo domui Lioncelli inperpetuum. Hujus rei testes sunt : P(etrus) abbas, W. subprior, Richardus de Chause, vicarius Romanensis, Chatbertus Pilosus, canonicus Romanen., Jaucerandus Pilosus, Jaucerandus d'Ai. Item eodem anno quo supra, precepit dicta dom^a F. Stephano Rufo, ut sicut ipse tenebatur singulis annis reddere et solvere censum xii. d(enariorum) sibi pro forestagio dicti Muyson, ita reddat et solvat domui et fratribus Lioncelli. Testes sunt : Bertrandus Guielis, Lantelmus sacerdos (Sancti) Nazarii, Mallenus de Quinceu. Ad majus autem testimonium dicta dom^a F. presentem cartam sigillo suo munivit.

(*) Original parch. de 9 lig. 1/2, coté **D 4** (*Inv.* **A**) et CCIII (*Inv.* **B**); trace de sceau sur lemnisque. Copie dans le cahier CCXXX (xv° siècle).
(1) Voir la ch. xxiv, p. 27.

CXIX. 1234.

DONACIO P(ETRI) FERRANDI IN MONTANEA*.

Noscant presentes et futuri quod, anno ab Incarnatione Domini M°. CC°. XXX°. IIII°, Ego P. Ferrandi, assensu et voluntate fratrum meorum W. et B., pro salute animo meo et omniun parentum meorum vivorum et defunctorum, in helemosinam dono, cedo, trado Deo et beate Marie et fratribus Lioncelli, presentibus et futuris, totum jus et dominium, proprietates et posessiones quas habebam vel habere debebam vel melius antecessores mei olim visi sunt habuisse et possedisse in toto territorio Cadafalchi vel in mandamento de Bais, videl. a Ponte d'Enza versus Lioncellum vel alibi in montania, sive sint prata, pascua, pastoralia, culta vel inculta, arbores et nemora, rupes et saxa et aque, quorum confines esse dico a collo de Baigueira usque ad torrentem Capre Mortue, et inde ad petram Perforatam et ab eadem petra sicut ducit predict. torrens usque ad nemus comune, et ab ipso nemore sicut ascendit superius et tendit al Rore, id est ad zocham Regis, et inde per hortum qui est super viam et per pirum del Goalberz terminatur ad furnum Giraudi Regis, et inde per passum Nalarda et per setam Rupis et per domus del Trabucs tendit in castellum Ferrant, et ab ipso castello per domum A. Boverii et per viam Cadafalchi revertitur et terminatur ad collem de Baigueira : hec, inquam, omnia universa et singula dono, cedo, trado Deo et beate Marie et fratribus pretexatis, ad habendum, tenendum, possidendum et quicquid voluerint faciendum. Notandum vero quod huic donationi adicio homines meos qui dicuntur li Trabuc, qui mei esse noscuntur, et omne jus quod habeo in Vellero, ut ea perpetuo habeant et possideant sine contradictione mea et meorum. Istud vero actum est inter nos nominatim, quod nullus alius habet dominium in rebus istis neque rationem aliquam, propter quam possit domus Lioncelli ab aliquo molestari. E(t) sciendum quod, pro ista donatione, Ego P. prefatus cum omnibus parentibus meis post finem vite mee in capitulo Lioncelli debeo absolvi et procuratio debet conventui plenissime preparari. Hanc vero donationem, cessionem, traditionem laudaverunt et sacramento confirmaverunt fratres mei W. et B., et si aliquo jure scripto vel inscripto possent aliquando venire contra, omni illi juri penitus renuntiaverunt. Acta sunt hec apud Aosta, in domo ipsius P., in presentia testium : W. supprioris et P. cellararii Lioncelli, qui hoc donum receperunt, W. prioris d'Aosta, Hugonis de Rupe, Petri Arnaudi, W. Ferrandi et B. fratris ejus, Hugonis Baudi, W. de Drustal, Fornerii de Rocnac, P. Fabri. Ut autem ista omnia perpetuam habeant firmitatem, Ego U(mbertus) Diensis episcopus [1], ad preces partis utriusque, presentem cartam sigilli mei feci munimine roborari.

(*) Original parch. de 21 lig. 1/2, coté In 350 (*Inv. A*) et DXLVIII (*Inv. B*); anière de cuir à double queue. Copie dans le cahier DXCVII.

(1) Voir sur Humbert IV, évêque de Die, le *Cartul. de l'église de Die* (ch. III, n. 3). En paraissant ici dès 1234, il infirme la date de l'acte invoqué par Columbi (*Opusc. var.*, p. 299) pour prolonger l'épiscopat de Bertrand (qui ne figure pas dans ce *Cartul.* en 1233) jusqu'en 1235. Humbert vivait encore en 1250.

CXX.   *1234.*

DE J. DESMERS, DE DUABUS PECIIS TERRE IN MANDAMENTO
DE RIOSEC*.

Noscant presentes et futuri quod, anno Domini M° CC° XXX° IIIJ°, Ego J(ohannes) Desmers dono, cedo, trado Deo et beate Marie Liuncelli et tibi P(etro) ejusdem loci abbati et fratribus presentibus et futuris, videl. duas peties terre in mandamento de Riosec, s(cil). in Bauz, et aliam peciem terre in Baina, et VIII d(enarios) censuales quos mihi faciunt moniales de Rovoira, et VIII. den. quos debet Johannes Galicia pro quodam orto quod est in mandamento Pisanziani, et XVII den. et II. gallinas que debet Sesters de tenemento domus sue et curtilis sui et I. petie terre que est en Vengocil. Hec omnia, universa et singula, dono, cedo, trado bona fide et sine dolo fratribus prefatis, promittens quod nunquam contraveniam nec aliquis arte mea vel ingenio, si Deus me adjuvet et hec sacrosancta Evangelia a me corporaliter manutacta. Hoc laudavit M(aria) uxor mea et G. et He. filie mee et Lantelmus frater meus, et Lantelmus et Raimundus Desmers fratres ; hujus doni testes sunt : Stephanus de Chadafalco, Odilo de Stabulo conversus, Lanbertus de Osteu, Lantelmus Dou sacerdos, Petrus Rainaudi, P. Richardi sacerdos de Auriol, P. Chanabaz, J. Faber, P. Bostos, Lantelmus bajulus et Rotbertus frater ejus. Preterea sciendum est quod ego, prefatus Johannes Desmers, ratam habeo et veram esse cognosco omnem illam donationem quam L. Desmers et W. Desmers presbiteri, et J. et R. et B. Clemenz et ceteri alii fecerunt fratribus pretaxatis, sicut in carta in qua nondum est autenticum positum propter negligentiam L. et W. Desmers plenissime continetur, que carta sic scribitur : « Noverint *(vid. ch. LXXXI, p. 83)*... P. Bernardi. » Et est sciendum quod hoc donum ultimum laudaverunt M. uxor mea et due predicte filie mee et Lan. frater meus, et Lan. et Raimundus Desmers fratres, et dederunt pro his omnibus observandis et complendis fidejussorem domui Lioncelli Lanbertum de Osteu, et rogaverunt eum ut in hac carta sigillum suum poneret. Et ego Lanbertus de Osteu, ad preces partis utriusque, presentem cartam sigilli mei munimine roboravi.

(*) Original parch. de 22 lig., coté **Gre.** 552 *(Inv. A)* et CCCCXXXIV *(Inv. B)* ; trace de sceau sur double queue ; au dos : *Partis Dei*. Copie dans le cahier DXIX.

CXXI.*   1234.

Donatio facta per Franciscum de Monte Claro, qui dedit collum de Veiraut et multos census contentos in carta dicte donacionis, pergame(n)o redacta et sigillata sigilio dom¹ episcopi Die, anno millesimo ducentesimo tricesimo quarto.

(*) Analyse fournie par l'*Invent. A*, cote **Jhesus 649** (f° 143 v°).

CXXII.   1235.

Carta Rotlandi de Roetas, de Ambello*.

Noverint universi presentes et futuri quod, anno Domini M°. CC. XXXV°, Rotlandus de Roetas donavit et concessit, pro redemptione anime sue et parentum suorum, Deo et beate Marie et fratribus Liuncelli, presentibus et futuris, omnia prata que habebat in montanea de Ambello : donavit, inquam, ad habendum, tenendum, possidendum et quicquid voluerint deinceps faciendum. Quam donationem dictus R., juramento corporaliter prestito, promisit se et successores suos observaturos bona fide, prout melius et sanius intelligi potest...; et si quis.. pro dict. rebus dict. fratres Liuncelli inquietaret, promisit.. se opponere omni calumpnianti et contradicenti, secundum quod justicia postulabit ; et si quid inde prefate domui Liuncelli evinceretur, totum illud jure restituere promisit. Hoc donum laudaverunt duo filii ejus, scil. Petrus et Lantelmus, et se nunquam contra venturos super sancta Dei Evangelia juraverunt. Et sciendum quod prefatus R. habuit et recepit pro predict. rebus a fratribus Liuncelli xx. solidos Viennen. et unum quartaironem lane, et dict. Lantelmus II. solid. Item hoc donum laudavit Johannes Chalveti bajulus, et propter hoc habuit a dict. fratribus Liuncelli dimidium quartaironem lane. Actum in Ambello, juxta fontem del Bruschet ; testes sunt : Ugo monachus, Martinus Alvis, M. de Buis, conversi Liuncelli, Petrus de Roetas, Pe. Molis, Stefanus de Coognerio. Ego vero Lantelmus, filius Lantelmi de Gigors, quia res superius memorate ad dominium meum pertinere noscuntur, dict. donationem laudavi et res dict. fratribus Liuncelli concessi inperpetuum libere possidendas, et pro supradictis attendendis et observandis a predict. Rotlando et Petro et Lantelmo ejus filiis, mandato et rogatu ipsorum, sepedict. fratribus Liuncelli me fidejussorio nomine obligavi et presentem cartam sigilli mei munimine roboravi.

(*) Original parch. de 18 lig., coté **D 88** (*Inv. A*) et VI (*Inv. B*); trace de sceau.

CXXIII.   *18 avril 1236.*

DE BONA FEMINA UXORE W^i DE PORTAS ET W^i FILII EJUSDEM, DE MANDAMENTO DE PISANTIACO*.

Que geruntur in tempore ne labantur processu temporis, litterarum solent apicibus eternari. Inde est quod notum fieri volumus omnibus tam present. quam futuris quod, anno Dominice Incarnationis mill'o ducent° XXX° VI°, quartodecimo kalendas maii, bona femina Berauda, uxor quondam Willelmi de Portas, et Willelmus filius suus jure proprio vendiderunt, tradiderunt et inperpetuum titulo perfecte venditionis habere concesserunt fratri Guigoni d'Eras sacerdoti, recipienti et ementi nomine et ad opus domus Lioncelli et totius capituli ejusdem, quicquid juris habebant vel habere poterant in toto mandamento de Pisanciaco, a via Roianesa insuper, sive sint terre culte vel inculte, nemora aut pascua...; vendiderunt, inquam, predicta omnia... ad habendum, tenendum ac possidendum.., et hoc pretio novem librarum Viennen., quod pretium confessi sunt se habuisse et recepisse; renuntiantes expressim et ex certa scientia exceptioni... et omni juri.., promittentes etiam de evictione et quod se opponant jure et ratione cuilibet qui... moveret questionem; promittentes adhuc... contra predict. venditionem... litem vel controversiam (non) movere.., certiorati res majoris esse pretii, et quod ultra valent dedit predicta Bona Femina dicte domui de Lioncel et dict. Willelmus filius suus pure, libere et absolute inter vivos, et de predict. rebus se devestierunt et dict. Guigonem... investierunt, retentis tamen ibi quatuor sextariis frumenti consualibus. Set sciendum est quod dicta Bona Femina, consentiente et presente Willelmo filio suo, de predict. quatuor sextariis censualibus, pro anima sua et patris et matris sue, dedit duos sextarios domui de Lioncel post mortem suam, residuos duos sextarios debet facere dicta domus de Lioncel predicto Willelmo et successoribus suis inperpetuum; si forte dicta Bona Femina vel dict. Willelmus vel successores sui predict. duos sextarios vellent vendere vel alienare, debent nuntiare domui de Lioncel et ipsi pre omnibus aliis pro eodem pretio quo alius vellet dare possint eos retinere. Universa vero et singula attendere et observare et contra non venire... juramento corporaliter prestito solidarunt, renuntiantes in hoc facto omni juri, tam canonico quam civili...; promiserunt etiam non...

adversus predict. venditionem restitutionem aliquam... impetrare. Predict. vero venditionem et omnia que superius continentur laudaverunt et confirmaverunt Wil!elma, filia dicte Bone Femine, et Garinus maritus suus. Actum hoc in domo dom! R(ichardi) de Clausen, vicarii Romanensis, presentibus et rogatis testibus : fratre Juvene de Sancto Eleuterio, converso ejusdem domus, P. de Ponte Saunerii, P. Choa, W° Garini de Jaillans, Guigone de Portas, P. de Monte Pessulano, qui hec scripsit. Ad perempnem igitur omnium supradict. memoriam, ego R. de Chausen, vicarius Romanen., presenti carte sigillum meum apposui in testimonium veritatis.

(*) Original parch. de 36 lig., côté **MI. 244** (*Inv. A*) et CCLXV (*Inv. B*); au dos : *Carta emptionis quarumdam terrarum ab infra scriptis — Partis Dei*, et : *Parum valet et nichil*. Sceau ogival (42 mill.), sur cordon à double queue : deux oiseaux de vol adossés, une tige de lis au milieu ; légende : † **S' R VICARII ROMANENSIS**. Copie dans le cahier CCCXCI.

CXXIV.   *Décembre 1287*.

(CARTA) DE TERRA DE GUMANDET*.

NOVERINT universi presentes litteras inspecturi quod, anno Domini M°. CC°. XXX°. septimo, mense decembris, Ego Willelmus de Trolio dono Deo et beate Marie et domui Lioncelli, pro redemptione anime mee et parentum meorum, terram quam habeo apud Gumandet, que se tenet cum terra Johannis Raschatz, alveo mediante, ex una parte et cum terra Templi ex alia ; et omne jus et omnem actionem quam habeo vel habere possum pro predicta terra et ejus pertinenciis, totum dicte domui dono et relinquo, me ipsum devestiendo et dict. domum per manum venerabilis viri Barnardi abbatis dicte domus investiendo, et dict. abbatem nomine dicte domus constituo procuratorem in rem suam. Hanc autem donationem laudo et approbo, et me contra non venturum per me vel per alium bona fide promitto ; renuncians omni juri, canonico et civili... Similiter ego Lambertus, filius dicti Willelmi de Trolio, de mandato patris mei, dict. donationem laudo et approbo, et quod contra non veniam... promitto ; renuncians... Acta sunt hec anno et mense quibus supra, in domo dal Cooigner nova, presentibus et ad hec vocatis testibus : Durante Hellone, Johanne Lierna, Bouton et pluribus aliis. Nos vero Arbertus de Chabeolo, decanus Valentinus, de cujus dominio dicta terra est, ad instanciam dicti Willelmi dict. donationem, salvo nostro dominio dicte domui laudamus et ad majorem firmitatem habendam in posterium sigillum nostrum apponi fecimus huic carte.

(*) Original parch. de 15 lig., coté **Stephanus 592** (*Inv. A*) et CCCCXXXV (*Inv. B*). Copie dans le cahier DXIX.

CXXV*. 1238.

Donacio facta per Albertum de Excussiis, qui donavit donacione pura Deo et Pe(tro) abbati quatuor sestaria frumenti et quatuor solidos censuales, quos percipit in mandamento Sancti Julliani; data (anno) millio ducentesimo tricesimo octavo.

(*) Sommaire fourni par l'*Invent. A*, cote **Et 662** (f° 145).

CXXVI. Août 1238.

DE RICHARDO DE CHAUSEN CANONICO ROMANENSI ET DE OBEDIENTIARIO ECCLESIE DE CHARLEU*.

Noverint universi quod, anno Domini M°. CC°. XXX°. octavo, mense augusti, Richardus de Chausen, canonicus Romanensis et obedientiarius ecclesie de Charleu, dedit et concessit domui Partis Dei in perpetuum, sub annuo censu duorum sextariorum frumenti, septem pecias terre que erant in parrochia dicte ecclesie et de obedientia ejusdem ecclesie : quarum una est prope ecclesiam, contigua terre Poncii Castri Novi, et due pecie sunt juxta terram que fuit quondam Aesmari Marron ; alia pecia est juxta lo Plater, quinta est le mounars del Millatz, sexta est juxta condaminam Charbonellan, septima est terra del Crocs, que faciebat duodecim denarios qui cadunt pro censu supradicto. Actum Romanis, in presentia plurium et de concensu quorumdam canonicorum. In cujus rei testimonium, Ego R. de Chausen, canonicus Romanen., presenti carte sigillum meum apposui in testimonium veritatis.

(*) Original parch. de 9 lig., coté **Quingen. 261** (*Inv. A*) et CCLXVI (*Inv. B*); au dos : *Partis Dei, de vii. peciis terre* ; fragm. de sceau, sur lemnisque, identique à celui de la ch. cxxiii (n. *). Copie dans le cahier CCCXCI.

CXXVII.   Octobre 1238.

Carta Jarentonis de Deivajua, de pascuis d'Ambel.*.

Noscant presentes et futuri quod Jarento de Devajua, pro remedio anime sue et pro animabus parentum suorum et avunculorum suorum, s(cilicet) dom¹ Jarentonis Diensis episcopi et G. de Quinto, dedit in helemosinam Deo et beate Marie et fratribus Liuncelli, presentibus et futuris, totum jus et dominium quod habebat vel habere videbatur in montania de Ambel, s(cil). a transitu de la Cocha et supra; promittens, sub jurejurando corporaliter prestito, se et successores suos predict. donationem semper observaturos bona fide, prout sanius et melius intelligi potest ab aliquo, ut nullo jure, nulla ratione ab ipso vel a successoribus suis convelli vel conturbari valeat, set firmiter inperpetuum observetur; promisit etiam sub eodem sacramento ut, si aliquis de parentela sua vel quilibet alter in predicta donatione, hereditario jure vel alio modo, querimoniam moverit vel injuriam fecerit, ipse ad justitiam respondebit et dict. fratres Liuncelli sepedict. donationem in pace et quiete tenere faciet et habere. Et sciendum quod dict. Jarento habuit propter hoc de bonis Liuncelli I. quartairon de lana et xxxv. solidos Viennen., quos frater P. cellararius Liuncelli ei ex integro numeravit. Actum est hoc apud Sanctum Julianum, in cellario Liuncelli, anno Domini M°. CC°. XXX°. VIII°, mense octobri; hujus rei testes sunt : Jo. Salvatges, Pon., monachi, Franco magister cellarii, Jo. Lierna, Pe. Molars, conversi, Ugo Bolgareus, Villelmus Gigors, Jo. Cregus. Ad majorem autem hujus rei firmitatem, predictus Ja. presentem cartam sigilli sui fecit munimine roborari.

(*) Original parch. de 13 lig., coté B 88 (*Inv. A*) et VII (*Inv. B*); trace de sceau en cire rouge sur lanière de cuir. Copie.

CXXVIII.   Août 1239.

(Carta capituli Romanensis, de manso de Favilla)*.

Que geruntur in tempore ne labantur processus *(sic)* temporis, literarum solent appissibus commendari. Ideo (per) presentem cartam notum fieri volumus tam present. quam futuris, quod magr Guillelmus de Clariaco, magister ecclesie Romanensis, de mandato, consilio et assensu et expressa voluntate capituli Romanis et racione magisterii ejusdem ecclesie, dedit, tradidit et concessit P(etro) abbati et conventui Lioncelli mansum de Favilla; qui mansus continet C. sesteriatas terre, tam in nemoribus, pratis, terris cultis et incultis, et adheret a parte aquilonari terre domus Partis Dei, quam terram dedit Raymundus de Belregart domui Partis Dei, pro anima sua et pro animabus benefactorum suorum, item a parte australi adheret nemori Hinberti Pilosi militis, item a parte orientali adheret terre domus Partis Dei, quam terram tenet ab Hugone Beraut qui dedit eidem domui censsum dicte terre, item ab eadem parte adheret terre quam habuit domus Partis Dei ab Ademaro Freel, item ab eadem parte adheret terre que est (de) dominio de Marchas, item a parte occidentali adheret terre quam tenebat Durandus Clement, et est de dominio prepositi Valentini, item ab eadem parte adheret terre quam tenent filius et nepos Boneti Raspallart, cum omnibus pertinenciis, adjacencii(s) suis, nemoribus, pratis, pascuis, terris cultis et incultis : sub annuo censu sex sextariorum siliginis, ad mensuram usitatam de Romanis, solvendorum magistro Romanis vel suis successoribus in dicto magisterio singulis annis in festo sancti Juliani, et pro investitura xx^{li} librarum, de quibus sibi ad voluntatem suam sibi satisfactum fuit ad plenum, ita quod renuncians scienter excepcioni non numerate et non solute pecunie se tenuit de dict. xx^{li} libris pro paccato ; et hanc donacionem seu concessionem tam ipse quam capitulum Romanis ratam et firmam semper habebunt et tenebunt, et super hoc facto... renunciaverunt expresse omni juri et beneficio legum vel canonum..., promittentes de evictione tocius rei vel partis. Preterea sciendum est quod P. abbas, cum asensu et voluntate tocius conventus Lioncelli, pro predicto censu annuatim faciendo... obligavit domum Lioncelli et omnia eorum bona ; renuncians expresse et ex certa sciencia... Acta sunt hec anno Domini M°. CC°. XXX° IX°, mense augusto, in domo L. capiscoli Romanis, in presencia testium ad hoc vocatorum : Arberti sacriste de Romanis, P. Renconis et Armanni de Payrano, canonicorum et procuratorum nunc temporis ejusdem ecclesie, L. cabiscoli, W. de la Sonna, Aynardi, canonicorum, Simonis sacerdotis, W. Pariol, W. d'Arle, W. Ripant, laycorum, fratris P. de Duio et fratris Jacobi, monacorum Lioncelli. In cujus rei testimonium et firmitatem habendam in posterum, capitulum Romanense et magr W. de Clariaco, magister ecclesie Romanis, et P. abbas Lioncelli sigilla sua apposuerunt huic carte ; ad preces ipsorum dom. J(ohannes), Viennensis ecclesie vocatus archiepiscopus, eandem cartam sigilli sui munimine roboravit.

(*) Extrait fourni par le *Cartulaire* original *de St-Barnard* de Romans, n° 382 *bis*, f° 148 v°.

CXXIX.   *18 février 1240.*

Carta molendini de Cubillo*.

Noverint universi presentem paginam inspecturi, quod Egidius preceptor de Corniarea vendidit et tradidit, precio xx^{ti} librarum Viennensium, quoddam molendinum quod est in mandamento Alexiani situm apud Cubillonem, cum prato quod est contiguum molendino predicto ; vendidit, inquam, A(rnaldo) abbati Liuncelli, recipienti dict. venditionem nomine domus Liuncelli. Hec autem venditio supradictorum facta fuit de voluntate et auctoritate Bertrandi de Mornas, preceptoris domus Hospitalis Valentie, de consensu et voluntate fratrum ejusdem Hospitalis ibi residentium et fratrum de Corniarea ; et est sciendum quod illud precium fuit versum in utilitatem ejusdem domus, in solutionem scil. debitorum quibus multum gravata erat dicta domus ; et plenissime de dicto precio dicto Egidio et dicte domui fuit satisfactum, et ipse E. renuntiavit exceptioni non numerate pecunie... Et insuper inter eos est actum quod, si forte dicte res valerent plus dicto precio, totum illud habeat domus Liuncelli titulo perfecte donationis inter vivos ; preterea dictus E. promisit de evictione dicto abbati.., deffendendo domum Liuncelli, promittendo.. quod omnes expensas quas faceret pro dict. rebus deffendendis in judicio vel extra in integrum resarciret. Et hoc idem Falco de Plauster, de mandato et voluntate dicti E. tunc preceptoris de Corniarea et aliorum fratrum Hospitalis, promisit dicto abbati.., domum Liuncelli... indempnem servando... Et hec omnia juraverunt, tactis sacrosanctis Evangeliis, tam dict. Falco quam dictus E. inperpetuum inviolabiliter observare et nullo tempore contravenire. Et cum dicte res essent de dominio dicti F., omnia supradicta sunt approbata et confirmata coram eodem et per eundem ; et hec omnia facta sunt, Agnete uxore Falconis laudante et juramento corporaliter prestito confirmante, et renuntiante legi Julie de fundo dotali et juri ypothecarum ; et dictus F. et dicta A. habuerunt inde placitamentum debitum. Et est sciendum quod dicte res sunt libere et inmunes ab omni servitute et exactione, excepto censu annuo persolvendo annuatim in festo sancti Juliani gratia rerum predict. ipsi F. et dicte A. vel successoribus eorum ; qui census talis est, scil. tres emine frumenti et iiii^{or} solidi Viennen.::. et excepto hoc quod si forte res predicte venderentur, F. et A. vel successores eorum haberent debitum placitamentum. Actum est hoc apud grangiam de Coognerio, in domo majori, anno Domini M°. CC°. XXXVIIII°, xiii. kalendas marcii, testibus intervenientibus : P. de Castro Novo, Umberto Peisel, P. de Divione, Po. subpriore, monachis, W° magistro equarum, Jo. de Chales, Oidilone de Stabulo, W° Esquofer, con(versis) Liuncelli, P. de Cleu, A. Dalmas, R. de Plauster, hospitalariis, Po. de Rupe, Juvene Nacos, W° Vernalso, Bruno Mouner, laicis. Et ad majorem firmitatem supradictorum inperpetuum habendam, sigillorum dom¹ (Willelmi) electi Valentini et dicti F. presens carta fuit munimine roborata.

(*) Original parch. de 28 lig., coté **Evangeliste 581** (*Inv. A*) et CCCCXXXVI (*Inv. B*) ; traces du 1ᵉʳ sceau sur tresse et du 2ᵉ. Copie dans le cahier DXIX.

CXXX*.   1242.

Concessio super querela mota per Appollenam de Gigors, pro pascuis tenementi de Chalchalves, quictavit jura et sigillatur sigillo episcopi Diensis, anno M° II° xlii.

(*) Sommaire de l'*Invent. A*, cote **Ro. 352** (f° 70).

CXXXI.   30 juillet 1242.

(Carta) Saurine de Rupe Galvaina*.

Noscant presentes et futuri quod Saurina, filia quondam Willelmi Bernardi de Charpeio, de consensu et voluntate Artaldi de Blainac mariti sui, pro remedio anime sue et parentum suorum et ipsius Ar., donavit, tradidit et concessit inperpetuum Deo et beate Marie et fratribus Liuncelli, presentibus et futuris, quicquid juris, quicquid requisitionis habebat vel habere debebat in pascuis que sunt a la balma de la Tuteira, in mandamento Rupis Galvaini¹ et in Boceira ; hec, inquam, donavit dicta S. jamdictis fratribus Liuncelli ad habendum, tenendum, possidendum et quicquid voluerint deinceps faciendum. Hanc autem donationem predicti A. et S., juramento corporaliter prestito, promiserunt se et successores suos observaturos bona fide, prout melius et sanius intelligi potest ab aliquo, ut nullo jure, nulla ratione ab ipsis vel a successoribus suis convelli vel conturbari valeat, set inperpetuum firmiter observetur. Et si aliquis in dict. pascuis domum Liuncelli inquietaret, promiserunt sub eodem juramento se opponere pro dicta domo omni calumpnia(n)ti et contradicenti, secundum quod justitia postulabit ; et si aliquid inde prefate domui evinceretur, totum illud jure restituere promiserunt. Et sciendum quod dicti A. et S. pro dict. pascuis habuerunt et receperunt a domno Arnaldo abbate Liuncelli x. solidos Viennen. et sotulares. Actum est hoc in Umblezes, in domo Arlaldi prefati, anno Domini M°. CC°. XLII°, III. kalendas augusti, in presentia testium : Pon. supprioris, Johannis de Dia, monachorum Liuncelli, Villelmi Arbertz sacerdotis, Mastini fratris dicti Artaudi, Villelmi Morrallii, Juvenis de Cumbis. Ad majorem autem hujus rei firmitatem habendam, dom. U(mbertus) Diensis episcopus rogatu predictorum, Artaudi s(cil). et Saurine, presentem cartam sigilli sui munimine roboravit.

(*) Original parch. de 14 lig., coté **Ubi 656** (*Inv. A*) et **CXXXVIII** (*Inv. B*) ; trace de sceau ; au dos : *Carta de pascuis in Rupe Galvian.* Copie dans le cahier DXCVII. — (1) Le texte porte régulièrement *Galvanini.*

CXXXII.   7 *juillet 1243.*

(Carta) de acensatione ecclesie de Alamenco*.

Factum fuit a viris prudentibus et provisum, ut quod ipsi volebant stabilius permanere, litterarum suarum inditio perhennarent. Idcirco presentibus innotescat et posteris quod, cum esset plerumque contentio inter Arnaudum abbatem et conventum Liuncelli, Cisterciensis ordinis, ex una parte, et magistrum W(illelmum) priorem et conventum Sancti Felicis Valentie, ordinis Sancti Aug(ustini), ex altera, super decimis et rebus aliis pertinentibus ad dict. ecclesiam Sancti Felicis pro ecclesia de Alamenco, eo quod aliquando plus peterent canonici Sancti Felicis et Liuncellenses minus offerrent quam deberent. Tandem, post multa litigia *, mediante domno Bernardo priore Vallis Sancte Marie, in quo unanimiter se compromiserunt partes, dicta contentio ad pacem et concordiam, de consensu parcium, amicabiliter est deducta et terminata in hunc modum. Ecclesia de Alamenco transiit cum honore suo ad Liuncellenses, et facient deinceps et inperpetuum pro dicta ecclesia de Alamenco quinque solidos et unum quartallum mellis annuatim ecclesie Romanensi, prout consuetum est hactenus prestari ; et pro decimis et omnibus aliis que domus Sancti Felicis percipere debebat aput Alamencum, faciet annuatim et reddet domus Liuncelli ecclesie Sancti Felicis quinque sextarios frumenti et totidem siliginis, ad mensuram Romanensem et aput la Part Deu, circa festum sancti Juliani, libere et quiete; et si forte aliquis in dicta possessione infestaret Liuncellenses, domus Sancti Felicis tenetur eos juvare et consilium dare si requisita fuerit, justitia mediante. Hec autem compositio facta fuit et a partibus concorditer acceptata et omologata aput Montilisium, per manum predicti Ber. prioris Vallis Sancte Marie, arbitri a dict. partibus constituti, in cimiterio versus boream, anno Domini M°. CC°. XL° tercio, nonas julii, presentibus, volentibus et jubentibus domno Arnaudo abbate Liuncelli et fratre Pon. subpriore et Johanne de Chales converso, magistro del Cooinner, nomine ecclesie sue, et magistro W. priore Sancti Felicis et W. Loyu priore Montilisii et Pe. de Breisseu, procuratore Sancti Felicis, Pe. Bonanfos, W. Guio et Pe. Bajulo, canonicis Sancti Felicis, nomine ecclesie sue, et Pe., Raschaz et Jo. Raschaz laicis et quibusdam aliis fide dignis. Ne autem in posterum dicta concordia valeat perturbari, facta fuit presens carta de voluntate parcium et sigillata sigillo dom[i] Phil(ippi) de Sabaudia, electi Valentini [2], qui predict. omnibus ad petitionem utriusque partis suam interposuit auctoritatem pariter et decretum, cum dicta ecclesia de Alamenco sit in diocesi Valentinensi, et sigillis Sancti Barnardi Romanis et domus Sancti Felicis (al. Liuncelli).

(*) Les deux originaux parch. de cette ch. subsistent encore : celui de Léoncel, coté **Dioti Cognerii 321** (*Inv. A*) et CCLXXXIV (*Inv. B*), a 15 lig. 1/3 et conserve ses trois sceaux; celui de St-Félix, coté n° 106, a 16 lig. 2/3, avec le 1er et le 2e sceaux. Dans tous les deux ils sont sur cordons à double queue, blanc et jaune pour le 1er et le 3e (Philippe de Savoie et Saint-Félix ou Léoncel), vert pour le 2e (Saint-Barnard). Le 1er est ogival (60 mill.) : agneau pascal à gauche, retournant la tête, croix de résurrection dont la banderole flotte à droite; légende : † **S' PHILIPPI : PROCVRATORIS : ECCE : VALENTINE**. Le 2e, ovale, offre un prélat assis, revêtu de ses ornements pontificaux, tenant sa crosse d'une main et bénissant de l'autre; légende disparue. Le 3e, ovale (70 mill.), représente le martyre du prêtre Félix : une main mouvant à dextre tranche d'un coup d'épée la tête au saint agenouillé ; légende : † **SIGILLVM · SCTI · FELICIS**. Imprimé incorrect[t] dans un *factum*. — (1) Var. *littigia*.

(2) Philippe de Savoie, fils du comte Thomas, posséda un grand nombre de charges : doyen de St-Maurice-de-Vienne, il administra les églises de Valence (1242), de Lyon (1248) et de Vienne (1266) ; n'ayant pas été engagé dans les ordres sacrés, il succéda à ses ancêtres et se maria en 1267.

CXXXIII.   21 avril 1244.
Donatio prati sacristie apud Alexanum*.

Ut ea, que in nostris temporibus instituta sunt ad honorem Dei feliciter et ecclesiarum profectum, firma semper et illibata consistant, litterarum duximus testimonio roboranda. Innotescat igitur per presentem cartam presentibus et futuris, quod Petrus Columber et filii sui Johannes et Martinus et Petrus, non errantes, non coacti neque seducti, set spontanea voluntate sua et pro remedio animarum suarum, assensu et voluntate Falconis de Plauterio et dom° Agnetis uxoris sue, dederunt et concesserunt inperpetuum et absque aliqua retentione Deo et sacristie Lioncelli, ad luminare alterius candele tenendum eidem domui in celebratione missarum, quicquid juris, quicquid rationis habebant vel habere poterant in prato quod habebant apud Cubillo, situm inter pratum Lioncelli et pratum Andree Chapairon, et in hac donatione renunciaverunt omni juri seu rationi...; et propter hanc donationem habuerunt et receperunt prefati Petrus et filii sui quatuor libras et x. solidos Viennen. a fratre Jo(hanne) de Romanis, tunc temporis sacrista Lioncelli, et tactis sanctis Evangeliis juraverunt se dict. donationem ratam et firmam habituros nunc et temporibus post venturis. Similiter prelibati Falco de Plauter et Agnes uxor sua, de cujus dominio est dict. pratum, hoc factum laudaverunt et approbaverunt, et se contra non venturos deinceps juraverunt; et ipsa Agnes similiter dedit dicto luminari esm(inam) frumenti censualem inperpetuum, de tribus esm(inis) quas percipiebat annuatim in molendino, et de duabus esm. de cetero ipsa et sui contenti erunt et de xxi. d(ena.) censualibus tantum pro prato : dictam vero esm(inam) frumenti, quam percipiebat ipsa dom° Agnes in molendino quod habet domus Lioncelli apud Alex(anum) supra molendinum Hospitalis, dedit dicte sacristie Lioncelli voluntate et consilio mariti sui Falconis, et super premissis renunciavit legi Julie de fundo dotali. Actum anno Domini M°.CC°.XL° quarto, xi. kalendas maii, presentibus dom° Arnaudo abbate Lioncelli, recipiente pro sacristia, Pe. de Castro Novo, Pon(cio) priore, Jo. sacrista, monachis Lioncelli, fratre Odilione converso, Pe. Rebol et alio P. Rebol, W. Rollant, Arnaudo Mouner, Bernardo Parpaillon, Juliano del Deves ; et insuper est presens carta sigillata sigillo supradicti Falconis in testimonium rei.

(*) Original parch. de 25 lig. 1/2, coté **Pe. 871** (*Inv. A*) et **CCCCXXXVII** (*Inv. B*); fragment de sceau sur tresse. Copie dans le cahier DXIX.

CXXXIV. *14 juin 1244.*

(CONCORDIA ABBATIS ET CONVENTUS DE LEONCELLO CUM LANTELMO DE GIGORS, DE PASCUIS DE CHARCHALEVES)*.

IN nomine Domini nostri Jhesu Xpisti, anno Incarnationis ejusdem M°.CC°.XLIIIJ, xviij. kalendas julii, papa Innocencio IIIJ. sedente, Frederico Romanorum imperatore regnante. Notum sit omnibus present. et fut., quod cum controversia verteretur inter Arnaldum abbatem et conventum de Lioncello ex una parte et dom. Lantelmum de Guigorntz ex altera, coram B(ernardo) priore Vallis Sancte Marie, P. Arnaldi priore d'Austeu : dicebat namque dict. Lantelmus quod dict. abbas et conventus de Lioncello injuriabantur eidem in montanis de Lioncello, videl. in terris, pascuis, nemoribus, que dicebat ad se pleno jure pertinere ; ex adverso respondebant dict. abbas et conventus de Lioncello, quod tam dict. Lantelmus quam progenitores ipsius seu antecessores dederant et concesserant domui de Lioncello et fratribus ibidem commorantibus... omnia predicta universa et singula, que dict. Lantelmus negabat. Tandem, cum diu inter partes super hiis et quibusdam aliis foret litigatum, utraque pars in predict. prioribus, tamquam in amicabilibus compositoribus, compromisit stare mandato seu mandatis, arbitrio seu arbitriis ipsorum, sub pena quingentorum solid. Viennensis et Valentin. monete ; qui, inter partes visis et auditis petitionibus, responsionibus et rationibus et cartis utriusque partis diligenter inspectis, de consensu et voluntate expressa partium (?), predict. controversiam in hunc modum finiverunt : videl. quod dict. Lantelmus restituat dicto abbati et conventui de Lioncello duo trentanaria et dimidium ovium vel estimationem quam fecerunt, quindecim libras Viennen., et quod permittat in pace et quiete possidere et quasi domui de Lioncello et fratribus nunc et in perpetuum omnia bona que antecessores sui vel ipse domui de Lioncello dederant seu concesserant, videl. terras cultas et incultas, nemora, prata, pascua, proprietates, dominia, census, pulvuragia, et omnia alia usagia et servicia que hactenus et nunc fuerunt collata, et generaliter omne jus quod... habebant seu possidebant... in montanis de Lioncello, a balma Sancti Romani in directum usque al ceeler Castri Duplicis, et a dicta balma usque ad transitum del Feu sicut seta tendit, et a dicto transitu sicut vallis dividit usque ad transitum Aie, et a predicto transitu Aie usque ad rupem que dicitur Petra Transtorna, et a dicta Petra Transtorna usque ad collem de Comba

Rofre versus abbaciam Lioncelli, et pascua de Ambello ubicumque sint; exceptis pratis que ab antiquo defendi consueverunt, et etiam in ipsis pratis postquam fuerint exsecata, et si non fuerint exsecata usque ad festum sancti Michaelis predict. pratis uti poterunt sicut de aliis pascuis pacifice et quiete; et pascua tocius territorii de Gardi, et pascua tocius territorii Calme Mediane, et condaminam unam sitam in eodem territorio Calme Mediane, cum dominio et proprietate. Item sciendum est quod dict. Lantelmus donavit et concessit Arnaudo abbati de Lioncello, recipienti nomine suo et domus et conventus de Lioncello, pascua per totum territorium de Charchaleves, tam illa que dicti fratres domus Lioncelli acquisierant a feudatariis seu hominibus suis, videl. a Chatberto Rainerio et Valansanis vel aliis hominibus, et illa pascua que ipsemet acquisierat a Poncio de Mirabello, et dominium terre que sita est in eodem territorio, que protenditur a comba Pomerii usque al Degotais sicut ducit via versus Lioncellum, quam terram acquisierant dicti fratres de Lioncello a Chatberto Rainerio et Bertrando et Odone de Charchaleves; insuper recognovit et dixit dict. Lantelmus, quod dom^a Gucelina mater sua donaverat domui de Lioncello et fratribus ibidem commorantibus perpetuo viginti solidos Viennen., quos eidem faciebat censuales domus de Lioncello pro territorio de Mison. quos ipse eidem domui inperpetuum habituros concessit; item dict. Lantelmus donavit et concessit dicto abbati et conventui de Lioncello pascua per totam terram suam, scil. in mandamento de Aigleduno et in mandamento de Guigorntz et in mandamento de Quinto; item promisit et concessit dict. Lantelmus dicto abbati et conventui de Lioncello bona fide, quod in supradict. pascuis non intromittet aliena animalia ad pascendum, nisi sua propria et hominum suorum ligiorum; item confirmavit sepedicto abbati et conventui de Lioncello quinque sestarios frumenti censuales, quos pater suus domui de Lioncello donaverat, de quibus facit duos sestarios Martinus Chanabers de terra et possessione quam tenet in loco qui dicitur Tres Pras, et I. sest. frumenti censualem quem faciunt Johannesia et P. frater ejus de prato quod est in loco qui dicitur Albructz, et II. sest. frumenti quos facit censuales Guiraudus Beos de terra que est in loco qui dicitur Albructz. Concessit, inquam, et confirmavit omnia supradicta dict. Lantelmus ... ad habendum, *etc.*, investiendo dict. abbatem..., nichilominus concedendo fratribus... ut rerum predict. sua auctoritate poss(ess)ionem apprehendant corporalem; item promisit... eos manutenere et defendere..., et insuper de evictione... Item sciendum est quod dict. Lantelmus et Humbertus de

Quinto et P. filii ejus promiserunt dicto abbati... domum de Lioncello et res ejusdem, mobilia et inmobilia seu se moventia et homines et nuncios et mercennarios.. custodire, defendere et salvare posse suo...; item sciendum est quod utraque pars laudavit, concessit et aprobavit... facta et dicta per supradict. priores, et eorum mandatum seu arbitrium bona fide servare et custodire promiserunt. Donationes vero et concessiones, que olim a suis antecessoribus domui de Lioncello facte sunt, ipse Lantelmus et Humbertus et P. filii ejus et Riesentz uxor sua laudaverunt, concesserunt et approbaverunt.., et juraverunt super sancta Dei Evangelia... omnia supradicta rata et firma perpetuo tenere et habere..; et tociens pena comittatur quotiens contra... factum fuerit...Hoc tamen non debet aliquatenus sub silentio preteriri, quod dict. abbas et conventus de Lioncello remiserunt dicto Lantelmo et suis heredibus, de precepto dict. priorum, pro bono pacis et concordie, supradicta duo trentanaria et dimidium ovium, et sex libras et decem solidos Viennen. dicto Lantelmo donaverunt, et xx^{ti}v. solidos Humberto, alios xx^{ti}v. Petro, filiis suis.., quam peccuniam confessi sunt se habuisse et recepisse in solidum, renunciantes... Insuper sciendum est quod supradicti Lan. et Humb. et P. filii sui... donaverunt fidejussorem... dom. Humbertum Diensem episcopum, qui promisit eidem abbati per se et successores suos predicta omnia pro posse suo salvare, defendere et custodire. Actum apud monasterium Sancti Juliani, in cellario de Lioncello; testes interfuerunt vocati et rogati : Lantelmus de Vacheires, cellararius de Lioncello, Stephanus de Chaafalco, monachus de Lioncello, Petrus de Vacivo, Johannes de Bais, Franco, conversi de Lioncello. Ut autem supradicta firma et inconcussa permanea(n)t et rei memorie commendentur, Nos Humbertus Diensis episcopus, de mandato et voluntate predict. abbatis et conventus domus Lioncelli et Lantelmi et Umberti et P. presentem paginam bulle nostre munimine fecimus roborari ; et insuper dicti Lantelmus et Humbertus et P. filii sui, rogatu dict. abbatis et conventus de Lioncello, pres. paginam sigillorum suorum (appositione) sigillaverunt.

(*) Expédition en parch. (xiiie siècle) de 52 lig., cotée **Convertere 396** (*Inv. A*) et CXXXV (*Inv. B*), sans trace de sceau. L'original, coté **Egressus 647** (*Inv. A*) et CXXXIV (*Inv. B*), ne s'est pas retrouvé. Transcription dans le cahier DXCVII et autres copies. Voir la ch. du 10 juin 1258.

CXXXV. *22 novembre 1244.*

(TRANSACTIO ABBATIS LIUNCELLI CUM PRIORE S^i FELICIS)*.

(*) L'original parch. (fds St-Félix) de cette ch. (28 l. 1/3, coté n° 270, trace de sceau sur cordon) a été enduit d'un acide noir qui le rend illisible, à part quelques mots séparés. Nous croyons avoir lu au commencement : *Anno Domini M° CC° XL° quarto, in festo sancte Cecilie, assigna...* Au dos : *Aceneant Lioncellense respondere in curia Valentina.*

CXXXVI.   *Novembre - 30 décemb. 1244 - 1ᵉʳ janvier 1245.*

CARTA ADEMARI DOMINI DE QUINTO, DE PASCUIS URLLE ET DE AMBEL*.

NOVERINT universi presentem paginam inspecturi, quod anno Domini M°.CC°.XLIIII°, mense novembri, Innocentio IIII° papa sedente, Frederico Romanorum imperatore in discordia cum Ecclesia existente, Ademarus de Quinto miles... spontanea voluntate recognovit, coram dom° Humberto Diensi episcopo, sedente pro tribunali, ad interrogationem Arnaudi abbatis domus de Liuncello et ipso abbate petente et requirente, quod predecessores sui donaverant, intuitu helemosine et pro redemptione animarum suarum, Deo et beate Marie et domui de Liuncello et fratribus ejusdem domus, pascua de Urlle et de Ambello; que pascua dictus Ademarus dicto abbati stipulanti... concessit et laudavit, donando, remittendo et finiendo eidem abbati..., ob redemptionem anime sue et parentum suorum, omne jus omnemque actionem realem et personalem quod et quam habebat vel habere poterat seu confidebat in pascuis superius nominatis, exceptis pratis que ab antiquo defendi consueverunt, quibus poterunt uti Lioncellenses pacifice et quiete postquam fuerint exsequata, sicut de aliis pascuis supradict. : que prata si non fuerint exsequata quolibet anno ad festum beati Michaellis, eisdem uti poterunt ab illo die in antea Lioncellenses... Que omnia... promisit dict. Ademarus dicto abbati... manutenere, defendere et salvare, et se non venturum contra... promisit corporali interposito juramento ; renuntians super predictis... omni juri canonico et civili... Pro qua concessione, laudatione, donatione, remitione et finitione, dict. abbas nomine predicte domus dicto Ademaro octo libras Viennen. dedit et solvit ; quam pecuniam dict. Ademarus confessus est se habuisse et recepisse ac sibi numeratam fuisse in integrum..., renuntians... Actum Die, in curia dom' episcopi, in camera veteri cum furnello, testibus presentibus voc. et rog.: Raimundo Berengarii, Po. de Guzantz, W° Ruine, fratre Johanne Antonio, Petro d'Annoh. — Item sciendum est quod, eodem anno quo supra, feria sexta inmediate post Natale Domini, dict. Ademarus confessus fuit et recognovit, coram W° Ruino officiali curie Diensis, sedente pro tribunali, ad interrogationem dicti abbatis.., omnia supradicta... in modum supradict. facta fuisse ; promittens ipse Ademarus et Jarento ejus filius, de mandato ipsius, dicto abbati... omnia supradicta... se attendere et observare et contra non venire..., et hoc promiserunt corporali interposito juramento, renuntiantes... Actum Die, ante portam rubeam ecclesie Beate Marie ; testes fuerunt vocati et rogati: frater Pontius monacus, frater Petrus de Vacivo, Silvester clericus Diensis, Petrus d'Annoh, W⁰ Escharena, Nicholaus, Ugo Rotberti, Stephanus Perarii, Pontius Amalrici et Ugo Abbaas. — Item sciendum est quod, eodem anno quosupra, in Circumcisione Domini, domᵃ Misona, uxor dicti Ademari..., spontanea voluntate omnia supradicta... laudavit et concessit Ugoni Abbati clerico, recipienti nomine dicti abbatis..., ad hoc specialiter misso, aput Luzerant, a W⁰ Ruino officiali curie Diensis et ab ipso abbate, et se non venturam contra... promisit..., renuntians juri ypothecarum et omni alii... Et pro hiis omnibus fuerunt testes voc. et rog. in ecclesia de Luzerant, in qua predicta facta fuerunt, Bostos capellanus ejusdem ecclesie, Arnaudus Conrreers, Nicholaus de Thorana, W⁰ Escharena, Agnes de Luserant, Stephanus Reseters, Petrus Challois, Durandus Malbecs. Sciendum vero est quod, pro his omnibus supradict. attendendis et observandis a predict. Ademaro et Jarentone ejus filio, mandato et rogatu ipsorum dom. Hu(mbertus) Diensis episcopus dicto abbati... se fidejussorio nomine obligavit. Ad majorem autem supradict. omnium firmitatem et perhennem memoriam, dict. dom. Diensis episcopus et Ademarus de Pictavia, rogatu dict. Ademari de Quinto et abbatis, et ipse Ademarus de Quinto presentem cartam sigillorum suorum munimine roborarunt in testimonium veritatis.

(*) Original parch. de 36 lig., coté E 86 (*Inv. A*) et VIV (*Inv. B*); traces de trois sceaux, dont il reste une tresse. Copies.

CXXXVII.   1ᵉʳ *janvier* 1245.

(Donatio Bernardi Cerveuz in territorio de la Merleira)*.

Ad noticiam omnium volumus pervenire quod, anno ab Incarnatione Domini M°.CC°.XL°. quarto, kalendas januarii, Barnardus Cerveuz et uxor sua Villelma, uno consensu et unanimi voluntate, dederunt et concesserunt, prout melius et sanius ab aliquo intelligi potest, Deo et beate Marie et fratribus Liuncelli, presentibus et futuris, omne jus et omnem actionem quod habebant vel habere debebant... in territorio de la Merleira, inter aquam que vocatur Fluei et aquam que vocatur Ceserana : hec, inquam, omnia... dederunt et concesserunt dict. Barn. et dicta Vill. predict. fratribus Liuncelli ad omnes voluntates suas faciendas, nichil omnino in dict. rebus retinentes ; et propter hec confessi fuerunt et recognoverunt se habuisse et recepisse de bonis domus Liuncelli octo *(antea* decem) libras Viennen. in peccunia numerata, renuntiantes expressim et ex certa scientia... Universa vero et singula attendere et observare..., tactis corporaliter sacrosanctis Evangeliis juraverunt, renuntiantes omni juri... Et quia res vendite erant de dote dicte Villelme, dict. Barnardus reddidit sibi tale cambium unde se tenuit plenarie pro paccata, obligans eidem pro dicto pretio omnia bona sua. Actum hoc Rom(anis), presentibus et rogatis testibus : Lantolmo de Vacheriis, cellarario domus Lioncelli, fratre P. de Dujon, fratre P. d'Albenas, monacho de Aqua Bella, fratre Villelmo d'Arboribus, Villelmo Chainhart, Artaudo de Cruczon, Juvene Girbert, Boneto Boccon, Guarino de Bonas Vaus, Villelmon et pluribus aliis. In cujus rei testimonium Arbertus de Cabeolo, sacrista Romanensis, presentem cartam sigilli sui munimine roboravit.

(*) Original parch. de 17 lig. 1/2, coté **In Conerio 312** (*Inv. A*) et CCLXVII (*Inv. B*) ; trace de sceau à double queue.

CXXXVIII. *Février 1245.*

CARTA OIDOLO DE STABULO ET PONCII FILII EJUS, DE PARTE DEI*.

Noverint universi presentes litteras inspecturi quod, anno Domini M°.CC°.XL°. quarto, mense febroarii, Ego frater Oidolo de Stabulo, conversus domus Lioncelli, confiteor et in veritate recognosco me quondam dedisse et concessisse, pro salute animo meo et parentum meorum, in puram helemosinam Deo et beate Marie et fratribus Liuncelli present. et fut. taschiam quam percipiebam in tenemento de Gavaisa, et pascua quecumque habebam vel habere debebam in toto mandamento de Chatusangas, de Bainhols et de Corrobian, et quendam campum qui est in loco qui dicitur Frivolans et est prope grangiam que dicitur Pars Dei, et quatuor denarios censuales quos mihi faciebat Apollinars de quadam terra que est prope pirum de Sancto Albano : hec, inquam, omnia... dedi et concessi predict. fratribus

Liuncelli ad omnes voluntates suas faciendas, nichil omnino in dict. rebus retinens ; et sciendum quod propter taschiam de Gavaisa habui ab abbate B(ernardo) Liuncelli quendam pullum valentem sex libras Viennen. Hanc donationem, sicut superius est expressa, Ego Pontius, filius O. supradicti, laudavi et concessi et juramento corporaliter prestito confirmavi, promittens sub eodem juramento prefat. donationem me et successores meos observaturos bona fide, prout melius et sanius intelligi potest... Item, eodem anno et mense quo supra, Ego Pontius supradict. confiteor et in veritate recognosco me quondam dedisse et concessisse, pro salute anime mee et parentum meorum, Deo et beate Marie et fratribus Liuncelli.. quandam petiam terre, que est in loco qui dicitur Sablo et est contigua terre Partis Dei ex una parte et ex alia contiguatur terre ecclesie Romanis, et aliam petiam terre que est juxta viam de Chatusangas que ducit apud Romanis, et duodecim denarios censuales quos percipiebam a magistro Partis Dei, de quadam terra que est ad pirum Sancti Albani juxta viam que ducit apud Romanis: hec, inquam, omnia.. dedi *(ut supra)*; et propter hec omnia habui de bonis domus Liuncelli viginti quatuor solidos Viennen. Preterea eodem anno et mense quo supra, confiteor et in veritate recognosco me quondam dedisse et concessisse, pro salute anime mee et parentum meorum, Deo et beate Marie et fratribus Liuncelli... quandam petiam terre contiguam ciminterio de Chatusangas, et quandam petiam terre contiguam camino Valanczan, et quandam petiam terre contiguam terre Templi et camino Valanczan, et quoddam pratum et quandam terram contiguum et contiguam camino Valanczan : hec omnia... dedi *(ut supra)* ; et propter hec habui et recepi de bonis domus Liuncelli octo libras et octo solidos Viennen. et duos sextarios frumenti. Hanc autem donationem.., promisi sub jurejurando corporaliter prestito me et successores meos observaturos bona fide... Acta sunt hec omnia in domo Villelmi Ripaudi, presentibus et rogatis testibus : fratre Lantelmo de Vacheiras, cellarario domus Liuncelli, fratre Villelmo de Arboribus, fratre Guigone d'Eras, fratre Juvene de Sancto Eleuterio, Villelmo Ripaudi, Villelmo Chainhan et pluribus aliis. Ad perpetuam igitur omnium supradict. memoriam et fidem in posterum obtinendam, Nos J(ohannes), Dei miseratione sancte Viennensis ecclesie archiepiscopus, ad preces partium presentem cartam sigilli nostri munimine duximus roborandam.

(*) Original parch. de 31 lig. 1/2, coté **Electus 264** (*Inv.* 4) et CCLXVIII (*Inv. B*) ; au dos : *Dedit taschias en Gavaisa et quosdam census*. Sceau de

Jean de Bernin, sur cordon plat à double queue : ovale (45 mill.), prélat en pied, chapé, mitré, tenant sa crosse de la gauche et bénissant de la droite, légende : † : S': IOHIS : ARCHIEPI : VIENN :.

CXXXIX. *Mars 1244(-5).*

CARTA LANTELMI DE MARCHIS, DE PARTE DEI*.

VIRORUM prudentum interesse dinoscitur, ut quecumque gesserint, auctoritate testium et scripture testimonio roborentur. Innotescat igitur per presentem cartam presentibus et futuris, quod Ego Lantelmus de Marchis, capellanus Valentie, pro remedio anime mee et parentum meorum, dono Deo et domui Liuncelli et fratribus ejusdem, tam presentibus quam futuris inperpetuum, terras quas habebam vel pater meus seu alii antecessores mei habuerunt apud Marchis vel in mandamento, et omnia jura et omnes actiones quas in eisdem terris habebamus et possideramus, sint reales vel personales, directe vel utiles, civiles vel pretorie, annales seu mixte, totum dono, finio et desamparo dicte domui Liuncelli plene et sine retentione. Et ut hec donatio per me et per meos successores firma sit inperpetuum et illibata consistat, hanc presentem cartam fieri jussi et sigillo proprio in rei testimonium communiri. Actum anno ab Incarnatione Domini M°. CC°. XL° quarto, mense marcio, apud Valentiam, in platea clericorum, inter domum vicarii et ecclesiam, in presentia Willelmi vicarii, Guidonis Essoudon sacerdotis, Guigonis d'Esparver, magistri Petri scriptoris et aliorum plurimorum clericorum et laicorum.

(*) Original parch. de 15 lig., coté **Beati 275** (*Inv. A*) et CCLXIX (*Inv. B*); au dos : *De parte Dei;* lemnisque de parch. Copie dans le cahier CCCXCI.

CXL. *21 septembre 1245.*

(CARTA) ADEMARI RICHAU DE ROESCAS ET ALIORUM
DE AMBELLO, A' SANCTO JULIANO*.

NOVERINT universi presentem paginam inspecturi quod, anno Domini M.CC.XLV, in festo sancti Mathei apostoli, Petrus, Ademarus et Richaudus fratres, filii quondam Franconis de Roccas, et Giraudus et Petrus fratres, filii quondam Gaufredi de Roecas, et Petrus et Villelmus fratres, filii quondam Giraudi de Beldisnar, et Lantelmus Vetus, filius quondam Rollandi de Roecas; omnes, inquam, isti... spontanea voluntate recognoverunt, coram dom° Lantelmo de Gigors, quod predecessores eorum donaverant, pro redemptione animarum suarum, Deo et beate Marie et domui de Liuncello et fratribus ejusdem domus pascua de Ambello; que pascua supradict. Petrus, Ademarus, Richaudus de Roecas, et Giraudus et Petrus Gaufredi et Pe. et Vill. de Beldisnar et Lantelmus Vetus fratribus Liuncelli... concesserunt et laudaverunt, donando, remittendo et finiendo eisdem..., pro redemptione animarum suarum et parentum suorum, quicquid juris, quicquid requisitionis habebant vel habere confidebant in pascuis supradict., exceptis *(ut in ch. CXXXVI, l. 15)*... Liuncel... exsecata... ad festum sancti Juliani.., quiete. Item dict. Lantelmus Vetus remisit et finivit dict. fratribus de Liuncello querimoniam quam faciebat contra eos super quibusdam pratis in Ambello: que prata dederat eisdem... Rotlandus de Roecas, pater dicti Lantelmi Veteris. Hec, inquam, omnia... concesserunt et confirmaverunt predicti P., A., R., G., P., V., P., L. Vetus... perpetuo ad habendum, *etc.*, et se non venturos contra... promiserunt; item promiserunt... predict. fratribus de Liuncello, bona fide et sine dolo, prout melius... eos et res eorum et homines et nuntios et mercennarios manutenere et defendere in predict. pratis et pascuis, et etiam in aliis locis pro posse suo contra quemlibet hominem qui eos vellet... molestare, et de evictione.., et juraverunt super sancta Dei Evangelia omnia supradicta rata et firma perpetuo tenere. Hoc non est pretermittendum quod, pro predict. rebus, dicti fratres de Liuncello donaverunt sex libras Viennen. supradictis P., A., R. fratribus, et G. et P. Gaufredi fratr., et P. et V. de Beldisnar fr. et L. Veteri, quam pecuniam confessi sunt se... recepisse in solidum, tam pro se quam pro Giraudo, filio quondam Franconis supradicti, et pro Guigone Faisá. Actum in cimiterio Sancti Juliani de Tués, ante portam ecclesie, presentibus et vocatis testibus : Petro de Castronovo subcellarario, Pontio subpriore, monachis, Johanne de Bais, magistro ovium, Martino de Bais, conversis, Pontio Lardeira, priore de Sancto Juliano, Pontio canonico Sancte Crucis, Geraldo Lardeira clerico, Ademaro Rossillo, Petro Veteri, Johanne Chalvetí, Villelmo Ferrandi, Villelmo de Laia, Pontio Juliani, Umberto de Bollana, Giraudo del Serre, Umberto Rostagni. Et sciendum quod prefatus Lantelmus de Gigors, quia res superius memorate ad dominium suum pertinere videbantur, dict. donationem laudavit et res dict. fratribus de Liuncello concessit inperpetuum libere possidendas, et pro supradictis melius attendendis et observandis a predictis... de mandato et rogatu ipsorum dictus Lant. de Gigors et Umbertus ejus filius... se fidejussorio nomine obligaverunt. Et ad majorem omnium supradict. firmitatem et perhennem memoriam dom. Hv(mbertus) Diensis episcopus et dict. Lantelmus de Gigors et Umbertus filius ejus, rogatu utriusque partis, presentem cartam sigillorum suorum munimine roborarunt.

(*) Original parch. de 32 lig., coté F 87 (*Inv. A*) et X (*Inv. B*); traces de trois sceaux, dont 2 lanières de cuir à double queue.

CXLI. *5 novembre 1245.*

CARTA ODONIS RUFI ET DE LAMBERTO FRATRE EJUS, DE AMBELO*.

Noverint universi presentem paginam inspecturi, quod anno Domini M.CC.XLV, nonas novembris, Odo Rufi et Lambertus frater ejus recognoverunt quod predecessores eorum *(ut in ch. præced., l. 8)*... ; que pascua supradicti O. et L. Pontio abbati... concesserunt et laudaverunt, donando, remittendo et finiendo dicto P. abbati et ceteris fratribus de Liuncello, pro redemptione *(ibid., l. 14)*... requisicionis... Hec, inquam, omnia concesserunt et confirmaverunt predicti O. R. et L... *(ibid., l. 21)*... Hoc non est pretermittendum, quod... Poncius abbas... donavit LVI solidos Viennen. supradict. Odoni et Lamberto, quam pecuniam confessi sunt se... recepisse in solidum. Actum in cimiterio Sancti Juliani de Tues, ante portam ecclesie, present. et voc. testibus : Petro de Castronovo monacho, Petro de Vacivo, Johanne de Bais, conversis Liuncelli, Pontio Lardeira, priore de Sancto Juliano, Poncio Perdicis, canonico Sancte Crucis, Ademaro de Rossillo, Ademaro de Roecas et Petro fratre ejus, Johanne Chalveti, Gyraudo del Serre, Umberto de Bollana. Et sciendum quod dom. Ademarus de Quinto, miles, et Gyraudus de Quinto, filius quondam Giraudi de Quinto, quia res superius memorate ad dominium eorum pertinere videbantur, dict. donationem laudaverunt et res dict. fratribus de Liuncello concesserunt imperpetuum libere sidendas, et pres. cartam rogatu utriusque partis sigillorum suorum munimine roborarunt.

(*) Original parch. de 23 lig. 1/2, coté H 89 (*Inv. A*) et XII (*Inv. B*); au dos : *De pascuis Ambelli, a sancto Juliano;* cordon blanc et lanière de cuir sur laquelle un fragment de sceau armorié.

CXLII. 5 *novembre 1245.*

CARTA AGNES UXOR GICHARDI DE ROECAS, DE AMBELLO*.

Noverint universi presentem paginam inspecturi, quod anno Domini M.CC.XLV, nonas novembris, Agnes uxor quondam Guichardi de Roecas, pro se et Odone filio suo, filio quondam dicti Guichardi, et Atenoldus de Verrechueino, tutor dicti Odonis, recognoverunt quod predecessores dicti Guichardi, pro redemptione animarum suarum, dederant Deo et beate Marie et fratribus de Liuncello present. et fut. pascua de Ambello : que pascua supradicti Agnes et Atenoldus, pro utilitate dicti Odonis et pro anima patris sui dicti Guichardi, Poncio abbati... et fratribus ejusdem domus... concesserunt et laudaverunt, donando, remittendo, finiendo... quidquid juris, quicquid requisicionis habebat vel habere poterat dict. Odo in pascuis supradict., exceptis pratis *(ut in ch. præced.)*... quiete. Hec, inquam, concesserunt supradicti Ag. et At., nomine dicti Od.,... perpetuo ad habendum, *etc.*; et promiserunt bona fide... quod dict. Odonem dict. donationem laudare facient et juramento corporaliter prestito confirmare.., cum ad etatem legitimam pervenerit, et de evictione similiter... Hanc donationem dict. Odo laudavit et concessit... et se nunquam contra venturum... promisit. Et sciendum quod predict. Pontius abbas Liuncelli dedit supradict. Agneti et Atenoldo, recipientibus nomine dicti O., LVI solidos Viennen. quos se confessi sunt habuisse et recepisse in solidum. Actum in cimiterio Sancti Juliani de Tues, ante portam ecclesie, presentibus testibus Odone Ruff et Lamberto fratre ejus, Petro de Castronovo monacho, Petro de Vacuio et Johanne de Bais, conversis Liuncelli, Poncio priore Sancti Juliani de Tues, Pontio Perdicis, canonico Sancte Crucis, Ademaro de Roecas et Petro fratre ejus, Johanne Chalveti, Giraudo del Serre, Umberto de Bollana. Et sciendum quod dom. Ademarus de Quinto, miles, et Giraudus de Quinto, filius condam Giraudi de Quinto, quia res superius memorate ad dominium eorum pertinere videbantur, dict. donationem laudaverunt et res dict. fratribus de Liuncello concesserunt inperpetuum libere possidendas, et presentem cartam rogatu utriusque partis sigillorum suorum munimine roborarunt.

(*) Original parch. de 28 lig., coté **G 88** (*Inv. A*) et XI (*Inv. B*); au dos : *De pascuis de Ambello, a sancto Juliano*; cordon blanc et lanière de cuir.

CXLIII.

10 mars 1246.

(COMPROMISSUM LIUNCELLI ET) SANCTI FELICIS DEL REVEST*.

Notum sit universis presentes litteras inspecturis, quod nos frater Pontius abbas Lioncelli, voluntate et consensu fratrum nostrorum, nomine nostro, vice et nomine ecclesie nostre, ex una parte, et nos magister W(illelmus) prior Sancti Felicis Valentini, voluntate et consensu fratrum nostrorum, nom*..., ex altera, libera et spontanea voluntate, unanimiter et concorditer de questionibus, querimoniis et controversiis que vertuntur vel verti sperantur vel que possent moveri inter nos vicissim... usque ad hodiernum diem, et specialiter super terris, possessionibus, taschiis, actionibus realibus et personalibus, competentibus et competituris, directis et indirectis, cogitatis et non excogitatis, compromittimus in fratrem Stephanum del Chaafalc, monachum Lioncelli, et Petrum de Breicheu, procuratorem et canonicum Sancti Felicis, tanquam in arbitros arbitratores, comunes amicos, et largas potestates dantes eis, plenariam et omnimodam facultatem et posse ut de predict. omnibus valeant cognoscere, audire, terminare, diffinire, nobis presentibus et absentibus, citatis et non citatis, die feriato et non feriato, juris ordine pretermisso; hoc addito, quod si non poterint convenire, quod ex nunc eligimus tercium arbitrum vel arbitratrorem dom. Bernardum Moneer, priorem Vallis Sancte Marie, Cartusiensis ordinis, unà cum dictis S. et P., ad predicta omnia et singula audienda, cognoscenda et pariter terminanda, ut supra legitur juris ordine minime observato : ita tamen, quod ille tercius dict. duos discordantes valeat concordare, et quicquid ipsi tres super predictis dixerint et pronunciaverint, jus faciat inter partes et pro jure in perpetuum habeatur ; hoc etiam adjecto, quod dicti tres arbitri et quibibet ipsorum possint inde ferre testimonium veritati, non obstante quod sunt arbitratores et arbitri in hac parte, promittendo nos vicissim habere ratum et firmum et non contravenire in jure vel extra... quicquid dicti tres arbitri in predictis et circa pred. et occasione predict. cognoverint, diffiniverint et duxerint statuendum, sub pena viginti quinque librarum Viennen. vicissim sollempniter stipulata, abrenunciantes etiam inde omni juri canonico et civili, edito et non edito, fori privilegio, litteris apostolicis impetratis et impetrandis, consuetudini et demum [omni] juri quo... contra... vicissim et in solidum venire possemus, rata manente dict. arbitrorum... sententia et pronunciatione, sacrosanctis

Evangeliis corporaliter tactis, in animabus nostris et fratrum nostrorum. In cujus rei testimonium nos dicti abbas et prior S. F. huic presenti carte sigilla nostra duximus apponenda. Actum Valentie, in domo Sancti Felicis, anno Domini M°. CC°. XL°. quin[to, sexto] idus marcii, presentibus et vocatis testibus et rogatis W. Falcone, W. de Brinis, W. de Grana, Petro Bajulo, Falcon[e de] Montilisio, canonicis Sancti Felicis, et Franco Rotru, monacho Lioncelli, et fratre Johanne de Chales, converso Lioncelli et magistro del Coonher.

(*) Original parch. de 22 lig. 1/3, coté **Portare 514** (*Inv. A*) et CCCCXXXIX (*Inv. B*); au dos : *Facultas arbitris data per priorem Sancti Felicis et abbatem Lioncelli, de Cooinerio.* Traces de deux sceaux sur cordonnets.

CXLIV. *1er juin 1246.*

Carta Giraudi de Quinto, (de Ambello)*.

Noverint universi presentem paginam inspecturi, quod anno Domini M°CC°XL°VI°, kalendas junii, Innocencio IIII° papa sedente, Giraudus de Quinto domicellus, filius condam Geraldi de Quinto,... spontanea voluntate ..recognovit et confessus fuit, ad interrogacionem fratris Poncii abbatis Lioncelli, in presencia proborum virorum, videl. fratris Petri de Vacivo et fratris Johannis de Bais, conversorum ejusdem domus, et Bonefidei de Sallentz, qui vicem dom¹ Ademari filii comitis Valentini gerebat ibidem, et Ademari de Quinto et Jarentonis de Devajua et Petri de Grana et plurium aliorum, quod Odo de Quinto avus suus paternus dedit et concessit, pro anima sua et parentum suorum, Deo et ecclesie et domui beate Marie de Lioncello et fratribus ejus domus tam present. quam fut. jure perpetuo pascua universa que habebat seu habere debebat in montanis d'Anbel, exceptis pratis que continentur ibidem que ab antiquo sequari seu esserscia consueverunt, in quibus pratis possunt et debent Lioncellenses pascere animalia sua quolibet anno a festo beati Michaelis in antea : quam donacionem et concessionem dict. Geraldus filius laudavit, concessit et approbavit dicto abbati..., et ut supradicta... firmiter attendantur et observentur... super sancta Dei Evangelia juravit... se contra... de jure vel de facto... non venturum ; item sciendum est quod predict. abbas pro predict. recognicione et concessione centum solidos Viennen. dicto Geraldo, pro se et Biatrice sorore sua recipienti, dedit et solvit, renuncians... Actum apud Pontais, ultra pontem versus reclusorium, testibus presentibus W° d'Aigleu, W° dal Pillon,

Petro Freel, Ademaro de Rocillo et aliis supradict. Nec est pretermittendum quod dicta Biatris, soror dicti G.,.. supradicta univ. et sing. fratri Johanni de Dia, predicto.., in modum supradict. recognovit et confessa fuit, et se non venturam contra... promisit..; renunciantes dicti G. et B... Actum apud Marignac, infra turrem ; testes fuerunt presentes et rogati : Geraldus del Rochatz, canonicus Sancte Crucis, Umbertus Gauters, G. de Ruisec, Pe. Jarento de Bordellis, Martinus de Menglone clericus. Ad majorem autem supradict. omnium firmitatem, dom^us A. filius comitis Valentin., rogatu parcium predict., presentem cartam sigilli sui munimine roboravit et dict. Geraldus de Quinto similiter sigillum suum apposuit huic carte in testimonium veritatis.

(*) Original parch. de 22 lig., coté **I 90** (*Inv. A*) et XIII (*Inv. B*) ; au dos : *A sancto Michaele* ; cordon blanc et lanière de cuir.

CXLV. *22 août 1246.*

(Carta) Odonis de Alex(ano), de pascuis in mandamento de Chatusangiis *.

Noverint universi presentes litteras inspecturi, quod anno Domini M°.CC°.XL°. sexto, in octabis Assumptionis beate Marie, Odo de Alexano domicellus, non inmemor salutis eterne, pro remedio anime sue et suorum, mera et spontanea voluntate, donatione simplici ac inter vivos dedit et concessit, prout melius et sanius intelligi potest, Deo et domno Pontio abbati monasterii Lioncelli, recipienti nomine et ad opus ipsius monasterii, pascaragia ad opus animalium seu bestiarum suarum libera et quieta per omnes terras seu possessiones quas ipse tenet seu possidet vel alius pro eo, a strata Roianesa usque ad ecclesiam de Chantusangiis seu in parrochia ejusdem ecclesie ; ita tamen quod a festo beati Barnardi in antea bestie seu animalia dicti monasterii non debent intrare prata dicti Odonis donec fenum maienc e reviure de dict. pratis extraxerit vel extrahi fecerit, nec in taillatis nemorum suorum per duos annos ; et si forte intraverint in pratis vel nemoribus infra dict. tempus, debet dampnum factum a bestiis seu animalibus dicto Odoni vel suis dict. monasterium emendare. Promisit etiam dict. Odo, per se et suos, dicto abbati... dict. donationem ratam esse inperpetuum atque firmam, et quod contra non venient per se vel per alium ullo umquam tempore, aliquo jure vel aliqua ratione; et insuper dict. Odo omnia supradicta, tactis sacro sanctis Euvangeliis, solidavit. Preterea Pascors, mater dicti Odonis, et Rainalda uxor ejusdem et Pontius frater et Villelma soror ejusdem omnia supradicta laudaverunt et approbaverunt, et se contra non venire super sancta Dei Evangelia corporaliter juraverunt. Actum apud Alexanum, present. et vocatis testibus Petro de Stabulo monacho, Aemaro capellano, Falcone et Artaudo de Plautrier, Villelmo de Bello Monte, Chaberto de Curzon, Aemaro Gujone. Et ad perpetuam firmitatem habendam, dict. Odo presentem cartam sigilli sui munimine roboravit.

(*) Original parch. de 19 lig., coté **Octavo 263** (*Inv. A*) et CCLXXII (*Inv. B*); fragm. de sceau rond sur cordon blanc : au lion de...... Copie.

CXLVI. *22 août 1246.*

(Acquisitio possessionum ab Odone de Alexiano)*.

Noverint universi pres. litteras inspecturi, quod Odo de Alexiano domicellus habebat, tenebat et possidebat in parrochia ecclesie Sancti Appollinaris de Chatuisangiis terras, census, nemora et alias possessiones que inferius exprimentur, pro quibus tenebatur facere annuatim unum sextarium avene et quatuordecim solidos censuales capitulo Romanensi, videl. : unam oschiam et unum nemus que protenduntur a dicta ecclesia usque ad nemus Pontii de Stabulo, et contiguantur ab oriente terre Lamberti d'Osteun et ab occidente terre Leprosorum ; et unum cortile et unam petiam nemoris in monte Perois, juxta terram Hospitalis et Pontii de Stabulo, et unam petiam terre al Serler et contiguatur terre Lamberti d'Osteun et Franconis de Curson ; et illud quod habebat in Sablone, juxta terram Partis Dei, et tres sol. censuales quos faciebat sibi Lantelmus Fioleta pro cortili suo, quod est juxta nemus Pontii de Stabulo, et decem et octo denar. censuales quos fatiebat sibi Johannes Tues pro quadam petia terre sita juxta dict. cortile ; et campum de las Aias situm juxta cortile del Millatz, et protenditur usque ad stratam Romanensem ; et tres sol. censuales quos fatiebat sibi Michael de Pisanczan, pro quadam petia terre sita juxta dict. campum ; et unum campum situm juxta terram del Millatz, et terram Michaelis de Pisanciano, et unum campum en las Costas situm juxta nemus Pontii de Stabulo, et campum del Montaner superius et inferius usque ad pratum Villelmi de Laia et de Deu lo gartz ; et sex den. censuales quos fatiebat sibi Petrus Settres pro quodam cortili, et nemus de las Oleiras situm juxta dict. cortile, et sex den. censuales quos fatiebat sibi Bontosetz Roifleus, pro quodam prato sito juxta campum de Montaner, et pratum del Vernei situm juxta campum Lamberti d'Osteun, et terras de la Saramandeira subtus et supra usque ad rivum de Bainhols; et unum cortile et unum nemus que protenduntur a via de Volpa usque ad Aurardeiram, et quatuor sextariatas terre apud Bainhols sitas juxta pratum ipsius Odonis et terram Desiderii de Curson. Unde cum pro guerris et pro negligentia possessoris dicte terre sepissime remanerent inculte, qua de causa dict. Odo ad solvendum dict. censum dicto capitulo vix compelli poterat; idcirco Arbertus sacrista et procuratores ecclesie Romanen., considerata utilitate dicti capituli, de consensu et voluntate expressa ipsius capituli, dict. censum cum omni jure et dominio ad dict. capitulum pertinente vendiderunt, tradiderunt et titulo perfecte et irrevocabilis venditionis inperpetuum habere concesserunt... dicto Odoni qui dict. censum, scil. I. sextar. avene et XIIII. sol. censuales, fatiebat dicto capitulo pro dict. rebus, et ipsum et suos et dict. res ab honere dicti census absolverunt et quitios seu quitias clamaverunt : et hoc pro pretio sexdecim librarum Viennen., de quo se tenuerunt... plenarie pro paccatis, renuntiantes exceptioni non numer. et non solute peccunie, promittentes de evictione secundum bonas consuetudines patrie, sub ypotheca bonorum dicti capituli, et quod dict. capitulum contra dict. venditionem non veniet.., asserentes etiam et promittentes... dict. peccuniam in fertiliori et utiliori redditu ponere ad opus capituli; et de dicto censu se devestierunt.., et ipsum Odonem... investierunt et in vacuam possessionem induxerunt vel quasi... Quo facto, dict. Odo omnes res superius nominatas tamquam suum proprium alodium vendidit, tradidit et... inperpetuum habere concessit, cum omnibus juribus, dominiis, usagiis, servitutibus, finibus, accessibus, egressibus... domno Pontio abbati monasterii Lioncelli, recipienti... de consensu et voluntate conventus sui, et hoc pro pretio quinquaginta librarum Viennen., de quo se tenuit... plenarie pro paccato, renuntians..; promisit etiam... de evictione... et quod se opponat jure et ratione cuilibet qui... moveret aliquando questionem, et quod contra... non veniet..; et si res vendite plus valent dicto pretio, totum donavit, solvit, cessit atque guerpivit pro remedio anime sue et suorum.., se devestiendo.. et ipsum abbatem... investiendo.., renuntians..; et hec omnia super sancta Dei Euvangelia corporaliter juravit... Et insuper Pascors mater sua et Rainauda uxor ejusdem et Pontius frater ejus et Villelma soror sua dict. venditionem... laudaverunt et approbaverunt.., interposito super sancta Dei Euvangelia corporaliter juramento. Actum anno Domini M°.CC°.XL°.

sexto, in octabis Assumptionis beate Marie. Et ad perpetuam firmitatem et memoriam habendam, pres. carta de voluntate partium fuit sigillorum capituli Romanen. et Arberti sacriste munimine roborata.

(*) Original parch., coté **QQ 213** (*Inv. A*) et CCLXIX (*Inv. B*), de 45 lig. dont les premières ont souffert ; au dos : *Partis Dei*. Fragm. des deux sceaux, sur cordons blancs : au 1ᵉʳ, ecclésiastique en pied tenant deux clefs (?) de la gauche, appuyant un livre sur sa poitrine de la droite : légende : † **S : ARBERTI : SACRISTE : ROMANEN.** ; au 2ᵉ, figure comme au 2ᵉ de la ch. cxxxii (n. '), mais plus petite, légende (complétée par l'exempl. de la ch. cLviii) : † **SIGILLVM · SANCTI · BARNARDI.**

CXLVII.   *12 janvier 1247.*

COMPOSICIO SUPER DECIMIS, TASCHIIS ET OBLACIONIBUS DEL REVEST CUM LIONCELLENSIBUS *.

Notum sit omnibus present. pariter et fut. quod, cum questio verteretur inter religiosos viros fratrem Poncium abbatem domus Lioncelli, Cistercien. ordinis.., et magistrum Willelmum priorem Sancti Felicis Valencie.., super eo quod dict. prior petebat... ab eodem abbate... decimam integram omnium terrarum quas domus Lioncelli excolit... in territorio quod dicitur dal Reviest, et taschiam per undecimum, et septem sestarios nomine oblationum et XL^a sestar. bladi censuales, decem scil. frumenti, decem siliginis, decem ordei et decem avene, pro decimis accensatis super terris quas possidet domus Lioncelli apud Coctanarium et apud Albote et in territorio quod dicitur Palaranges, quos domus Lioncelli solvebat annuatim dicte domui Sancti Felicis ad mensuram veterem, petebat idem prior sibi solvi... ad mensuram qua Valencie comuniter mensuratur ; petebat etiam quamdam pecunie quantitatem pro expensis quas fecerat litigando. Ex adverso vero petebat dict. abbas ab eodem priore... terram et blachiam que fuerunt Clementis Berbier, sitas in eodem territorio dal Revest, et quinque solid. censuales super terra daus Plaviers, in predicto territorio dal Revest. Tandem, post multas altercationes et litigia, dicte partes super dict. querimoniis et rancuris... compromiserunt unanimiter, de consilio et expresso consensu suorum conventuum, in fratrem Stephanum de Chaffalco, monachum Lioncelli, et Petrum de Brissiaco, canonicum et procuratorem Sⁱ Felicis, et Arbertum de Foillas, sacristam Diensem, et Lantelmum archipresbiterum, capellanum et canonicum Valentin., tanquam in arbitros..., sub pena quinquaginta librarum..; promittentes bona fide, sollempni stipulatione interposita, quod ipsi plenarie observabunt quicquid... predicti quatuor... vel tres eorum... duxerint statuendum..; et pro hiis omn. attendendis fideliter et complendis, juravit ad sancta Euvangelia Petrus de Brissiaco in animam dicti prioris et conventus S^{ti} Felicis, de mandato ejusdem expresso, et frater Petrus de Castro Novo, monachus Lioncelli, juravit... in animam ipsius abbatis et conventus Lioncelli... Fuit autem actum et a partibus acceptatum, quod dicti quatuor arbitri.. vel tres illorum, si quartus dissentiret vel forsitan esset absens, possint... inquirere et cognoscere, etc.; quod dicta pena tociens comittatur... Qui dicti arbitri, auditis.. petitionibus et responsionibus.., dict. querelas seu querimonias taliter sopiverunt: voluerunt siquidem et preceperunt quod memoratus Poncius abbas Lioncelli et successores sui solvant et solvere teneantur in perpetuum dicto priori S^{ti} Felicis.. XL^a sestar. bladi censuales ad mensuram veterem consuetam, x. scil. sest. frumenti, x. siliginis, x. ordei et x. avene, pro predict. decimis acessatis, et quod domus S^{ti} Felicis mensuram similem ferratam et eodem signo signatam habeat, si prior et conventus voluerint, qualis est mensura domus Lioncelli cum qua census supradict. solvitur, ne possit super hoc questio decetero suscitari; item voluerunt et preceperunt ac ordinaverunt quod dict. abbas et successores sui solvant... in perpetuum dicto priori.., tam pro decima integra quam taschiis et oblationibus petitis superius, duodecimam partem tantummodo omnium fructuum qui provenient ex terris omnibus quas domus Lioncelli tenet et possidet... in dicto territorio dal Revest, ita quod numerando usque ad duodecim duodecimam mensuram accipiat domus S^{ti} Felicis, terciamdecimam vero mensuram inmediate subsequentem accipiat domus Lioncelli pro excussura, qua non computata in duodena subsequenti, incipiatur iterum numerari [ab] unitate usque ad duod[ecim] dicto modo. De crapis autem [ita duxerunt d]eterminandum quod, considerata summa omnium craparum cujuslibet speciei seminis in universo, ita quod quelibet species blad[i seu legumi]nis comp[utetur, si fuerit totalis summa se]x [sestariorum vel] ultra, duodecimam partem habeat domus S^{ti} Felicis, ita quod de duodecim sestariis habeat unum, de sex sextariis habeat unam eminam; [si vero t]otalis summa minor fuerit quam sex sestariorum, nichil ibi percipiat dicta domus. Item adjectum fuit a predict. arbitris.., quod dicti fructus dal Revest cum aliis nullatenus misceantur, donec domus S^{ti} Felicis de ipsis suam habuerit porcionem: a [peticione] vero terre et blachie que fuerunt Clementis Be[rbi]er et [quinque solid.] censualium super terra daus l'hivers, dict. priorem absolverunt... Et propter hec dicti arbitri... voluerunt et preceperunt partibus, quod omnes querimonie et rancure quas ad invicem faciebant, occasione expensarum factarum in lite vel bladi non soluti sive census,... essent sopite penitus..; quod dictum, arbitrium, mandatum, preceptum seu ordinationem dicte partes.. laudaverunt et homologando approbaverunt... Acta sunt hec in curia Valencie, in estris a parte orientali, anno Domini M°.CC°.XL°, sexto, pridie idus januarii, present. et ad hoc vocatis testibus : W. officiali Valentino, W. Loio priore Montilisii, W. d'Encia canonico S^i Felicis, Petro de Castro Novo, cellarario Lioncelli, Johanne de Chales, magistro Coctanarii, magistro Petro phisico et pluribus aliis fidedignis. Ut autem predicta omnia semper firma et illibata permaneant in futurum, pres. carta sigillis venerabilium conventuum Lioncelli et [St Feli]cis, Arberti de Foillas sacriste Diensis et Lantelmi archipresbiteri extitit sigillata ; ad majorem autem firmitatem et in testimonium omnium predict., Nos Philippus, Dei gratia [prime] Lugdunensis ecclesie electus et procurator ecclesie Valentin., rogatu parcium pres. cartam fecimus sigilli nostri patrocinio roborari.

(*) Original parch. (fds St-Félix) de 44 lig. 1/3, coté **269** ; il a eu 5 sceaux, sur tresses et cordons à double queue, dont il ne subsiste que le 1er (à droite), celui de Philippe de Savoie, conforme aux exempl. de la ch. cxxxii (n. *). Au dos : *Qualiter dom. abbas Liuncelli facit prioratui Sancti Felicis xl. sest.*, etc. *et decimam terrarum sitarum infra mandamentum de Alexano. Vidimus* du 29 juillet 1312 (v. ad h. a.).

CXLVIII.   *16 février 1247.*

(Carta) Pontii de Stabulo, de duabus peciis terre donatis in Parte Dei*.

Noverint universi presentes litteras inspecturi, quod Ego Pontius de Stabulo domicellus, per me et per omnes meos, bona fide... cum hac carta... proprio motu animi mei do, trado, cedo et prorsus donatione inter vivos concedo, pro remedio anime mee et parentum meorum, in helemosinam Deo et beate Marie et fratribus Liuncelli present. et fut. quatuor petias terre, quas habebam in parrochia ecclesie de Chatusangas ; quarum una est in monte Peroso, contigua ab occidente terre Hospitalis et ab oriente terre quam tenet Johannes Verros a Boveto sub annuo censu ; secunda est subtus los cortils de Chatusangas, al serre de las Oleiras, contigua ab oriente terre Bovet et ab occidente terre Partis Dei quam habuit ab Odone de Alexiano ;

tercia est in cortili dal Vernes, quam solet tenere Petrus Brus de Alexiano sub annuo censu a patre meo Odolione, contigua ab occidente terre dom! Alberti de Cabeolo et terre Franconis de Curson, et ab oriente nemori Montis Perosi quod habuit domus Lioncelli a dicto Odolione; quarta est al serre de Bainhols et terminatur a rivo de Bainhols usque al clot de Cacaillas, contigua ab oriente terre Hospitalis et terre dicti Alberti de Cabeolo et terre supradicti Pontii [1], et ab occidente terre dicti Hospitalis. Preterea donavi, ego Pontius, Deo et beate Marie et predict. fratribus Liuncelli, in dicta parrochia de Chatusangas, blachiam rotundam cum omnibus pertinentiis [2] suis, et contiguatur dicta blachia ab oriente nemori dom! Alberti de Cabeolo et nemori Franconis de Curson, et ab occidente terre Partis Dei et terre beate Marie de Romanis. Item donavi, ego Pontius [1] supradict., Deo et beate Marie et jam dict. fratribus Liunc., in dicta parrochia de Chatusangas, aliam petiam terre cum nemore contiguo al serre de Bainhols; que terra et quod nemus contiguantur ab occidente terre Odonis de Alex(iano) et terre Hospitalis, et ab oriente terre ecclesie de Baisaias quam tenet Petrus Bonets sub annuo censu, et nemori quod tenet Hugo d'Esparver ab Artando Aucher. Hec omnia supradicta univ. et sing. ego dict. Pontius dono [3] et concedo Deo et beate Marie et supradict. fratribus Liuncelli, absque aliqua retentione et retractione mea et meorum, et de toto jure et actione quod et quam in dict. terris habeo, habere possum vel debeo me et meos devestiens, Pontium [4] abbatem domus Liuncelli [5]... investio et verum dominum ac specialem tamquam in rem propriam.. facio et constituo, sicut melius et plenius potest dici, intelligi vel excogitari ad comodum et utilitatem dicte domus, tradens proprietatem et totum jus meum, volo ac jubeo quod tu, supradict. abbas,.. apprehendas corporalem possessionem..; et facta a me renuntiatione totius juris.., promitto et convenio tibi... quod contra numquam veniam..; universa vero.. attendere et observare.., tactis corporaliter sacro sanctis Euvangeliis, solidavi... Actum hoc apud Chatusangas, anno Domini M°.CC°.XL°. sexto, xiiij°. kalendas marcii, present. et ad hoc vocatis et rogatis testibus : fratre Lantelmo de Vacheiras, Guigone d'Eras, Johanne de Dia, fratre Petro de Stabulo, monachis et sacerdotibus, fratre Odilione de Stabulo, fratre Juvene, fratre Johanne magistro Partis Dei, conversis Liuncelli, Guigone de Loscha, Petro Guidonis, Juvene de Aqua Lata, Falcone Pela, filio dicti Pontii. Ad perpetuam omnium supradict. memoriam et fidem in posterum obtinendum, Nos J(ohannes) Dei miseratione sancte Viennensis ecclesie archiepiscopus, ad preces partium, presentem cartam sigilli nostri munimine duximus roborandam, et dict. Pontius similiter pres. carte sigillum suum apposuit in testimonium veritatis⁰.

(*) Il existe de cette ch. deux originaux parch., dont nous réunissons le texte en notant les additions et les variantes. Le plus complet est coté **Tre** **242** (*Inv. A*) et CCLXXI (*Inv. B*) ; il a 28 lig. 1/2, avec un beau sceau ovale (40 mill.), sur tresse plate : homme debout, vu de face, tenant un faucon de chaque main, légende : † S' : **PONCII de STABVLO : DOMICELLII** (*sic*). L'autre, coté **Meatus 266** (*Inv. A*) et CCLXXII (*Inv. B*), a 42 lig. ; traces de deux sceaux. Copie de *a* dans le cahier CCCXCI.
(1) Var. *Ponc...* — (2) Var. *..nciis.* — (3) Var. *do.* — (4) Var. *A.* (!) — (5) Var. *Lion...* — (6) Var. *..ndam, Ego supradict. Pontius de Scabulo pres. cartam sigilli mei munimine roboravi.*

CXLIX. *31 mai 1247.*

(Carta) de testibus super terris del Revest*.

Notum sit omnibus... quod controversia erat inter venerabilem virum Poncium abbatem et conventum domus Lioncelli, ex una parte, et magistrum Willelmum priorem Sancti Felicis Valentie et conventum ejusdem domus, ex altera, super primiciis, decimis, oblationibus, censibus, taschiis et terris sitis in territorio dal Revest, videl. super terra dal chami reial et terra de Bruceriis et terra que est inter nemus et terram Clementorum, et super blachia Jarentonis et terra daus Gleizils, quas dict. prior ad domum S' Felicis pertinere dicebat, domno abbate Lioncelli hoc negante, imo ad domum suam Lioncelli pertinere firmiter asserebat ; super quibus omnibus dicte partes... in Lantelmum archipresbiterum, capellanum et canonicum Valentin., et Arbertum de Foillas, sacristam Diensem, compromiserunt... ut eorum.. ordinationi, cum consensu tamen Petri de Brissiaco, procuratoris S' Felicis, et fratris Stephani de Chaffalco, monachi Lioncelli, starent.... Dicti vero arbitri... predict. controversias diffinierunt, prout in carta de compromisso et mandamento inde confecta plenius continetur¹ ; de predict. autem terris taliter ordinarunt, scil. quod domui S' Felicis perpetue jure proprio remanerent, eo quod per testes omni exceptione majores, coram dict. P. de Brissiaco et St. de Chaffalco de consensu parcium antea productos et ab eisdem part. coram dict. arbitris in judicio postmodum approbatos et sacramentis hinc inde prestitis confirmatos, probatum fuit legitime quod domus S' Felicis fuerant longissimo tempore dicte terre. Et ne predicte attestationes possent processu temporis deperire, voluerunt ipso partes ut, ipsis redactis in publicis munimentis, ad perhempnem memoriam sigillarentur sigillo curie Valencie, Willelmum officialem dicte curie super hoc comuniter deprecando ; ex precepto preterea et mandato dict. arbitrorum.., de consensu dict. P. de Bris. et fratris St. de Chaf., quia dicte terre coherebant terris domus Lioncelli, per fratrem Petrum et fratrem Barnardum, conversos S^i Felicis, et per fratrem Johannem Lierna, conversum Lioncelli, ac per W. Bonafos, Lantelmum Jauberti, Foresterium, Johannem Berbiaressa et Petrum Moteti, electos comuniter a partibus et juratos, limitate sunt, cum confines ipsarum terrarum dicerentur minime ignorare, et sic limitate perpetuo remanebunt ne ex comixtione earumdem inter ipsos decetero aliqua discordia oriatur. Attestationes vero sunt hee : § W. Bonafos, testis juratus, dixit se vidisse quod a die sue prime noticie terra que est inter stratam regalem et terram Audeberti et viam Sancti Desiderii erat domus S^i Felicis, et nemo ei contradicebat in dicta terra ; de terra de las Brueiras dixit idem ; item interrogatus si sciret quod blachia de Gumant esset Poncii [d]a[l Rev]est, et dixit quod audivit ab ipso Poncio quod sua erat ; et de blachia Jarentonis, dixit idem quod de terra de las Brueiras ; et de terra que est inter terram Clementis et nemus, dixit idem ; interrog. de terra daus Gleizilz, dixit quod nichil inde sciebat. § Lantelmus Jauberti, tes. jur., dixit idem quod W. Bonafos per omnia, hoc excepto quod dixit quod de blachia Jarentonis nichil sciebat ; et dixit quod ipse Lantelmus et frater ejus tenebant blachiam de Gumant a Poncio dal Revest, et quod blachia dicta de la Frairescha erat ipsius Poncii. § Petrus Richardi, t. j., dixit quod ipse exco[luit] terram que est contigua terre Audeberti et strate regali, et quod dicta terra erat Sancti Felicis ; de terra de las Brueiras, audivit dici multo tempore quod erat S^i Felicis. § Stephanus de Bais, t. j., dixit quod illi qui excolebant terram juxta stratam regalem excolebant eam a domo S^i Felicis, et de terra de las Brueiras idem quod P. Richardi. § Petrus Baissis, t. j., dixit quod ipse excoluit terram que est juxta stratam regalem a domo S^i Felicis ; interrog. si esset dicta terra domus S^i Felicis, dixit se nescire. § Frater Bernardus, t. j., dixit se vidisse per xx. tres annos domum S^i Felicis tenere in pace terram que est juxta stratam regalem ; item interrogatus de blachia Jarentonis, dixit idem ; de terra juxta las Marzes, dixit quod erat de la Frairescha Poncii dal Revest ; de condamina juxta lo Gleizil, dixit idem quod de terra juxta stratam regalem. § Frater Petrus, t. j., dixit idem per omnia, excepto quod dicit quod audivit dici quod blachia Jarentonis erat domus Sancti Felicis ; de terra inter terram Clementis et nemus, dixit quod vidit eam tenere in pace a domo S¹ Felicis per xx. tres annos. § Foresterius, t. j., dixit se vidisse per xxx. annos vel per xl⁴ quod domus S¹ Felicis tenebat in pace terram daus Gleisils et terram inter terram Clementis et nemus; de blachia Jarentonis dixit quod sciebat quod erat domus S¹ Felicis, et dixit quod scit quod terra d'outra las Marzes erat de la Frairescha Pon. dal Reviest; de blachia dixit se nescire utrum esset sua. § Johannes Berbiaressa, t. j., dixit idem per omnia quod Foresterius, et dixit quod audivit dici quod terra de las Bruelras erat domus S¹ Felicis. § Petrus Motetz, t. j., dixit se vidisse quod domus S¹ Felicis tenuit bene per xx. quinque annos in pace terram dal Gleizils. § W. bajulus, t. j., dixit se vidisse et scire quod terram dal Gleizil tenuit in pace domus S¹ Felicis et blachiam Jarentonis bene per xx. annos. § Martinus Taillius, t. j., dixit quod xxx. anni et plus sunt elapsi ex quo ipse accepit per tres vices bladum in terra strate publice et in terra de las Brueiras; de terra dal Gleizil et blachia Jarentonis dixit idem quod Foresterius. § Frater Pe. Rasoris, t. j., dixit de terra de las Brueiras et blachia Jarentonis et de terra dal Gleizil, quod domus S¹ Felicis tenuit eas in pace bene per xii. annos et plus; de terra inter terram Clementis et nemus audivit dici quod erat domus S¹ Felicis. § Petrus bajulus Sailics (?), t. j., dixit de terra dal Gleizil et blachia Jarentonis idem quod P. Rasoris, set dixit de tempore a sua noticia. § Petrus Gencionis, t. j., dixit quod blachia de Gumant fuit quondam Petri dal Revest et post ejus obitum venit in partem Poncio dal Revest ejus filio, qui fuit conversus Sancti Felicis; interrog. quot anni sunt quod hec scit, respondet xl. vel l.; inter. quot annorum erat testis, resp. lx. et plus. § Acta sunt hec, coram nobis W. officiali Valencie, de parcium voluntate, ipsis present. et recognoscentibus totaliter dicta pacta, juramentis hinc inde prestitis confirmata, anno Domini M°.CC°.XL°. septimo, pridie kalendas junii, presentibus Lantelmo archipresbitero, Petro de Brissiaco, procuratore S¹ Felicis, fratre Jacobo monacho Lioncelli, Petro Rasore converso S¹ Felicis, Andrea Bovini clerico et multis aliis fidedignis. Ut autem predicta omnia majori nitantur robore firmitatis et firma et inconcussa remaneant, nos officialis predict. huic carte apponi fecimus sigillum curie Valentine.

(*) Original parch. (fds St-Félix) de 68 lig., coté **264**; sceau ovale (6 cent.), pendant à rebours sur corde : prélat assis, revêtu des habits pontificaux, la crosse appuyée de la gauche sur la poitrine, bénissant de la droite, légende : † SIGILLVM....

(1) Voir la ch. cxlvii, p. 149.

CL. Juin 1247.

(Carta) Pontii de Stabulo, de Catusangiis, — de Parte Dei [*].

Noverint univ. pres. litteras inspecturi, quod ego Pontius de Stabulo domicellus *(ut in ch. CXLVIII)*... dono, trado, cedo [1] *(ut ibi)*... fratribus Liuncelli.. tres petias [2] nemoris, quas habebam in monte Petroso, ab occidentali parte ejusdem montis, qui scil. mons Petrosus est in parrochia ecclesie de Chatusangis ; dicte vero tres petie [2] nemoris contigue sunt ab oriente nemori Hospitalis. Item dono, ego Pontius [3], Deo et beate Marie et predict. fratribus Liunc. in dicta parrochia ecclesie de Chatusangis aliam petiam [4] nemoris a las Oieiras, supra vineale de Chatusangis, contiguam ab oriente nemori Franconis de Curcó et ab occidente terre dom¹ Lamberti Bovet [5] ; item dono, ego Pontius [6] jamdict. fratribus Liuncelli venationes quas habebam... in nemoribus superius nominatis, et in aliis nemoribus et rebus que vel quas donaveram predict. fratr. Liunc. in dicta parrochia ecclesie de Chatusangis. Hec omnia *(ut ibid.)*... Acta sunt hec in domo Partis Dei, anno Domini M°.CC°. XL° [7] septimo, mense junii, present. et ad hoc vocatis et rog. testibus : fratre Lantelmo de Vacheriis, fratre Guigone d'Eras, Jacobo Jordani subpriore, fratre Armanno d'Albon, monachis, fratre Juvene, magistro bovarie Partis Dei, fratre Johanne de Bais, magistro ovium, fratre Karolo, fratre Johanne Raschatz [8], magistro de Parte Dei, conversis Liuncelli. Et ad perpetuam... obtinendam, Ego supradict. Pontius de Stabulo [dom]icellus pres. cartam sigilli mei munimine roboravi.

(*) On possède de cette ch. deux originaux parch., que nous complétons l'un par l'autre. Le 1ᵉʳ, coté **Nᵒˢ 289** (*Inv. A*), a 23 lig. ; trace de sceau sur tresse à double queue ; au dos : *Carta Partis Dei, de rebus donatis per Poncium de Stabulo*. Le 2ᵉ, coté **88 215** (*Inv. A*) et CCLXXVIII (*Inv. B*), a 22 lig. 1/2 ; sceau en tout identique à celui de la ch. CXLVIII (n.° *a*). Copie de *a* dans le cahier CCCXCI (avec cette date inexplicable : *an. D.M.CC.XLIJ, mense maii*).
(1) Var. *concedo*. — (2) Var. *pecies*. — (3) Var. *I. e. dict. P. dono*. — (4) Var. *peciem*. — (5) Add. *dono videl. hanc nemoris peciem cum venatione*... — (6) Add. *Deo et B. Marie et*. — (7) Var. *quadragesimo*. — (8) Var....*chats*.

CLI. *24 novembre 1244 - 22 juillet 1247.*

(DONATIO BONE FEMINE ET GUIDONIS DE ALEXIANO)*.

Noverint universi presentes litteras inspecturi, quod anno Domini M°.CC°.XL°. quarto, in crastinum sancti Clementis, Bona Femina, uxor quondam Duranti Guidonis de Alexiano, saluti sue volens providere, pure, libere et absolute, donatione simplici ac inter vivos dedit et concessit inperpetuum in puram helemosinam, pro remedio anime sue et suorum, Deo et beate Marie, Arnaldo abbati recipienti nomine domus et fratrum Lioncelli, consentiente etiam Guidone filio suo, unam peciam terre sitam juxta aquam de Pallaia, contiguam terre Hospitalis Jherosolimitani de Valentia; et de dicta terra se devestivit dicta Bona Femina et dict. abbatem... investivit..; promisit etiam... dict. donationem ratam habere et tenere... Actum apud Alexian[um, in domo dicte] Bone Femine, presentibus et vocatis testibus: Poncio subpriore monacho, Johanne converso Lioncelli, Desiderio Borrelli et Petro Aquin. — Postmodum vero, anno Domini M°.CC°.XL°. septimo, undecimo kalendas augusti, dict. Guido constitutus in presencia Lantelmi archipresbiteri de Roianis, presente Poncio abbate Liuncelli et recipiente..., dict. donationem factam a matre sua laudavit et ratam habuit, et si quid juris habebat in dicta terra totum cessit et guerpivit eidem abbati ad opus dicte domus, pro sue anime remedio et suorum, promittens... quod ipse et sui dict. donationem ratam habebunt..., interposito etiam super sancta Dei Euvangelia corporaliter juramento. Actum apud Valentiam, in domo [dicti] archipresbiteri, present. et voc. testibus : W(illelm)o priore Sancti Felicis, W° Lodonio priori de Monteilles, Lantelmo de Vacheris, monacho Lioncelli, W° hospitalario, Berardo. Ad majus autem hujus rei testimonium, Lantelmus archipresbiter de Roianis [rogatu] utriusque partis presentem cartam sigilli sui munimine roboravit.

(*) Original parch. de 17 lig. 1/2, coté **Barnaba 589** (*Inv. A*) et CCCCXXXVIII (*Inv. B*); trace de sceau. Copie dans le cahier DXIX.

CLII. *Août 1247.*

(CARTA) W. DE AIGLEDUNO, DE VELLERO ET SERMEDIANO*.

Noverint universi presentes literas inspecturi, quod Villelmus de Aigleduno movit querimoniam contra domum Liuncelli, super illis rebus quas Ubertus Ferrandi donaverat eidem domui in territorio de Vellero et de Sermeia, a ponte Entie supra versus domum Liuncelli, dicens quod de feudo suo erant et quod ipse eas non laudaverat domui Liuncelli. Tandem sano adquiescens consilio, pro remedio anime sue et parentum suorum, dict. Villelmus donavit et concessit inperpetuum Deo et beate Marie et fratribus Liuncelli present. et fut. omnia jura quecumque habebat vel habere debebat vel poterat in terris cultis et incultis, in pascuis, in aquis, in lignis, in illis rebus que condam fuerunt Uberti Ferrandi in toto territorio de Vellero et de Sermeia, a ponte Entie supra versus domum Liuncelli : hec autem donavit dict. Villelmus nomine suo et Artaudi de Aigleduno, nepotis sui, a quo partem suam dicti feudi acquisierat; laudavit etiam et concessit dict. fratribus de Liuncello ea que ipsis donaverat Guigo de Aigleduno, nepos suus, in dict. rebus que condam fuerunt Uberti Ferrandi in dicto territorio... Hec omnia.. dict. Villelmus donavit et concessit inperpetuum Deo et beate Marie et suprad. fratribus Liuncelli et Pontio abbati... ad habendum, *etc.*, prout melius et sanius...; promittens res superius nominatas se defensurum et servaturum... : universa vero et sing... attendere et observare.., tactis corporaliter sacrosanctis Evangeliis, solidavit. Actum in domo Liuncelli, anno Domini M°.CC°.XL°VII°, mense augusto, presentibus et ad hoc vocatis testibus : Stefano de Cadefalco, Ysmidone, monachis, Petro de Vacivo, Johanne de Cales, Villelmo Balbi, conversis Liuncelli, Villelmo dal Pillo milite, Uberto de Borna, domicello, Petro de la Mota, Gaudemar. Et ad perpetuam omnium supradict. memoriam et fidem inposterum obtinendam, supradict. Villelmus de Aigleduno present. cartam sigilli sui munimine roboravit.

(*) Original parch. de 15 lig. 1/2, coté **Fu. 851** (*Inv. A*) et DLI (*Inv. B*); trace de sceau sur cordon ; au dos : *Donacio Guillelmi de Aygluduno pro Vellero.* Copie dans le cah. DXCVII.

CLIII. *28 octobre 1247.*

(Bulla Innocentii IV pape contra bonorum occupatores)*.

INNOCENTIUS episcopus, servus servorum Dei, venerabilibus fratribus.. Archiepiscopo Viennensi et suffraganeis ejus, et dilectis filiis abbatibus, prioribus, decanis, archidiaconis, prepositis, archipresbiteris et aliis ecclesiarum prelatis per Viennensem provinciam constitutis, salutem et apostolicam benedictionem. — Non absque dolore

cordis et plurima turbatione didicimus, quod ita in plerisque partibus ecclesiastica censura dissolvitur et canonice sententie severitas enervatur, ut viri religiosi, et hii maxime qui per Sedis apostolice privilegia majori donati sunt libertate, passim a malefactoribus suis injurias sustineant et rapinas, dum vix invenitur qui congrua illis protectione subveniat et pro fovenda pauperum innocentia se murum defensionis opponat. Specialiter autem dilecti filii.. abbas et fratres monasterii de Liuncello, Cisterciencis ordinis, Diensis diocesis, tam de frequentibus injuriis quam de ipso cotidiano defectu justitie conquerentes, universitatem vestram litteris petierunt apostolicis excitari, ut ita videlicet eis in tribulationibus suis contra malefactores eorum prompta debeatis magnanimitate consurgere, quod ab angustiis quas sustinent et pressuris vestro possint presidio respirare. Ideoque universitati vestre per apostolica scripta mandamus atque precipimus, quatinus illos qui possessiones vel res seu domos predict. fratrum irreverenter invaserint aut ea injuste detinuerint que predictis fratribus ex testamento decedentium relinquuntur, seu in ipsos fratres vel ipsorum aliquem contra apostolice Sedis indulta sententiam excomunicationis aut interdicti presumpserint promulgare, vel decimas laborum de terris habitis ante concilium generale, ante quod susceperunt ejusdem ordinis instituta, quas propriis manibus aut sumptibus excolunt seu nutrimentis animalium suorum, spretis apostolice Sedis privilegiis, extorquere, monitione premissa, si laici fuerint publice candelis accensis singuli vestrum in diocesibus et ecclesiis vestris excomunicationis sententia percellatis, si vero clerici vel canonici regulares sive monachi fuerint eos, appellatione remota, ab officio et beneficio suspendatis, neutram relaxaturi sententiam donec predict. fratribus plenarie satisfaciant; et tam laici quam clerici seculares qui pro violenta manuum injectione in fratres eosdem vel ipsorum aliquem anathematis vinculo fuerint innodati, cum diocesani episcopi litteris ad Sedem apostolicam venientes ab eodem vinculo mereantur absolvi.
— Datum Lugduni, v kalendas novembris, pontificatus nostri anno quinto.

(*) Original parch. de 17 lig., coté **Volunta: 449** (*Inv. A*) et DCXV (*Inv. B*); au dos : ...*Guillelmus de Sauxeto* (?). Bulle en plomb (32 mill.), sur fils de soie cramoisie et jaune à double queue ; avers : **INNOC-ENTIVS** · ·**PP·IIII**·; revers ordinaire. — Sous la cote **Gratia 487** (*Inv. A*) et DCXVI (*Inv. B*), il existe un *Vidimus Privilegii Innocencii de conservacione bonorum monasterii Lioncelli* en fac-simile sur parch. de 19 lig., avec tresse pendante ; le texte est suivi de cette attestation de l'archevêque Jean de Bernin († 1266) :

Nos autem J., Dei miseratione sancte Viennensis ecclesie vocatus archiepiscopus, privilegium supra scriptum in auctentico oculata fide perspeximus et de verbo ad verbum legentes fecimus sigillari.

(1) Innocent IV, élu a Anagni le 25 et consacré le 28 ou 29 juin 1243, mourut le 7 décemb. 1254. Nous possédons dans nos divers *Cartulaires* un nombre assez considérable de bulles et de brefs de ce pape.

CLIV.   *18 février 1248.*

CARTA RAIMUNDI DE CASTRO NOVO, DE PASCUIS *.

Notum sit omnibus presentibus presentem paginam inspecturis, quod anno Dominice Incarnationis M°.CC°.XL°. septimo, feria secunda post quindenam Purificationis beate Marie, Ego Raimundus de Castronovo, filius quondam Guinisii de Castro Novo, visis cartis, auditis et pluries coram me lectis super donationibus et concessionibus omnium pascuorum mandamenti Castrinovi, quas fecerant retroactis temporibus, pro salute et remedio animarum suarum, predecessores mei de utendis pascuis predict. et pascendis quantum ad eorum animalia cujusque fuerint generis et speciei domui Liuncelli et fratribus ibidem residentibus et perpetuo residendis, voluntate spontanea, non seductus ingenio vel subgestione alicujus, pro me et meis heredibus universis confirmo, ratifico et concedo ut omnia animalia... predicte domus... pascere possint libere et secure per totum mandamentum Castrinovi, quantum spectat ad meum dominium et meorum et ad dominium predecessorum meorum actenus pertinuit, preterquam in satis et incisis, quia ita continebatur in cartis predecessorum, precipue avi et patris mei; et ne ego Raimundus predict. vel heredes mei contra predict. confirmationem, ratificationem et concessionem venire possemus occasione aliqua vel nos deffendere a predictis exceptione aliqua, in hoc facto renuncio minoris etatis beneficio et omni alii legum et canonum, statutorum et consuetudinum auxilio et beneficio per quod... contravenire possemus..: et promitto, tactis sacrosanctis Evangeliis, tibi fratri Poncio abbati Liuncelli..., omnia supradicta firma tenere... et... pro posse meo deffendere et disbrigare. Sane si donationes predecessorum meorum, precipue avi et patris mei, facte domui Liuncelli super pascuis mandamenti Castrinovi non valerent vel possent casu aliquo infirmari, ego Raimundus de Castro Novo sepedictus, pro salute et remedio anime mee et predecessorum meorum, de novo dono et concedo pascua mandamenti Castri Novi domui et fratribus Liuncelli.. in perpetuum, ut animalia omnia...

ejusdem domus... et pastorum suorum, et etiam animalia que habent ad medium crescementum vel habituri sunt possint perpetuo pascere erbas supradict. pascuorum libere et secure, absque contradictione mei et meorum, et promitto sub virtute supra prestiti a me juramenti, tibi fratri Poncio abbati... predicta pascua pro posse meo ab omni homine et universitate deffendere et tueri, et non contravenire ; et renuncio penitus juri meo... Acta apud Valenciam, ante domum helemosine Sancti Petri de Burgo Valencie, anno et die quibus supra, testibus vocatis et rogatis : Francone Rotru monacho, Odilone, Johanne de Bais, conversis Liuncelli, Guillelmo Vincencii capellano, Richardo de Alexiano, canonico Sancti Petri de Burgo Valencie, Petro Arneudi clerico Valencie, Falcone Charbonel, Artaldo Chanabatz, Tolli, Garino bajulo de Castro Novo, et Chatberto et pluribus aliis. Ad cujus rei firmitatem et memoriam, ego predict. Raimundus de Castro Novo presentem cartam sigilli mei munimine roboravi.

(*) Original parch. de 29 lig., coté **K 127** (*Inv. A*) ; trace de sceau sur cordon vert et jaune. Copie dans le cahier DXIX.

CLV. *1er mai 1248.*

(CONCORDIA INTER MONASTERIUM ET CHABERTUM RAYNERII)*.

Notum sit omnibus present. et fut. quod, cum controversia verteretur inter Poncium abbatem et conventum de Liuncello ex una parte et Chabertum Raynerii ex altera, coram Johanne de Menglo, capellano de Sancto Juliano de Tres Pras, et Dalmatio Duczoni et Johanne Chabatz ; dicebant namque dict. abbas et conventus quod Chabertus Rainerii, quondam pater dicti Raynerii, et Bertrandus et Odo de Charcheleves dederant et concesserant domui de Liuncello et fratribus ibidem commorantibus... quemdam mansum in territorio de Charchéleves, qui mansus protenditur a comba Pomerii usque ad Degoutalz et usque ad viam que ducit ad fontem del Tiure, sicut ducit via recta de Charchaleves versus Leoncellum, quod dict. Chabertus negabat. Tandem, cum diu inter partes... esset litigatum, utraque pars in predict. capellano, Dalmatio et Johanne... compromisit stare mandato..., sub pena L* solid. Viennensis et Valentin. monete ; qui inter partes auditis petitionibus, responsionibus et rationibus, de consilio et voluntate expressa partium, controversiam in hunc modum finierunt, videl. quod dict. Chabertus, pro remedio anime sue et parentum suorum, permittat in pace et quiete possidere domui de Liuncello... quidquid juris, quidq. requisitionis habebat... vel antecessores sui melius visi sunt habuisse in predicto manso, sive sint terre culte et inculte, nemora, prata, pascua, proprietates et dominia, nihil omnino... retinens ; item dict. Chabertus, pro salute anime sue et parentum suorum, donavit in perpetuum Deo et beate Marie et fratribus Liuncelli... quidquid... habere poterat in pascuis de Charchaleves, nihil omnino... retinens nisi tantummodo tres solid. Viennen. et Valentin. monete censuales : hec omnia... concessit et confirmavit dict. Chabertus dicto abbati et conventui de Liuncello perpetuo ad habendum, *etc.*, excepto censu annuo..., et insuper de evictione bona fide promisit. Hec omnia, sicut supra scripta sunt et expressa, Jarento Rainerii, frater dicti Chaberti, laudavit, confirmavit dicto abbati et conventui de Lioncello ; item predicti Chabertus et Jarento promiserunt dicto abbati et conventui bona fide... eos manutenere et deffendere pro posse suo in predict. rebus... ; item... promiserunt et juraverunt supra Dei Evangelia omnia supradicta rata et firma in perpetuum tenere, habere et contra non venire... Actum apud villam Sancti Juliani infra portam, anno Domini M°. CC°. XLVIII°, kalendas mali ; testes fuerunt rogati et vocati Jacobus supprior, Franco, Arnaudus Pas ejus (!), conversi Leoncelli, Pontius Chabas, Petrus Charentais, Umbertus Tornator et Perers, Dalmatius, nepos Dalmatii supradicti ; et insuper predicti Johannes capellanus et Dalmatius Duconi, de mandato et voluntate utriusque partis, presenti carte sigilla sua apposuerunt.

(*) L'original de cette ch., coté **Éripe 398** (*Inv. A*) et CXXXVI (*Inv. B*), ne s'est pas retrouvé ; le texte en est fourni par le cahier DXCVII.

CLVI. *(16-21) août 1248.*

(CARTA) PONTII DE STABULO, DE PARTE DEI*.

Anno Domini M.CC.XL.VIII, infra octabas Assumptionis beate Marie, Ego Pontius de Stabulo, domicellus, dono, concedo, trado in elemosinam Deo et beate Marie et fratribus Liuncellis present. et fut. quicquid juris, quicquid requisitionis habebam vel habere debebam in quodam prato, quod est al vernes de Chatusangas, quod tenet Juvenis d'Aigala sub annuo censu, qui est tres denar. censuales. Item donavi eisdem fratribus de Lioncellis taschias quas percipiebam in terris Hospitalis, que terre site sunt in parrochia eclesie de Chatusangas. Item dono quoddam nemus in monte Petroso, quod contiguatur ex una parte nemori Boveth, filii Lamberti de Hosteu, qui mons Petrosus est situs in parrochia de Chatusangas. Hec omnia supra dicta *(ut in ch. CXLVIII, l. 30)... (l. 32)* Lioncelli... dicte domus. Universa vero et sing... ego sepe dictus P. attendere et observare et contra non venire... bona fide promisi, renuncians omni juri... Ad perpetuam *(ut ibi, l. 49)...* obtinendam, Ego Pontius de Stabulo pres. cartam sigilli mei munimine roboravi. Hujus rei testes sunt presentes et vocati : Petrus de Stabulo prior, Petrus de Castro Novo cellararius, Johannes de Secusia, monachi, Odilo, Laurencius, conversi Lioncelli.

(*) Bel original parch. de 16 lig. 13, coté **Do. 243** *(Inv. A)* et **CCLXXIX** *(Inv. B)*; trace de sceau sur cordon blanc. Au dos : *Lictera Poncii qui dedit taschias quas percipiebat in terris Hospitalis et quosdam alios census.*

CLVII.   *27 octobre 1248.*

(CARTA VENDITIONIS FRATRUM HOSPITALIS VALENTIE)*.

Notum sit omnibus present. pariter et fut., quod nos frater Bertrandus de Mornanton, preceptor domus Hospitalis Jherosolimitani Valentie, de consensu et voluntate expressa omnium fratrum nostrorum vel majoris partis in dicta domo degencium, quorum nomina sunt inferius annotata, pensata utilitate et comodo domus nostre, interveniente etiam auctoritate fratris Bertrandi, preceptoris Sancti Egidii, ea que habebat dicta domus Hospitalis in parrochia ecclesie de Chatuczanges, Valentinen. diocesis, sive sint terre culte *etc.*, et terram quam habebat dicta domus in parrochia de Charleu adherentem vignali Petri Beraudi quondam ; cum essent quasi inutiles penitus dicte domui Hospitalis, predicta omnia cum dominiis eorumdem et cum juribus et pertinenciis vendidimus et... tradidimus... vobis fratri Pontio abbati Lioncelli... precio octo librarum Viennensis seu Valentin. monete, nos et nostram domum Hospitalis... devestientes... et vos et vestros successores investientes.., cedendo vobis.. : exceptis tantummodo tribus denariis censualibus cum dominio eorumdem, quos percipimus super prato quod possidet Juvenis d'Aigualia. Si vero predicta plus valerent.., totum plus vobis contulimus, et dict. precium confitemur nos habuisse... et quod convertimus in utilitatibus et necessariis nostre domus, promittentes... quod alienationem predictorum fecimus ob utilitatem et necessitatem domus nostre. Fratres autem Hospitalis, qui interfuerunt et quorum assensu et consilio facta sunt omnia supradicta, sunt : frater Ademarus presbiter, frater Guido, frater Petrus Guali, frater Petrus Pecolli. Acta sunt hec anno Domini M°.CC°.XL°. octavo, in vigilia apostolorum Symonis et Jude, apud Valentiam, in dicta domo Hospitalis, testibus presentibus fratre Petro de Chastro Novo monacho, fratre Odilione converso et W. Guiniterii. Ut autem predicta perpetua gaudeant firmitate, nos W. officialis Valentinus... rogatu parcium pres. cartam sigillari fecimus sigillo curie Valent...

(*) Original parch. de 22 lig., coté **Mo. 236** (*Inv. A*) et **CCLXXIII** (*Inv. B*). Fragm. de sceau sur cordon ; ogival (37 mill.), un dextrochère mouvant de senestre, tenant une crosse tournée à droite ; légende : ✝ **S'·CVRIE·VALENTINE·**.

CLVIII. *30 octobre 1248.*

CARTA AR. DE CABEOLO, DE ANNIVERSARIO SUO*.

Noverint universi presentes litteras inspecturi, quod nobilis vir Arbertus de Cabeolo, decanus Valentinus, sacrista Romanensis, Deum habens pre occulis et de sua salute non inmemor, sanus mente et corpore, pure, libere et absolute in hac carta insinuationis, donatione simplici ac inter vivos dedit et concessit domno P(ontio) abbati Lioncelli, recipienti ad honorem Dei et monasterii Lioncelli, dict. Arbertus pro sue salutis remedio et suorum, terras inferius annotatas, ad habendum, tenendum, possidendum et utilitatem dicti monasterii perpetuis temporibus faciendam : videl. cortile de l'Arberteira et res pertinentes ad cortile usque ad rivum de Bainhols, et cortile de l'Arnaudeira similiter usque ad rivum, et cortile de l'Evrardeira et ortum subtus positum, et vineale quod est ante portam ecclesie de Chatusangiis juxta cortile delz Achartz, et cortile quod fuit Boverie, et duas parvas petias terre que sunt subtus ecclesiam de Chatusangiis, et unam petiolam terre et nemoris que est inter costas de Bainhols et viam Roianesam, et medietatem terre quam habet cum Gratapallia pro indiviso juxta casale dels Raspaillartz ; et de dict. terris se devestivit dict. Arbertus et dict. abbatem... investivit et in vacuam et corporalem possessionem induxit ; promisit etiam eidem abbati omnia supradicta per se et suos rata fore inperpetuum atque firma. Veruntamen supplicavit dict. Arbertus dicto abbati et conventui Lioncelli, ut in festo beati Apollinaris quolibet anno de fructibus terrarum fieret pitantia conventui, et in crastinum haberent ipsum et suos in memoria annuatim, quod abbas et conventus humiliter concesserunt. Nec est pretermittendum quod Lambertus de Cabeolo, nepos dict;

Arberti, omnia supradicta voluit, concessit et approbavit, et dicto abbati... promisit quod ipse et sui... rata habeant inperpetuum atque firma. Actum Rom(anis), anno Domini M°.CC°.XL°. octavo, die veneris ante festum Omnium Sanctorum. Et ad perpetuam firmitatem habendam omnium supradict., precibus et mandato dicti Arberti et Lamberti, dom. J(ohannes) archiepiscopus Viennensis et capitulum Romanense present. cartam sigillorum suorum munimine roborarunt, et dicti Arbertus et Lambertus suis sigillis propriis confirmarunt.

(*) Original parch. de 19 lig., coté **Novum 271** (*Inv. A*) et CCLXXIV (*Inv. B*); au dos : *Carta Partis Dei, de terris de Balneolis et aliis pluribus donatis nobis per Arbertum de Chabeolo.* Il y a eu 4 sceaux, sur cordons blancs à double queue : le 2ᵉ (chap. de St-Barnard), dont il subsiste un fragm., est le même que celui de la ch. CXLVI (n. *); le 3ᵉ est ogival (45 mill.) : ecclésiastique en pied appuyant sur sa poitrine un livre dont l'ais apparent est orné de clous saillants ; légende : †: **S·ARBERTI·DECANI·VA-LENTINI**; le 4ᵉ, d'après le fragm. qui en reste, était hexagone : † *S·LAMBERTI·DE·CABEOLO.* Copie dans le cahier CCCXCI.

CLIX. *4 février 1249.*

(Carta de petia terre Odonis de Alexiano)*.

Noverint universi pres. litteras inspecturi, quod anno Domini M.CC. XL.VIII, pridie nonas februarii, Odo de Alexiano domicellus jure proprio et suo proprio alodio quandam peciam terre quam habebat, que est subtus Podium Chanal juxta viam Valentie,.. in integrum... cum omnibus... pertinentibus dedit, tradidit et concessit... Johanni de Secusia, monacho Leoncelli, recipienti et stipulanti de consensu et voluntate P(oncii) abbatis et conventus dicti monasterii... ad habendum, *etc.* : hoc modo et pacto quod dict. Johannes satisfecit dicto Odoni de sexies viginti solidis Viennen. nomine investiture, ita quod ipse se tenuit plenarie pro paccato, renuncians exceptioni..; et, promisit quod dict. monasterium pro dicta terra dicto Odoni et suis faceret duodecim denar. censuales. Et dict. Odo promisit et super sancta Dei Evangelia juravit quod ipse et sui dict. terram salvabunt et deffendent bona fide et sine fraude dicto monasterio in perpetuum, et se devestivit... et dict. Johannem... investivit, censum... tantummodo retinendo ; et si plus valebat.., totum donavit... pro sue salutis remedio et suorum... Et ad perpetuam memoriam et firmitatem, dict. Odo pres. cartam sigilli sui munimine roboravit. Actum apud Partem Dei, presentibus Desiderio Borelli,

Petro Aquin, Guillelmo de Masco, Johanne Chalvet, Juvene Sancti Eleutcrii converso, Bernardo de Chabeolo monacho et pluribus aliis.

(*) L'original parch., coté **Anno 258** (*Inv. A*) et CCCCXL (*Inv. B*), a disparu; il est compensé par le cahier CCCXCI, p. 43-4.

CLX.   *17 avril 1249.*

Carta Falconis Brunerii de Lento.*

Notum sit omnibus present. pariter et fut., quod cum controversia verteretur coram nobis Lantelmo archipresbitero Roianis, capellano et canonico Valentin., a dom° papa judice delegato, inter religiosum virum fratrem Poncium abbatem Lioncelli, nomine sue domus, ex una parte, et Falconem Brunerii de Lento, ex altera ; dicebat enim dict. abbas quod viginti sex solidi et dimidium, et tres emine frumenti et duo sestaria castanearum censuales et cartones vini et domus de Moras, quam quondam dedit domui Lioncelli Clemens Fabri pro anima sua, que omnia dict. Falco emerat ab Arnaldo abbate quondam Lioncelli ; item tria cartalla frumenti et duo capones, que percipiebat dict. Falco censuales a Bernardo Rainerii pro quadam parte curtilis Boverii, et duodecim denarii censual. quos idem F. percipiebat a Willelmo Monachi pro altera parte ejusdem curtilis, et I. emina frumenti et VI. denarii censual., que percipiebat a Berlione Ruffi dictus F. pro quadam vinea que est juxta rivum des Chatais, et VI. denarii censual. quos idem F. percipiebat pro domo Bone Bailleto, et I. sestarium frumenti quod percipiebat a Constantino pro III. sestariatis terre que sunt super Thoschias et pro medietate campi qui est super ulmum que est in planicie domus Leprosorum de Lenco, et I. sestar. frumenti quod percipiebat a Petro Pellipario vel a suis pro castaneto quod tenebant a dicto F., et II. solidi censual. quos percipiebat dictus F. pro domo dicti Petri : que omnia possidebat dictus F. jure alodii, super quibus omnibus, tam super emptis quam possessis jure alodii, dictus F. dederat et concesserat dicto A. abbati Lioncelli quondam et per eum domui Lioncelli in perpetuum dominium et censum annualem octo solid. ; asserebat, inquam, dict. abbas omnia predicta incidisse in comissum, eo quod dict. Falco cessaverat in solutione dicti census per tres annos et plus, dicto F. negante quod non cessaverat... Tandem, post multas altercationes et litigia, conpromiserunt unanimiter in nos L. archipresbiterorum tumquam in amicum comunem...

sub pena quingentorum solid... promitentes bona fide, sollempni stipulatione interposita,...; que omnia fideliter attendere juravit ad sancta Euvangelia dict. Falco et frater Petrus de Castro Novo, monachus Lioncelli, de mandato abbatis in animam ipsius abb. et conventus Lioncelli... Nos vero dict. archipresbiter, auditis et intellectis diligenter rationibus, propositionibus et defensionibus parcium, habito consilio peritorum, de consensu parcium dict. controversiam terminavimus in hunc modum : volumus siquidem et precepimus dicto Falconi, quod ipse remitteret, solveret et quitaret in perpetuum dicto abbati... xxvi. solidos et dimidium et iii. eminas frumenti censual., cartones vini et ii. sest. castanearum censualia et dict. domum de Moras, et quod de predictis se et suos devestiens dict. abbatem investiret, que dict. Falco in continenti plenarie adimplevit ; item volumus et precepimus dicto abbati quod ipse... solveret et quitaret in perpetuum dicto Falconi.. dominium et censum octo solid. que dictus F. concesserat domui Lioncelli.., quod dict. abbas.. adimplevit ; item volumus et precepimus dicto abbati quod, pro remissione et guerpitione facta sibi a dicto F., daret eidem et solveret quadraginta libras Viennensis seu Valentin. monete, et sic pax esset in perpetuum inter partes : de quibus xl° libris dict. abbas in continenti satisfecit dicto F... Hec omnia... partes laudaverunt et approbaverunt... Fratres vero domus Lioncelli, quorum consilio et consensu facta sunt omnia supradicta, sunt hii : Petrus de Stabulis prior, Jacobus subprior, Johannes de Dia sacrista, Stephanus Chaffaldi portitor, Guigo d'Eras, Franco Rotrus, Bernardus, Jacobus dal Revest et fratres alii dicte domus. Acta sunt hec apud Valenciam, in domo dicti archipresbiteri, anno Domini M°.CC°.XL°. nono, xv. kalendas maii, testibus present. vocatis ad hoc specialiter et rogatis : fratre Po. de Stabulis, priore Lioncelli, fratre Aymone converso, Ademaro Cellarii jurisperito, Petro Giroudi de Romanis, Stephano de Sancto Donato, clerico Romanensi, Guichardo Revenditore, Johanne Baucza de Stabulis et pluribus aliis fidedignis. In quorum testimonium et firmitatem, pres. carta sigillata est de consensu parcium sigillis abbatis et archipresbiteri predict. ; ut autem predicta omnia majori gaudeant in perpetuum firmitate, Nos J(ohannes), Dei gracia sancte Viennensis ecclesie vocatus archiepiscopus, ad instanciam parcium, pres. paginam fecimus sigilli nostri patrocinio robor(ar)i...

(*) Original parch. de 36 lig., coté **Fecit 319** (*Inv. A*) et CCLXXVII (*Inv. B*) ; au dos : *Lictera grangie de Lento* ; traces de 3 sceaux, dont la tresse du 2°.

CLXI.   *Mai 1249.*

(CARTA RAIMUNDI BOSCHATZ, DE PASCUIS MARCHIARUM)*.

Noverint universi presentes litteras inspecturi, quod questio vertebatur inter Raymundum dictum Boschatz, quondam bone memorie nobilissimi viri Villelmi de Peiteu, comitis Valentini, qui Raymundus jura tocius dominii mandamenti de Marchis a nobilissima dom^a Flota, domina de Roians, et nobilissimo viro dom° A(esmaro) filio suo, comite Valentino, tenebat et possidebat, ex una parte, et dom. Pontium abbatem Lioncelli, nomine monasterii sui et conventus, ex alia, super rebus, possessionibus, pascuis, usibus et juribus aliis inferius annotatis. Dicebat enim et proponebat dict. abbas... quod res que sunt in mandamento de Marchis, s(cil). Toscham Longam et res que fuerunt quondam Lamberti Cellararii et uxoris ejus, et res quo fuerunt de Freelibus in fine nemoris de Broissa, et res que fuerunt Hugonis Beraudi ad Quercum Peoillos, et res quondam Villelmi Arberti et Aymonis, et res que fuerunt Petri Duranti et Bollot uxoris sue ad Verdiare, et res Villelmi de Portis ibidem site, et res que fuerunt dom^e Guille et que fuerunt Lamberti d'Osteun et que fuerunt quondam Petri de Marchis, sive dict. monasterium dict. res., teneret vel possideret vel alius.., pleno jure et jure directi dominii ad dict. monasterium pertinere; proponebat etiam dict. abbas quod animalia dicti monasterii pascairagia tocius mandamenti de Marchis, quandocumque pastores et quantumcq. volebant, absque contradictione uti poterant et debebant; et pastores quando de pascairagiis utebantur, in nemoribus ipsius mandamenti ligna poterant colligere sibi necessaria, ita tamen quod ligna ad edificandum apta nullatenus extirparent. Dictus vero Raymundus ex adverso dicebat se non credere ita esse; tamen, ad peticionem dicti abbatis, dict. Raymundus inquisivit super premissis veritatem, qua inquisita ea que intellexerat coram dicta dom^a Flota et dom° Aesmaro filio suo diligenter proposuit, qui visis omnibus et intellectis, de consilio ipsius R. in meliorem partem interpretari voluerunt et Marie sequentes vestigia, ad dexteram declinantes partem obtimam elegerunt: nam, de sue salutis remedio non inmemores, pocius bona et res monasterii ampliare quam diminuere voluerunt et dicto abbati, recipienti.., omnes res supradict. cum pascairagiis et usibus lignorum, prout supradictum est, concesserunt ad habendum, tenendum, utendum, fruendum et quicquid... deinceps placuerit faciendum; nec est pretermittendum quod de pascairagiis dicti mandamenti de Marchis animalia hominum ibidem habitantium libere uti debent. Omnia vero supradicta promiserunt doma Flota et dom. A. filius suus per se et suos salvare et defendere inperpetuum monasterio memorato, et quod ipsi et sui omnia supradicta inviolabiliter observabunt ; et ad perpetuam firmitatem et memoriam omnium supradict., cum hac presenti carta doma Flota et dom. Aesmarus omnia supradicta confirmantes, eandem sigillorum suorum munimine roborarunt. Datum apud Castrum Duplex, anno Domini M°. CC°. XL° VIIIJ°, mense maii.

(*) Original parch. de 26 lig., coté **Reparationes 280** (*Inv. A*) et CCLXXVI (*Inv. B*) ; traces de 2 sceaux sur double queue.

CLXII.   Mai 1249.

(CARTA ADEMARE, UXORIS PONTII DE LA ROCHA)*.

Noverint universi presentes et futuri quod Ademara, filia quondam domi Ademari Marro militis, uxor Pontii de la Rocha domicelli, de consensu et voluntate ejusdem mariti sui, donavit et concessit inperpetuum Deo et beate Marie et fratribus Liuncelli, present. et fut., et Pontio abbati, recipienti nomine dicte domus, curtile quod quondam tenebat Maria Turturella in parrochia de Charleu, quod contiguatur ab oriente territorio de Podio Avundet, pro censu qui est I. sestar. frumenti, et quandam terram ad Planter in eadem parrochia, que contiguatur ab oriente territorio supradicto, pro censu annuo qui est unus sestarius siliginis, et curtile quod solebat tenere Villelmus Latgerii ad Planter in predicta parrochia, pro censu annuo qui est XII. denarii, et vineale quod solebant tenere Raspallardi in dicta parrochia, quod contiguatur a parte aquilonis terre domi Arberti de Chabeolo, et unam petiolam terre quam solebant excolere dicte Raspallardi ad Planter in eadem parrochia, que contiguatur ab oriente terre predicti A. et domi Gratapalla, et curtile quod solebat tenere Columba ad vadum de Charleu, quod contiguatur ab oriente rivo de Iusiá, pro censu annuo qui est una emina frumenti, et quoddam nemus in Aia Veteri quod solebat tenere Bonitus Adam in parrochia de Chatusangiis, quod contiguatur ab oriente nemori ecclesie de Romanis, pro censu annuo qui est sex denarii : hec, inquam, omnia predicta A. donavit et concessit dict. fratribus Liuncelli.., et retinuit sibi et successoribus suis in dict. rebus tantummodo predict. censum..., et omne jus et omnem rationem quod vel quam ipsa vel maritus suus habebant...

totum plene et absque diminutione donaverunt et concesserunt..., et censu supradicto debent esse contenti, qui solvi eis debet et successoribus suis annis singulis in istis terminis, s(cil).. in festo sancti Juliani III. emine frumenti et I. sextarius siliginis, in festo Omnium Sanctorum XVIII. denarii... Item dicta A. et P. maritus ejus quicquid juris, quicquid requisitionis habebunt.. in pascuis in parrochia de Chatusanglis, a via Roianesa superius versus ecclesiam de Chatusanglis, pro salute animarum suarum donaverunt et concesserunt predict. fratribus Liuncelli... Hec omnia.. Ugo filius eorum laudavit et concessit.. ; et supradicti P. et A. et U. omnia... se observaturos et contra... non venturos... bona fide promiserunt, prestito ad sancta Evangelia corporaliter juramento, renunciantes expressim.. omni juri... Acta sunt hec in ecclesia de Austeù, anno Domini M°. CC. XL IX°, mense maio, present. et ad hoc vocatis testibus et rog. Jacobo subpriore, monacho Liuncelli, Guidone monacho Case Dei, Petro Richardi capellano de Sancto Martino de Austeù, Petro de Austeù milite, Lantelmo bajulo de S° Martino de Austeù. Et in predictorum memoriam inperpetuum habendam, predictus Pon. de la Rocha presenti carte sigillum suum apposuit et, ad preces utriusque partis, W(illelm)us officialis Valentinus pres. cartam sigilli curie Valentine munimine roboravit.

(*) Original parch. de 26 lig., coté Ci. 255 (Inv. A) et CCLXXV (Inv. B); traces de deux sceaux sur cordons blancs.

CLXIII.   Décembre 1249.

(Carta) de Parte Dei,
de emptione xxx. sol., capituli Romanensis*.

Noverint universi presentes litteras inspecturi, quod olim institutum fuit ab abbate et conventu Lioncelli ut, de bonis domus Partis Dei que jure directi dominii ad monasterium Lioncelli spectare dignoscitur, fieret annuatim anniversarium panis et vini in ecclesia Romanensi, prout fieri consuevit, pro Stephano Dain quondam sacerdote ecclesie Roman. et hoc pro beneficiis a dicto Stephano monasterio Lioncelli impensis, et specialiter pro terra Guenisii de Burberia quondam et pro terra quondam Raimundi de Belregart, et pro quinque sextariis avene et ordei censualibus in terra Raimundi de Castro Novo : que omnia redimendo et acquirendo per ipsum Stephanum devenerunt ad domum Partis Dei. Postmodum vero, anno Domini M°. CC°. XL°. nono, mense decembri, cum dict. monasterium abbate vacaret, Petrus de Castro Novo, qui vices dicti monasterii gerebat, et Aynardus canonicus et Poncius Sancti Nazarii sacerdos, procuratores anniversariorum ecclesie Romanis, conventu dicti monasterii et capitulo Roman. volentibus et consencientibus, considerata utilitate et commodo evidenti utriusque partis,..., adhibita sollempnitate legali que consuevit in talibus adhiberi, transaccionem et compositionem fecerunt de anniversario in hunc modum : videl. quod dict. Petrus de bonis dicti monasterii dedit et solvit in peccunia numerata dict. procuratoribus... triginta et quinque libras Viennen. ; de quibus denariis dicti procuratores acquisierunt redditus fructiferos ad opus anniversarii supradicti, et.. pro hoc... dict. monasterium et conventum... ab honere dicti anniversarii liberaverunt et exhoneratum esse perpetuo voluerunt, et bona eorum quoad hoc quitia clamaverunt ; promittentes ad invicem... dict. transaccionem et composicionem ratam fore per se et suos in perpetuum atque firmam, et per successores eorumdem. Actum Romanis ; et ad perpetuam firmitatem et memoriam..., de voluntate parcium pres. carta fuit sigillorum dicti capituli et anniversariorum munimine roborata.

(* Original parch. de 19 lig., coté **Domini 259** (*Inv. A*) ; traces de deux sceaux sur gros. cordons blancs à double queue.

CLXIV. *27 novembre 1250.*

(BULLA INNOCENTII IV PAPE EXEMPTIONIS PEDAGIORUM)*.

INNOCENTIUS episcopus, servus servorum Dei, dilectis filiis abbati et conventui monasterii Leoncelli, Cisterciensis ordinis, Valentinen. diocesis, salutem et appostolicam benedictionem. Sacrosancta Romana eclesia devotos et humiles filios ex assuete pietatis officio propensius diligere consuevit et, ne pravorum hominum molestiis agitentur, eos tamquam pia mater sue protectionis munimine confovere. Ea propter, dilecti in Domino filii, vestris justis postulationibus grato concurrentes assensu, ut de blado, vino, lana et animalibus, que aliquoties pro vestris usibus emere vos contigerit, nulli pedagia, innoagia seu roagia, que pro his a secularibus exiguntur, solvere teneamini, authoritate vobis presentium indulgemus. Nulli ergo *(ut in ch. XXXIX)*... Datum Lugduni, v. calendas decembris, pontificatus nostri anno octavo.

(*) L'original de cette bulle, cotée **In 438** (*Inv. A*) et DCXXX (*Inv. B*), n'a pas été retrouvé ; nous donnons le texte du *Cahier des privil.*

CLXV.   Février 1251.

(Carta confirmationis Guidelini de Rois, de Montania)*.

Nos Arnaudus Guidelinus de Rois, miles, notum facimus universis presentes litteras inspecturis, quod nos donationem quam fecerunt Guidelinus de Rois et filii ejus, de assensu et voluntate uxoris sue Flote, Deo et beate Marie Liuncelli, sicut continetur in instrumento inde confecto, de montania vel territorio de Maison et de jure quod ibi habebant, quod instrumentum sic insipit : « Cunctis pateflat legentibus quod Guidelinus de Rois et filii ejus, » et sic terminatur : « Frederico Roman. imper. regnante, Alexandro sumo pontif. in Urbe sedente », quod instrumentum est sigillatum sigillo bone memorie Odonis quondam episcopi Valentie [1] ; illam, inquam, donationem ut melius et sanius intelligi potest nos Arnaudus predict. laudamus et approbamus, et nos nunquam contra venturos... promittimus, corporali prestito ad sancta Dei Euvangelia juramento, renuncians... omni juri, canonico et civili... Insuper rogavi m(agistrum) Willelmum, officialem Valentie, ut sigillum curie Valent. apponeret huic carte.. ; nos autem W° officialis Valent., ad instantiam Arnaudi Guidelini, pres. cartam sigilli curie Valent. munimine duximus roborandam. Actum apud Maimas, anno Domini M°.CC°. quinquagesimo, mense februario, present. et ad hoc vocatis testibus : Lantelmo priore de Jallas, Petro de Duio, Petro de Castro Novo, monachis Lioncelli, Falcone Beraudi, Lantelmo Raimundi et quibusdam aliis fide dignis.

(*) Original parch. de 20 lig. 1/2, coté C 3 (*Inv. A*) et CCV (*Inv. B*); fragm. de sceau sur lanière de cuir. Copie dans le cahier CCXXX.
(1) Voir la ch. xxiv, p. 27-8.

CLXVI.   22 avril 1251.

(Compositio Lantelmi de Gigors cum abbate Lionc.)*.

Noverint universi presentem paginam inspecturi, quod cum controversia esset inter nobilem virum Lantelmum de Gigors ex una parte et W(illelmu)m abbatem et conventum Liuncelli ex altera super pascuis montanorum de Charchaleves, eo quod dict. Lantelmus asserebat dominium dict. montanorum et etiam proprietatem ad se pertinere, tam ratione successionis patris sui Lantelmi de Gigorciis quam amite sue Agate, que in dict. montanis habebat tertiam partem, ut dict. Lantelmus asserebat, [pro eo quod] ipsum Lantelmum dicta Agata heredem sibi instituerat : econtra dict. abbate et conventu asserentibus quod illa tertia pars ad eos pertinebat, ratione donationis a dicta Agata sibi facte, quam pacifice possederunt longo tempore ; tandem, post multas altercationes, partes convenerunt inter se super predictis amicabiliter in hunc modum, mediantibus tamen viris religiosis Petro de Castro Novo et P. de Divione, monachis dicte domus, videl. quod dict. Lantelmus quidquid juris seu requisitionis habebat in dict. montanis, tam in possessionibus quam in pascuis, nemoribus, aquis seu venationibus, seu etiam in dominio directo et utili, ipse pro se et suis successoribus dedit et concessit, finivit et guerpivit in perpetuum dicto abbati.., et inde habuit sex libras Viennensis et Valentin. monete, renuncians..., et ad sancta Dei Evangelia promisit prestito juramento contra predicta... non venire, et si aliqua persona religiosa vel secularis inquietaret vel calumniam inferret... promisit etiam de evictione... Preterea universa et sing. predicta P. de Quinto et Humbertus, filii dicti Lantelmi, laudaverunt et approbaverunt, et pro laude xxx. solidos habuerunt, jurantes ad sancta Dei Evangelia predicta fideliter observare (et) se numquam contra venturos... renunciantes... omni juri, canonico vel civili... Nos vero Amedeus, divina miseratione (Diensis) episcopus [1], de voluntate partium, ad memoriam et firmitatem omnium predict. presentem cartam sigillo meo jussimus sigillari. Acta sunt (hec) in villa que (dicitur) de Cobonna, anno Domini M°.CC.LI, die sabbati infra octabas Pasche, present. ad hoc vocatis testibus : fratre Petro de Divione, fratre Petro de Castro Novo, fratre Johanne de Dia, fratre Jacobo del Revest.

(*) L'original, coté **Me 365** (*Inv. A*) et CXXXIX (*Inv. B*), n'a pas été retrouvé ; nous y suppléons par le cahier DXCVII.
(1) Amédée *de Genève*, dernier évêque de Die avant la réunion, paraît également en 1251 dans le *Régeste genevois* (par MM. Lullin et Le Fort, Genève. 1866, in-4°, n° 836) : il fit son testament le 21 janv. 1276 (*ibid.*, n° 1117) et mourut le lendemain 22, fête de saint Vincent (*Vita Amedei Rossillon.*).

CLXVII. *22 juillet 1251.*

(Carta dom[i] Guigonis dalphini, de confirmatione)*.

Nos G(uigo), dalphinus Viennensis et Albonis comes, antecessorum nostrorum vestigiis inherentes, qui pocius ad dexteram quam ad sinistram declinare consueverunt, beneficia religiosis locis collata pocius augere quam diminuere exoptamus. Idcirco venerabili patri W(illelm)o abbati Lioncelli et fratribus ejusdem loci, tam presentibus quam futuris, petentibus et recipientibus per nos nostrosque heredes, pro salutis nostre remedio et nostrorum, laudamus, concedimus et confirmamus absque ulla diminucione omnia jura et omnes res que vel quas nobilis vir quondam Gucelinus de Roians Poncio quondam abbati dicti loci et fratribus dederat et concesserat in feudis nostris et dominio nostro, prout continetur in carta sigillata sigillo bone memorie Odonis quondam episcopi Valentie [1]; concedimus etiam et confirmamus eidem abbati et fratribus, tam present. quam fut., donum quod fecit eis venerabilis A(ndreas) pater noster quondam per totam terram suam et per aquam, de leidis, pontonagiis, pedagiis et usagiis omnibus, prout continetur in carta sigilli sui munimine roborata [2]; et volumus et mandamus quod universa supradicta et singula inviolabiliter observentur per nos et per nostros perpetuo dicto abbati et fratribus... Et ad perpetuam firmitatem et memoriam omnium supradict, habendam inposterum, presentem cartam sigilli nostri munimine duximus roborandam. Datum Voraipio, anno Domini M°.CC°.L°. primo, xi°. kalendas augusti.

(*) Original parch. de 14 lig. 1/2, coté Z' 24 (Inv. A) et CCVI (Inv. B); trace de sceau sur cordon vert à double queue. Transcriptions dans le cahier CCXXX, un vidimus du 26 févr. 1466 (vid. ad. h. an.), celui de 1548 (n° xviii), le Cah. des priv., etc.
(1) Voir la ch. xxiv, p. 27-8. — (2) Voir la ch. xcviii, p. 98.

CLXVIII.   28 octobre 1251.

(Donatio Odonis de Alexiano subtus las Aias)*.

Noverint universi presentes et futuri, quod Ego Odo de Alexiano... sciens et spontaneus dono et concedo, titulo perfecte reconpensationis inter vivos, irrevocabiliter vobis dom° Willelmo abbati Lioncelli, recipienti nomine vestro et domus vestre, unam sextariatam nemoris juxta la Tapineira ; item dono, laudo et concedo vobis predicto dom° Villelmo abbati.., prout donaveram, concesseram et laudaveram dom° Pontio [quondam ab]bati Lioncelli, tres eminatas terre quas habebam subtus las Aias de Chatusanjas, inter terram Templi quonda[m et terram domus] Lioncelli ; item et unam sextariatam in Sabulo, juxta terram Sancti Bernardi Romanensis et Petri Bonet; item et du[as sextariatas in] ortis de Chatusanjas, contiguas ab oriente curtili Franconis de Curson, ab occidente vero curtili Willelmi de

Grana ; item et t[res] sextariatas inter terram Bernardi Roset et Petri Bonet, que terra quondam fuit Sancti Stephani de Basaias ; item et illud exartum quod possidebat Gonterius en la Faramandeira, pro quo confiteor me quondam habuisse xx. sol. Viennenses a Petro de Castro Novo tunc cellario. Hec autem omnia, prout sunt superius declarata, dono et concedo vobis prefato dom° Willelmo.., me et meos in perpetuum devestiendo, vos et vestros... investiendo de predictis, confitens me excambia bona et equippollentia a vobis habuisse pro eisdem ; et hec omnia supradicta juro corporaliter ad sancta Dei Evangelia attendere et firmiter observare et contra ullatenus non venire, promittens vobis sub obligatione omnium bonorum meorum... me de evictione teneri. In cujus rei testimonium, present. cartam sigilli mei munimine roboravi. Actum apud Partem Dei, in festo apostolorum Symonis et Jude, anno Domini M°.CC°.L°.J°, testibus presentibus Petro de Castro Nov(o) monacho, fratre Odilone et Juvene, conversis, et P. del Revest.

(*) Original parch. de 15 lig. 1/2, coté **Guil. 226** (*Inv. A*) et CCLXXXI (*Inv. B*) ; déchirures à droite ; trace de sceau sur cordon.

CLXIX. *13 novembre 1251.*

(PERMUTATIO FRATRUM HOSPITALIS VALENTIE NOBISCUM)*.

Notum sit omnibus present. pariter et fut., quod frater Guilhelmus abbas venerabilis domus Leoncelli, nomine suo et dicte domus, ex una parte, et frater Petrus Guitardi preceptor domus Hospitalis Hycrosolimitani Valentie, nomine suo et dicte domus et domus de Cornearea, ex altera, permutationem talem fecerunt ad invicem, de fratrum suorum consilio et consensu, cum aliquoties discordia haberetur inter fratres Leoncelli convenientes in domo Cognerii, grangia Leoncelli, et fratres grangie domus Hospitalis de Cornearea, supra receptione fluvii qui Palaya dicitur ; permutaverunt siquidem taliter inter ipsos : dictus autem abbas... cessit et concessit dicto fratri Petro Guitardi preceptori... in perpetuum et irrevocabiliter quandam peciam prati, que fuit Guidoneti de Alexiano, que sita est juxta ripam fluminis supradicti prope grangiam Cognerii, et de dicta pecia prati se devestiens dict. abbas prefat. preceptorem investivit et in vacuam possessionem induxit ; ex altera autem parte dict. frater Petrus Guitardi..., specialiter de consilio et consensu fratris Petri Gay preceptoris domus de Cornearea, dedit, cessit et concessit... dicto dom°

abbati... quandam peciam prati quam habebat dicta domus Hospitalis ad pontem fluvii de Palaya, quod pratum fuit quondam Silvestrarum. Quibus permutationibus sive cambiis factis et a partibus acceptatis..., dict. frater Petrus Guitardi preceptor... dat, cedit et concedit in perpetuum et irrevocabiliter.. prefato dom° abbati... plenam et liberam potestatem quod ipse et successores sui et quicunque pro tempore fuerint in domo Cognerii.. possit accipere aquam dicti fluvii de Palaya ad adaquandum pratum suum et prata, terram et terras ab utraque ripa, prout eis necessarium fuerit, sine contradictione fratrum Hospitalis; dummodo non fiat aliquid in receptione dicte aque in prejudicium vel in fraudem. Quas permutationes, cessiones et concessiones... tam nos dict. abbas quam preceptor Hospitalis pretaxatus... ratas habemus, approbamus et confirmamus, promittentes... in perpetuum observare integre et perfecte et contra... non venire; in quorum firmitatem et testimonium, present. cartam sigillorum nostrorum munimine roboramus. Actum apud Cornearcam, anno Domini M°.CC°.L°. primo, idus novembris, testibus presentibus Johanne de Bya cellerario, fratre Jacobo de Revesto, monachis Leoncelli, fratre Johanne Francisco converso, fratre Pretro Guay, fratre Johanne magistro equarum, Falcone de Plauterii milite, Hugone Freel, Juvene Foresteriis et pluribus aliis fide dignis.

(*) L'original, coté **Mus 551** (*Inv. A*) et CCCCXLI (*Inv. B*), n'a pas été retrouvé ; nous reproduisons le texte du cahier DXIX, p. 17-9.

CLXX.   · 25 janvier 1252.

(Epistola Flote de Royas pro territorio de Muson)*.

Flota de Royas dilecto suo P. de Vacion salutem et amorem. Discrecioni tue significamus quod nos laudavimus et ratam habuimus donacionem quam fecit dom. Guielmus domui Lioncelli, de territorio de Muson et de pertinentiis suis ; unde tibi mandamus et precipimus quod tu reddas dicte domui duodecim denarios pacifice et quiete et inperpetuum dimictas, quos faciebat nobis pro forestagio Stephanus Rufff, et si hoc non feceris multum haberemus pro malo. Datum apud Granam, anno Domini millesimo ducentesimo quinquagesimo primo, in festo sancti Pauli, scil. in conversione ejusdem. Redde licteras si ho(c) non vis adimplere.

(*) Cette charte ne se trouve que dans le cah. CCXXX (xv° siècle), f° 8 v°.

CLXXI.
Août 1252.

CARTA DE LIBERTATE PARTIS DEI, DOMINORUM PISANCIANI*.

Noverint universi quod frater Villelmus, humilis abbas monasterii Lioncelli, conquerebatur de bajulis et hominibus Pisanciani, qui incendio et alio modo dicto monasterio, nomine cujus conquerebatur, dampna maxima contra justiciam intulerant, pro quibus eciam dampnis fuerant excommunicationis vinculo innodati. Verum dom. Arbertus de Cabcolo et Lambertus nepos ejusdem, Rogerius de Clariaco dominus et Silvio filius suus hominibus suis compacientes, pro se si in aliquo forte culpabiles fuerant, et pro dict. bajulis suis et hominibus emendam de dampnis datis fecerunt dicto abbati... in hunc modum : videl. quod pascairagia et alia jura que dicebant dicti domini et homines sui in pratis et terris hic subscriptis se habere, per se suosque heredes et suos homines solverunt, cesserunt et guerpiverunt eidem abbati in perpetuum nomine emende. Terre vero et prata sunt hec : scil. terre et prata que sunt infra fossata que moventur de fonte de Marjaria et veniunt juxta prata quondam Arberti Bertranni, Johannis Eldrici et cortile Apolennar et viam del Pine, usque ad pontem d'Aigala et ad terram Lageric et ad fontem Ferriol infra fossata et per crucem usque ad fontem de Marjaria; et in terris et pratis infra hos terminos positis dederunt et concesserunt dicti domini dicto abbati jus pascendi quod ipsi et homines sui habebant in dict. terris et pratis, et quod in pratis decetero facerent reviure pacifice et quiete ; dederunt et concesserunt etiam eidem abbati, nomine emende, quod in pratis Arberti Bertranni, Johannis Eudriu et del Tesers et in prato quod fecerunt in terra Charbonelle decetero faciant reviure, ita quod nullus bestias in dict. pratis mittat decetero donec maiens et reviures fuerint recollecta. Et promiserunt dicti Arbertus, Rogerius, Lambertus et Silvio dicto abbati stipulanti et super sancta Dei Euvangelia corporaliter juraverunt universa supradicta et singula rata fore per se et suos in perpetuum atque firma, et quod ipsi et sui bonâ fide custodient et defendent bona fide perpetuo quod in supradictis dicto monasterio aliquis non inferat molestiam vel gravamen occasione pascairagii vel alia qualibet ratione ; et dict. abbas, de voluntate conventus monasterii sui, dict. emendam recepit et ratam habuit, pacem et finem de dampnis datis faciens dict. A., R., L. et S. recipientibus suo nomine et suorum. Acta fuerunt hec, mediantibus Petro archipresbitero Romanensi, Petro de Castro Novo monacho Lioncelli, apud Partem Dei, anno Domini M°. CC°. L°. secundo, mense augusti, vocatis testibus ad hoc, Villelmo de Graisan, Villelmo de Olchia, Petro Beroardi, Villelmo Armanni ; et ad majorem firmitatem et memoriam omnium supradict., dicti Arbertus, Rogerius, Lambertus et Silvio present. cartam sigillorum suorum munimine roborarunt.

(*) Original parch. de 28 lig., coté **Bonis Mobilibus 325** (*Inv. A*) et CCLXXXIII (*Inv. B*); traces de 4 sceaux, dont le 1er cordon. Copie dans le cah. CCCXCI.

CLXXII. *13 février 1253.*

CARTA DE LA MERLEIRA, WILLELMI MERLE FILIORUMQUE EJUS*.

NOVERINT universi quos nos Villelmus Merlez, Petrus, Johannes, Barnardus et Oidelina, liberi ejusdem Villelmi; nos... omnes insimul et quilibet per se, certi et consulti recognoscimus et confitemur cum hac carta de mandato nostro confecta, totum tenementum quod Merleira nuncupatur et duos mansos sitos inter viam que tendit aput Maesmans et duos rivulos, quorum unus vocatur Fluis et alius Ausonus, ad vos dom. Arbertum de Cabeolo, sacristam Romanensem, jure directi dominii et utilis pertinere vel quasi, et hoc vobis petenti et volenti publice recognoscimus et etiam confitemur.., ob hoc ut veritas liqueat et ne deinceps inter nos et vestros possit querimonia suboriri ; et si quid juris, actionis, usus seu requisicionis habebamus vel habere debebamus seu sperabamus in rebus supradict.., totum vobis solvimus, cedimus et guerpimus, pactum.. de non ulterius petendo etiam facientes. Et promittimus vobis dom° Arberto stipulanti supradicta inviolabiliter observare et rata fore.., et renunciamus in hoc omni juri, excepcioni, compensacioni et defensioni.. ; promittentes etiam vobis dom° A., recipienti nomine monasterii Lioncelli... quod nos vel nostri in dict. tenemento et mansis.. monasterio Lioncelli non movebimus questionem decetero vel querelam. Et nos Villelmus abbas dicti monasterii, ad preces dicti domⁱ Arberti, donamus et tradimus pro bono pacis et concordie vobis Villelmo et liberis vestris decem libras Viennenses, ita quod de mandato vestri... dict. decem lib. solvimus et tradimus dicte Oideline in peccunia numerata in adjutorium dotis ejus, ita quod ipsa se tenet... pro paccata. Actum Romanis, anno Domini M°. CC°. L°. secundo, ydus februarii, vocatis ad hoc testibus Guifredo de Chavosen et Villelmo de Altavilla, canonicis Romanen. Et ad majorem firmitatem et memoriam omnium supradict. et sing., de mandato Villelmi Merle et liberorum suorum, presenti carte fuerunt apposita sigilla dom' J(ohannis) archiepiscopi Viennensis et capituli Romanen. et dom' A. sacriste superius nominati.

(*) Cette ch. est représentée par deux originaux, d'une teneur un peu diverse, mais que nous avons cru devoir réunir. Le 1er, coté **Novam 311** (*Inv. A*) et CCLXXXII (*Inv. B*), a 26 l. 1/2; au dos : *Carta Guillerme de manso quod Merlleia vocatur*; traces de trois sceaux, dont un cordon vert au 1er et un autre blanc au 2e, avec fragment de sceau conforme à celui de la ch. cxxxviii (n. *). Le 2e, coté **Ejusdem abbatis 323** (*Inv. A*) et CCLXXX (*Inv. B*), a 24 l., avec coupures au bas.

CLXXIII.   .... *1253.*

Carta de Naboloth, de Parte Dei*.

Nos Petrus Duranti miles et Bollotz uxor ejus notum facimus universis present. pariter et fut., quod cum nos haberemus et perciperemus duodecim denarios censuales nomine dominii in terra quam vos, dom° Willelme abbas domus Lioncelli, nomine dicte domus habetis et possidetis in loco qui dicitur Verdejaire et in parrochia de Lanssas et in nemore contiguo dicte terre, pensata utilitate nostra et comodo evidenti, dict. duodecim denarios cum dominio que habemus in terra et nemore supradict. vendimus vobis dom° abbati... et vestris successoribus, precio quadraginta solid. Viennensis et Valentin. monete, quos nobis solvistis in pecunia numerata, unde... nos habemus plenarie pro paccatis ; cedimus.. vobis.. ; devestimus autem nos.. ; si vero plus valerent... Pro prefatis siquidem cessis et concessis.. vos vestra liberalitate [dedistis nobis in pec]cunia numerata, preter precium supradict., centum solidos Viennen. et Valent. monete, quos habuimus... Verum cum predicta essent de bonis dotalibus mei Bolloth predicte, confiteor et in veritate recognosco.. quod dict. maritus meus assignavit mihi ad voluntatem meam de bonis suis longe majora et meliora.. ; renunciamus.. ; similiter nos Petrus et Sibilla, filii dicti P. Duranti, de mandato patris nostri predicta omnia.. laudamus et approbamus... In quorum firmitatem et testimonium, nos A(rbertus) de Chabeolo, decanus Valentinus, ad instanciam Petri Duranti et uxoris sue, [present.] cartam sigillo capituli Valentin. facimus insigniri. Actum Valentie, anno Domini M°.CC°.L. tercio, i[n festo.................., in do]mo ipsius decani, testibus presentibus magistro W° Chaffalqer, Lamberto de Sancto Nazario, Petro Bl[....... ....] presbitero et pluribus aliis fidedignis. Ego enim Petrus Duranti predictus sigillum meum appono huic carte.

(*) Original parch. de 32 lig., coté **Bas 233** (*Inv. A*) et CCLXXXV (*Inv. B*); larges déchirures à droite ; au dos : *Carta Partis Dei de* xii. *den. censualibus emptis quos faciebat campus del Verdeyres*; traces de deux sceaux sur tresses.

CLXXIV*. 1253.

Transactio dom¹ Guillelmi Fontanillis abbatis et dom¹ prioris de Cossaudo, de decimis Voulpe per vintenum de omni blado et legumine hiemali excuso de terris que habet dicta grangia, de canabo, transalia et legumine non hiemali tricesimam partem pro decima, et pro vinea quam habent ad presens dabitur annis singulis imperpetuum unum barrallo vini meri pro decima, et si augmentetur vel alia vinea plantaretur dabunt tricesimam partem, pro decima de orto qui habet septies viginti passus in longitudine et latitudine septuaginta passus, nula decima recipietur. Data transactionis anno Domini millio ducentesimo quinquagesimo tercio.

(*) Analyse fournie par l'*Invent. A*, cote **Te 564** (f° 107).

CLXXV. 15 mai 1253.

CARTA (RIENZ DE ALEXANO,) DE TANETO*.

NOVERINT universi pres. et fut. quod Rienz, uxor Chatberti de Alexano bajuli, pro clamoribus Richardi quondam fratris sui sedandis, domª Aialmue matre sua et dicto Chatberto marito volentibus et mandantibus, jure proprio per se suosque heredes vendidit, concessit, tradidit et quasi, precio viginti ¹ librarum Viennen., domno Villelmo abbati monasterii Lioncelli, ementi et stipulanti nomine et ad opus ipsius monasterii, decem solid. censuales quos ei faciebat et facere tenebatur, jure successionis dicti fratris, dict. monasterium de omnibus juribus et rebus... que dict. Richardus frater Rient et antecessores sui habebant.. in territorio et in pertinenciis de Tannei, inter terras Hospitalis et Guigonis Bernardi et possessiones Petri Chanavatz, et inter terras quas dedit Villelmus del Revest domui Lioncelli et inter terras Humberti Pilosi et rivum de Chaureiras ; vendidit, inquam, dict. censum cum omni jure et directo dominio dicta Rienz... ad habendum, tenendum, possidendum et quasi, sibi etiam retinendum..; cedendo... omnia jura et omnes acciones.., constituens se.. possidere.., et de toto dicto precio ad requisicionem emptoris sibi

satisfactum fuisse.. publice recognovit, et de eviccione promisit...
Et hec omnia promisit sub ypotheca bonorum suorum.., et renunciavit excepcionibus.... Actum apud Alexanum, anno Domini M°.CC°.L°.
tercio, ydus maii, vocatis testibus Petro de Castro Novo, Johanne de
Dia, monachis, Falcone de Plautrer, Poncio de Rupe; et ad majorem
firmitatem et memoriam omnium.., de mandato venditricis et mariti
sui et matris supradicte, dom. J(ohannes) Viennensis archiepiscopus
present. cartam sigilli sui munimine roboravit.

(*) Original parch. de 20 lig., coté **To. 561** (*Inv. A*) et CCCCXLII (*Inv. B*);
au dos : *Grangie Vulpe, de* x. *sol. emptis*; trace de sceau sur cordon blanc.
(1) Ce mot semble avoir été effacé à dessein.

CLXXVI.   *28 mai 1253.*

(Carta) A(esmari) de Rossilione, de Ambello*.

Noverint universi presentes et posteri quod ego, Aesmarus de Rossilione, certus et consultus confiteor et recognosco vobis domno
abbati Lioncelli monasterii nomine Villelmo, recipienti nomine monasterii et conventus vestri, quod ego dedi, tradidi et concessi, et
adhuc do, trado et concedo pure, libere et simpliciter, donacione inter
vivos Deo et dicto monasterio, pro anima mea et parentum meorum,
pratum meum de Platano quod fuit Guigonis patris mei, cum toto
tenemento meo et cum omnibus rebus meis quod et quas habeo ibidem circa pratum, et prata que sunt de dote Bertrande uxoris mee,
filie Villelmi de Roccozas, subtus lo rochatz Deus lo vorz et usque al
sueil sicut protenditur de posterla a l'Eschaillon, et pratum Petri
Juliani quod est subtus pratum quod fuit Aesmari de Quint et prata
de Clotz Chaucendenos que sunt super prata Chabatairenos; et uxori
mee reddo ad voluntatem suam excambium pro supradictis que sunt
de dote sua, totum tenementum de Charbonel quod est juxta cimin-
terium Sancti Juliani de Tues, quod facit duos sol. censuales et unam
gallinam, et ortum quem tenet Paganus Lamberti contiguum dicto
tenemento, et ortum Petri Juliani situm sub eodem tenemento : dedi,
inquam, tradidi et concessi omnia supradicta dicto monasterio per me
meosque heredes, et adhuc donacionem confirmo, cedendo vobis
domno V. abbati... omnia jura et omnes acciones reales, personales,
utiles et directas sive mixtas.., me devestiendo et quasi et vos... investiendo et in vacuam et corporalem possessionem inducendo et quasi;
et insuper promitto vobis.. et super sancta Dei Euvangelia corporaliter
juro supradicta.. rata fore per me et meos in perpetuum atque firma,

et quod ea que sunt de dicta donacione salvabimus et defendemus dicto monasterio bona fide ; et ad hec attendenda heredes meos remanere volo perpetuo obligatos ; et recognosco quod de gracia centum sol. Viennenses mihi vel equipollencia obtulistis etiam et dedistis. Et ego dicta uxor... dict. donacionem laudo et approbo, et de dicto excambio me teneo pro paccata, et promitto vobis dom° abbati.. et super sancta Dei Euvangelia corporaliter juro supradicta.. rata fore.., renunciando juri ypothecario et juri dicenti rem dotalem alienari non posse ; et confiteor me unum quartaironem lane a vobis de gracia recepisse et etiam habuisse. Et ego Humbertus, frater dicte uxoris, promitto vobis d. abbati et... juro supradicta.. rata fore per me et meos in perpetuum atque firma, sollempni stipulacione eciam mediante. Actum Lioncelli, anno Domini M°.CC°.L°. tercio, v° kalendas junii, vocatis et rogatis ad hoc testibus : Ismidone priore, Johanne de Seusa, Petro de Duione, J(ohanne) cellarario, J. subcellarario, R. sutore, G. Gras, Johanne de Bais, Bonifatio, P. Lardeira priore Sancti Juliani, G. Lardeira, A. de Roeczas, Pagano Lamberti, Umberto de Roeczas. Et ad perpetuam firmitatem et memoriam.., precibus et mandato dicti donatoris et uxoris sue et dicti Humberti, dom. (Amedeus)[1] Diensis episcopus et nobilis vir A(esmarus) de Peiteu, Valentinus comes, et Giraudus de Quint supradicta.. approbantes present. cartam sigillorum suorum munimine roborarunt.

(*) Original parch. de 20 lig., coté **Y 102** (*Inv. A*) et XIV (*Inv. B*); au dos : *Carta pratorum de Ambel*; traces de trois sceaux, dont un cordon blanc. — (1) La place du nom n'a pas été remplie.

CLXXVII.   22 mai 1254.

Lictera cellarii Montis Clari*.

Notum sit omnibus present. et fut. quod P. Bermondi, non cohactus, non deceptus, set sponte ductus vendidit domui de Liocello et titulo perfecte et irrevocabilis vendicionis tradidit fratri Johanni de Furno, administratori cellarii de Lioncello, recipienti pro dicta domo, quandam terram sitam in terratorio monasterii Sancti Juliani, siti in mandamento castri de Monte Claro, in loco qui vulgaliter appellatur li Combeta sub vinea cellarii de Lioncello, precio LX. solid. Viennensis vel Valentin. monete, quam summam pecunie dictus P. B. confessus fuit plenarie habuisse et integre recepisse, renuncians.. ; dicta vero terra contiguatur ab una parte vinee Bolardi et ab alia terre

Poncii Chabats; vendidit, inquam, dict. terram ad habendum.., devestiendo se et suos, investiendo dict. fratrem... manualiter.., promitens... ab ipso et fratre suo Johanne Chabats.. dict. vendicionem ratam et firmam tenere..; renunciavit., omni juri... Et ut dicta venditio semper maneat firma et inconcussa, P. archipresbiter de Crista et administrator tunc temporis monasterii Sancti Juliani, sub cujus dominio dicta terra est, habens potestatem in omnibus prioralem, dict. venditionem aprobando laudavit et sigilli sui munimine confirmavit, salvo dominio dicti monasterii et VIII. denar. censualibus qui debent ibi percipi annuatim; dictus vero P. archipresbiter placitamentum habuit et recepit. Actum anno Domini M°.CC°.L°.IIII°, die veneris post Ascensionem Domini, coram altare Sancti Juliani, presentibus testibus Nicolao Chabats monacho, Nicolao capellano de Monasterio, P. Dussom et P. Reparato clericis, Benengario de Montilio, Poncio Chabats, P. Charantais et multis aliis fide dignis.

(*) Original parch. de 21 lig. 1/2, coté **Eius 664** (*Inv. A*) et CXXXVII (*Inv. B*); trace de sceau sur fils de chanvre.

CLXXVIII.   *27 novembre 1254.*

DE DECIMA AGNORUM PASTORUM LIONCEL, SANCTI FELICIS ET SANCTI PETRI DE BURGO*.

(*) Nous avons publié cette ch.. d'après l'original du fonds de Saint-Félix coté 721, dans le *Cart. de St-Pierre du Bourg-lès-Valence*, ch. XXXIX, p. 75-7. Une dernière collation sur l'original nous engage à corriger l. 16 *quo*, 22 *fecerent*, 43 *quos*.

CLXXIX.   *Avril 1255.*

CARTA PE. DURANT DEL VERDIARE*.

Notum sit omnibus tam present. quam fut. quod, cum questio seu querimonia verteretur inter Petrum Duranti militem de Chabeolo, nomine suo et Bolloth uxoris sue et Petri filii sui, ex una parte, et venerabilem virum dom. Willelmum abbatem Lioncelli, nomine suo et dicte domus, ex altera, super hoc videl. quod dictus. P. Duranti miles petebat a dicto abbate Lioncelli.. centum solidos Viennen., quos dicebat sibi fore debitos et promissos a predicto abbate ex quadam compositione facta inter ipsos, per manum Petri Duranti de Chabeolo et fratris Petri de Divione monachi Lioncelli a partibus comuniter electorum; item et super hoc quod dictus P. D. miles dicebat dict. abbatem cessasse in solutione duodecim denar. censualium, quos olim percipiebat in facto dal Verdeaire, per duodecim annos et ideo petebat duodecim solidos ab abbate; item super quibusdam aliis petitionibus et rancuris quas faciebat dict. miles a dicto abbate et domo Lioncelli... Tandem, post multas altercationes, mediantibus amicis comunibus, dicte partes posuerunt se unanimiter cognitioni et voluntati omnimode Hugonis Rainaudi de Castro Duplici, promittentes sollempni stipulatione interposita... quod quicquid dict. Hugo preceperit, statuerit vel ordinaverit.., ipsi inviolabiliter observabunt, contra nullatenus veniendo. Qui dict. Hugo, auditis petitionibus et responsionibus parcium.., comperto quod dicti centum solidi soluti fuerant dicto Petro per integrum, voluit, statuit et precepit, de parcium voluntate, quod dictus P. Duranti miles et filius ejus et uxor... solvant, quitent et remittant in perpetuum dicto abbati et domui Lioncelli predict. querimonias et rancuras, et pacem faciant et finem plenarie de eisdem.., et quod dictus P. D. miles et filius ejus laudent et faciant laudari a dicta Bolloth et jurari quod decetero non veniat contra..: que omnia... approbaverunt incontinenti et ad sancta Euvangelia juraverunt..: et specialiter pacem et finem fecerunt..; item voluit dict. Hugo et precepit quod, pro predict. quitatione, cessione et guerpitione, et etiam pro bono pacis et pro duodecim sol. petitis superius pro cessatione census, dict. dom. abbas.. daret et solveret dicto militi et ejus filio quadraginta septem solidos Viennen. et uxori predicti militis quindecim sol. Vien.., que omnia dict. abbas solvit et complevit incontinenti, ita quod... clamaverunt quitium... et se habuerunt integre pro pacatis... Nos autem abbas, et P. Duranti miles et Pe. filius ejus confitemur et recognoscimus predicta omnia esse vera et attendere promittimus bona fide; et ego Bollotz... omnia laudo et approbo, et quod contra non veniam.. juro.., confitens... In quorum firmitatem et testimonium ego Hugo Rainaudi predict. sigillum meum appono huic carte. Actum in claustro Sancti Felicis, anno Domini M°.CC°.L. quinto, mense aprilis, testibus presentibus: magistro Willemo priore Sancti Felicis, Lamberto de Chabeolo domicello, Petro Duranti de Cabeolo, Artaudo Grenno, Lantelmo cellarario, B. de Montilisio monachis et pluribus aliis fidedignis. Nos siquidem dict. prior Sancti Felicis, ad instanciam parcium, sigillum Sancti Felicis apponimus huic carte, et ego Pe. Duranti miles similiter sigillum meum appono cum aliis supradictis.

(*) Original parch. de 29 lig., coté **Sub 287** (*Inv. A*) et CCLXXXVI (*Inv. B*); traces de trois sceaux sur cordons blancs et vert; au dos : *Partis Dei*.

CLXXX.   *Octobre 1255.*

(Carta) Po(ncii) de Rupe, de Parte Dei*.

Notum sit omnibus tam present. quam fut., quod ego Poncius de Rocha domicellus.. mea spontanea voluntate, et de voluntate et expresso consensu Aymare uxoris mee, vendo vobis domº Guillelmo abbati Lioncelli, nomine dicte domus recipienti, quoddam sestarium siliginis et xii. denar. censuales, item iii. eminas frumenti censuales que habebam in mandamento seu tenemento domus de Parte Dei et de Planter, item et vi. denar. censuales pro nemore d'Aia Veilla, quos census facit michi et dicte uxori mee dicta domus de Parte Dei, Valentin. diocesis; vendo, inquam, dictos census cum eorum dominiis et juribus vobis.. precio tredecim librar. Viennensis et Valentin. monete, de quo precio michi satisfecistis in pecunia numerata. Dictos autem census cum omnibus juribus et pertinenciis suis... universis abbatibus Lioncelli cedo in perpetuum et concedo, cedendo.., me et meos devestiens ...; insuper promitto vobis de evictione... Item cedo et concedo vobis et dicte domui Lioncelli in perpetuum quicquid juris... habere possum in pascuis seu ratione pascuorum de Baignols in mandamento Pisanciani. Hec autem omnia... attendere et servare et contra non venire ego dict. Poncius promitto, tactis Euvangeliis sacrosanctis, renuncians.. ; similiter et ego Hugonetus, filius dicti Poncii, de mandato ejus spontaneus juro ad sancta Euvangelia predicta omnia.. attendere et servare.., renuncians.. ; et ego Aimara, uxor dicti Poncii, ad cujus dotem pertinere prefata noscuntur, predict. cessionem, concessionem et investitionem... rata habeo, approbo et confirmo, et tactis SS. Euvangeliis juro.., renuncians juri ypothecario et legi Julie de fundo dotali.. : confiteor siquidem quod maritus meus in recompensationem michi assignavit et reddidit longe meliora et magis valentia, videl. ii. solid. censuales cum dominio quos habet in mandamento Augustuduni alla Rocha in vinea Brutini, item et xii. denar. censuales quos percipit in. domo Willelmi Chiron, item vineam suam sitam inter domum dicti W¹ Chiron et domum ipsius mariti, et ideo me habeo plenarie pro contenta. Unde nos P. et H. ejus filius et Aymara rogamus mag. [Jo]hannem officialem Valentinum ut.., et ego dict. Poncius sigillum meum appono similiter ; unde nos dict. officialis, coram quo predicta facta sunt, ad instanciam predictorum huic carte apponimus sigillum curie Valentin. Actum anno Domini M°.CC°.L. quinto, mense octobri, testibus presentibus fratre Giraudo de Vacivo subpriore, fratre Jacobo Jordani, fratre W° Faber, fratre W° de Fontanilis, Poncio Faber, Hugonetus Pellicer, Hugo Marnatz, Giraudo Pellegri, Petro de Dia.

(*) Original parch. de 25 lig. 1/2, coté **Ab. 232** (*Inv. A*) et CCLXXXVIII (*Inv. B*); traces de deux sceaux; au dos : *Empcio facta de uno sest. siliginis et* xii. *den. census pro campo de Plauteriis — Partis Dei.*

CLXXXI*. 1256.

Donatio facta per Pontiam de Conchas, que dedit pro salute anime sue dom° Andree abbati quam plures census in Pigneis, designatos in carta ejusdem donationis, sigillata sigillo dom¹ episcopi Die, anno Domini millesimo ducentesimo quinquagesimo sexto.

(*) Analyse fournie par l'*Invent. A*, cote **Est 648** (f° 143 v°).

CLXXXII. *18 mars 1257.*

LICTERA SACRISTIE DE TRIBUS EMINATIS TERRE EMPTIS APUD BELLUM FORTEM*.

Noverint universi et singuli, quod ego Garnerius Albanels, colonus et habitator ville Monasterii Sancti Juliani, vendo et titulo perfecte venditionis trado tibi Johanni sacriste Lioncelli, nomine et auctoritate sacristie ejusdem loci tibi comisse, per me et per omnes successores meos et heredes..., tres eminatas terre mee proprie quas juste habeo et possideo ex hereditate mea paterna, que.. sunt in loco qui dicitur en la Combeta et confrontantur a superiori parte cum prato Pontii Chabats, a vento cum terra den Veoira, ab occidente cum via publica, ab oriente cum terra Lioncelli ; pro istis autem tribus eminatis... recognosco me habuisse a te...'c. solid. Viennensis monete publice et probate, et renuncio..; et quicquid in tribus eminatis dominii, juris et possessionis habui usque in hanc horam, totum tibi trado, cedo et te penitus investio... Omnia autem supradicta promitto tibi in fide mea, tactis sanctis Evangeliis manu mea propria jurando,... quod salva faciam et defendam... Et ego Umbertus de Graisieu, prior ecclesie Sancti Juliani ville de Monasterio, laudo et confirmo dict. tres eliminatus abbatie Lioncelli et sacristie predicte, ut habeat et possibeat..; et pro hoc laudimio habuimus ego et bajulus meus XL. sol. Viennenses, et quolibet anno dabuntur ecclesie Sancti Juliani mihi comisse IIII. nummi censuales. Hec autem facta sunt in villa de Mo(n)asterio, in domo Garnerii Albanel, anno Domini M°.CC°.L°VI°, dominica ante festum Annunciationis Dominice; testes fuerunt Jo. sacrista Lioncelli, Pe. de Vacivo et Jo. conversi Lioncelli, Nicholaus Burno, Pontius Chabats, Jo. Chabats, Pe. Charentais, Pe. Bermundi. Ad majorem vero horum firmitatem, dict. prior Sancti Juliani, ab utraque parte rogatus, sigillo suo presentem paginam roboravit.

(*) Original parch. de 24 lig., coté **Sciebat 668** (*Inv. A*) et CXI. (*Inv. B*) : trace de sceau sur lemnisque ; au dos : *Sancti Juliani — Montis Clari*.

CLXXXIII. *Juin 1257.*

CARTA DOM^e FLOTE, DE PRATIS DE COMBA LIUNCELLI*.

Nos Flota domina de Roianis, uxor quondam nobilis viri Willelmi de Pictavia et mater nobilis viri Aymari de Pictavia, comitis Valentini, notum facimus universis present. pariter et fut., quod cum discordia haberetur inter religiosum virum dom. Andream abbatem domus Liuncellis, nomine dicte domus, ex una parte, et Petrum Sablon et Willelmum Morardi, Stephanum Laurencii, Johannem Chaston, Willelmum Chaston, Paganum Chabrer, Willelmum Gibelini, Willelmum Bruni et socios ejus, ex altera, super hoc quod dict. abbas dicebat quod predicti homines possidebant et diu possederant quedam prata ad tercium, que sunt de dominio dicte domus et sunt circa aquam que dicitur Lioncellum, et dicuntur de Tameio subtus crucem de Tameio et protenduntur usque ad locum qui Jocus dicitur et juxta la Ferreira usque ad terminum de Muson ; dicebant *(sic)* siquidem predict. abbas quod predicta prata possidebant in prejudicium dicte domus, eo quod nullum censum prestabant domui in recognitionem dominii, nisi tercium proventus tantummodo, unde cum detencio supradicta posset domui in posterum prejudicium generare, petebat dict. abbas tamquam dominus dict. pratorum predicta prata et ipsos prohiberi ne decetero presumerent dicti homines manus apponere in pascuis supradictis Dicti vero asserebant possessores quod tanto tempore tenuerant ad tercium dicta prata, volentibus et consencientibus pluribus abbatibus Lioncelli predecessoribus dicti domⁱ abbatis, quod non poterat dict. abbas spoliare eosdem dict. pascuis, quamvis essent liquido de dominio dicte domus. Tandem, partibus compromittentibus in nos tanquam in amicum comunem, visis et auditis que partes proponere voluerunt, comperto quod dicta prata collata sunt ab antecessoribus nostris domui Lioncelli, tam dominium quam proprietas, de parcium voluntate dict. discordiam taliter concordamus, participato consilio peritorum, videl. quod homines supradicti et eorum successores univ. et quicumque pro tempore possederint dicta prata, que sunt pleno jure dicte domus, ab abbate domus Lioncelli qui pro tempore fuerit teneant sub annuo censu quinquaginta solid. Viennensium in signum dominii, et quod de novo investiant dicta prata et pro investitura solvant dicto dom° abbati decem libras Viennen., et ita non teneantur tercium proventum solvere dicte domui decetero homines supradicti nisi quinquaginta sol. censuales; item, si contingeret quod novi possessores teneant dicta prata quandocumque, volumus quod in mutatione possessores solvant nomine investiture tantummodo quinquaginta solidos domui Lioncelli, et nichil amplius solvere teneantur nisi dumtaxat censum sepius prelibatum. Quod dictum, mandamentum et preceptum facimus de parcium voluntate et volumus in perpetuum observari; dicte vero partes in continenti approbaverunt omnia et singula supradicta, promittentes per sollempnem stipulationem attendere fideliter... et contra.. non venire. In quorum omnium firmitatem et testimonium nos dicta Flota confirmantes dominium dict. pratorum dom° abbati predicto, quia a nostris predecessoribus collatum est dicte domui Lioncelli, presentem cartam sigilli nostri munimine facimus insigniri ad instanciam parcium predict. Actum in castro de Grana, anno Incarnationis Dominice M°.CC°.L. septimo, mense junii. — Dictos autem quinquaginta solidos debent dicti posssidentes prata solvere annis singulis, scil. in festo Annunciationis Dominice abbati seu domui Lioncelli.

(*) Original parch. de 26 lig., coté **Y 22** (*Inv. A*) et CCVII (*Inv. B*); trace de sceau sur flotte de fils tressés; au dos : *Compromissum pratorum — Lictera grangie Vallis Lutose.* Transcript. dans le cahier CCXXX. GUICHENON a publié cette pièce dans sa *Biblioth. Sebusiana* (cent. 1, ch. XXVII, p. 58-9, ex chart. Lionc., d'où fragm. dans P. DE RIVAZ, *Diplom.* ms. *de Bourgogne*, t. II, p. 779); cf. GEORGISCH (*Regesta chron.-dipl.*, t. I, c. 1171) et BRÉQUIGNY (*Table chron.*, t. VI, p. 310). Copie.

CLXXXIV. — 21 juin 1257.

Compositiones facte inter dom. abbatem Liuncelli et priorem Sancti Felicis, super certis proprietatibus et decimis*.

(*) L'original de Léonc., coté **Nobis*** **524** (*Inv. A*) et CCCCXLV (*Inv. B*), manquait en 1812; nous donnerons le texte de celui de St-Félix dans le *Cartul.* de ce prieuré.

CLXXXV. — 4 juillet 1257.

(Carta) Chaberti Chanavatz, de Tanneto*.

Notum sit universis present. pariter et fut. quod, anno Domini M°.CC°. quinquagesimo septimo, in translatione beati Martini, Chabertus Chanavatz de Osteu miles.., pensata propria utilitate inductus, vendidit pure et absolute Petro de Castro Novo cellarario Liuncelli, recipienti et stipul. nomine dom¹ Andree abbatis et conventus ejusdem domus, quoddam pratum quod est supra vadum de Eroa, inter terram Guigonis Bernat et terram quam dom. Galcerandus dedit Johanni Chalvet de Alexiano, et sex denar. censuales quos percipiebat in quodam orto apud Tannetum Rupefortense, sito inter nemus de Cogula et terram del Boreutz de Alexiano, quos solvebant Sarraceni de Alexiano, et duas pecias terre que subcontiguantur dicto orto ab australi parte, sitas inter viam publicam de Romanis et olchiam G. Bernardi, precio quatuordecim libr. Viennensis et Valentin. monete, renuncians exceptioni.., ad habendum, *etc.*; vendidit, inquam, per se et suos heredes, devestiendo se.. et dict. Petrum investiendo..; idem vero Chabertus recognovit et confessus fuit universa supradicta habere se titulo puri et franci alodii, et neminem habere ibidem jus aliquod vel dominium, unde.. quicquid... habebat... solvit et finivit et girpivit..; et promisit, corporali prestito juramento, quod contra non veniet.. et etiam de evictione. Universa vero et sing... laudavit et concessit Beatrix uxor dicti Chaberti et filia ejusdem, uxor filii Poncii de Rupe, et Petrus Chanabatz frater dicti C., et Poncius de Rupe fuit fidejussor pro univ. et sing. attendendis et observandis. Acta sunt hec apud Romanum, in opere novo Sancti Bernardi, coram testibus vocatis et rogatis: Jacobo del Revest suppriore et m(onach)o Liuncelli, Johanne Francisco converso,

Poncio de Rupe, Willelmo Barleter, Romano de Platea, Petro Borel. Ad majorem autem supradictorum firmitatem et memoriam optinendam, ad preces dicti C. dom. J(ohannes) Viennensis archiepiscopus et Poncius de Valentia et dictus idem C. present. cartam sigillorum suorum munimine roborarunt.

(*) Original parch. de 20 lig. 1/2, coté **Am. 540** (*Inv. A*) et CCCCXLIV (*Inv. B*); traces de trois sceaux, dont deux cordons blancs; au dos : *Grangie Vulpe*.

CLXXXVI*.   *10 juillet 1257.*

Compromissum inhitum inter dom. abbatem Leoncelli et dom. priorem Sancti Felicis, super querellis motis de et super dicta Blachia Rotonda et censu duodecim denariorum, et sigillatur duobus sigillis, anno Domini millio ducentesimo quinquagesimo septimo.

(*) Nous sommes réduits, pour cette ch., à l'analyse de l'*Inv. A*, cote **Nobis 523** (f° 94 v°); l'original (*Inv. B*, cote CCCCXLIII) manquait en 1812, et celui de St-Félix (*Invent.*, f° 61, n° 306) ne s'est pas retrouvé.

CLXXXVII.   *7 décembre 1257.*

DE PENA VENIENTIUM CONTRA DIFFINITIONEM DE REVESTO*.

Nos Arbertus de Follans sacrista Diensis et Lantelmus archipresbiter, capellanus et canonicus Valentinus, notum facimus universis quod, cum discordia verteretur temporibus retroactis inter ven[lem] virum Pontium abbatem et conventum Lioncelli, ex una parte, et mag. Willelmum priorem Sancti Felicis et conventum ejusdem domus, ex altera, super decimis, taschiis, censibus, oblationibus, terris, metis et aliis multis querimoniis et diversis quas... habebant ad invicem, compromiserunt unanimiter in nos et Po. de Brisseu, procuratorem S[t] Felicis, et fratrem Stephanum de Chasfalco, monachum Lioncelli, sub pena quinquaginta librarum Viennen..., prout in carta inde confecta plenius continetur [1]; unde cum nos sacrista Diensis et archipresbiter, ex potestate nobis data a partibus penam dict. possimus exhigere et levare et nobis retinere.., si quod absit alteram parcium contra venire contingerit..., secundum quod in eadem carta est insertum, quia propter absentiam alterius nostrum penam nec exigere nec levare posset alter sine altero, damus, cedimus et concedimus potestatem ad penam agendi et eandem levandi et sibi si voluerint retinendi et de ea voluntatem suam faciendi priori et conventui Sancti Felicis, de consilio peritorum, quotienscumque illi de Lioncello contra compositionem venerint per nos factam, compositione nichilominus in suo robore perdurante; et hanc eandem gratiam parati sumus facere abbati et conventui Lioncelli, quandocumque ab eis fuerimus requisiti. Acta fuerunt predicta in crastinum beati Nicholay, anno Domini M°.CC°.LVII°; in cujus rei testimonium nos dicti sacrista et archipresbiter sigilla nostra apposuimus in hac carta.

(*) Original parch. (fonds St-Félix) de 12 lig., coté n° 266; traces de deux sceaux; au dos : *Compromixum de Revesto et de Coynerio super decimis et taciis.*
(1) Voir la ch. CXLVII, p. 149.

CLXXXVIII. *Février 1258.*

CARTA REGIS FRANCORUM, DE CONFIRMATIONE DONATIONIS RAIMUNDI COMITIS THOLOSE DE PEDAGIIS*.

Ludovicus Dei gratia Francorum rex. Noverint universi presentes pariter et futuri, quod nos litteras Raimundi ducis Narbone, comitis Tholose et marchionis Provincie, vidimus in hec verba : « Omnibus ad quos *(vid. ch. X, p. 10-1)*... M°. C.LXIII. » Nos autem concessionem istam, prout superius continetur, intuitu pietatis volumus, concedimus et auctoritate regia confirmamus, volentes insuper et precipientes ut per totam terram nostram; quam prefatus Raimundus tunc temporis obtinebat, premissa omnia tam in terra quam in aqua eundo et redeundo serventur eisdem, salvo jure in omnibus alieno. Quod ut ratum et stabile permaneat in futurum, presentes litteras sigilli nostri fecimus impressione muniri. Actum Parisius, anno Domini M°CC°L°° septimo, mense februario.

(*) L'original de cette patente, coté **Memor 410** (*Inv. A*) et DCXLIII (*Inv. B*), manquait en 1812; le texte s'en trouve dans le *vidimus* de 1548 (n° xv), dans le *Cah. des Privil.* et parmi les transcriptions mss. de PEIRESC (*loc. cit.*, reg. LXXV, t. II, p. 152), qui ajoute : « Scellé en lacs de soye rouge et verte, en cire verte du grand seel du roy St Louys, où le prince est assis en majesté sur un siege ployant, vestu d'un manteau royal à la bordeure fleurdelisée, tenant une fleur de lys en sa main droicte et un sceptre à la gauche, sa couronne en teste non fermée et de peu de haulteur, avec l'inscription autour : **LVDOVICVS DI GRA FRANCORVM REX**; il n'y a en contre-scel qu'une simple fleur de lis dans une petite ovale. » Elle a été publiée par Jul. OLIVIER (*Documents histor. inédits*, publ. p. Champollion-Figeac, t. I [1841], p. 649); l'ancien *Gallia Christ.* la date à tort de 1250 (t. IV, p. 559 b).

(1) Saint Louis (25 avril 1215-8 nov. 1226-25 août 1270) ne figure dans nos archives que par cette pièce et une sauvegarde de juin 1240 (à Paris), en faveur des Chartreux du Val-Ste-Marie de Bouvante.

CLXXXIX. *Mars 1258.*

CARTA COMITIS THOLOSE, FRATRIS REGIS FRANCORUM, DE CONFIRMATIONE DONATIONIS COMITIS RAIMUNDI*.

Alfonsus, filius regis Francorum, comes Pictaviensis et Tholose, universis presentes litteras inspecturis, salutem. Noveritis quod nos litteras bone memorie Raymundi ducis Narbone, comitis Tholose, marchionis Provincie, vidimus in hec verba : « Omnibus ad quos (vid. ch. *X, p. 10-1*)... M.C.LXIII. » Nos vero omnia et singula supradicta, pietatis intuitu, eidem monasterio beate Marie Liuncelli quantum de jure possumus, in hiis videlicet que ad usum fratrum predicti monasterii pertinebunt, confirmamus, salvo jure quolibet alieno. In cujus rei testimonium presentibus litteris sigillum nostrum duximus apponendum. Actum apud Longum Pontem, anno Domini millesimo ducentesimo quinquagesimo septimo, mense marcii.

(*) L'original, coté **Non est 407** (*Inv. A*) et DCXLIII (*Inv. B*), n'a pas été retrouvé ; le texte nous est fourni par le *vidimus* de 1548 (n° xvi), le *Cah. des priv.* et les mss. de PEIRESC (reg. LXXV, t. II, p. 154), qui ajoute : « Seelé en cordons ou tresses de soye rouge cramoisie, enrichis par les bouts de soye bleüe et jaulne, du grand sceau de cire jaune du comte Alphonse, frère du roi St Louys, qui y est representé à cheval, luy armé de maille avec sa cotte ou sayon pardessus, tenant son espee traicte à la main droicte et son escu à la gauche party de trois chasteaux et ce car les fleurs de lys n'y paroissent poinct ; et le cheval bardé, en sorte que la houlce de la crouppe est semée de chasteaux, celle du poictral est semée de fleurs de lis ; le heaulme est plat par dessus et l'inscription d'allentour est : S. ALFONSUS. FILI... Au contre-seel du revers, dans une petite ovale, y a une croix vuidée et pomettee de Thoulouse. » Elle a également été publiée par Jul. OLLIVIER (*op. cit.*, t. I, p. 648).

CXC. *10 juin 1258.*

CARTA UMBERTI DE QUINTO, DE AMBELLO ET DE QUIBUSDAM PRATIS*.

Noverint universi presentem paginam inspecturi, quod anno Domini M°.CC°.L.VIIJ, III. idus junii, dom° A(medeo) Diensi episcopo existente, cum dom. Lantelmus de Gigoriis Deo et domui Lioncelli, pro anima sua, antecessorum et successorum suorum, in parte contulisset et in parte remisisset et confirmasset multa bona, census, dominia et alias res, et eis dict. domum uti permisisset pacifice et quiete, prout continetur plenarie et perfecte in quadam carta sigillata sigillis dom' Hu(mberti) condam Diensis episcopi et ipsius Lantelmi et Humberti et Petri filiorum ejusdem, que sic incipit : « In nomine Dom' nostri Jhesu Xpisti, anno Incarnationis ejusdem M°.CC°.XL.IIIJ°, xvIII. kal. julii » et cetera, et sic finit : « sigillorum suorum sigillarunt » [1]; dict. Humbertus, filius dicti dom' Lantelmi, non coactus, non deceptus nec in aliquo circumventus, dicto d° Lantelmo patre suo mandante et consentiente ac confitente ipsum Hum. diu est ab ipso esse emancipatum, ipsum donum, remissionem et confirmationem et usum, prout in dicta carta continetur et melius et perfectius, si melius et perfectius potest intelligi pro dicta domo ab aliquo sapiente, tanquam filius et heres, post mortem ejusdem dom' Lantelmi, forciate de Quinto dicti dom' Lantelmi, cum ejusdem forciate appendiciis universis, fratri Andree abbati dicte domus, pro ipsa recipienti, laudavit et concessit ac pariter confirmavit; item dedit et concessit idem Hum., dicto patre suo volente et mandante et ratum habente, Deo et dicte domui, dicto d° abbate pro ipsa recipiente, quicquid juris utilis et directi et requisitionis ipse Hum. et dict. d. Lantelmus et filii et liberi sui habebant vel habere poterant in omnibus montanis d'Anbel, et specialiter pratum Girardenc et prata Bufardenc que sita sunt juxta prata de Laya, et quod dicta domus et fratres ejusdem pro sue arbitrio voluntatis in dict. montanis d'Ambel ubicumque.. elegerint possint... domos.. sive grangias hedificare inperpetuum et ibidem manutenere.. sine contradictione... persone, quocumque vocabulo nuncupetur..; promittens idem Humbertus per stipulationem... in predict. omnibus dict. domum perpetuo manutenere, defendere atque amparare contra omnem hominem et bajulos omnes dict. rerum et mulierem, qui et que... ibidem impeteret seu quereret aliquid..; confitendo idem Hum., ad interrogationen dicti d' abbatis, se ab eo habuisse et recepisse centum solidos Viennen., quos eidem Hum. dedit.. pro servitiis et beneficiis que dicte domui contulerat in predictis, et Aymarus de Roessas unum cartayro de lana quod eidem dedit ad instantiam dom' Lantelmi proximum nominati; promittens atque jurans, tactis Evangeliis sacrosanctis, dictus Hum. dicto d° abbati... predicta universa et singula se attendere et observare et contra non venire..; renuntiantes idem Hum. et dict. d. Lantelmus... omni legum et canonum auxilio... Acta fuerunt predicta omnia in platea dicte domus Lioncelli, testibus presentibus et rogatis dicto dom° Lantelmo et fratribus et monachis ipsius domus, scil. Jacobo priore, Ismidone, Johanne Guionis, Gi. de Vacivo et Johanne de Lunello; item fratribus et conversis dicte domus, videl. Johanne de Bays, Rotberto et Laurentio. Item dicto Aymaro de Roessas et Petro fratre ejusdem et Francone filio ejusdem Petri et quibusdam aliis. Et ad majorem supradict. omnium firmitatem, predicti dom. Lantelmus et Humbertus ejus filius sigilla sua apposuerunt in hac carta.

(*) Original parch. de 28 lig., coté **K 91** (*Inv. A*) et XV (*Inv. B*); trace du 1er sceau sur cordon à double queue ; le 2e est ogival (45 mill.), fanon dans le champ, légende : † **SIGILL' VMBERTI DE GIGORS**. Copie.

(1) Voir la ch. CXXXIV, p. 133.

CXCI.   *22 décembre 1259.*

CARTA PO(NTII) DE STABULO QUE ALIAS CONFIRMAT*.

Notum sit universis present. pariter et fut. quod, anno Domini M°.CC°. quinquagesimo nono, in crastinum beati Thome apostoli, Ego Pontius de Stabulo domicellus concessi dom° Andree abbati Liuncelli, recipienti nomine suo et sui monasterii, per me et meos heredes terram quam quondam dederat pater meus Odilo de Stabulo dicto monasterio, que terra sita est in loco qui dicitur Friolart, que terra fuerat de dote matris mee; item donavi et remisi Ego dict. Pontius dicto d° A. abbati XII. denar. censuales, quos petebam apud pirum Sancti Albani, in terra que dicitur del Tesers ; item donavi et remisi... XII. denar. censuales, quos petebam in quodam nemore quod situm est in loco qui appellatur Mons Petrosus; item recognovi... donum quod feceramus ego et frater meus, Petrus de Stabulo monachus, monasterio Liuncelli de terris et possessionibus quas deberamus dicto monasterio quando dict. Pe. frater meus assumpsit habitum monachilem in dicto monasterio, pro indumentis ipsius fratris mei ; item ego sepe dictus Pon. per me et meos heredes sive successores laudavi et confirmavi dicto d° abbati... quicquid juris seu requisicionis vel dominii directi vel utilis habebam.. in terris et possessionibus cultis vel incultis et in nemoribus vel in censibus quas et que et quos tenet vel percipit dict. monasterium ex donacione vel concessione mea vel predecessorum meorum in illo loco qui vocatur Mons Petrosus et in omnibus ejusdem appendiciis, et in illo loco qui dicitur Costas de Quaquaillas et in Blachia Rotunda et in omnibus eorumdem appendiciis, et in loco sive territorio quod appellatur Baiana : hec, inquam, universa et singula, sicud superius sunt expressa, Ego predict. Poncius promisi me attendere et observare et contra non venire.., tactis corporaliter sacrosanctis Evangeliis. Acta sunt hec apud grangiam de Parte Dei, anno Domini M°.CC.LIX°, die quo supra, coram testibus vocatis et rogatis : Antelmo de Vacheriis, Guig. de Eras, Armanno d'Albon, Bernardo Flaviol, Ugone de Macheriis, Jacobo del Revest, Romano Romeuf, Petro de Grana, monachiis Liuncelli, Willelmo Sutore, Petro Sapienti, Petro de Roescas, conversis, Bernardo de Roias pistore, Johanne Clavel coquinario, laicis et pluribus aliis fide dignis. Ad majorem autem omnium predict. firmitatem et memoriam in posterum obtinendam, Ego prefatus Pontius de Stabulo present. cartam sigilli mei munimine roboravi.

(*) Original parch. de 80 lig., coté **Qui 269** (*Inv. A*) et CCCLXXXVII (*Inv. B*); trace de sceau; au dos : *De Parte Dei*. Copie dans le cahier CCCXCI.

CXCII. *26 janvier 1260.*

Carta Ugonis Ricardi de Coognerio*.

Anno Domini M°.CC°.L^mo nono, in crastinum Conversionis beati Pauli, Ego Ugo Richardi, clericus ecclesie Sancti Petri de Burgo Valentie, notum facio universis hanc present. cartam intuentibus quod, pensato et deliberato consilio cum amicis, dono vobis dom° Andree abbati Lyoncelli, Cysterciensis ordinis, nomine dicte domus Lyoncelli recipienti, sub investitura xx. librarum Viennen. et v. solid. annuatim mihi in festo beati Andree solvendorum, tres pecias nemorum quarum fines et loca inferius subdicentur, concedens vobis ut de predict. peciis nemorum possitis ingredi possessionem auctoritate propria corporalem, interim tamen Ego nomine vestro me constituo possidere predicta quousque fueritis nacti possessionem..; promittens vobis dom° abbati, nomine vestro et dicte domus Lyoncelli sollempniter stipulanti, a me predicta vobis sub censu annuo concessa deffendere et salvare contra omnem hominem.., et si super hoc vos vel vestra domus Lyoncelli dampnum incurreret vel expensas inde faceret in judicio vel extra, vobis plenarie resartiam, et de hiis dampnis et expensis credam vobis vel successoribus vestris qui pro tempore in domo fuerint simplici verbo absque honere cujuslibet alterius probationis; et est sciendum quod dict. investituram, que est xx. librarum Viennen., confiteor me a vobis habuisse et recepisse insolidum, et super hoc renuncio exceptioni... Predicte autem pecie nemorum site sunt ita : una scil. ab occidente juxta combam que dicitur Barlateyra et terram Petri de Sancto Bartholomeo, a septemtrione juxta nemus dels Chapayros, ab oriente juxta nemus quod fuit quondam Beati Anthonii et ab austro juxta nemus Stephani Richardi ; alia pecia sita est a septemtrione juxta terram Hospitalis Valentie, ab austro juxta nemus domⁱ prepositi Valentie, ab oriente juxta nemus del Coogner, ab occidente juxta nemus quod fuit quondam Beati Anthonii ; alia pecia sita est ab oriente juxta terram Hospitalis Valentie, a septemtrione juxta terram Steph. Richardi, ab austro et occidente juxta nemus del Coogner. Insuper Ego Ugo supradict. supplico ven^{li} viro dom° Eustachio de Morgiis, preposito Valentie, de cujus dominio sunt a me vobis d° abbati concessa, quatinus ipse vobis... laudet ea juxta formam superius ; unde Nos prepositus supradict., ad instanciam dicti Ugonis, volentes vobis facere gratiam specialem in hac parte, vobis predicta laudamus nomine dicte domus de Lyoncello, retento dominio nostro in rebus superius nominatis. Acta sunt hec apud lo Coogner grangiam de Lyoncello, testibus present. vocatis et rogatis ven^{bus} viris et dom° Willelmo Chaffaldi et Petro Rostagni, canonicis Valentie, Ugone Rolandi, canonico Sancti Petri de Burgo, Jacobo Jordanis priore, Johanne de Dya sacrista, Johanne Guio, Jacobo del Revest, monachis, Petro Meler, Botoso Chalveti, Ugone Marnanti, Willelmo Veteri, conversis Lyoncelli, Odone de Alexiano domicello, Poncio Collaier, Petro Morardi, Odone domⁱ prepositi, Saramanno Barone, Duranto Berbier, Willelmo Raybaut, laicis. In quorum omnium supradict. testimonium, tam Nos Ugo et Stephanus fratres quam Nos dict. prepositus present. cartam sigillorum nostrorum munimine duximus [roboran]dam.

(*) Original parch. de 24 lig., coté **Na 801** (*Inv. A*) et CCCCXLVI (*Inv. B*). Traces de 3 sceaux sur gros cordons à double queue ; beau fragm. du 1er, ogival, en cire blanche : la Sainte Vierge en pied, tenant l'enfant Jésus sur son sein de la gauche, appuyant la droite sur sa poitrine ; légende : ✠ S' **EVSTACHII·PREPOSITI·VALENTINI**. Copie dans le cahier DXIX.

CXCIII. *16 mars 1260.*

CARTA DEULOGART, DE PRATO DE CHAUREIRAS*.

Notum sit universis present. cartam intuentibus quod, anno Domini M°.CC°.L°.IX°, septimo decimo kalendas aprilis, Willelmus dictus

Deulogartz de Alexiano vendidit et titulo perfecte vendicionis tradidit ven⁝ dom° Andree abbati monasterii Liuncelli, recipienti nomine suo suique monasterii, quandam peciam prati quod situm est in loco qui Chaureiras wlgariter nuncupatur, quod pratum contiguatur a septentrione terre quam habuit domus Liuncelli ab Odone de Alexiano domicello et ab oriente terre quam habuit dicta domus a bone memorie dom° Arberto de Cabeolo, quondam sacrista Romanensi, et ab austro terre quam habuit dicta domus a Willelmo del Revest et ab occidente terre Lantelmi de Osteu domicello; vendidit, inquam, precio LXX. solid. Viennensis et Valentin. monete, ad habendum, *etc.*, quam dict. pecuniam.. dict. Willelmus habuit in solidum et recepit in pecunia numerata a dicto d° A. abbate.., unde renunciavit... Hanc autem predict. vendicionem et tradicionem dicti prati, quia pertinere videbatur ad Poncetum et Johannetum filios dicti Willelmi, et Rainaudam filiam dicti W¹ hereditario jure ex dote materna, de consilio et voluntate Odonis de Alexiano domicelli, avunculi sui, et dicti W¹ patris sui, dicti Poncetus, Johannetus, Rainalda laudaverunt et concesserunt dicto d° abbati.., et inde habuit dict. Poncetus pro laude et concessione predicta IJ. solidos et frater ejus Johan. IJ solid. et Rain. soror eorum XIJ. denar. Preterea predicti W. et P., J., R. se suosque heredes devestientes de dicto prato, dict. dom. A. abbatem dicti monasterii investierunt et in vacuam et corporalem possessionem.. introduxerunt, promittentes... per sollempnem stipulacionem et etiam corporali prestito juramento... universa et sing. attendere et observare... Quia vero predicta petia prati videbatur esse de dominio Odonis de Alexiano domicelli, ad preces dict. W¹, P., J., R. idem dict. O. dict. petiam prati laudavit et concessit dict. abbati et conventui... et de ipsa eos investivit. Acta sunt infra curtem gragie de W¹pa, coram testibus present. vocatis et rogatis : Jacobo Jordanis priore Liuncelli, Petro Bajuli et Willelmo Macotz conversis, Odone de Alexiano domicello, Robollet cursore dicti prioris, Stphaneto Bertrauf et pluribus aliis fide dignis. Ad majorem autem omnium predict. firmitatem et memoriam in posterum obtinendam, predict. Odo de Alexiano domicellus present. cartam sigilli sui munimine roboravit.

(*) Original parch. de 22 lig., coté **Sy. 842** (*Inv. A*) et CCCCXLVII (*Inv. B*); trace de sceau sur cordonnet ; au dos : *Vulpe.* Copie dans le cahier DXIX.

CXCIV. *17 mars 1200.*

Carta Eustachii de Bais, de pascuis*.

Nos Arbertus de Foillas, sacrista Diensis ecclesie, notum facimus universis presentes litteras ⁴ inspecturis quod, cum controversia ² verteretur inter dom. Andream abbatem et conventum monasterii Liuncelli ³, ex una parte, et nobilem domicellum Eustachium ⁴ dominum de Bays, ex altera ; dicebant enim et proponebant dicti abbas et conventus.. quod nobilis miles dom. Eustachius de Brione, pater suus, et dom^a Aalis, mater ejusdem domⁱ Eustachii, condam donaverant inperpetuum, tam pro emendatione quarumdam injuriarum et quorumdam gravium dampnorum et gravaminum, que se recognoscebant intulisse dicto monasterio Liuncelli, quam pro pure donatione helemosine facta dom° Stephano tunc abbati dicti monasterii, prout in instrumento ex ipsa donatione et emendatione confecto, munimine bulle domⁱ Humberti condam Diensis episcopi roborato, plenius continetur ⁵, pascua tocius mandamenti sive per totum mand^{um} castri de Bays, ad pascenda animalia et peccora dicti monasterii, in quibus pascuis dict. Eustachius, filius dicti dom. Eustachii, dict. abbatem et conventum.. diu perturbaverat seu injuste molestaverat ; e contrario dict. Eustachius dicebat et proponebat quod dict. monasterium sibi multa dampna et gravamina intulerat in herbis pratorum et pluribus aliis rebus, et quod dict. perturbationem seu molestationem illatam dict. abbati et conventui Liuncelli in dict. pascuis fecerat et recognoscebat... injuste intulisse. Tandem, post multas altercationes hinc inde propositas, utraque pars compromiserunt de.. supradictis in nos A. sacristam Diensis ecclesie, tanquam in amicabilem compositorem et ordinatorem, et promisit dict. Eustachius et Chatbertus ⁶ filius ejus per se et suos heredes, corporali prestito juramento, et etiam dom. W(illelmu)m de Brione militem, fratrem suum, fidejussorem dederunt.. nobis A. sacriste quod attenderent et observarent inperpetuum quicquid per nos.. dictum et ordinatum fuerit seu terminatum super predicta controversia ; et dicti abbas et conventus.. bona fide promiserunt se attendere et observare dictum nostrum et ordinationem et terminationem... Unde nos predict. A. sacrista, inspecto diligenter instrumento de dicta donatione et emendat., et auditis hinc inde allegationibus querelarum et habito diligenti tractatu cum partibus et ipsis expressim consencientibus, predict. controversiam ordinavimus et diffinivimus et terminavimus in hunc modum : videl. quod dicti abbas et conventus et eorum animalia et peccora amodo et inperpetuum utantur et uti possint dict. pascuis libere, pacifice et quiete, et absque omni contradictione et perturbatione seu molestatione ipsorum Eustachii et Chatb.⁶ filii sui et suorum heredum seu hominum, sicut in supradicto instrumento plenius et diligentius et fidelius continetur, et quod dict. Eustachius et Chatb. filius manuteneant et deffendant abbati et conventui dicta pascua.. in perpetuum, prout in instrumento totaliter est expressum ; et quod dicti abbas et conventus remittant et quitent dicto Eustachio omnes injurias, dampna et gravamina sibi illata et suo monasterio.. occasione dict. pascuorum, et quod dict. Eustachius et filius suus Chatb. remittant et quittent.. dict. abbati et conventui omnia dampna et gravamina que dicebant sibi et suis esse facta seu illata... Quam composicionem et ordinac. et diffinic. et terminac. nostram et quod dictum et mandamentum nostrum dicte partes emologaverunt et approbaverunt, et se non venturos contra per se suosque heredes seu legitimos successores sibi ad invicem per sollempnem stipulationem promiserunt et firmaverunt, corporali ab utraque parte interposito juramento. Acta sunt hec apud Diam, in fornello domus dicti domⁱ A. sacriste, anno Domini Mᵒ.CCᵒ.L.VIIIJᵒ, sexto decimo kalendas aprilis, present. et ad hoc vocatis et rogatis testibus : Petro de Foillas, canonico Diensis ecclesie, Poncio Trota, capellano ejusdem ecclesie, W(illel)mo de Brione⁷ milite, Petro Chautardi, Rostagno de Foillas, laycis, Humberto des Penel, Amalrico de Vacheriis, clericis, Jacobo del Revest, Ugone Freel, monachis et sacerdotibus abbatie monasterii Liuncelli. Ad majorem autem omnium supradict. firmitatem et memoriam inperpetuum obtinendam, Nos supradict. A. sacrista Diensis ecclesie et dom. abbas Liuncelli et Eustachius dominus castri de Bays presentem cartam sigillorum nostrorum munimine duximus roborandam ⁸.

(*) Il existe de cette ch. : *a.* la minute du notaire, cotée **Ortus 658** (*Inv. A*), sur 2 petites peaux de parch. cousues ensemble, de 70 lig. écrites des deux côtés ; *b.* l'expédition authentique, parch. de 32 lig. 1/2, coté **Eum 670** (*Inv. A*) et CXLII (*Inv. B*), avec ses 3 sceaux sur cordons blancs à double queue. Le 1ᵉʳ ovale (4 cent.), en cire brune, est d'une gravure très-fine : ecclésiastique en pied, revêtu de l'aube, appuyant des deux mains un livre sur sa poitrine ; légende : † Sᵗ **ARBERTI·DE·FOILLAS· SACRISTE·ECCE·DIENSIS**. Dans le 2ᵉ, ovale (4 cent.), en cire verte, un prélat en pied, tenant sa crosse de la droite, la gauche sur sa poitrine ; légende : † *SIGIL'ABBATIS·LEONCELLI*. Le 3ᵉ, ogival (35 mill.), en cire verte, offre dans le champ une tête de chien et en légende : † Sᵗ **AV-TAChI DE bRIO**. Au dos : *Carta Eustachii pro pascuis de Bays.*

(1) Var. *lito...* — (2) Var. *outro...* — (3) Var. *Lion...* — (4) Var. *Euta..* — (5) Voir la ch. LXXIII, p. 76-7. — (6 Var. *Chab...* — (7) Var. *Briono.* — (8) Var. *...ratam.*

CXCV*.   1260.

Appunctuamentum fratris Johannis de Dia, monaco Leoncelli, et Guionetum bajulum ecclesie Valencie, super verberio facto per dict. Guyonetum bajulum in personam Guillelmi Maczot conversi Leoncelli, et sigillatur sigillis quatuor anno Domini millesimo ducentesimo sexagesimo.

(*) Sommaire fourni par l'*Invent.* A, cote **Alleluya 515** (f° 93 v°).

CXCVI.   14 mars 1261.

CARTA PETRI PILOSI, DE TANETO*.

NOVERINT universi presentes litteras inspecturi, quod Ego Petrus Pilosi, dominus Rupis Fortis... de mera, libera ac spontanea voluntate mea et pro redemptione animo mee et patris mei et antecessorum meorum, dono, cedo atque concedo Deo et beate Marie et domui Lioncelli et vobis venerabili patri Andree abbati.., tam pro emenda dampnorum et gravaminum que pater meus olim intulit domui supradicto quam ex causa donationis gratuite, libere, simplicis et inter vivos, quicquid habeo vel habere me dico vel videor seu debeo habere in toto territorio de Tanney, sive sint terre culte vel inculte, prata, nemora et omnia alia.., ad habendam, *etc.*; et de dict. rebus me devestio et vos dom. Andream.. investio, nichil... retinens..; sciendum vero quod dicta domus Lioncelli debet reddere michi et heredibus meis inperpetuum annuatim duos sestarios frumenti in festo sancti Michaelis, pro recognitione donationis superius memorato: facio autem dict. territorium penitus francum, liberum et immune inperpetuum ab omni taschia, censu, placito, vinteno, exactione et aliquo alio usagio, salvis duobus sestar. frumenti superius memoratis. Universa autem et singula supra et infra scripta promitto, pro me et heredibus seu successoribus meis, vobis patri Andree.., quod contra... nullo unquam tempore veniam vel faciam... nec dict. donationem revocabo.. occasione ingratitudinis sive immense donationis.., nec ego nec heredes mei nec heredes eorum inperpetuum petemus nec percipiemus in toto predicto territorio taschiam, vintenum, censum, placitum, exactionem sive usagium quodcumque..: renuncians... juri permittenti revocari donationem factam sine insinuatione quingentos aureos excedentem... Et Ego Aalis, uxor dicti Petri domini Rupis Fortis... supradicta laudo, approbo et rata et firma habeo, et promitto corporali prestito juramento vobis ven[li] patri Andree... quod contra.. nullo unquam tempore veniam vel faciam... renuncians in hoc facto juri ypothecarum.. ; Ego etiam Humbertus, filius supradicti Petri Pilosi,.. supradicta laudo, approbo et accepto. Acta sunt hec apud Rupem Fortem, in domo dels Joiareuz, anno Domini M°.CC°.LX°, pridie ydus martii, presentibus et ad hoc vocatis testibus: Guigone d'Eras, Barnardo Flaviol, monachis domus Lioncelli, Villelmo Maczot, Petro Boillardi, fratre Roberto, conversis ejusdem domus, Petro Chalvet, Baisnion, Villelmo Ronna, Jaucerando filio Berardi, Villelmo Joiarelli. In cujus rei robur et testimonium Ego Petrus Pilosi sigillum meum duxi present. litteris apponendum.

(*) Original parch. de 29 lig., coté **N[us] 547** (*Inv. A*) et CCXCIV (*Inv. B*); sceau rond (35 mill.), en cire verte, sur cordon blanc : écu coupé de 4, au chef de France, à la fasce et à la plaine losangées ; légende : ✢ **S'**.... *PETRI* : **PILOSI**. Copie dans le cahier DXIX.

CXCVII.   *16 mars 1261.*

CARTA WILLELMI DE PORTIS, DE II. SESTARIIS FRUMENTI*.

Noverint universi present. litteras inspecturi quod, anno Domini M°.CC°.LX°, xvij° kalendas aprilis, Willelmus de Portis et Johannes filius suus, habitatores Romanis, jure proprio, pro se heredibusque suis et successoribus, vendiderunt, tradiderunt et titulo perfecte et irrevocabilis venditionis... in perpetuum habere concesserunt fratri Andree abbati Lioncelli.., ad opus dicte domus et totius capituli ejusdem.., duos sextarios frumenti censuales, quos predicta domus faciebat eis quolibet anno de terris quas habet in mandamento de Pisantiano a via Roianesa insuper : vendiderunt, inquam,.. cum dict. confinibus... et cum omni jure... cedendo.. omnes actiones reales et personales, civiles, pretorias, utiles, directas et mixtas, anomalas, usuarias et consuetudinarias, ipsumque emptorem in.. possessionem induxerunt et eidem de evictione promiserunt.., tactis sacrosanctis Evangeliis,.. secundum bonas et approbatas consuetudines ville Romanis; fuit autem pretium hujus venditionis octo libre Viennen.., de quo.. dicti venditores recognoverunt sibi fuisse integre satisfactum in peccunia numer., et renunciaverunt..; promiserunt... et.. se devestientes, dict. abbatem investierunt. Actum Romanis, in domo Stephani de Valentia, present. et ad hoc vocatis et rog. testibus

Stephano et Pontio de Valentia, Petro Sestru et Johanne Girart. In cujus rei testimonium et firmitatem sigilla Sancti Barnardi de Romanis et dom¹ Jacelmi de Turre, vicarii Romanensis, ad preces venditorum presentibus sunt appensa.

(*) Original parch. de 40 lig., coté **Mus 228** (*Inv.* A) et CCXC (*Inv.* B). Fragm. des 2 sceaux, en cire verte, sur cordons de même couleur ; au 1ᵉʳ, (Saint-Barnard) : ..**IG**... (voir ch. CXLVI, n.ᵉ) ; au 2ᵉ, ovale : † *S' JACELMI DE TURRE VICARII ROMANENS.*

CXCVIII.   *20 mars 1261.*

CARTA PON(TII) DE STABULO QUE CONFIRMAT OMNES ALIAS CARTAS*.

Noverint universi presentes litteras inspecturi, quod Ego Pontius de Stabulo... spontaneus et consultus et corpore et mente sanus laudo, approbo et confirmo in hac pres. carta omnes et singulas donationes et venditiones quas ego et dom. Odilo quondam pater meus fecimus usque in hodiernum diem religiose domui Lioncelli..., sive sint terre culte vel inculte, prata, pascua, nemora, census, redditus et omnia alia quocumque nomine censeantur, cedens ego dict. Pontius, guerpiens et remittens Deo et dicte domui omnem querelam omnemque actionem quam contra predict. domum nunc vel inposterum possem... facere vel movere pro omn. et sing. rebus a me vel a domᵒ Odilone... venditis vel donatis vel quocumque alio modo concessis, vel etiam pro aliis rebus ab antecessoribus et attinentibus meis ad dict. domum quocumque titulo devolutis, faciens.. predicte domui de.. predictis finem perpetuum, cessionem irrevocabilem, refutionem irresolubilem et pactum de non ulterius petendo. Que omnia et sing. pro me et heredibus seu successoribus meis, sub obligatione omnium bonorum meorum pres. et fut., promitto vobis venˡⁱ patri Andree abbati domus Lioncelli, recipienti et sollempniter stipulanti nomine ejusdem, attendere et observare et rata et firma habere et tenere inperpetuum et nunquam contra venire..., corporali super sancta Dei Evangelia a me prestito juramento, renuntians... Actum Romanis, in domo Pontii de Valentia, XIIIᵒ kalendas aprilis, anno Domini Mᵒ.CCᵒ.LXᵒ, presentibus et ad hoc vocatis testibus fratre Barnardo Flaviol, Villelmo Maczoti converso, Pontio de Valentia, Romano Turruchelli clerico et pluribus aliis. Ad perhennem autem memoriam et perpetuam firmitatem nos J(ohannes), divina miseracione Viennensis archiepiscopus, present. cartam ad preces predicti Pontii sigilli nostri munimine jussimus roborari, et ad preces ejusdem Pontii sigillum Sancti Barnardi fuit appensum pariter quo utitur capitulum Romanense.

(*) Original parch. de 22 lig 1/3, coté **Via 265** (*Inv. A*) et CCLXXXVII (*Inv. B*); traces de 2 sceaux ; au dos : *Partis Dei*.

CXCIX*. 1261.

Vendicio per Ademarum de Cursone dom° Andrea abbate pratum du Vernei et terram que est subtus dict. pratum quod appellatur de Chauma et certos census ; sigillatur et data est anno Domini millio ducentesimo sexagesimo primo.

(*) Sommaire fourni par l'*Invent. A*, cote **Ber. 230** (f° 32 v°).

CC. 23 mars-5 mai 1261.

(Carta de prato del Vernes in territorio de Tannei)'.

Noverint universi presentes litteras inspecturi, quod nos Petrus Pilosi, Guigo Barnardi et Hugo Pilosi, canonicus Valentinus... de mera, libera ac spontanea voluntate nostra, pro redemptione anime nostre et dom^l Humberti Pilosi et dom^l Jaucerandi et dom° Guille et omnium antecessorum nostrorum, donamus, cedimus et concedimus, tam pro emenda dampnorum que dom. Humbertus Pilosi olim intulit domui supradicte quam ex causa donationis simplicis et irrevocabilis inter vivos sive helemosine, Deo et domui Lioncelli, prout melius et sanius potest intelligi sive dici, pratum del Vernes situm in territorio de Tannei Rochafortes, contiguum ex una parte terris que fuerunt quondam Richardi de Alexiano militis et ex altera terris predicte domus Lioncelli : damus, inquam, dict. pratum.., cum omnibus terris pertinentibus.. in quibus erant boissonate, et unam petiam terre contiguam gaieterie, cedendo.. omnia jura et omnes actiones..., et de supradict. rebus et dominio earum nos devestimus et vos dom. Andream abbatem... investimus, promittentes.. pro nobis et posteris nostris, sub obligatione omnium bonorum nostrorum.., quod contra predicta.. nullo unquam tempore veniemus vel faciemus.., sed res predict. univ. et sing. predicte domui salvabi.,us, defendemus ab omni homine et amparabimus bona fide, renunciantes in hoc facto, corporali a nobis super sancta Dei Evangelia prestito juramento... Actum apud domum Partis Dei, anno Domini M°.CC°.LX°, x° kalendas aprilis, present. et ad hoc vocatis testibus : Guigone d'Eras, Barnardo Fluviol, monachis domus Lioncelli, Villelmo Maczoti converso ejusdem domus, Hodone de Alexiano, Berardo, Petro de Laia, Chatal, Johanne coquinario. — Item, anno Domini M°.CC°.LX° primo, die jovis post octabas Pasche, in loco qui appellatur li garda de Tannei, nos supradicti Guigo Barnardi et Hugo Pilosi fratres vendimus et titulo perfecte venditionis concedimus vobis dom° Andree abbati domus Lioncelli... tres solid. et duos denar. censuales, quos percipimus in tenemento quod tenent Bonetus Veillons et soror quondam Gerardi Sectoris, item unam eminatam terre quam tenuit quondam Donadeus juxta terras que fuerunt quondam Richardi de Alexiano militis, cum omni jure et dominio nobis... competente, item omnia pascua terrarum et nemorum quas et que nos tenemus seu possidemus vel alius nomine nostro in toto territorio de Tannei superius nominato : hec autem.. vendimus vobis d° Andree... ad habendum, etc., precio sex librar. et dimidie Viennen., de quo precio confitemur nobis fuisse plenarie satisfactum ; et fuerunt predicte res vendite de dote dom° Guille quondam matris nostre, et de predict. rebus nos devestimus et vos... investimus, promittentes uterque insolidum... de evictione, videl. quod jure et ratione nos opponemus cuilibet qui... questionem moverit.. seu querelam, et quod.. supradicta rata habebimus inperpetuum atque firma.., renunciantes... Testes sunt hujus venditionis : Petrus de Stabulo monachus Bonarum Vallium, Johannes de Dia cellararius domus Lioncelli, Villelmus Maczotz magister de Volpa, Hodo de Alexiano, Berardus de Rupe Forti, Petrus de Laia, Villelmus Chalveli. Ad majorem autem supradictorum memoriam nos supradicti Guigo Barnardi et Hugo Pilosi sigilla nostra pres. pagine duximus apponenda.

(*) Original parch. de 33 lig. 1/2, coté **VV 217** (*Inv. A*) et CCLXXXIX (*Inv. B*). Fragm. des 2 sceaux ronds, en cire verte, sur cordons blancs ; l'écu du 1ᵉʳ est coupé de 2, à la fasce unie ; celui du 2ᵉ est coupé de 4, au chef de ...., légende : ✝ *SIGILLVM GVIGONIS PILOSI*. Copie dans le cahier CCCXCI.

CCI. *31 mai 1201.*

(Acquisitio campi a Johanne Gibelins Romanensi)'.

Noverint universi presentes litteras inspecturi quod, anno Domini M°.CC°.LXI°, pridie kalendas junii, Johannes Gibelins, homo

Romanensis, vendidit et concessit ven[li] patri dom[o] Andree abbati
domus Lioncelli, ementi nomine et ad opus predicte domus, quemdam
campum situm in territorio de Pisanczan, inter viam qua tenditur
apud Maymans et inter campum Aymari de Curczon situm ab aquilone et campum Villelmi de l'Oscha situm a meridie : vendidit, inquam,.. dict. campum de mero et franco alodio suo.. precio centum
solid. Viennensium, de quo sibi satisfactum fuisse ad requisitionem
emptoris publice recognovit, quos centum solid. Audis soror supradicti Johannis olim legavit domui Lioncelli in sua ultima voluntate,
ad acquirendum eidem domui unum sestar. frumenti censualem ;
et.. dict. Johannes se devestivit et dict. d. abbatem... investivit,
cedendo eidem.. omnia jura.., promittens.. de evictione.. : et hec
omnia.. promisit... attendere et observare et nunquam contravenire..,
corporali.. interposito juramento, renuntians... Celebrato vero
contractu, dict. dom. Andreas.., de voluntate et consensu fratrum..
domus, dedit et concessit dicto Johanni Gibelin supradict. campum
venditum, sub annuo censu unius sestar.. frumenti censualis, ad
bona usagia ad que ecclesia Romanensis consuevit dare terras suas
ad censum, ad habendum.., salvo censu et dominio directo.. ; et dict.
Johannes promisit dicto d[o] Andree.., quod ipse et posteri sui dict.
censum annuatim in festo sancti Juliani reddent predicte domui et
eidem dict. dominium perpetuo recognoscent. Actum Romanis, in
domo Pontii de Valentia, present. et ad hoc vocatis testibus Stephano
de Valentia, Pontio de Valentia, fratribus, Romano Turruchelli,
Berardo. In cujus rei fidem et testimonium sigillum Sancti Barnardi
quo utitur capitulum Romanense present. litteris, ad preces dicti
Joh. Gibelin, est appensum una cum sigillo ejusdem Johannis.

(*) Original parch. de 26 lig., coté **YY 219** (*Inv. A*) et CCXCI (*Inv. B*);
traces de 2 sceaux sur cordons blancs. Copie dans le cahier CCCXCI.

CCII.   *24 août 1201.*

(CARTA DE EXONERATIONE CENSUS) 1. SEST. FRUMENTI*.

NOVERINT universi presentes litteras inspecturi, quod cum Johannes
Eudrici, habitator Romanis et olim habitator Pisanczani, dedisset
quondam et concessisset domui Lioncelli, Cisterciensis ordinis, sub
annuo censu unius sestarii frumenti, sex pecias terre infrascriptas...
et pro investitura dict. peciarum habuisset et recepisset a domo predicta sex libras Viennen. in pecunia numerata, postmodum dict.

Johannes Eudrici.. spontaneus et consultus vendidit et.. concessit ven[li] patri dom. Andree abbati predicte domus... dict. sestarium frumenti censualem, quem dicta domus faciebat... pro sex peciis terre infrascript.., et.. se devestivit et dict. abbatem investivit.., cedendo..: fuit autem precium venditionis... sexaginta solidi Viennen., de quo.. venditor sibi satisfactum fuisse plenarie publice recognovit... Huic etiam contractui consensit expresse Poncia mater dicti Johannis et promisit... se nunquam contra facere... Hee autem sunt sex pecie terre predicte : una est in Planterio inter terram Guillelmi de Portis et terram Guigonis de Favcilla, alia est juxta terram Guigonis Raspaillart, tercia ad pirum Sancti Albani juxta terram quam habuit domus Lioncelli olim a dom. Lamberto preposito Valencie, quarta, ad rivum de Veissia juxta terram Johannis Eudrici, quinta in Podio Cunali juxta blachiam Boveti canonici Romanensis, sexta est inter terram dels Raspaillartz et terram Villelmi de Portis. Acta est dicta venditio Romanis, in domo Lantelmi chabiscoli Romanensis, anno Domini M°.CC°.LXI°, ix. kalendas septembris, present. et ad hoc vocatis testibus : fratre Barnardo, fratre Geraldo de Vacziu, monachis Lioncelli, fratre Aymaro converso, Pontio de Valentia, Stephano de Roins, Bontos Gibelin, Petro d'Acra, Petro de Turnone. Ad majorem autem memoriam atque fidem, sigillum Sancti Barnardi quo utitur capitulum Romanense ad preces dicti Joh. Eudrici present. litteris est appensum.

(*) Original parch. de 26 lig. 1/2, coté **Novas 279** (*Inv. A*) et CCXCII (*Inv. B*); au dos : *Partis Dei, de sex peciis terre*. Sceau ovale (65 mill.), en cire jaune : prélat assis, chapé, mitré, tenant sa crosse de la gauche et bénissant de la droite, légende : † *SCS BARNARDVS ARCHIEPISCOPVS*.

CCIII.   *4 novembre 1261.*

(Emphyteosis præpositi Valentiæ abbati Leoncelli)*.

(*) Le texte de cette pièce, insérée dans notre *Cartul. de St-Pierre du Bourg-lès-Val*. (ch. xli, p. 78-80), se trouve dans le cahier DXIX (p. 191-3), où nous relevons quelques variantes : l. 1 *Guillelmus.. Valentiæ*, 4 *emphit..*, *Leoncelli*, 6 *vestris in perpetuum tres petias*, 7 *Pereyra, q. contingunt*, 8 etc. *Cogner*, 13 *Durandi Barberii*, 15 et 21 *Coing*, 25 *solidis*, 36 *G. canonicus* (!). 38 *utilit...* 39 *Valentiæ*.

CCIV. *(Même date).*

(Census domus del Couner preposito Valentie)*.

Le Couners fai al prebost IIII. lib. cessuals payar a la St-Appolinar et dos fromages que devont valer VI. sols, per V. chabanarias et per lo claux prebostal in Avaisa, et per una pessa de terra et per una pessa de pra que sont a Moillasola, per tres pessas de bosc que sont in Avaisa et l'oc que es appellas li Peireiras, e tochant se de doas parts al bosc de Couner et d'autra part a la via publica de Rotmas, et per una pessa a qui mesme que se ten d'une part al bosc devant dit et d'aultra partz a la terra de St-Pierre de Borc et d'altra part a la via de Rotmas, et per aultra terra que se tent d'una partz al bosc de Durand Barbier e d'aultra part al champ del prebost et d'autre part a la terra deu Johan de S. Bartholomieu, et per une pessa de bosc que es el terraor del Coing qui so saieureire de St-Anthoni, et generalmenti per totas las terras cotivas et non cotivas, bosz, pasquiers et chassas, et per totas las chausas que teinam saieureire del prebost lu vaisper de S. Anthoni el dit terraor de Javaisa desotz la via et desobre la via, et per una pessa de bosc an las chauzas que es al Coing et tocha se d'una part a la terra del Couner et d'autra part au lo viol qui vai al pra de la maison del Couner : retenge al prebot et ses successors en toutas las chausas que sont dichas la seignoria et per los pasquiers de la Chalvi et de touta la prebosta.

(*) Cette pancarte se trouve également dans le cahier DXIX (p. 189-90), qui nous fournit trop de variantes au texte inséré dans notre *Cartul. de St-Pierre du Bourg* (ch. XLII, p. 80-1) pour nous dispenser de reproduire ce document en langue romane.

CCV. *18 janvier 1262.*

Carta dom[i] Silvionis (de Clariaco), de Parte Dei*.

Nos Silvio, dominus Clariaci, notum facimus universis presentes litteras inspecturis, quod cum bone memorie dom. Guillelmus [1], dominus Clariaci, olim dederit et concesserit per se et heredes seu successores suos inperpetuum, pro remedio anime sue et antecessorum suorum [2], Deo et conventui Lioncelli et domui Partis Dei medietatem mansi quod appellatur del Chapuisons [3] et nemus de Soseiranes [4] et nemus del Chalvetz, retento sibi et suis annuo censu duorum sestar. avene ; item dederit et concesserit eis et pastoribus eorum pascua in toto mandamento Pisanciani secundum partem dominii sui, sine dampno pratorum, segetum et taillate, et illa specialiter que limitantur seu terminantur a strata publica que tendit ab ulmo de Aleissan [5] versus Rovoira [6], et habent latitudinem versus Rupem Fortem, sub ea libertate ut nullis aliis religiosis pascua ista que sunt collata specialiter intrare liceat nisi compellat necessitas transeundi [7], pro quibus pascuis tenetur [8] reddere dict. conventus II. solidos pro caseo [9] annuatim ; item dederit et concesserit eis quecumque poterunt [10] aut emptionis [11] titulo aut beneficii nomine acquirere vel comparare intra pascua specialiter limitata [12]; item cum dom. Rotgerius [13], dominus Clariaci, olim dederit et concesserit pro se et heredibus seu successoribus suis inperpetuum Deo et dicto domui Lioncelli, quod de rebus et animalibus seu aliis quibuslibet mobilibus dicte domus nullum usaticum [14], nulla pecunia occasione pedagii vel alterius usagii cujuscumque debiti vel indebiti ab ipsis vel eorum nunciis decetero exigatur, set jumenta et saumarii et omnes res eorum per totam terram suam sive per aquam absque omni pedagio et exactione transitum et reditum habeant liberum et patentem [15]. Nos supra dict. Silvio non vi, non dolo inductus hec predicta a dict. antecessoribus meis donata predicte domui et concessa, eidem domui iterum concedimus et donamus, et supradict. donationes et concessiones olim factas a dicto dom. Villelmo domino Clariaci et a dicto Rogerio, videl. de dicta medietate mansi et de nemore de Sosciranes [16] et nemore del Chalvetz, supra dicto conventui de Lioncello laudamus et approbamus et esse volumus perpetuis temporibus valituras, et etiam donationes seu concessiones eis factas de acquisitionibus habitis et habendis, exemptione vel dono intra pascua supradicta et de dict. pedagiis et de pascuis superius memoratis [17]; item donamus et concedimus Deo et dicte domui Lioncelli, quod ipsa possit facere revirentia in omnibus et singulis pratis suis habitis et habendis; item donamus et concedimus predicte domui Lionc. venationes omnes per singulas et omnes possessiones domus Partis Dei, ita quod non venabimur ibidem nec venari faciemus nec venari aliquem permittemus ; volumus autem quod pro dict. [18] duobus sest. avene quos pro dicta medietate mansi et dicto nemore de Sosciranes [16] et nemore del Chalvetz tenebatur facere nobis et heredibus seu successoribus nostris inperpetuum, dicta domus Lionc. teneatur facere decetero duos [19] sest. frumenti et eminam [20] censuales et de dict. duobus sest. avene decetero nullatenus teneatur. Universa autem et singula supradicta et infra contenta promittimus nos supradict. Silvio et Rogerius filius noster, ambo insimul et uterque per se, pro nobis et successoribus nostris seu heredibus inperpetuum vobis ven[11] patri dom° Andree... attendere et observare et nullo umquam tempore contra venire..., corporali super sancta Dei Evangelia a nobis ambobus prestito juramento, renunciantes... Sciendum vero est quod nos supradict. Silvio habuimus a dicta domo Lioncelli pro supradict. concessionibus seu donationibus quingentos solid. Viennenses in pecunia numerata, in quibus renunciamus... Actum in crastinum beati Anthonii [21], apud Pisancianum, in furnello juxta capellam [22], presentibus et ad hoc vocatis testibus : Jacobo de Revesto monacho, Johanne Francisci converso, Ugone Lobeti milite, magistro Petro notario, Petro de Alta [23] Villa, Aymaro de Cursone, Bergovione de Urrio [24], domicellis, Villelmo de Graisan, Villelmo de Avalone, Petro Bacci [25], anno Domini M°.CC°.LX°. primo, xv. kalendas febroarii. In cujus rei fidem et testimonium, nos supradict. Silvio dominus Clariaci et Rotgerius [13] filius noster sigilla nostra apposuimus huic carte.

(*) Il existe de cette ch. deux originaux, l'un de 33 lig., coté **TT 216** (*Inv. A*) et CCXCIII (*Inv. B*), avec traces de 2 sceaux, l'autre de 34 lig. 1/2, coté **Ne 245** (*Inv. A*), avec trace de sceau, très-endommagé à gauche. Copies dans les *Cah. des priv.* et CCCXCI.
(1) Var. *Villelmus*. — (2) Var. *an. et ant-res suos*. — (3) Var... *sos*. — (4) Var. *Soser*... — (5) Var. *Ayleysa*. — (6) Var. *Royvoyra*. — (7) Var... *udi*. — (8) Var. *teneatur*. — (9) Var. *quaseo*. — (10) Var... *rint*. — (11) Var. *ept*... — (12) Voir la ch. LIII, p. 59. — (13) Var. *Rog*... — (14) Var. *usagium*. — (15) Voir la ch. xx. p. 23-4. — (16) Var. *Soiser*... — (17) Var. *nominatis*. — (18) Var. *de pred*... — (19) Var. *dec. fac. duo*. — (20) Var. *esmina*. — (21) Var. *Anto*... — (22) Var. *capp*... — (23) Var. *Auta*. — (24) Var. *Urre*. — (25) Var. *Baeti*.

CCVI*. 1262.

Tenementum de Favalhias prope domum Partis Dei fuit traditum monasterio in permutacionem per Ademarum de Cursone, anno Domini millio ducentesimo sexagesimo secundo.

(*) Sommaire fourni par l'*Invent. A*, cote **Rii 240** (f° 33 v°).

CCVII. 22 avril 1262.

(Carta) prioris Sancti Juliani, de sex denariis censualibus pro vinea Guillelmi Branlart*.

Noverint universi present. litteras inspecturi, quod anno Domini M°.CC°.LXII°, x° kalendas mai, nos Petrus Tardiuf, prior Sancti

Juliani, tutor liberorum Willelmi Bollart, considerata utilitate dict. liberorum, venditionem factam a dict. liberis venⁱⁱ Andree abbati Liuncelli, de quadam vinea que sita est inter vineas et terras cellarii, concessimus et ratam habuimus per nos et successores nostros inperpetuum ; item et quoniam dicta vinea erat de dominio ecclesie Sancti Juliani, in qua dicta ecclesia percipiebat vi. denarios censuales, nos dict. prior, ad preces dicti abbatis et conventus Liuncelli inclinati, de dictis vi. den. censual. habuimus et recepimus per nos et successores nostros escambium, videl. eminam bladi quam percipiebant dicti abbas et conventus in quodam chanavairil quod situm est inter aquam que dicitur Giruana et terras dicte ecclesie, quod bladum faciunt Petrus et Poncius Girantz fratres, de quo censu abbas et conventus predicti se et suos successores devestientes, nos et successores nostros investierunt.., et nos nichilo[min]us de dicta vinea et de dictis vi. den. censual.., promittentes..: [quod] servari faciemus per liberos dicti Willⁱ Bollart [dict. ve]nditionem et dict. escambium... [Acta sun]t hec in claustro Sancti Juliani juxta ostium ecclesie, coram testibus present. et [vocati]s : Jacobo del Revest m(onach)o Liuncelli, Nicholao Chabatz m(onach)o Sancti Mauricii, [Nicho]lao Teiseor capellano, Richardo Inuraor, Willelmo Grasin, conversis Liuncelli, Johanne Chabatz, Poncio Chabat, Poncio Ginant, Bontoso Arvouf, Petro Acol, Lantelmo de Gigort, canonico Sancte Crucis. Ad majorem autem omnium predict. firmitatem et memoriam in posterum optinendam, nos dict. prior present. cartam sigilli nostri munimine duximus roborandam.

(*) Original parch. de 25 lig., coté **Autem 666** (*Inv. A*) et CXLIII (*Inv. B*), rongé à gauche ; fragm. de petit sceau indistinct sur tresse ; au dos : *Lictera cellarii Montis Clari*.

CCVIII. 22 *mai 1262*.

(Carta) Pon(tii) de Stabulo, de Chatusanjas*.

Noverint universi present. litteras inspecturi, quod anno Domini M°.CC°.LXII°, xi° kalendas junii, Pontius de Stabulo domicellus jure proprio, pro se heredibusque suis et successoribus, vendidit, tradidit et titulo perfecte et irrevocabilis venditionis... in perpetuum habere concessit dom° Andree abbati Liuncelli... sexdecim denar. censuales, quos habebat et percipiebat in locis inferius nominatis, de quibus faciebat sibi Andreas Fornerii octo den. censuales de quadam pecia terre que est apud Chatusangas, sita inter terras Partis Dei et terram quam tenet Thomas a Boveto canonico Romanensi, et duos denar. censuales quos faciebat ei Thomas de quadam petia terre que est in eodem territorio, sita inter terras dicte grangie et terram altaris Beate Marie Romanis, et sex denar. censuales quos faciebat ei Lambertus Sutor de quadam petia terre que est apud Chaureiras, sita inter terram et pratum de Vulpa et terram quam tenet Petrus Longi a dicto Boveto : vendidit, inquam, dict. venditor dict. censum cum dict. confinibus suis et cum aliis si qui sunt.., dans etiam.. quicquid... plus valent.., cedendo.., ipsumque abbatem.. in possessionem induxit.. et de evictione promisit.. ; fuit autem pretium hujus venditionis viginti solidi Viennen., de quo dict. venditor ad requisitionem emptoris recognovit sibi fuisse integre satisfactum in peccunia numerata, renuncians..; promisit et-am.. quod omnia inviolabiliter observabit, et de dicto censu se devestivit et abbatem investivit. Actum apud Partem Dei, present. testibus Jacobo priore, Bernardo de Montilisio, Johanne de Dia cellurario, Petro de Stabulo, Francone Rotru, Jacobo de Revesto, monachis et sacerdotibus, Johanne Francisci converso, Pontio de Valentia et Arnaldo Barleterii. In cujus rei testimonium et firmitatem sigillum predicti Pontii de Stabulo presentibus est appensum.

(*) Original parch. de 36 lig., coté **A fratribus 268** (*Inv. A*) et CCXCV (*Inv. B*); trace de sceau sur cordon blanc à double queue; au dos : *De* XVI *denar. censualibus, de Parte Dei.*

CCIX. *Août 1262.*

(Carta) Johannis Chabatz
DE QUADAM PETIA TERRE APUD SANCTUM JULIANUM*.

Certiora sunt que geruntur et minori possunt calumpnia perturbari, si vigorem traxerint a testimonio litterarum. Pateat igitur hanc present. cartam intuentibus quod, cum ego Johannes Chabatz, habitator ville Sancti Juliani de Tribus Pratis et bajulus ejusdem ville, Diensis diocesis, haberem et possiderem quandam peciam terre, sub annuo censu trium eminarum frumenti censualium, a domo Liuncelli, Cisterciensis ordinis, que terra sita est in locis inferius subdicendis, dict. peciam terre et jus quod habebam in eadem vendo vobis dom° Andree abbati dicti monasterii... Et hoc pro precio sex librarum Viennensis et Valentin. monete, concedens vobis ut... possitis ingredi possessionem.., interim tamen quousque apprehenderitis.. constituo me.. possidere. Dicta pecia terre sita est infra limites parrochie ville dicti Sancti Juliani, et contiguatur a duabus partibus vineis et terris cellarii dicti Monasterii et ab aliis partibus terris Guillelmi Meillet et Petri Guinant : si vero.. plus valet.., hoc totum dono..; pretium autem supradict... confiteor me habuisse et recepisse a vobis, renuncians... Ego autem Milo, filius Johannis dicti venditoris, consensum prebeo alienationi rei superius vendite.. primitus cercioratus, promittentes nos ambo... predicta deffendere.., renunciantes.. : que omnia.. juramus attendere bona fide, tactis Euvangeliis sacrosanctis. Actum aput abbaciam dicti Monasterii, mense augusti, anno Domini M°.CC°.LX°.II°, testibus present. vocatis et rogatis : Jacobo priore et Ismidone vestiario, Armanno infirmario, Jacobo sacrista, Hugone Freel, Pe. de Romanis, mon[achis] dicti monasterii, Lantelmo de Gigornz converso, Po. Chabatz, Bontozo Ervieu, Petro Greno et Johanne Girbout, laycis. Et ad majorem supradict. omnium firmitatem, nos predicti Johannes venditor et Milo filius ejus et nos dict. abbas Liuncelli sigillum ven^{lis} patris et dom^i Amedei Diensis [episcopi] apponi fecimus concordi[ter] huic carte.

(*) Original parch. de 26 lig., coté **Torrentem 654** (*Inv. A*) et CXLIV (*Inv. B*); fragm. de sceau sur tresse de chanvre ; au dos : *De emptione cujusdam terre contigue vineis cellarii Montis Clari*.

CCX.   *2 mars 1203*.

(Donatio nemoris a priore et conventu de Marnanto)*.

Notum sit omnibus present. et futuris quod, anno Domini mill'o CC°.LX°. secundo, nos Petrus prior et conventus ecclesie de Marnanto dedimus et concessimus dom° Andree abbati Lyuncelli, recipienti nomine suo et sui monasterii, quintam et sextam partem cujusdam nemoris quod vulgariter appellatur Charamays, item tertiam partem cujusdam alterius nemoris quod nuncupatur le Feus et est infra dict. nemus de Charamay : dedimus, inquam, predict. partes dict. nemorum ad domum Marnanti directe spectantes supranominato abbati... ad habendum et tenendum, retento tamen in dict. nemoribus annuo censu viginti solid. Viennensis monete nobis et successoribus nostris in festo sancti Andree apostoli solvendorum ab eodem abbate et successoribus rectoribus domus Lyuncelli singulis annis in perpetuum, ita dumtaxat quod totum nemus de Charamay et le Feus teneantur pro indiviso nobis et successoribus nostris pro supradicto censu suis temporibus persolvendo, retentis etiam in predict. nemoribus pascuis herbarum et frondium et collectione ramorum, ad opus pecorum seu animalium domus Marnanti et omnium membrorum ad eandem domum spectantium et etiam omnium inhabitantium in parrochia Arfolie ville omni tempore, excepto a festo beati Michaelis usque ad Natalem Domini quando glandes seu castanee in eisdem nemoribus increverint; si autem per habitatores grangie de Lentio seu per alium quempiam dicta nemora deteriorari contigerit, nichilominus dicti abbas et conventus Lyuncelli et eorum successores ad solutionem dicti census perpetuo tenebuntur. Fuit autem spetialiter actum et expressum inter nos priorem et conventum Marnanti ex una parte et dict. abbatem nomine domus Lyuncelli ex altera, quod si forte supra predictis vel aliquod predict. inter nos et successores nostros ad invicem contentio in posterum vel questio suborta fuerit, pars altera non possit partem adversam trahere in causam per privilegium aliquod seu per litteram papalem, quamdiu pars rea voluerit stare juri per manum archiepiscopi Viennensis qui pro tempore fuerit seu coram domino castri de Monte Chanuto qui fuerit eo tempore. Hec autem omnia et singula Nos dicti prior et conventus Marnanti.. et Nos abbas et conventus Lyuncelli.., sub obligatione omnium bonorum et rerum supradicte grangie de Lentio, promittimus fideliter observare et non contra venire nec contravenientibus consentire. Actum apud Marcolen, in festo sancti Gregorii pape, anno superius memorato. In cujus rei memoriam et testimonium Nos supranominati prior et conventus Marnanti sigillum nostrum conventuale apposuimus presenti pagine, et Nos Gaufridus dominus Montis Chanuti, ad preces dict. prioris et conventus Marnanti, sigillum nostrum eidem pagine duximus apponendum.

(*) Original parch. de 21 lig. 1/2, coté CCCCXLVIII (*Inv. B*); traces de 2 sceaux sur cordon vert et tresse brune.

CCXI. *18 mars 1263.*

CAR(TA) WILLELMI DESDER DE BANNOLS, WLPE*.

Noverint universi presentes litteras inspecturi quod, anno Domini M°.CC°.LXII°, xv. kalendas aprilis, Guillelmus Desiderii de Alexiano domicellus,.. certus, spontaneus et consultus, vendidit et titulo perfecto et irrevocabilis venditionis concessit ven^{li} patri dom° Andree abbati domus Lioncelli.. quandam petiam terre sitam in territorio de Bainnolis, inter terram monialium de Vernayson et terram Villelmi de Oschia, ad habendum, etc., pretio quatuordecim librarum Viennen., de quo dict. venditor sibi satisfactum fuisse publice recognovit, cedendo... omnia jura et omnes actiones.. : hoc salvo quod idem venditor retinuit sibi et posteris suis in dicta pecia terre unum sestar. frumenti censualem quem.. dicta domus faciet inperpetuum Guill° Desiderii et heredibus suis; promisit etiam... de evictione... Et insuper Jordana, uxor dicti venditoris, dicte venditioni consensit.. et pro laude habuit duos sestar. frumenti..; promiserunt.., renuncianles... Actum in territorio de Bainnoutz, present. et ad hoc vocatis testibus Francone janitore domus Lioncelli, Villelmo Maczoti, Poncio Bret, conversis dicte domus, Hodone de Alexiano domicello, Guillelmo serviente abbatis. Ad majorem autem hujus rei firmitatem, supradict. Villelmus Desiderii venditor et Hodo de Alexiano sigilla sua duxerunt present. litteris apponenda.

(*) Original parch. de 24 lig. 1:3, coté **Sana. 363** (*Inv. A*) et CCCCLIII (*Inv. B*); traces de 2 sceaux sur cordons blanc et vert.

CCXII.   5 septembre 1263.

Carta Odonis de Alexiano pro quadam petia terre sita in territorio Vulpe*.

Noverint universi presentes litteras inspecturi quod, anno Domini M°.CC°.LXIII°, nonas septembris, Odo de Alexiano domicellus... certus, spontaneus et consultus vendidit et tit. perf. et irrevoc. vendit. concessit dom° Andree, domus Liuncelli abbati.., quandam petiam terre sitam in territorio de Bainols, juxta vadum de Eroa inter terras Liuncelli et terram liberorum Artaudi de Octuduno, ad habendum, etc., precio sex librarum Viennen., de quo dict. venditor sibi satisfactum fuisse publice recognovit, cedendo... omnes actiones.. arnomalas.. : hoc salvo quod venditor retinuit sibi et posteris suis in dicta petia terre xii. denar. censuales quos.. dicta domus faciet inperpetuum Odoni de Alexiano et heredibus suis; promisit etiam... de evictione... et.. se devestivit... Et insuper Rainauda, uxor dicti venditoris, dicte venditioni consensit.. et pro laude habuit unum sestar. frumenti..; similiter et Odilo, filius dicti venditoris, et Petrus Olricz de Montilisio, nepos ejusdem vend., dict. venditionem laudaverunt : universa.. promiserunt... attendere et observare.., renunciantes.. juri ypothecarum et Vellieano... Actum in territorio de Bainols, present. et ad hoc vocatis testibus : Francone portario, Jacobo sacrista, monachis Liuncelli, Willelmo Macotz converso, Odilone de Montilisio milite, Petro Aiqus, Robino Belsone, Martino coquinario Wlpe, Chatal gartione-dicti dom¹ A. abbatis, Willelmo Merle de Alexiano. Ad majorem autem hujus rei firmitatem et memoriam inposterum optinendam, supradict. Odo de Alexiano venditor sigilli sui munimen duxit present. litteris apponendum.

(*) Original parch. de 25 lig., coté **R.** **562** (*Inv. A*) et CCCCXLIX (*Inv. B*). Sceau ovale (3 cent.), en cire brune, sur cordon de fil et soie à double queue : dans le champ un lion passant, légende : † S' : **ODO** : *D'ALEISA* :. Copie dans le cab. CCCXCI.

CCXIII*.   *1263.*

Vendicio fratris Andree abbatis de decem denariis cum obolo facta per Odilium de Montilhesio, constante instrumento sumpto de anno Domini millio ducentesimo sexagesimo tercio.

(*) Analyse extraite de l'*Invent. A*, cote **Ro.** **549** (f° 105 v°).

CCXIV.   *19 février 1264.*

HELEMOSINA DELLA PEROSA QUAM FECIT VILLELMA CHACIA*.

Anno Domini M°.CC°.LXIII°, noverint universi presentem litteram inspecturi, quod ego Villelma Chacia, non coacta, non seducta, non circumventa, set propria et libera voluntate dono et lego, pro remedio anime mee et parentum meorum, Deo et beate Marie Lyoncelli et omnibus fratribus ibidem Deo servientibus et tibi A(ndree) abbati dicte domus, recipienti nomine predicte domus Lyoncelli, tres eminas frumenti annuales quas habeo super vineam et campum della Perosa; dono etiam et lego omne jus et dominium quod habeo in dicto campo et in dicta vinea della Perosa : et hoc feci cum consensu et voluntate Dalmacii d'Ussom, de cujus dominio erant supradicta, et ad majorem firmitatem ipse Dalmacius presentem litteram sigilli sui munimine roboravit. Et promitto, ego dicta Villelma, quod ego non feci nec faciam pro quo dicta donatio minus possit valere, abrenuncians legi Julie de fundo dotali et omni excepcioni legum et canonum, et omni juri scripto et non scripto, et omni deinde auxilio quo possem contra venire vel aliquid infringere de predictis. Testes :

Nicholaus cappellanus de Monasterio, Poncius Chabast, Villelmus et Jo. Blacha fratres, Nicolaus Borna et Villelmus Bertranz, P. Girandi, Ja(cobus) prior Lyoncelli ; datum xi° kalendas marcii.

(*) Original parch. de 13 lig., coté **Erat 657** (*Inv. A*) et CXLI (*Inv. B*) ; trace de sceau sur lemnisque ; au dos : *Donum Wuillerme Chacie de tribus eminis frumenti super vineam et campum della Perosa-Collarii Belli Fortis.*

CCXV. (*Env. 1264*).

CARTA JOHANNIS GEBELI, DE UNO CESTARIO FRUMENTI*.

Noverint universi present. litteras inspeturi quod, cum ven^{lis} pater dom. Andreas, abbas tunc temporis domus Lioncelli, dedisset et concessisset... Johanni Gibelini quondam homini Romanis, sub annuo censu unius sest. frumenti censualis, quendam campum situm in territorio Pisanci(a)ni, inter viam qua tenditur apud Maimans et inter campum Ademari de Cursone situm ab aquilone et campum Willelmi de Olchia situm a meridie, quem campum predict. dom. abbas emerat.. a predicto Joh. Gibelini quondam ; Ego Pontius de Rupe domicellus de Osteuno, cum predict. campus sit de feudo meo,... volo et concedo nomine meo et heredum et successorum meorum ven^{li} patri dom° Dulcio abbati dicte domus Lioncelli.., quod dicta domus Lionc. possit perpetuo exigere et levare et percipere a quolibet tenementario seu possessore predicti campi singulis annis predict. sestarium frumenti censualem, absque mea et heredum et success. meorum contradictione. Pro qua concessione a me facta.. confiteor et recognosco quod predict. dom. Dulcius abbas dedit et solvit mihi decem solidos Viennen. et quosdam sotulares et unum caseum, de quibus me teneo plenarie pro pagato, et promitto... et renuntio... Actum in domo Partis Dei, present. et ad hoc vocatis et rogatis testibus dom° Jacobo Jordani priore dicte domus, fratre Bernardo Flaviol, fratre Bernardo Rufi, fratre W(illelm)o Pangon, fratribus dicte domus, Pontio de Vienna sacerdote, Johanne Giraudi et Petro Berleti. In cujus rei testimonium et firmitatem ego dict. Pontius de Rupe sigillum meum apposui huic carte.

(*) Original parch. de 29 lig., coté **In altarique 274** (*Inv. A*) et CCXCVII (*Inv. B*) ; fragm. de sceau en cire verte sur cordon blanc.

CCXVI.   *1ᵉʳ août 1264.*

Carta Willelmi de Olchia et Chaberte uxoris ejus pro Pon(tio) de Stabulo*.

Noverint universi present. litteras inspecturi quod, cum controversia verteretur inter venᶫᵉᵐ patrem fratrem Dulcium abbatem domus Liuncelli ac conventum ejusdem loci, ex una parte, et Willelmum de Olchia habitatorem Pisanciani nomine suo et Chaberte uxoris sue, ex altera, super eo quod dict. abbas dicebat quod dictus Wº de Olchia sciserat et acceperat et deportari fecerat auctoritate sua propria pluries de lignis cujusdam nemoris dicte domus Liuncelli, contra voluntatem abbatis et conventus..., in eorum prejudicium et gravamen, quod nemus cum quibusdam petiis terre et cum juribus infra scriptis predict. abbas dicebat quod Pontius de Stabulo domicellus quondam, pater dicte Chaberte, dedit Deo et beate Marie et fratribus Liuncellis, in helemosinam pro remedio anime sue et parentum suorum, quod nemus est in Monte Petroso, in parrochia de Chatusangas et contiguatur nemori Boveti filii Lamberti de Osteuno. Jura vero et terre... sunt hec : videl. quicquid juris et requisitionis dict. Poncius habebat.. in quodam prato quod est al vernes de Chatusangas, quod tempore dicte donationis tenebat Juvenis d'Aigala sub annuo censu trium denar. censual. ; item taschie quas Pontius habebat et percipiebat in parrochia ecclesie de Chatusangas, in terris Hospitalis ; item quatuor petie terre quas idem Pontius habebat in dicta parrochia, quarum una *(ut in ch. CXLVIII, l. 7)*... Petroso....terre que tenetur a Boveto... subtus curtilibus de... Boveti... del Vernes... Petrus Bruni... ab Odilione patre dicti Pontii de Stabulo, cont... Arberti de Chabeolo *(ter)*.. Petrosi... Liuncelli a d. Odil... Bainols *(bis)*... ad clotum... dicti Hospitalis ; item Blachia Rotunda, quam dict. Pontius de Stabulo habebat in dicta parrochia de Chatusangas, cum omnibus *(ut ibid., l. 21)*... Arb. de Chab... Romanis ; item alia petia terre cum nemore contiguo, quam et quod dict. Pontius habebat al serre de Bainols in dicta parrochia, que terra et quod nemus contiguantur ab occidente terre Odonis de Alexiano et terre Hospitalis et ab oriente terre ecclesie de Baisaias quam tenet Petrus Boneti sub annuo censu et nemori quod tenet Hugo Sparverii ab Artaudo Aucher : verteretur, inquam, dicta controversia inter dict. partes super predictis coram venᵇᵘˢ viris dom. Francone de Castro Novo et Petro Falavelli, canonicis Romanensibus, in quos dicte partes de communi consensu, tanquam in arbitros arbitratores seu amicabiles compositores, compromiserant et sub pena decem librarum Viennen., juramento etiam interposito corporali de non veniendo contra promiserant dict. arbitris quod eorumdem laudum seu arbitrium... inviolabiliter observarent et eorumdem sequerentur alte et basse omnimodam voluntatem... Unde contestata lite.., juramento de calumpnia a partibus recepto, auditis et intellectis omnibus que.. proponere voluerunt, visis, perlectis et diligenter inspectis instrumentis seu cartis quas dict. abbas Liuncelli produxit.., habito etiam consilio peritorum, dicti arbitri diffiniendo et arbitrando.. mandaverunt et dixerunt, voluerunt et preceperunt... quod predict. Willelmus de Olchia daret et solveret pro bono pacis predicto abbati, recipienti pro se et conventu supradicto, centum solidos Viennen. in peccunia numerata, et pro hiis c. sol. Vien. predicti abbas et conventus sunt deinceps contenti de lignis dicti nemoris scisis a dicto Will° de Olchia et gravaminibus supradict..; item mandaverunt... quod dict. Willelmus de Olchia, nomine suo et dicte Chaberte uxoris sue et heredum et successorum eorumdem, solveret, cederet, finiret, desempararet, quitaret atque guerpiret omne jus omnemque actionem et requisitionem quod vel quam habebat... super nemore et rebus et juribus supradict... Dictum vero arbitrium seu mandatum immediate postquam prolatum fuit... predicte partes... unanimiter, concorditer et amicabiliter acceptaverunt, approbaverunt et ratificaverunt.., renunciantes... Actum Romanis, in domo predicti dom. Petri Falavelli, presentibus testibus dom. Richardo Falavelli, canonico Romanensi, fratre Jacobo priore et cellarario majore Liuncelli, fratre Hugone Freer sacrista, fratre Johanne Francisci, fratre W(illelm)o Massoti, magistro grangie de Vulpa, fratre Petro Sapientis, magistro bouum Partis Dei, Odone de Alexiano domicello et Johanne Mercerii, anno Domini M°.CC°.LX°. quarto, prima die intrante mense augusti. In cujus rei testimonium et firmitatem sigilla predict. arbitrorum ad preces partium presentibus sunt appensa.

(*) Original parch. de 70 lig., coté **Leone 284** (*Inv. A*) et CCXCVIII (*Inv. B*); au dos : *Carta Partis Dei, de pluribus peciis terre datis — Parti Dei et Vulpe;* traces de 2 sceaux sur double queue, dont un cordon. Copie dans le cah. CCCXCI.

CCXVII. *11 décembre 1264.*

DE BOSCO QUEM VENDIDIT NOBIS CHABERTUS DE ALEXIANO*.

Notum sit omnibus tam present. quam fut. quod Ego, Chabertus de Alexiano, habitator castri de Alexiano, pensata utilitate mea et comodo evidenti, dono, cedo et concedo in perpetuum vobis dom° Dulci abbati domus et monasterii Lioncelli, ordinis Cysterciensis..., sub investitura vigintiquinque librarum Viennen. et annuo censu duorum solid. Vien., nullum aliud usagium mihi vel meis retinens, res et possessiones infrascriptas : scil. nemus meum quod vulgaliter appellatur Blacha Grossa cum terra mea adjacente, quod et quam habeo juxta grangiam de Vulpa sitam in mandamento castri Alexiani, quas dict. possessiones ego et predecessores mei hactenus possedimus franchias et absque honere cujuslibet servitutis ut alodia, et contiguantur ab una parte prato ecclesie et prioratus de Corzau et ex alia parte fossato et vinee dicte grangie et ex alia parte vie qua itur versus Baignols : promittens ego dict. Chabertus... vobis dicto abbati... dict. possessiones... defendere cum propriis expensis..., concedens vobis.., et si plus valent.., totum.. quito perpetuo penitus et remitto. Istud autem non est obmittendum quod dict. xxv. libras pro investitura a vobis dicto abbate habui et recepi in peccunia numerata, renuncians... Et quod omnia... attendam et compleam.. promitto vobis et juro, tactis a me corporaliter Evangeliis SS. ; item et Ego Rientz, uxor dicti Chaberti, que inde habui a vobis dicto d° Dulcio abbate duo sestaria et eminam fabarum et duo sest. et emin. frumenti et unum caseum, dict. donationem et concessionem... laudo, ratifico et concedo, et... renuncio juri ypothecario... In quorum testimonium et perpetui roboris firmitatem ego sepedict. Chabertus, pro me et etiam mandato dicte Rientz uxoris mee, sigillum meum presenti carte appono. Actum Valentie, in hospicio dom. Willelmi Chaafer canonici Valentini, in introitu porte dicti hospicii, die jovis ante festum beate Lucie virginis, anno Domini M°.CC°.LX°. quarto, testibus ad hoc present. vocatis et rogatis dom. Willelmo Chaafer, Th(oma) priore de Corzau et Willelmo de Enzia canonico Sancti Felicis Valentie, Hugone Fabri presbitero, fratre Jac(obo) priore domus Lioncelli, et fratre Hug. Freelli et fratre Willelmo Mazot, monachis Lioncelli, Johanne Ulcerii cive Valentie et Symone de Petraponte notario publico et quibusdam aliis.

(*) Original parch. de 20 lig., coté **A 539** (*Inv. A*) et CCCCL (*Inv. B*) ; fragm. de sceau ogival, champ indistinct, légende : † S° **CHATBERTI· DE·ALE**.... Copie dans le cah. DXIX.

CCXVIII.   3 janvier 1265.

(CONFIRMATIO WILLELMI ET PONTII VALANCZAS DE
DONATIONE)*.

Noverint universi presentes litteras inspecturi quod, anno Domini M°.CC°.LX°. quarto, iii. nonas januarii, Nos Willelmus et Pontius Valanczas [1] fratres, filii quondam Pontii Valancza [2] de Bovantio, confitemur et recognoscimus vobis dom. Dulcio abbati domus Liuncelli [3], quod dict. Pontius pater noster dedit Deo et beate Mario et dicte domui Liuncelli [3] iiii. solidos et 1. obolum censuales, quos dicta domus faciebat sibi pro Aulagnaria et pro Salsa et pro Tolau et pro Beol, pro nemoribus d'Enbel, pro prato dels Espia Freitz [4] et pro prato del Urtier [5], quod faciebat capellanus de Bovantio : quam donationem nos dicti W. et P. Valanczas [1] fratres laudamus et approbamus et ratam habemus.., et contra non venire promittimus, tactis Evangeliis SS. Item sciendum est quod in omnibus predict. tam nos quam Ismido Argoudi et Guigo filius ejus habemus tantummodo duas sestoiras prati al Cropon et sex sestoiras in prato del Chalmat ; item habemus in dict. rebus et debemus habere in alienis lignorum cesoribus et in reczariis et quando oves ascendunt ad montana, et debemus recipere sicut olim recipere consuevimus : verumptamen Ismido Argoudi et Guigo filius suus habent amplius quam nos in supradict. rebus xi. denar. et o(bolum) censuales, quos dicta domus Liuncelli facit eisdem.. : que omnia Nos I. Argoudi et G. filius ejus confitemur et recognoscimus esse vera ; promittentes, tam nos I. et G. quam nos W. et P. Valanczas [1], per sollempnem stipulationem et tactis SS. Evangeliis... omnia predicta salvare et amparare.. ; item confitemur et recognoscimus quod vos dedistis.. nobis communiter pro bono pacis et pro investitura xl. solidos Viennen. in peccunia numer., ita quod tenemus nos plenarie pro pagatis, renunciantes... Et de predict. rebus, preter predict. sestoiras pratorum, nos devestientes in manu dom. Arnaldi Guelini domini Rupis Sinardi, de cujus feudo sunt res predicte, rogamus ipsum ut vos.. investiat totaliter ; unde nos dict. Arnaldus Guelini vos fratrem Bernardum Flaviol, monachum domus Liuncelli [3], recipientem.. vice dom. abbatis, ad preces W. et P. Val. fratrum et I. Arg. et G. filii sui,.. prout moris est investimus.., usagiis nostris semper salvis. Actum apud Sanctum Martinum de Flandenis [6], in ecclesia, present. et ad hoc vocatis testibus : fratre Lantelmo de Vacheriis, fratre Petro Rona, monachis, fratre Johanne de Bais, fratre Willelmo Balp, fratre Johanne Gaba, conversis dicte domus, Johanne de Chasta capellano de Auriolo [7] in Roianis, Umberto Baudoini, Raynaldo [8] Desiderii et Petro de Pertuiset. In cujus rei testimonium et firmitatem, Nos dict. Arnaldus Guelini sigillum nostrum presentibus duximus apponendum.

(*) Il y a deux originaux parch. de cette ch., l'un (minute du notaire) de 32 lig., coté **Q 66** (*Inv. A*), avec trace de sceau, l'autre de 38 lig., coté **U 100** (*Inv. A*) et XVI (*Inv. B*), avec fragm. de sceau à écu indistinct sur cordon blanc. Copie.
(1.) Var. *Valanzas*. — (2) Var. *V-nxa*. — (3) Var. *Lione*. — (4) Var. *del E. Fretz*. — (5) Var. *Utier*. — (6) Var. *Flandenas*. — (7) Var. *Aureolo*. — (8) Var. *Raynaudo*.

CCXIX.   *4 janvier 1265.*

DE BERNARDO ET DE VILLELMO DE EYGUAYLA, DE PISANCIANO*.

Noverint universi present. litteras inspecturi, quod anno Domini M°.CC°.LX°. quarto, pridie nonas januarii, Willelmus d'Aygalia et Bernardus fratres et Chalva soror eorumdem de Pisanciano jure proprio... vendiderunt, tradiderunt et... in perpetuum habere concesserunt ven^ll patri dom. Dulcio abbati domus Liuncelli... quoddam pratum cum quadam petia terre, quod et quam habebant in territorio Partis Dei, inter terram Willelmi Sertor et pratum et terram Partis Dei: vendiderunt, inquam,... ad habendum, *etc.*, cedendo.. omnia jura... ipsumque emptorem in.. possessionem mitti fecerunt et eidem de evictione promiserunt; fuit autem pretium hujus venditionis quadraginta solidi Viennen., de quo pretio dicti venditores recognoverunt sibi fuisse plenarie satisfactum in peccunia numer., renunciantes..; promiserunt.. per sollempnem stipulam et tactis SS. Evangeliis... quod.. omnia observabunt... Et... se devestierunt.. in manu Berardi de Rupe Forti domicelli, recipientis nomine Esparsuis uxoris sue, de cujus dominio sunt res vendite ratione dotis sue et faciunt eidem xv. denar. censuales; qui, recepto placitamento ab eodem dom. abbate, emptorem ad preces venditorum... prout moris est investivit nomine dicte Esparsuis uxoris sue et suo, jure tamen dominii et census in omnibus semper salvo. Actum in domo Partis Dei, presentibus testibus fratre Bernardo Flaviol, fratre Bernardo de Montilisio, fratre Bernardo de Digon, Petro Sapientis, fratre Pontio Maleti, fratre Johanne Guidonis. In cujus rei testimonium et firmitatem sigillum predicti Berardi ad preces partium presentibus est appensum.

(*) Original parch. de 39 lig. 1/2, coté DD 222 (*Inv. A*) et CCXCVI (*Inv. B*); au dos : *De uno prato et pecia terre emptis ab eisdem in Parte Dei*; trace de sceau sur cordon. Copie dans le cah. CCCXCI.

CCXX. *17 janvier 1265.*

DE P. CHANABAT ET DE FRATRE SUO PRO UNO CART. FRUMENTI, DE LA MERLEIRA*.

Notum sit omnibus tam present. quam futur. quod, anno Domini M°.CC.LXIIII°, die sabbati ante cathedram sancti Petri, Petrus et Chatbertus Chanavatz fratres, milites, ambo insimul et quilibet per se.. et heredes suos, vendiderunt, tradiderunt, cesserunt, concesserunt... Barnardo Flaviol, monacho et cellarario domus Lioncelli, ementi et recipienti.., unum cartallum frumenti, quem percipiebant in quadam pecia terre sita in territorio de la Merleira annis singulis censualem, ad habendum, *etc.*, cedendo eidem B. emptori.., promittentes de evictione et quod se opponent, expensas refundendo; fuit autem precium hujus venditionis viginti solidi Viennen., de quibus dicti venditores sibi satisfactum fuisse plenarie recognoverunt in bona pecunia numer.; insuper... se devestierunt et dictum B. investierunt manualiter.., promiserunt, corporali prestito.. juramento,... Insuper Jarento filius dicti Petri et Petrus [filius] dicti Chatberti hanc venditionem approbaverunt, laudaverunt et confirmaverunt.., renunciantes... Actum Romanis, in operatorio Jacobi Sauzina.., presentibus testibus Armanno et Bontoso Gibelini fratribus, Barnardo Desiderii, Guillelmo Veillon. Ad majorem autem fidem et memoriam omnium predict., sigilla dict. Petri et Chatberti venditorum present. litteris sunt appensa.

(*) Original parch. de 20 lig. 1/2, coté **A pedo 313** (*Inv. A*) et CCXCIX (*Inv. B*); des deux sceaux sur cordons blancs il reste le 1er, ovale (4 cent.), en cire jaune : écu chargé d'une double-bande, surmonté d'un paon, légende : ✠ **S·PETRI·CHANAVATZ·MILITIS**.

CCXXI. *22 juin 1265.*

DE BAJULIS PISANCIANI, QUITANTES BAJULIAS PRO MERLEYRA DE ALEMENCO*.

Notum sit omnibus tam present. quam fut. quod, cum questio verteretur inter Villelmum Armanni de Pisanciano nomine suo et

Petrum Algoudi nomine suo et Philipe uxoris sue, ex parte una, et fratrem Dulcium abbatem Lioncelli et conventum suum, ex altera, super hoc quod V. Armanni et P. Algoudi.. asserebant abbatem et conventum predict. acessasse quoddam tenementum in territorio quod dicitur li Merleira a ven[li] viro dom. Alberto de Cabeolo, sacrista Romanensi quondam bone memorie, in mandamento de Pisantiano, ipsosque abbatem et conventum dedisse dicto d° Alberto XL. libras Viennen. nomine investiture, ob quod factum abbas et conventus debebant dictis V. Armanni et P. Algoudi... XX. libras Viennen., cum ipsi sint bajuli castri de Pisanciano et tocius mandamenti, et bajulus seu bajuli dicti castri et tocius mandamenti terciam partem placitamentorum et investiturarum dict. castri et mandamenti jure bajulie habere debeant et percipere, quando alique possessiones in dict. castro et mandamento dantur ad censum annuum vel alienantur ; et ideo petebant dicti V. et P. a dict. abbate et conventu dict. XX. libras Vienn. sibi restitui sive reddi : que quidem abbas et conventus vera esse negabant, asserentes quod si costaret aliqua de predictis esse vera, quod ipsi tuti erant per bonas defensiones quod ab eisdem abbate et conventu occasione bajulie nil petere poterant aut debebant, cum dict. bajuliam V. Armanni et Petrus Berardi, pater dicte Philipe, bajuliam quam habebant in terris et pro terris territorii de la Merleira, qui tunc temporis erant bajuli de Pisanciano solvissent et quitassent abbati et conventui supradict., et eciam omne jus et actionem quod et quam habebant vel habere poterant occasione dicte bajulie et investiture contra abbatem et conventum. Tandem, post multas altercationes, mediantibus communibus amicis et expresse consencientibus, videl. dom. Lamberto domino Cabeoli et Pisanciani et dom. Franconne de Castro Novo, cabiscolo Valentino, et fratre Barnardo Flaviol, cellarario Lioncelli, dicta questio sopita est in hunc modum : Ego Villelmus Armanni et ego Petrus Algoudi et ego Philipa, uxor ejusdem P. Algoudi,.. scientes, prudentes et spontanei quitamus et solvimus vobis fratri Dulcio abbati Lioncelli... omne jus et omnem actionem quod et quam habemus, habebamus vel habere poteramus usque in hodiernum diem pro nobis nostrisque successoribus contra vos vestrumque conventum in et pro terris de la Merleira, in mandamento de Pisanciano, occasione bajulie nostre de Pisanciano seu... placitamentorum et investiturarum nobis debitorum et debitarum pro aliquibus acessationibus et emptionibus per vos factis.. in dicto territorio... pactumque eciam facimus... de non petendo.., renunciantes.. ; confitentes in veritate et recognoscentes nos dicti V., P. et P., quod dicti abbas et conventus pro quitatione et remissione predicta dederunt nobis et solverunt integre sex libras Viennen. et de eisdem satisfecerunt nobis plenarie in bona pecunia numerata, renunciantes... Acta fuerunt hec apud Pisancianum ante novam ecclesiam, anno Domini M°.CC°.LX°. quinto, die lune ante nativitatem beati Johannis Baptiste, present. testibus et ad hoc vocatis specialiter et rogatis : Lantelmo Atoerii milite, fratre Jacobo Jordani priore Lioncelli, Gueniseto Mercerii, cive Valencie, Bontoso Chabreta et Petro Coudurer, clericis ecclesie Romanensis, et pluribus aliis fide dignis. In cujus rei testimonium et perpetuam firmitatem, Nos dicti V. Armanni et P. Algoudi et Phillpa sigillis predicti dom. Lamberti et dom. Franconis jussimus et fecimus present. litteras communiri.

(*) Original parch. de 35 lig., coté **Domumque 310** (*Inv. A*) et CCCI (*Inv. B*) ; traces de 2 sceaux sur cordons blancs. Copie dans le cah. CCCXCI.

CCXXII.   *17 juillet 1265.*

DE GALVAYN, DE PASCUIS DE RUPPE*.

NOVERINT universi present. litteras inspecturi quod, anno Domini M°.CC°.LXV°, xvj. kalendas augusti, Galvaings dominus de Rupe Galvaing, domicellus, Diensis diocesis,... mera et spontanea voluntate, considerata etiam utilitate sua et commodo evidenti, jure proprio pro se heredibusque suis et successoribus dedit seu donavit, tradidit, cessit et concessit ven^{li} patri dom° Dulcio abbati domus Liuncelli, recipienti nomine totius conventus.., omnia pasqueiragia que tam dom. Willelmus de Rupe Galvaing, quondam pater suus, quam ipse habebant vel habere poterant vel debebant in territorio de Rupe Galvaing, cum omnibus juribus, appenditiis et pertinentiis ad dicta pasqueiragia... spectantibus.. : donavit, inquam,.. predict. Galvaings dicto d° abbati... sub annuo censu unius casei xx. denariorum sibi dicto Galvaing et suis post ipsum annis singulis in perpetuum persolvendi et sub investitura xx. solid. Viennen., de quibus recognovit idem Galvaings sibi fuisse a dicto d° abbate plenarie satisfactum.., renuncians... et se devestiens.., etiam de evictione promisit, donando etiam.. quicquid.. plus valent.., cedendo etiam.. omnia jura et omnes actiones.., ita quod predicta domus Liuncelli predict. pascuis possit uti et frui et intromittere tam bestias suas quam alienas quascumque., causa pascendi herbas et pasqueiragia supradicta quandocumque... videbitur expedire seu placuerit faciendum..: hoc salvo quod dict. Galvaings potest bestias suas et quas aliquis tenebit ab eo a meis creis intromittere in pasqueiragiis supradict., dum ipse steterit in dicto loco et etiam homines sui poterunt ponere ibidem bestias suas proprias, non alienas, causa pascendi, dum tamen in dicto loco fecerint mansionem. Promisit etiam... per sollempnem stipulationem et tactis SS. Evangeliis.. ut si aliquis, quod absit, super predict. pasqueiragiis.. inquietaret, quod ipse se opponeret et ad justiciam responderet.., renuncians.. Actum in claustro Castri Duplicis, presentibus testibus dom. Petro Boilluis, priore Castri Duplicis, dom. Jacobo priore Liuncelli, fratre Johanne de Dia janitore, fratre Duranto de Monestrol, fratribus dicte domus, Willelmo Berengarii, Falcone Sparverii, Petro Raynaldi et pluribus aliis. In cujus rei testimonium et firmitatem sigillum predicti prioris de Castro Duplici, ad preces predicti Galvaing, una cum sigillo ejusdem presentibus est appensum.

(* Original parch. de 47 lig. 1/2, coté **Secundum 645** (*Inv. A*) et CXLV (*Inv. B*); traces de 2 sceaux sur cordons blancs à double queue.

CCXXIII. *17 juillet 1265.*

DE BERNARDO MERLE ET OIDELINE SORORIS SUE*.

NOVERINT universi pres. litteras inspecturi quod, cum inter Bernardum dictum Merle de Pisanciano et Oidelinam sororem suam, uxorem Umberti Guichardi de Pisanciano, ex una parte, et fratrem Bernardum Flaivol, cellerarium domus Lioncelli, defensorem auctoritate et mandato dom. Dulcii, abbatis dicte domus Lioncelli, grangiam de la Merleira spectantem ad ipsam abbatiam, ex altera, contra quam abbatiam predicti frater et soror suas dirigebant actiones, ex eo videl. quod dicebant quasdam terras, sitas prope dict. grangiam de la Merleira, a Johanne Merle avo eorum donatas fuisse predicte domui Lioncelli et grangie de la Merleira, adjecta tali conditione ut predicte domus et grangia predicto Joh. Merle et heredibus suis utriusque sexus alimenta et cetera necessaria prestare in perpetuum tenerentur, predicto fratre Bernardo... plurima in contrarium asserente et dicente sepedict. abbatiam et grangiam ad prestationem alimentorum et necessariorum predict. eis non teneri occasione terrarum supradict., ex eo quod predicti Joh., Ber. et Oid., et etiam alii eorum fratres, videl. Willelmus, Petrus et Johannes, certiorati... predicto juri suo... renunciaverant et illud gerpiverant et solverant... et pactum de non petendo quicquam ulterius... fecerant, et quod dicta Oid. habuit et recepit...

a predict. abbatia et grangia decem libras Viennen. ut uberius dotaretur : prout constabat per quodd. instrumentum sigillatum sigillis ven⁰ˢ patris dom¹. J. archiepiscopi Viennen. et capituli Romanen. et dom. Arberti de Chabeolo, quondam decani ecclesie Valentin. ¹ Tandem, post multas altercationes habitas hinc et inde, dicte partes... unanimiter et concorditer alte et basse et totaliter, juramento... corporaliter prestito, de omnibus querimoniis, questionibus seu rancuris... supposuerunt se ordinationi, diffinitioni et omnimode voluntati magistri Petri Ripaudi de Romanis ; qui, auditis et intellectis..., de consensu partium omnes querimonias... sedavit et sopivit in hunc modum : voluit igitur et precepit... quod sepedicti Ber. Merles et Oid. omne jus omnemque actionem... predict. abbati et cellerario et successoribus eorumdem solverent, cederent, gerpirent.., pactum de non ulterius petendo facerent ; item voluit et precepit fratri Bernardo, ut pro bono pacis Bernardo Merle daret.. et solveret quatuor libras et decem solid. Viennen., et sorori sue et Umberto viro ejus triginta sol. Vien... Quam pacem seu compositionem partes approbantes et emologantes, receptis prius predict. peccunie summis, promiserunt, tactis sacrosanctis Evangeliis,.. servare ; renunciantes omni juri... cujuslibet patrie, civitatis aut ville atque castri... Actum in curia Romanensi, anno Domini Mº.CCº.LXVº, xvi. kalendas augusti, present. et ad hoc vocatis testibus : Chaberto de Alexiano, Johanne de Alexiano et Rencone de Lausonia, clericis Romanen., et Jarentone de Bello Monte domicello et pluribus aliis fidedignis. In cujus rei testimonium et firmitatem sigillum capituli Romanen., in quo scriptum est SIGILLVM SANCTI BARNARDI, una cum sigillo nobilis viri dom. Lamberti de Chabeolo, ad preces partium presentibus est appensum.

(*) Original parch. de 52 lig. 1/3, coté **De novo 330** (*Inv. A*) et CCCCVI (*Inv. B*) ; au dos : *De Alemenco* ; fragm. du 1ᵉʳ sceau (St-Barnard, voir ch. CXLVI, n. *), trace du 2ᵉ. — (1) Voir la ch. CLXXII, p. 178.

CCXXIV. *11 novembre 1265.*

(COMPROMISSUM PRIORIS CHAAFALDI ET ABBATIS LIUNCELLI)*.

Notum sit omnibus... [quod questiones seu controversie vertebantur] inter nos Petrum de Sancto Desiderio, priorem Chaafaudi [... et nos] fratrem Dulcium abbatem Lioncelli.., [super possessionibus] et territoriis, mandamentis, pascuis et limitationibus mandament[orum nostrorum (?) et super diversis aliis] questionibus et

rancuris dampnisque et injuriis intor nos datis et illatis [.. : quas pos-
ses]siones et territoria, mandamenta, pascua et res ceteras dicebamus
hinc inde [... nos te]nere et... possidere et quasi. Tandem de pred[ic-
tis... usque in] hodiernum diem... nos dict. prior C[haafaudi.., de]
consensu rev^di patris nostri in Xpisto dom. Arberti, Dei gratia abbatis
C[ase Dei,.. et nos dict. frater Dulcius].., de expresso consensu conventus nostr[i et etiam rev^di patris] nostri Danielis, Dei gratia abbatis
domus Bonarum Vallium, Viennensis dyocesis, Cysterciensis ordinis,
[compromittimus, videl. in magistrum] Guidonem Bondinalis, canonicum ecclesie Sancti Petri de Burgo Valencie.\, dicto mag. Guidoni
stipul[anti.., sub pena quinquaginta] librarum Viennen.; et etiam
nos... promittimus... quod[.. nos].. stabimus et parebimus laudo,
dicto et arbitrio..; item actum est inter nos et conductum in pactum
quod, oblatis et auditis questionibus et rancuris nostris,.. mag. Guido
possit... facere incontinenti litem contestari..; item actum [est quod nos
prior] faciemus apponi una cum sigillo nostro presenti carte sigillum
ven. patris dom. Ar[berti abbatis Case Dei, et nos frater] Dulcius
sigillum ven. patris dom. Danielis abbatis Bonarum Vallium, una cum
sig[illo conventus nostri, quia] unicum habemus, ad evidentiam et
perpetuam firmitatem omnium premissorum obtinendam; [renun-
ciamus...] et... p[romittimus...] Actum fuit hoc in grang[ia........
.... dicte domus] Lioncelli, in festo beati Martini hyemalis, anno
Domini M°.CC°.LX°. quinto.

(*Au replis*) Nec deficit quod ven^tes patres abbates, ratahabentes
omnia supradicta, apposuerunt sigilla sua in testim[onium... ;] volentes omnes quod sigillo arbitri solo super sua prolatione credatur et
quod renuncie[nt omni auxilio et beneficio] legis per que possent
nunc vel in futurum contravenire.

(*) Original parch., coté **Gu. 356** (*Inv. A*) et DLII (*Inv. B*), de 44 lig.
dont la partie droite est rongée ; traces de sceaux sur lemnisques.

CCXXV. 8 (?) *février 1266*.

CARTA ODONIS DE ALAIANO, DE TERRITORIO VULPE*.

Notum sit omnibus tam present. quam fut. quod, cum inter Odonem
de Alexiano domicellum, filium et heredem quondam Poncii de
Castro Novo militis, nomine suo ex una parte, et venerabilem patrem
fratrem Dulcium abbatem Lioncelli, nomine suo et domus sue Lione.
ex altera, questiones verterentur super eo quod idem Odo petebat ab

ipso abbate... et a conventu ejusdem domus unam peciam terre sitam en Chaurenchas, que contiguatur ab una parte prato Ademari de Curcon et ab alia parte terre Guigonis Bernardi, item et aliam peciam terre sitam alas Ayas, juxta terram Boveti quondam canonici Romanen. et juxta terram Guillelmi de l'Oscha ; petebat etiam aliam peciam terre sitam alla Tapinera et unum nemus situm juxta ipsam petiam terre ; item et III. solidos et VIII. denarios censuales : in quibus omnibus possessionibus et juribus jus proprietatis se asserebat habere idem Odo ; in possessionibus autem infrascriptis asserebat se jus habere, ex eo videl. quod minus justo precio et non adhibita sollempnitate juris alienate fuerant a se vel ab antecessoribus suis seu distracte : primo in una pecia terre que contiguatur terre domus Lioncelli, quam tenet Lambertus Sextrus sutor sub annuo censu VI. denar., et terre Petri Pilosi, mediante rivo ; item et in una pecia terre, sita juxta pratum dom¹ P. de Arlia canonici Roman. et juxta terram monasterii del Comerz ; item et in una pecia terre sita en Baignols, juxta gadum et juxta terram Lantelmeti d'Auteu quondam, rivo medio ; item et in alia pecia terre sita al verne en Baignols, juxta terram domus Lioncelli que fuit quondam dom¹ Alberti de Cabeolo ; item et in una pecia terre sita in costis de Cacaylas, juxta nemus domus Lioncelli, quod fuit Poncii de Stabulo, et juxta terram dicte domus Lionc. ; item et in quadam alia pecia terre, sita juxta costas de Cacaillas et juxta terram Aymari de Curczon ; item et in una pecia terre sita allas Ayas, juxta terram dom. Boveti quondam canonici Roman. et juxta terram W¹ de Oschia ; item et in alia pecia terre, sita juxta nemus pontis Romanen. et terram domus Lioncelli ; item et in una pecia terre, sita juxta viam de Chatuysanjas et terram domus Lionc. que fuit quondam domus Templi ; item et in alia pecia terre sita allas Ayas, de qua tenet partem unam Lantelmus Fioleta sub annuo censu III. solid., que contiguatur terre Sancti Barnardi Roman. et terre W¹ de Oscha ; item et in decem sextariatis terre sitis en Pinchalias, que contiguantur terris domus Lioncelli que fuerunt Ay. de Curcon ; item et in una pecia terre, sita juxta montem de Charleu et contiguatur terre dom. Lamberti de Cabeolo, que fuit quondam Lamberti Eudrin ; item et in una pecia terre, sita el Sablo juxta terram domus Lioncelli et terram S¹ Barnardi Romanen. ; item et in una pecia terre sita a Vinsia, juxta terram domus Lioncelli et terram Beate Marie Romanen.; item et in una pecia terre, sita prope ecclesiam de Chatusanjas juxta terram Ay. de Curcon et terram Beate Marie de Romanis ; item et in una pecia terre, sita juxta viam et ecclesiam de Chatusanjas et terram dom. Boveti canonici Romanen. quondam, quam terram tenet uxor Thome a domo Lioncelli; item et in nemore de monte Petroso et una sextariata terre que contiguatur terre Ay. de Curcon, et in omnibus terris que sunt inferius usque ad terram dom. Boveti quondam; item et una pecia terre al Evrardera et quodam nemore; dicebat insuper idem Odo cartas sive instrumenta que et quas dicta domus habebat de aquisitis quoquomodo, sive titulo legati, elemosine, donacionis vel empcionis, de bonis ipsius Odonis et hospicii patris sui non valere, ex eo quod sine ejus assensu et in ejus prejudicium facte erant. Tandem, post multas altercaciones habitas hinc et inde, ambe partes alte et basse et totaliter juramento interposito, compromiserunt per se, heredes suos et successores in fratrem Barnardum, cellerarium dicte domus Lioncelli, (et) W(illelmu)m Collaer de Alexiano, tanquam in arbitros arbitratores seu amicabiles compositores; qui, auditis querimoniis et responsionibus parcium, voluerunt et preceperunt ut dict. Odo omne jus et accionem quod et quam habebat in dict. terris et censibus vel habere poterat, et in terris et juribus contentis in cartis quas dicti fratres habebant de aquisitis quondam de bonis hospicii ejus, sive per eum sive per antecessores ejus distracte fuissent, ipsi abbati et ejus successoribus et domui Lioncelli libere, absolute et quiete imperpetuum remanerent, et omnes carte et instrumenta, sive sint cum sigillis sive sine, quecumque habebat ipsa domus Lione... imperpetuum haberent roboris firmitatem, et specialiter quedam carta, sigillata sigillis capituli Roman. et Alberti sacriste, que sic incipit : « Noverint universi » etc. et finit : « munimine roborata »[1]; item et quedam alia carta sigillata sigillo Odonis de Alexiano, que incipit : « Noverint » etc. et finit : « et P. del Revest »[2]; item et quedam alia carta, sigillata sigillo Odonis de Alexiano, que incipit : « Noverint » etc. et finit : « munimine roboravit » etc.[3]; item et quedam alia carta, sigillata sigillo Odonis de Alexiano, que incipit : « Noverint » et finit : « pluribus aliis »[4]; ita quod... infra terminos constitutos, videl. sicut ducit via de Barbera et tendit per Charleu versus Romanum, item et sicut ducit via Royanesa a via supradicta de Romanis et tendit usque ad rivum de Barneu, et sicut ducit via de Alexiano per grangias Vulpe et tendit ad castrum d'Auteu, infra hos terminos dict. Odo nec heredes seu successores sui aliquid petant decetero, excepta una pecia terre et uno nemore ipsi terre contiguo, que sunt juxta viam publicam de Charpey, quam... sibi retinuit dict. Odo et.. ad mandatum arbitrorum omnes possessiones contentas in cartis... et jura contenta in hac carta... eis... reliquit et donavit ad ha-

bendum, tenendum, possidendum et quasi et quicquid... placuerit
faciendum. Iscrco (Idcirco) predicti arbitri voluerunt et preceperunt
dicto abbati, ut... eidem Odoni daret et solveret sex libras Viennen.
pro bono pacis, item et XL. solid. Vien. Raynaude uxori ipsius Odonis
et filio ejus Huydel, ut omnia supradicta laudarent et juramento interposito confirmarent. Que omnia et singula predicti Odo, Ray.
uxor sua et ejus filius... servare et attendere per se et heredes suos
promiserunt, confitentes de predict. VIII^{to} libris sibi fuisse plenarie satisfactum, renunciantes exceptioni pecunie non habite et non numerate... speique futuro habicionis et numeracionis, doli mali errorisque
causa et in factum accioni, condicioni sine causa, beneficio restitu-
cionis in integrum, peticioni et oblacioni libelli, privilegio fori, juri
ypothecarum et omnibus dotis privil., privilegio minoris etatis et juri
dicenti generalem renunciacionem non valere nisi precesserit specialis,
et omni juris canonici et civilis auxilio, privilegio et beneficio...
Actum in grangia Vulpe, VI° nonas (idus?) februarii, anno Domini
mill'o CC°.LX°.V°, presentibus testibus ad hoc vocatis et rogatis: Jacobo Jordani priore Lioncelli, Johanne de Dya janitore domus Lionc.,
Giraudo de Vaciuf, Guillelmo Macot converso, magistro P. Rispandi,
Guillelmoto Chalveti de Alexiano et pluribus aliis fide dignis. In quorum testimonium et firmitatem sigillum Sancti Barnardi Roman. quo
utitur Romanense capitulum, ad preces dict. partium, una cum sigillo dicti Odonis presentibus est appensum.

(*) Original parch. de 49 lig. 1/3, coté **Ram 229** (*Inv. A*) et CCC (*Inv. B*);
traces de 2 sceaux sur cordons blancs à double queue. Copie dans le cah.
CCCXCI.
(1) Voir la ch. CXLVI, p. 147-9. — (2) Voir la ch. CLXVIII, p. 174-5. —
(3) Voir la ch. CXLV, p. 146-7. — (4) Voir la ch. CLIX, p. 165-6.

CCXXVI. *20 mai 1266.*

PACIFICACIO FACTA INTER ABBATEM LEONCELLI ET GILIUM
DE MONTAYSONE, SUPER PASCUIS DE AMBEL*.

Noverint universi presentes litteras inspecturi, quod anno Dominice Incarnationis, M°.CC°.LXVI°, feria V^a post Pentecosten, cum
controversia seu materia questionis orta esset inter venerabilem virum fratrem Dulcium abbatem Lyoncelli, nomine suo et conventus
sui, ex una parte, et Gilium de Montaysone et Petrum Gilberti et Petrum Votor de Pontasio, ex altera, super eo quod predicti abbas et
conventus conquerebantur graviter de predict. Petris et Gilio, eo quod

peccora sua et aliena auctoritate propria, ipsis abbate et conventu minime requisitis, introduxerant in pascuis suis de Ambello indebite et injuste, et in non modicum dampnum et prejudicium et lesionem dicte domus, prout predicti Petri et Gilius confessi fuerunt ad requisitionem dicti abbatis et eo presente et petente. Tandem, pro bono pacis, ad instanciam amicorum predict. Petrorum et Gilii, ne vexarentur laboribus et expensis, cum predicti abbas et conventus in judicio parati essent prosequi jura sua, juramento interposito ab ipsis P. et G., promiserunt, sollempni stipulatione etiam interposita, sepedicto abbati.... emendam facere ad mandatum sive dictum venerabilis et discreti ac religiosi viri fratris Lautoardi, prioris Vallis Sancte Marie, Cartusiensis ordinis, qui per confessionem eorum inveniens in predict. pascuis de Ambello, que spectant ad dict. domum Lioncelli, animalia sua et aliena causa pascendi aliquociens indebite induxisse, et alia plura dampna et gravia eis et suis pastoribus in dict. pascuis enormiter intulisse, voluit idem prior, pro bono pacis et ut emenda... fieret de dampnis et injuriis datis per predict. Petros et Gilio, et precepit...quod predicto abbati et conventui darent et solverent decem libras bonorum et legalium Viennensium, solvendas ad voluntatem et requisitionem abbatis et conventus inmediate et sine dilatione... Quam pacem sive factionem emende sepedicti Petri et Gilius gratanter quamplurimum acceptantes..., sepedicto abbati... nomine emende et satisfationis promiserunt dare et solvere dict. decem libras quando primum... fuerint requisiti; promiserunt etiam... in dict. pascuis decetero animalia modo supradicto sine licencia predict. abbatis et conventus non introducere nec dampna aliqua per se vel alios ibi dare, sed omnia et singula supradicta firma et illibata per se et suos inperpetuum tenere et servare. Acta sunt hec aput cellarium Sancti Juliani domus Lyoncelli, extra portam juxta vineam, anno et die supradict., testibus present. et ad hoc specialiter vocatis et rogatis, domᵒ Pon. de Veirechayne, priore de Veronna, Martino Ric, canonicis Sancte Crucis, Nicholao cappellano Sancti Juliani, Johanne Chabaz bajulo et Milone filio ejus, Giraldo de Orto clerico, fratre Giraldo de Vacivo, Hugone Frehel, monachis Lyoncelli, fratre Guillelmo, converso Vallis Sancte Marie, fratre Villelmo magistro cellarii, converso Lioncelli, Poncio Veel, Petro et Giraldo, servientibus dicti abbatis, Jacobo mercennario Lioncelli et Lamberto Mainna. In quorum omnium predict. testimonium et firmitatem sigilla ddom. prioris Vallis Sancte Marie et. .prioris de Veronna et Nicholay cappellani Sancti Juliani et Gilii de Montaysone predict. presentibus sunt appensa.

(*) Original parch. de 30 lig. 1/3, coté **L 92** (*Inv. A*) et **XXX** (*Inv. B*); traces de 4 sceaux, 3 sur lanières de cuir et 1 sur corde à double queue.

CCXXVII.   *30 juin 1266.*

(Littera Gilii de Montaisone, de concessione pascuorum)*.

Ego Gilius de Montaiso, castellanus dom. A(demari) de Pictavia, comitis Valentini, castrorum videl. de Quinto et de Pontasio, notum facio universis presentes litteras inspecturis, quod Ego a venerabili patre Dulcio, abbate Liuncelli, postulavi et petii michi concedi et permiti ab eo ex mera gracia, quam super hoc multam michi faceret, quod possem introducere vel introduci facere in pascuis de Ambello, ad domum suam spectantibus, quamdam summam averis lanuti ad pascendum. Insuper sciens et prudens confessus fui predicto abbati et coram eodem recognovi cum hac carta, ad precum mearum instanciam confecta, quod non poteram nec debebam racione dicte castellanie de Quinto et de Pontasio neque alio aliquo jure vel racione alia vel consuetudine sive aliquo usatico dicta animalia vel alia aliqua in dict. pascuis ad pascendum ibidem vel morandum per me vel per aliam personam interpositam introducere, nisi de dicti abbatis concessione vel permissione, ab eodem prius postulata specialiter et concessa. Datum apud Linncellum, in crastinum beatorum apostolorum Petri et Pauli, anno Domini M°.CC°.LXVI°. In cujus rei testimonium presentem cartam sigillo meo munitam predicto dom. abbati tradidi, ad predicta omnia confirmanda.

(*) Original parch. de 12 lig., coté **Singulos 425** (*Inv. A*) et **XXXI** (*Inv. B*); trace de sceau sur lemnisque du parch.

CCXXVIII.   *28 octobre 1266.*

Carta de censu Lamberti de Marjai, de Lantelmo Jordani*.

Noverint universi pres. litteras inspecturi, quod anno Domini M°.CC°. sexagesimo sexto, v° kalendas novembris, dom. Lambertus de Marjais miles et dom° Chaberta uxor sua, pro se, et Franciscus et Audebertus et Umbertus fratres, filii et heredes Helye, matris eorumdem quondam et sororis dicte dom° Chaberto, pro se, pro sua communi utilitate et commodo evidenti et pro negotiis suis utiliter expediendis et promovendis, pro suo proprio alodio... vendiderunt, tradiderunt et titulo perfecte et irrevocabilis venditionis... in perpetuum habere concesserunt fratri Jacobo Jordani, priori domus Liuncelli.., ad opus predicte domus, quatuor sextaria et eminam frumenti et octo solidos censuales, quem censum predicta dom^a Chaberta et Helya soror sua... habebant communem pro indiviso; quem censum domus Partis Dei faciebat dom^e Chaberte et fratribus supradict. de quadam petia terre quam domus Partis Dei habet prope molendinum suum, et adheret a parte orientis rivo qui tendit versus Cherleu, et de quadam alia petia terre cum nemore quodam, que dicta domus habet juxta pratum del Pinet et juxta terram del Planter, et de aliis terris cultis vel incultis si que sunt, pro quibus dicti venditores predict. censum perciperent a predicta domo Partis Dei... Fuit autem pretium hujus venditionis viginti et sex libre Viennen., de quo.. venditores.. recognoverunt sibi fuisse plenarie satisfactum..., renunciantes... Actum Romanis, in domo dom. Guillelmi de Lausonia, canonici Romanen., presentibus et ad hoc vocatis testibus : ipso dom^o Guillelmo, magistro Petro Rispaudi, clerico Roman., dom. Petro Chanavatz milite, fratre Johanne de Dia, fratre Bernardo de Montilisio, fratre Bernardo Flaivol, fratre Johanne lo Frances et Ademaro notario publico. Et de predicto censu se devestierunt, scil. dom. Lam. nomine uxoris sue et predicti tres fratres nomine suo et fratrum suorum, et predict. priorem nomine.. dicte domus... investierunt. — Post hec autem, anno et die supradict., predicta dom^a Chaberta, de voluntate et expresso consensu predicti dom. Lamberti mariti..., de predicto censu se devestiens, predict. priorem totaliter investivit. Actum apud Sanctum Donatum, in domo predicti dom. Lamberti, present. et ad hoc vocat. testibus : dom. Falcone Bernardi, canonico Sancti Donati, Lantelmo de Marjais et dicto Francisco, domicellis, et dicto Ademaro notario. In cujus rei testimonium et firmitatem sigillum capituli ecclesie Romanensis, ad preces partium, una cum sigillis dom. Lamberti et Francisci pred. presentibus est appensum.

(*) Original parch. de 64 lig., coté **R.R. 223** (*Inv. A*) et CCCII (*Inv. B*); au dos : *De III^{or} sext. et em. frumenti et VIII solid. cens. emptis ab eisdem.* Trois sceaux en cire jaune, sur cordons blancs à double queue ; le 1er est ovale (52 mill.) : prélat assis revêtu des ornements épiscopaux, tenant sa crosse de la gauche, bénissant de la droite ; légende : ✠ **SIGILLVM CAPITVLI ROMANENSIS** ; les 2 autres, très-frustes, ont la forme d'un écu en pointe (3 cent.), avec un lion dans le champ, légendes indistinctes bien que faciles à restituer.

CCXXIX. *Février 1267.*

(CARTA DE EMPHYTEOSI STEPHANI RICHARDI DE BURGO)*.

Noverint universi et singuli present. litteras inspecturi, quod Ego Stephanus Richardi, habitator burgi Valentie, sciens, prudens et spontaneus dono, cedo et concedo in perpetuam emphytheosim, sub annuo censu trium solidor. Viennensis seu Valentin. vel equivalentis monete, vobis dom. Dulcio abbati Lyoncelli et domus del Coognier, nemus quod habeo in loco qui dicitur al Coign et terram quam habeo ad campum Sancti Symondi; et dict. nemus contiguatur nemoribus del Coognier, et dicta terra campi Sancti Symondi contiguatur ab una parte terre de Cornerea et ex altera parte terre Petri de Sancto Bartholomeo et aliis partibus bosco del Coognier : in quibus, scil. nemore et terra, nullus omnino aliquid dominii sive juris habet, percipit vel percipere consuevit preter me solum et meos, qui in eisdem plenum dominium et proprietatem habeo et habuimus Ego et mei a tempore quo non extat memoria. Que, inquam, omnia libera ab omni servitute et servitio seu dominio alterius, dono, cedo et concedo vobis... in perpetuam emphitheosym... cum... pascuis, venationibus et aliis juribus.., nichil omnino.. retinendo, preter tres solid. mihi et meis ad Natale Domini annuatim solvendos; dans et concedens vobis... plenariam potestatem apprehendendi..; et promitto vobis.. de eviclione..; investio etiam vos... et pro investitura confiteor et recognosco me a vobis habuisse et recepisse duodecim libras Viennen., renuncians... Hanc autem donationem, cessionem et concessionem... nos Stephanetus, Johannetus, Hugonetus et Garnerius, filii dicti Steph. Richardi, de voluntate et mandato suo, laudamus, approbamus et ratam habemus, promittentes bona fide, prestantes etiam juramentum... Actum anno Incarnationis Domini M°.CC°.LX°.VI°, mense februario, presentibus testibus Willelmo Collaer de Alexiano, Johanne Ysarni, Hugone Richardi clerico, Guillelmo Apollinari diacono, Chatberto de Alexiano clerico, fratre Andrea, fratre Laurentio, fratre Duranto de Monistrol, fratre Johanne Bonetti domus Lyoncelli, Amalrico, Bartholomeo de Saone et pluribus aliis fide dignis. In quorum omnium testimonium et firmitatem.., ego prefatus Stephanus Richardi present. cartam sigillo meo proprio sigillavi; et ad majorem confirmationem omnium premissorum, ad preces et ad instanciam meam, Andreas Jordani et Garnerius de Dujone, cives Valentie, sigilla sua apposuerunt huic carte.

(*) Original parch. de 40 lig., très-endommagé à gauche, coté **Go. 553** (*Inv. A*) et CCCCLII (*Inv. B*). Fragm. du 1ᵉʳ sceau, sur cordon à double queue ; le 2ᵉ est rond (3 cent.), tête de femme casquée (Minerve?), légende : † **S:ANDREE : IORDANI** ; le 3ᵉ également rond (25 mill.), tête couronnée, légende : † **S : GARNIER DE DVIONE**.

CCXXX.   4 mai 1267.

CARTA PONCII DE RUPPE, DE CARCAILLES*.

NOVERINT universi present. litteras inspecturi, quod anno Domini M°.CC°. sexagesimo septimo, iiij° nonas maii, Nos Pontius de Rupe, domicellus de Alexiano, et Aymara uxor ejus.., considerata utilitate nostra et commodo evidenti, damus, tradimus et concedimus vobis fratri Bernardo Flaviol, monacho domus Liuncelli, recipienti... ad opus dicte domus, quandam petiam terre quam habemus sitam versus costas de Carcaillas a parte orientis, inter terram Liuncelli et terram Guillelmi de Olchia a parte occidentis, cum omnibus juribus..; damus, inquam.., dict. petiam terre cum pertinentiis ejusdem, sub annuo censu sex denar. censualium nobis et nostris post nos annis singulis solvendorum, et sub investitura quatuor librar. et decem solid. Viennensium, de quibus recognoscimus nobis esse plenarie satisfactum, renunciantes..; et nos devestientes.., vos investimus, donando quicquid... plus valet... Promittimus.., tactis sacrosanctis Evangeliis.., ut si aliquis, quod absit.., inquietaret.., nos opponemus.., et defendere ab omni homine, collegio et persona... Actum apud Coczau, in cimiterio, presentibus testibus : dom. Petro de Breisseu, priore de Coczau, fratre Anthonio, monacho Liuncelli, Ademaro Guidonis, Petro Blanc, fratre Guillelmo Massoti, converso Liuncelli, Guillelmo de Morasio et Johanne Chalveti. Item ego predicta Aymara, certiorata de jure meo ypothecario, renuncio specialiter juri ypothecario et senatus consultus Velleiani et omni privilegio mulierum et legi de fundo dotali... Actum... In cujus rei testimonium et firmitatem, Ego predict. Pontius de Rupe sigillum meum duxi presentibus apponendum.

(*) Original parch. de 42 lig. 1/3, coté **NN 210** (*Inv. A*) et CCCIII (*Inv. B*); trace de sceau sur cordon ; au dos : *Carta grangie Vulpe, de quadam pecia terre habite de (domicello) de Alexano, site en Carcalas.* Copie dans le cah. CCCXCI.

CCXXXI.
31 mai 1268.

Carta domⁱ Alamanni de Condriaco, pro censu de Lentio*.

Ego Alamannus de Condriaco, miles, notum fieri volo universis presentes litteras inspecturis quod, completa venditione factaque traditione grangie de Lentio, cum juribus et pertinenciis universis et singulis ipsius grangie, exceptis x. decem *(sic)* solidis Viennen. annuis quos percipit domus Liuncelli in domo quondam Willelmo Audraa sita in burgo de Moras, que dicta grangia sita est in parochia de Serra, Viennensis diocesis, mihi prefato Alamanno militi, recipienti et stipulanti, a ven^{li} patre dom. Petro abbate dicte domus Liuncelli, voluntate et expresso consensu conventus sui, atque soluto in integrum a me predicto milite precio dicte grangie prefato dom. abbati, scil. quadringentis et septuaginta quinque libris Viennen., quod Ego predict. Alamannus miles, predictorum emptor, pro animabus parentum meorum dono et concedo in perpetuum dicte domui Liuncelli decem solidos Viennen. annuos, nomine helemosine et pro helemosina, solvendos a me emptore et meis successoribus, dicte grangie tenementariis, dicte domui in festo Omnium Sanctorum annuatim : hoc expresse acto quod in dict. rebus venditis, occasione x. sol. annuorum, nullum dominium, nullum usagium, vel mutagium, vendas vel recognitionem vel aliquid aliud, preter dictos x. sol. annuos, dicta domus habeat vel sibi valeat vendicare. Concedo etiam Ego dict. emptor, pro animabus parentum meorum, dicte domui Liuncelli in perpetuum quod, cum abbatem ejusdem domus vel alium sive alios loco ejus ad monasterium Bone Vallis, vel ad alia loca remotiora vel propinquiora accedere vel inde redire contigerit, abbas Liuncelli vel alius sive alii loco ejus in dicta grangia cum tribus vel quatuor equitaturis ter vel quater in anno cum expensis meis vel successorum meorum valeant hospitari ; et propter hoc etiam domus Liuncelli aliquod dominium vel usagium aliud in dicta grangia et ejus pertinentiis non habebit. Promitto etiam ego Alamannus miles, pro me et successoribus meis, dicto abbati Liuncelli, nomine domus sue stipulanti, ipsam domum cum rebus et personis ipsius ubique pro viribus defensare. Acta sunt hec apud Moras, in domo Marnanti, die jovis post sanctum Penthecosten, anno Domini M°.CC°.LXVIII°. Ad majorem autem omnium predict. firmitatem et memoriam in posterum optinendum, Ego predict. Alamannus de Condriaco miles present. cartam sigilli mei munimine roboravi.

(*) Original parch. de 13 lig., coté **In 693** (*Inv. A*); trace de sceau sur cordon vert à double queue; au dos: *Carta de decem solidis apud Morasium et decem solidis apud Lentum quos percipit monasterium Lioncelli.*

CCXXXII.   *18 juin 1269.*

(Carta) domini Arnaudi Geelini, (de Chalmata)*.

Ne labuntur processu temporis que sunt facta sub tempore certo, litterarum memorie commendari lex precepit. Et iccirco nos Arnaldus Geelini miles, dominus de Rupe Chinart, notum facimus universis present. et fut. quod, cum Ademaro abbati Liuncelli et domui ejusdem loci cavillosam moveremus questionem, super eo quod dicebamus predict. abbatem nec conventum ejusdem loci habere jus edificandi in nemore de la Chalmata, in quo cellam unam construere inceperant pro casois ibidem faciendis, ipsis abbate et fratribus asserentibus posse ibi construere, cum proprietas ipsius soli spectaret ad eosdem, et super hiis inter nos ex una parte et fratres dict. ex altera esset diutius litigatum, nos predict. Arnaldus inquirentes et invenientes diligentius veritatem, comperimus per fidedignos ipsorum fratrum intentionem fundatam esse de jure; quare ab eorum impetitione cessavimus et cessamus, volentes per nos et nostros heredes seu successores vel bonorum detentatores, bajulos vel subditos nostros vel alias amministrationes nostras tenentes..., ut predicti fratres quibus, Deo et beate Marie ejus loci jus, si quod habebamus, cum hac carta insinuationis, donatione simplici et irrevocabili a nobis facta, eisdem inter vivos damus, cedimus.. et gerpimus.., et de eodem jure investimus eundem abbatem..., nos devestientes cum quodam baculo..., ita ut possint ibidem construere et edificium unum vel plura ibidem facere..; et promittimus.., juramento a nobis interposito, eidem Aimaro abbati... donacionem, cessionem.., et investituram... tenere inviolabiliter.., renunciantes... beneficio quod.. etiam militibus dari consuevit in recisione contractuum suorum... et litteris apostolicis vel ab alio principe seu judice impetratis..., et juri consuetudinario vel usuario cujuslibet patrie, civitatis, burgi vel ville vel municipii. Acta sunt hec apud la Mota del Fanjatz, in claustro, die martis ante nativitatem beati Johannis Baptiste, anno Domini M°.CC°.LX°. nono, coram testibus present. et vocatis : dom. Hugone Bois, priore dicti loci de la Mota del Fanjatz, Pontio Falavel, monaco et sacerdote, Amedeo capellano de Maimas, Jacobo de Revesto, monacho et sacerdote Liuncelli, Jacobo diacono de la Mota, Stephano Berger clerico, Lantelmo Rostan domicello, Johanne Falavel clerico, Lamberto de Rupe Chinart domicello, Aimaro Baudain clerico. In quorum omnium predict. firmitatem et memoriam in posterum optinendam, nos dict. Arnaldus Geelini present. cartam sigilli nostri munimine duximus roborandam.

(*) Original parch. de 30 l. 1/2, coté ∞ 109 (*Inv. A*) et XVIII (*Inv. B*); trace de sceau sur beau cordon de soie blanche à double queue. Copie.

CCXXIII°.   1270.

Donacio certorum censuum quos percipiebat (tam) super pratis Partis Dei quam alibi, designatis in instrumento donacionis per uxorem Bernardi d'Ai, anno Domini millesimo ducentesimo septuagesimo.

(*) Sommaire fourni par l'*Invent. A*, cote **De. 246** (f° 34).

CCXXXIV.   *29 octobre 1270.*

CARTA BERRARDI ET ARTAUDI CHANAVATZ ET WILLELMI GALARANDI, DE QUIBUSDAM TERRIS IN PARTE DEI.

Noverint universi present. litteras inspecturi, quod nos Berrardus et Artaudus Chanavatz fratres, et ego Willelmus Galarandi, pro salute et remedio animarum nostrarum et parentum nostrorum, damus, cedimus et titulo perfecte et irrevocabilis donationis tradimus dom. Aymaro abbati Liuncelli, recipienti nomine.. sui conventus, decimas quas habebamus et percipiebamus per vicesimam in terris infrascriptis, que site sunt apud Partem Dei et contiguantur nemori de Broissa ab occidente ejusdem nemoris, et in terris que contiguantur manso de Faveilla ab occidente, et ab austro et oriente contiguantur terris curie de Marchis; et de dict. decimis devestientes nos, dict. dom. abbatem... pro nobis et heredibus nostris in vacuam et corporalem possessionem inducimus; et confitemur et recognoscimus cum hac carta de mandato nostro confecta, nos habuisse et recepisse exinde a dom. abbate prefato in pecunia numerata de bonis Liuncelli LX° solidos Viennen. monete, unde exintegro habemus nos pro pacatis de dicte pecunie summa et quantitate, et de illa d. d. abbatem solvimus penitus et quitamus et dict. domum..; universa vero et sing... promittimus... attendere et observare.., renunciando expresse... Acta sunt hec apud Partem Dei, coram testibus present. et vocatis : fratre Jacobo de Revesto, fratre Hugone Freel supriore, fratre Pe. de Romanis cellerario, Bernardo de Divione, Berlione de Mothonaut, fratre Willelmo hospitali Partis Dei, fratre Pe. Savi, fratre Ricardo, fratre Willelmo Trivo, fratre Juvene magistro bovarie, monachis et conversis Liuncelli, et pluribus aliis fidedignis; anno Domini M°.CC°.LXX°, in crastinum beatorum apostolorum Symonis et Jude. Ad majorem autem omnium predict. firmitatem et memoriam in posterum optinendam, nos prefati Berrardus, Artaudus et Willelmus sigillorum nostrorum munimina presentibus duximus apponenda.

(*) Original parch. de 17 lig. 1/2, coté **Per 285** (*Inv. A*) et CCCIV (*Inv. B*) ; traces de 3 sceaux sur cordons.

CCXXXV*. 1274.

Appunctuamentum inhitum inter dom. abbatem Gerardum et Petrum Dallion de Romanis, de multis differenciis tangentibus debita et querimonia dicti Daillion, qui auctoritate sua in grangia Voulpe ceperat undecim boves et illos conducerat Romanis; quod appunctuamentum fuit in notam sumptum per Humbertum de Gebena, anno Domini mill'io ducent° septuagesimo quarto.

(*) Sommaire de l'*Invent. A*, cote **Clemencia 627** (f° 126).

CCXXXVI. (30 juin-5 juillet) 1275.

CARTA ARNAUDI GUIDELINI DONATIONIS MONTANI DE MUSON*.

Nos Arnaudus Guidelini miles, dominus de Rochachinart, notum facimus universis present. litteras inspecturis quod, cum bone memorie dom. Geelinus avus noster et filii ejus quondam scientes et spontanei, pro salute et remedio animarum suarum et parentum suorum, dederint in elemosinam Deo et domui beate Marie Liuncelli et fratribus ibi commorantibus in perpetuum totam montaniam de Muson, cum omnibus et sing. pascuis, usagiis, servitutibus et serviciis, nemoribus, terris, pratis, silvis et omn. aliis juribus et actionibus spectantibus ad eandem montaniam..., que durat seu protenditur per terminos infrascriptos, videl. per draiam illorum qui vocantur Agni et inde usque ad fontem de l'Elbascza, et a fonte illo protendendo per lo folleil del Pencheners usque ad folleil de Chaucza Borsa protendendo usque ad alios terminos seu limites a patriotis notos et etiam divulgatos; item cum predicti Geelinus avus noster et ejus filii dicte domui et fratribus concesserint pascua ad eorum animalia nutrienda infra terminos infrascriptos, videl. ab aqua que dicitur Lionna sicud defluit in aliam que dicitur Borna, et inde sicud illa aqua de Borna fluit in Isaram; ut breviter concludamus, omnem Musson et que infra predict. aquas habentur seu etiam continentur, exceptis tamen propriis cultoribus et habitatoribus ejusdem terre, et excepto transitu ovium fratrum Vallis Sancte Marie unius diei sive duorum tantummodo, cum ad hiemandum ierint aut inde redierint; item dederint dict. Geelinus avus noster et ejus filii atque concesserint dicte domui... inperpetuum pedagium et leidam et liberum transitum omnium rerum et animalium ipsius domus Liuncelli per totam terram tunc temporis avui nostri, quam terram nos jure hereditario possidemus et tenemus : nos scientes, prudentes atque spontanei, predecessorum nostrorum recta vestigia cupientes salubriter imitari, donationes et concessiones predict. a dicto avuo nostro et ejus filiis factas, Deo et domui supradicte ratificamus, approbamus, volumus et laudamus, confitentes et in veritate recognoscentes publice ac etiam tenore presentium universis fut. et present. intimantes, quod dicta domus Liuncelli et abbas atque conventus ejusdem in possessionem et quasi dicte montanie et... omnium jurium et actionum ad eandem pertinentium ac contentorum seu habitorum in eadem a tempore donationis et concessionis... sunt et fuerunt; et ad habundantioris cautele subsidium et sine spe postliminii cupientes eliminare a successoribus nostris et dicta domo totius dissensionis scrupulum, ipsam montaniam cum... censibus ac taschiis atque vilanagiis et omnia jura et omnes actiones... et pedagia et leidam et transitum, predicta Deo et beate Marie et dicte domui et ipsius abbati et conventui in perpetuum donamus, concedimus, cedimus et quittamus nomine nostro et heredum ac successorum nostrorum, in helemosinam veram et perpetuam, pro nostra et predecessorum nostrorum ac etiam successorum salute et remedio, prout ad utilitatem dicte domus et perpetuam firmitatem secundum jus et secundum Deum melius potest intelligi sive dici; promittimus igitur nos dict. Arnaldus, pro nobis ac nostris heredibus atque successoribus in perpetuum, per juramentum super sancta Dei Evangelia a nobis corporaliter prestitum, viro religioso dom. Girardo abbati dicte domus Liunc... sollempniter stipulanti, predict. donationem et helemosinam et omnia... firma tenere per nos et nostros et servare, et contra... de cetero non venire nec alicui contravenire volenti... prebere consilium vel assensum, immo etiam si quis super predictis... dict. domum vel fratres.. molestare seu inquietare presumeret, ipsam et ipsos deffendere, salvare et servare et manutenere..; renunciantes... omni privilegio quod de jure seu de consuetudine, tempore pacis aut discordie, militibus seu aliis nobilibus ratione nobilitatis seu milicie indulgetur, et omni juri tam canonico quam civili... In cujus rei testimonium et firmitatem in perpetuum obtinendam, Nos prefatus Arnaldus Guidelini miles sigilli nostri munimen presentibus dignum duximus apponendum. Facta sunt hec apud Rocha Chinart, in domo nostra, present. testibus et vocatis : Armanno d'Albon, priore Liuncelli, Giraudo de Vacivo, monacho et sacerdote, Johanne de Vacheriis, capellano ejusdem castri, Lantelmo Rostain, Petro Roman, Bezo clerico, Willelmo Gauter et pluribus aliis fide dignis ; infra octabas beatorum apostolorum Petri et Pauli, anno Domini millesimo ducentesimo septuagesimo quinto.

Et nos (Lantelmus) prior Vallis Sancte Marie, Cartusiensis ordinis, rogati ab ipso dom. Arnaldo ut sigillum nostrum apponeremus presentibus, in testimonium rei geste sigilli nostri munimen presentibus duximus apponendum.

(*) Original parch. de 56 lig., coté **X 21** (*Inv. A*) et CCVIII (*Inv. B*); au dos : *Lictera donacionis dom. Arnaudi Guielini domini Ruppis Chinardi de monte de Muson*; fragm. du 1er sceau, en cire blanche, sur cordon de même couleur : écu de Rochechinart, semé de fleurs de lis, à la bande losangée; trace du 2e. *Vidimus* du 29 octob. 1324 (*vid. ad. h. a.*), copies.

CCXXXVII. 5 *novembre 1275*.

APUNTUAMENTUM CUM PRIORE DE COSSAUDO*.

Nos magister Helyas de Salis, officialis Valentinus, notum facimus universis presentes litteras inspecturis, quod in nostra presencia constituti prior Sancti Martini de Cossau, ex una parte, et frater Martinus procurator domus Leoncelli, ex altera, proposuit dict. prior quod abbas et conventus Leoncelli injuriabantur ei et prioratui suo super quodam nemore quod wlgaliter dicitur Bluche Grossa, sito in mandamento Alexiani juxta grangiam Leoncelli que Wlpa wlgaliter appellatur, dicto procuratore in contrarium asserente. Tandem nos dict. officialis, post multas altercationes et littigia inter predictos habita, super hoc quod dict. prior dicebat dict. nemus esse de dominio prioratus de Cossau, et dict. procurator asscrebat dict. nemus esse cum pertinenciis suis de dominio domus Leoncelli, ac eciam jus et proprietatem dicti nemoris pertinere ad dict. domum Leoncelli; dict. querelas de consensu dict. parcium terminavimus in hunc modum, scil. quod ab hac die in antea abbas et conventus Leoncelli recognoscerent se tenere dict. nemus a prioratu de Cossau et quod prestarent singulis annis pro recognicione dominii dicti nemoris priori prioratus de Cossau, qui pro tempore esset, unam libram cere solvendam in festo beati Martini. Quam ordinacionem quelibet parcium approbavit, promittentes nobis, per sollempnem stipulacionem et per sacramentum ad sancta Dei Ewangelia prestitum et sub pena viginti librarum, quod dict. ordinacionem facerent laudari et approbari, scil. dict. prior a priore Sancti Felicis et conventu dicti prioris, et dict. procurator ab abbate et conventu Leoncelli, et inde facerent sigillari ita bonas cartas de predictis... sicut aliquis sapiens posset dictare..; et quia dict. prior asserebat dict. nemus sibi cecidisse in commissum, eo quod dicta domus Leoncelli emerat dict. nemus a quondam Chaberto de Alexiano sine ipsius licencia et dicti prioris S^{ti} Felicis et conventui sui, item ex eo quod census dicti nemoris per quinque amnum *(sic)* et plus dicto priori non fuerat solutus nec alicui pro ipso, ideo ordinavimus quod dict. procurator daret et solveret dicto priori... decem libras Viennen., quas.. dict. procurator solvit de mandato dicti prioris Hugoni Raynaudi, cui ipsas debebat prior de Cossau nomine prioratus sui; item ordinavimus quod si aliqua questio vel discordia esset inter abbatem Leoncelli... et dict. priorem de Cossau usque ad hodiernam diem... alia de causa, quod esset bona pax et concordia inter ipsos et quod de preteritis unus contra alium nullam posset movere questionem vel querelam. Universa autem predicta et sing. dicte partes approbaverunt et per juramentum attendere promiserunt, renunciantes omni juri per quod possent contra predicta venire. In quorum omnium testimonium, dict. prior de Cossau sigillum suum apposuit presentibus, et dict. procurator quam cito posset debuit facere apponi sigillum abbatis et conventus Leoncelli, et dict. prior de Cossau... sigillum conventus et prioris Sancti Felicis ; et rogaverunt nos ambe partes ut.. presentibus faceremus apponi sigillum curie Valentino. Datum anno Domini M°.CC°.LXX° quinto, die martis post festum Omnium Sanctorum.

(*) Il y a de cette ch. deux originaux parch. : l'un de 31 lig., coté **Thadee 587** (*Inv. A*) et CCCCLV (*Inv. B*), avec fragm. de sceau ovale sur lemnisque, champ indistinct, avec cette légende : † *S^t* **PRIORIS SCI FELICIS**; l'autre de 30 l., coté **Thadee 588** (*Inv. A*) et CCCCLIV (*Inv. B*), trace de sceau sur lemn.; au dos : *Grangie Vulpe*. Copie dans le cah. DXIX.

CCXXXVIII. 6 décembre 1276.

CARTA PREPOSITURE DE BURGO (VALENTIE),
DE PASCUIS ET DE CENSIBUS*.

(*) Original parch. de 26 lig., coté **Le. 508** (*Inv. A*) et CCCCLVII (*Inv. B*); traces du 1er sceau sur cordon blanc et fragm. du 2e (figure? avec ces lettres de la légende : **VALEN**; sur cordon bleu. Copie dans le cahier DXIX. — Nous avons donné le texte de cette ch. dans notre *Cartul. de St-Pierre du Bourg-lès-Val.* (ch. XLVII, p. 89-91); une dernière collation de l'orig. nous fournit quelques corrections : l. 20-1, *cons.*, *mediantibus* ; 23, *Hug(one)* ; 26, *exam. legitime, et* ; 60, *capit. Valentie* ; 64, *cedere*.

CCXXXIX*. 1278.

Donacio pascuorum in mandamento Ruppis Fortis per Berardum Ruppisfortis, datata de anno mill'io ducentesimo septuagesimo octavo.

(*) Analyse fournie par l'*Invent. A*, cote **Dominus 225** (f° 32).

CCXL. 2 (?) juin 1279.

CARTA DOM^I VILLELMI DE FLANDENIS, DE TASCHIIS*.

NOVERINT universi presentes litteras inspecturi quod, cum questio seu controversia verteretur inter religiosum virum dom. Giraudum abbatem monasterii Liuncelli, nomine suo et sue domus conventus, ex una parte, ac nobiles domicellos Petrum et Villelmum fratres, dictos de Flandenis, ex altera, super eo quod dicti fratres asserebant et asserere videbantur quod tam ipsi quam Lantelmus condam eorum pater habuerant et habebant jure hereditario proprietatem et justam possessionem in levando et percipiendo nomine suo et ad opus sui omnes taschias in exsartis quecumque et a quocq. fiebant inter terminos infrascriptos, a colle de Bio scil. usque ad cumbam que dicitur Guigonis et a dicto colle usque ad rupem que est super collem del l'Oschet, et sicut ducit tenementum quod habet et tenet Brus Peschyos a domo Liuncelli usque in Lionnam ; prefatus vero abbas.. asserebat dictorum taschias exsartorum que fiebant infra predict. locorum terminos pertinere ad monasterium antedict. pleno jure, titulum proprietatis et dominii illius territorii in quo exsarta fiebant prelibata, que et quam habitatores dicti monasterii possederant a tempore quod non est a memoria, precedendo etiam donum dom. Lamberti de Flandenis, condam progenitore eorum. Tandem, post multas altercationes hinc et inde habitas, de consilio communium amicorum, dicte partes de dicta controversia.. compromiserunt in rev^dum dom. Berlionem Coppelli, priorem de Granencho, et dom. Johannem de Chasta, cappellanum Sancti Eleuterii incuratum, tanquam in arbitros arbitratores seu amicabiles compositores, promitendo etiam interpositis mutuis juramentis... atque sub pena L^a librarum Viennen... quod starent... omnimode ordinationi eorumdem... Sane predicti arbitri..., petitionibus mutuis et defensionibus.. auditis et diligenter discussis, de voluntate... partium, dict. controversiam terminaverunt in hunc modum : videl. pronuntiando et sententiando quod habitatores Liuncelli.. habeant et possideant jure perpetuo illud jus et partem taschiarum quam dicti fratres.. percipiebant.. a colle de Bio usque ad cumbam Guigonis et a dicto colle usque ad rupem que est sub collem del l'Oschet, sicut ducit tenementum quod habet Brus Peschyos a domo Liuncelli usque ad Lionnam ; habeant et possideant.. Liuncellenses in pace et sine contradictione... quicquid juris et proprietatis, dominii et possessionis P. et V. fratres habebant... in dicto territorio... Ad hec memorie est commendandum quod Petrus et Villelmus fratres.., habendo Deum pre oculis, intuitu pietatis et ob redemptionem animarum suarum suorumque parentum, fecerunt pacem et finem pro se et heredibus.. dicto abbati... de dicta controversia, donando et concedendo predicti monasterii habitatoribus quicquid juris et requisitionis habebant..; universa... attendere et observare.. promiserunt, renuntiando... Actum in cumba de Liuncello, in prato del Moratz, v° nonas junii, anno Domini M°.CC°.LXX°. nono, present. et ad hoc vocatis et rogatis testibus : fratre Martino Gebenne, P. de Grana, P. de Romanis, monachis, P. et Villelmo Balbi fratribus, Johanne Gaba, fratre Hugone Marnatz, conversis Liuncelli, P. Chabat, cappellano de Aurioio, P. de Vacivo, Poncio de Chadro, Humberto Durant, Petro Charbonel, domicellis, Johanne Sibuc, Johanne Casto, Villelmo Gebeli, Giraudo Gura. Ad majorem autem firmitatem et memoriam.., sigilla Petri et Villelmi fratrum de Flandenis, una cum sigillis prefatorum arbitrorum, present. litteris sunt appensa...

(*) Original parch. de 38 lig. 1/4, coté **Hector 703** (*Inv. A*) et XLI (*Inv. B*) ; au dos : *Vallis Lutose*. Traces de 4 sceaux, dont il reste 3 cordons et un fragm. du 1er : rond (25 mill.), cire blanche, emblème dans le champ, légende : † S........OR. Copies.

CCXLI.

22 juin 1280.

CARTA PETRI PILOSI, DE TERRITORIO DE FYNSAYAS*.

Noverint universi present. paginam inspecturi quod, cum questio seu rancura verteretur seu verti speraretur inter ven^lem patrem domnum Giraudum abbatem Lyoncelli, nomine suo et conventus ejusdem loci, ex una parte, et nobilem virum Petrum Pilosi, dominum Rupis Fortis, ex altera, super questionibus seu rancuris quas dict. Petrus faciebat contra dict. abbatem et conventum super possessiones acquisitas per eosdem vel predecessores eorum in territorio de Fincayes et de Solerz, quod spectat ad dominium Rupis Fortis, non petita nec obtenta concessione et assensu sui suorumque predecessorum, videl. quoddam pratum condam Raynaudi Fabri situm in dicto territorio et pratum condam Lantelmi de Jallians, cum quadam pecia terre et prati et nemoris condam Hugonis Freelz sitorum in territorio antedicto : que omnia dicebat dict. Petrus sibi fuisse commissa, ex eo quod dicti abbas et conventus.. apprehendissent auctoritate propria corporalem possessionem..; item dicebat dictus P. quod quedam quitacio facta fuit condam per quemdam predecessorem dicti abbatis.., que continebat quod si dom. Humbertus Pilosi, condam pater dicti Petri, vel predecessores sui fecerant vel intulerant aliqua dangna abbacie Lyoncelli.., quod illa dangna essent quitia, et super hoc littera sigillata predict. abbatis et conventus sigillo tradi debuit condam dicto Petro, quam hactenus non habuit, nec recepit; versa vero vice dict. abbas dicebat quod Guielinus, filius dicti Petri, cepit quemdam roncinum qui erat de domo Lyoncelli, qui eciam post multas requisiciones Lyoncellensium sibi fuerat minime restitutus; item et super aliis questionibus vel rancuris quas dicte partes.. ad invicem facere possent : tandem compromiserunt.. in ven^lem virum dom. Petrum de Quinto, sacristam Romanensem, comuniter et concorditer tanquam in arbitrum arbitratorem seu amicabilem compositorem.., in se pres. compromissum recipientem, promittendo, scil. prefatus abbas per stipulacionem et in bona fide, et dictus P. Pilosi per juramentum super sancta Dei Evangelia in manu dom. sacriste corporaliter prestitum.., sub pena decem librarum Viennen.., quod starent et obedient mandato.. ejusdem..., volentes.. ut determinacio vel ordinacio ejus... adeo sit valida et roboris obtineat firmitatem ac si in eisdem esset oblata libelli peticio vel lis contestata vel rigor juris totaliter observatus. Tandem post multas altercaciones, auditis peticionibus utriusque partis, racionibus et excepcionibus diligenter examinatis, dict. dom. sacrista... ordinando et diffiniendo pronunciavit in hunc modum : volens et pronuncians quod dict. Petrus Pilosi, salvis hiis que inferius declarabuntur, reddat et tradat dicto dom. abbati.. possessiones superius nominatas, et de predictis.. abbas vel successores sui faciant dicto P. Pilosi pro censu duo sestaria frumenti ad mensuram venalem atque currentem pro tempore in villa Romanis, et eciam de ipsis eundem abbatem cum quodam baculo investiret, et de investitura prefat. abbas Petro predicto centum solidos Viennen. daret, quod incontinenti factum fuit et soluta pecunia in numerando ; item voluit et mandavit quod omnes alias possessiones.., tam in dicto territorio quam in territ. de Roysez et in mandamento Rupis Fortis, quas pred. abbas et conventus tenent et possident in presenti, quod dictus Pe. Pilosi per se suosque heredes eisdem confirmet, ratificet atque laudet, quod et fecit incontinenti ; item voluit et mandavit quod idem abbas per se suosque successores et conventum suum quitaret dom. Humbertum et ipsum Petrum Pilosi ac Gueelinum,.. tam de roncino prefato quam de omnibus rancuris quas possent facere contra ipsos, quam etiam de omnibus danpnis... illatis hactenus domui vel personis abbacie.., quod incontinenti fecit et promisit hoc idem facere fieri per conventum.. ; item fuit actum inter partes et in pacto deductum quod dict. abbas vel alius... possint possessiones predict. ascensare quando et quibus sibi placuerit.., concessione dicti Pe. et successorum suorum non petita nec in aliquo expectata, et in terris que ascensate fuerint idem dominus Rupis Fortis debebit vintenum percipere, prout in mandamento ab aliis agricolis percipere consuevit, et nichil aliud ; item fuit actum.. quod in pres. instrumento fieret mencio de duobus sestariis frumenti que dict. dominus Rupis Fortis percipit annuatim a dicta abbacia in territorio de Tancy, de quo territorio nichil percipitur pro vinteno nec pro usatico alio, sicut patet per instrumentum condam inde confectum et sigillo dicti dom. Petri roboratum : verumtamen predicti duo sest. frumenti, cum duobus aliis expressis superius, annuatim reddi debebunt apud Rupem Fortem propriis sumptibus abbacie ; item fuit actum... quod dict. dom. sacrista arbiter posset corrigere inposterum pres. instrumentum, si in eo esset aliquid dubium vel obscurum vel si sustancia verborum esset in aliquo variata. Universa vero et singula mandata seu diffiniciones et ordinaciones antedict. partes laudaverunt, confirmaverunt, obmologuaverunt incontinenti et eciam approbaverunt, promittentes ad invicem vallata stipulacione... de cetero non venire nec contravenire volenti.. consentire. Nec est pretermittendum quod Gucelinus et Arnaudus fratres, filii dicti Petri Pilosi, cum doma Alys uxore dicti Pe. et matre eorumdem, corporali prestito sacramento, predicta.. attendere promiserunt. Actum anno Domini M⁰.CC⁰.LXXX⁰, decimo kalendas julii, subtus castrum Rupis Fortis, present. et ad hoc vocatis testibus : Villemeto familiari dom. sacriste, Petro de las Blachas, Chaloz bajulo, Giraudo et Villelmo Vorelli, prope quorum domos acta sunt univ. predicta. Ad habendam autem perpetuam firmitatem omnium predict. et memoriam inposterum faciendam et obtinendam, pres. instrumentum est sigillorum dom. sacriste, dom. abbatis et Petri Pilosi munimine roboratum.

(*) Original parch. de 36 lig. 1/2, coté **Sancti 267** (*Inv. A*) et CCCVI (*Inv. B*); au dos : *Carta Pelafolli Fiansayas*. Traces des 3 sceaux sur tresses à double queue; fragm. du 1er : ecclésiastique en pied, élevant deux clefs de la droite, appuyant de la gauche sur sa poitrine...; légende : † *S' PETRI DE QVINTO* **SACRISTE D' ROMANIS**.

CCXLII. *Mars 1281.*

CARTA AYMARII DE CURSO, QUI DEDIT DUAS PECIAS TERRE*.

Noverint universi presentes litteras inspecturi, quod Ademarus de Curson domicellus dedit et concessit Deo et beate Marie et dom. Giraudo abbati Liuncelli et conventui ejusdem domus duas pecias terre infrascriptas, habendas et possidendas sub censibus infrascriptis : prima pecia terre sita est in illo loco qui appellatur Vesia et contiguatur ab oriente terre Johannis Heudrini et a pluga australi prato quod fuit quondam Bernardi Quoqui, et ab occidente et septemtrione possessionibus Partis Dei ; secunda pecia terre sita est in Baiana et contiguatur ab oriente terre Andree de Oschia et a septemtrione terre Heustachii Bovet clerici Romanen., et ab occidente terre domus Liuncelli et a pluga australi terre ecclesie de Baisais ; et unam eminatam terre, que sita est ante portam majorem ecclesie de Chatusangas. Et sciendum est quod domus Liuncelli tenetur eidem Ademaro de Curson et heredibus s. success. suis facere pro predicta pecia terre sita en Vesia III. solidos Viennen. et VI. denar., item pro pecia sita in Baiana et pro eminata sita in facie porte ecclesie de Chatusangas I. sestarium de avena, et pro quodam prato sito el Verne VI. denar. : prefati, inquam, III. sol., *etc.* fiunt... censuales. Habuit etiam dict. Ademarus pro investitura terre de Vesia IIIor libras Viennen. et Ve solid., et pro investitura alterius pecie terre de Baiana et eminate site ad ecclesiam de Chatusangas habuit... L. solid. Viennen. a prefato abbate Liuncelli.

Et est memorie commendandum quod dictus A. devestivit se... et prefatum abbatem... investivit.., recognoscens sibi fuisse satisfactum plenarie de duplici investitura..., unde renunciavit... Facta sunt hec apud Partem Dei, ante portam, anno Domini M°.CC°.LXXX°, mense marcii, present. et vocatis testibus : fratre Hug(one) Freel priore, Martino cellerario, Willelmo de Scalis, monachis, fratre Juvene magistro Partis Dei, fratre Willelmo carpentario, Willelmo Desideri, conversis, Roiano, Petro Bonlos, Guigoneto, laicis de Pisanciano. Ad majorem autem... firmitatem et memoriam obtinendam, dict. Ademarus sigilli sui munimen present. litteris dignum duxit apponendum.

(*) Original parch. de 30 lig. 1/2. coté **Le. 247** (*Inv. A*) et CCCV (*Inv. B*); trace de sceau sur cordon bleu, blanc et rouge.

CCXLIII.   *13 juin 1281.*

CARTA BERARDI D'AY ET UXORIS SUE,
DE DUOBUS SESTARIIS FRUMENTI ET PLURIBUS ALIIS DONIS
IN MANDAMENTO PISANCIANI*.

NOVERINT universi present. litteras inspecturi, quod Ego Esparsoys, uxor Berardi d'Ay domicelli, mariti mei, spontanea voluntate ducta, ad faciendum anniversarium meum inperpetuum in abbacia Liuncelli, pro anima mea et dicti Berardi mariti mei, nec non et pro animabus parentum meorum et suorum, dedi, cessi et tradidi cum pleno dominio earumdem res et possessiones sive census meos infrascriptos : videl. duo sestaria frumenti censualia, que facit michi Guigo Romans de villa Romanis, pro quadam pecia terre que sita est apud Pisencianum, in loco qui appellatur ad Fromentals Pisenciani, prope terram Andree de Osclia ; item IIII. solidos Viennen. censuales, quos faciunt michi Exartatores pro nemore meo, quod situm est inter res et possessiones que sunt dels Esparvayrencs de Charpeio et dom. Petri Pilosi domini Rupis Fortis et Jordani de Oschia clerici Romanen. et Ademari de Curczon domicelli ; item cum hac mea donatione confirmo etiam Ego prefata Esparsoys donationem quand. quondam a me factam de IIII. solid. Viennen. et IX. denar. censualibus, super quibus prefata domus Liuncelli habet cartam sigillatam. Item Ego Berardus, prefate Hesparsoys uxoris mee maritus, dedi, cessi et tradidi census meos infrascriptos domui Liuncelli ad dict. anniversarium plenius complendum : videl. XIII. denar. Viennen. censuales, quos facit michi ipsa domus Liuncelli pro quibusdam rebus que (sunt) site in territorio ecclesie de Alamenco; item xv. denar. Vienn. censuales et eminam frumenti censual., quos et quam facit michi Margarita Royans et liberi ejusdem, pro quibusdam possessionibus suis prope la Royanera. Hec, inquam, univ. et sing. nos predicti conjuges donamus.. ven^{li} viro dom. Giraudo abbati Liuncelli, recipienti... ad opus dicti anniversarii perpetuo faciendi. Et ego Amaudra, uxor Falconis Bernardi domicelli de Charpeio, filia predict. Berardi scil. et Esparsois parentum meorum, donationem eorum antedict. concessi predicto monasterio Liuncelli, pro me et heredibus meis, de voluntate et assensu prefati Falconis mariti mei. Ad hoc sciendum est quod tam nos prefati conjuges quam Ego Amaudra eorum filia... devestivimus nos de predictis... et dict. dom. abbatem investivimus... ; universa vero.. Nos.. confitemur esse vera, unde ea approbamus, confirmamus et omologamus..., promittentes ad sancta Dei Evangelia... salvare, servare et custodire pacifice et quiete... Confiteor insuper ego A. filia predict. parentum meorum habuisse me a dicta domo Liuncelli, pro laude mea de dicta donatione.., xxx^a solidos Viennen., unde teneo inde me pro pagata, et ex inde solvo et quito dict. monasterium... Acta sunt hec apud Partem Dei, juxta portam, present. ad hoc vocatis et rogatis testibus : Petro de Romanis, fratre Malle(no) subpriore, monachis et sacerdotibus, Willelmo Grassi, Juvene magistro Partis Dei, W° Aymonis magistro equarum, conversis, Nicolao Jardi, Petro Poncii, Lamberto ortolano, Petro Gontardi, W° coquinario et pluribus aliis fide dignis; testes de laude Amaudree : Ademarus Vincencii presbiter, Johannes Thorenes, Bernardus Chalvayrons. Idus junii facta fuit donatio..; laudavit vero eandem.. dicta Amaudra apud Charpelum, in domo predicti mariti sui, presentibus testibus de quibus superius, in manu fratris Pe. de Romanis monachi. Donatio autem et laus facte sunt uno et eodem anno, scil. an. Domini M°.CC°. octoagesimo primo. Ad majorem autem firmitatem..., Ego prefatus Berardus, nomine et voluntate et precibus dicte Hesparsois uxoris mee, sigillum meum dignum duxi presentibus apponendum.

(*) Original parch. de 34 lig., coté **XX 218** (*Inv. A*) et CCCVII (*Inv. B*); trace de sceau sur cordon noir et blanc. Au dos : *Facit Johannes Duo Fecit, vid. duo sest. frumenti.* Copie dans le cah. CCCXCI.

CCXLIV. 10 septembre 1282.

PRODUCTIO TESTIUM SUPER PASCUIS CABROLI*.

G. In nomine Domini, amen. Per presens publicum instrumentum cunctis appareat evidenter, quod anno ab Incarnatione Domini M°.CC°. octogesimo secundo, indictione x^a, iiii° idus septembris, in presencia nobilis viri Jordanini de Bardonescha, domicelli, castellani de Chabeolo, et mei infrascripti publ. notarii, frater Poncius Guidonis, monacus Lioncelli, produxit testes... ad probandum usus et consuetudines... in pasqueriis mandamenti de Chabeolo, ut sequitur: Intendit probare frater Ponc. Guidonis, mon. Lionc., vice et nomine domus Lioncelli, quod abbas et conventus dicte domus possunt et debent et consueverunt pascere animalia sua in mandamento Chabeoli, videl. super castrum Chabeoli, per totum mandamentum ubi animalia possunt et debent pascere, solutis usagiis consuetis illis quibus pertinent, et hoc usque ad destrez de Combovino et sub castro, ut ducit via que venit de Castro Dupplo usque ad ulmum prioris et ab eodem loco usque Valenciam, videl. versus mandamentum Castri Dupplicis et mandamentum Montillisii ; et ad suam intentionem probandam produxit testes inferius nominatos : — § Et primo Saramandus Durandi domicellus, testis juratus et diligenter interrogatus, dicit quod pluries vidit illos de Lioncello cum animalibus suis intrantes pascua Chabeoli, et credit quod de mandato et licencia domini intrabant ibidem, et solvebant usagia illis quibus debebant quando intrabant in nemora et riperias illorum: interrogatus si dominus Chabeoli eisdem perpetua donatione dederat et concesserat quod possent ibidem intrare et animalia sua pascere, dicit quod nescit. — § Item Poncius Bertrandi, tes. jur. et dil. int., dicit quod fuit berbierius Lioncelli per longum tempus et vidit et presens fuit quod pascebant oves suas in mandamento Chabeoli, videl. super castrum usque ad destrez de Combovino et sub castro Chabeoli, ut ducit via que venit de Castro Dupplo usque ad Valenciam superius versus mandamentum Montillisii, et quod nemo eisdem contradicebat, sed tantum serviebant domino et aliis, quod sine contraditione alicujus pascebant oves suas in dict. pasqueriis, et hoc vidit per L^a anno et amplius. — § Item Johannes Ruffi de Combovino, t. j. et d. i., dicit quod vidit per XL^a annos vel amplius quod animalia de Lioncello pascebant in mandamento de Chabeolo, videl. *ut supra prox*... Duplo... Montillisii, sine contradictione alicujus, occasione donationis facte eisdem a domino de Chabeolo condam, ut audivit dici. — § Item Giraudus Provincialis, t. j. et d. i., super predict. omnibus dicit iddem et per omnia quod Joh. Ruffi, excepto quod de tempore dicit de xviii. annis usque ad xxv. annos, etiam hoc addito quod quando intrabrant in res feudatoriorum quod solvebant eisdem usus consuetos. — § Item Girardus Berbierius, habitator de Valencia, t. j. et d. i.,.. dicit iddem et per omnia quod Giraudus Provincialis, excepto quod de tempore dicit de vi. vel de vii. annis. — § Item Girardus Eustachius, de Castro Duplo, t. j. et d. i.,.. dicit iddem.. quod Johannes Ruffi, excepto quod de tempore dicit de xl. annis vel circa. — § Item Petrus Atocrii domicellus, t. j. et d. i.,.. dicit quod audivit dici a dom. Lantelmo Atocrii, condam patre suo, quod animalia Lioncelli que erant ligia dicte domus de Lioncello poterant pascere in mandamento de Chabeolo ut ducit via que descendit de Castro Duplo usque ad ulmum prioris superius versus mandamentum de Montillisio; de mandamento super castrum de Chabeolo dicit se nichil scire. — § Item Lambertus Guidonis, t. j. et d. i.,.. dicit quod vidit quod illi de Lioncello ducebant animalia sua de destrez de Combovino usque ad vadum Chabeolesium et (ab) ipso vado usque ad ulmum prioris super viam que descendit de Castro Duplo et vadit apud Valenciam superius versus mandamentum Montillisii; tamen dicit quod una vice vidit quod dom. Lambertus, dominus de Chabeolo condam, verberavit tantum quemdam berbierium de Lioncello versus Sanctum Anianum quod relinquid ipsum velud mortuum; item dicit quod nescit si occasione donationis pascebant dicta pascua vel alia ratione, sed quamdiu vixit dom. Lambertus, dominus de Chabeolo condam, vidit ipsos ita utantens et fruentes de pascuis supradict. — § Item Poncius Durandi domicellus, t. j. et d. i.., dicit quod aliquociens vidit oves Lioncelli que pascebant versus nemus Simendenecii, et quod interrogavit semel vel bis dom. Lambertum, condam dominum de Chabeolo, cum quo equitabat, qua ratione dicte oves ibidem pascebant, et ipse respondit quod pater suus eisdem dederat. — § Petrus Jaysse, de Castro Duplo,.. dicit iddem et per omnia quod Joh. Ruffi de Combovino. — § Item Martinus Alvis de Castro Duplo,.. dicit iddem.. quod Petrus Jaysse, hoc addito quod de tempore dicit magis de xl. annis. — § Item Petrus Achardi de Montillisio, t. j. et d. i.., dicit quod ipse erat pastor de Lioncello, et vidit et audivit et presens fuit quod animalia de Lioncello pascebant in mandamento de Chabeolo, videl. a porta leporis usque ad Palerengias, sine contradictione alicujus, ut ducit via que venit de Castro Duplo et vadit versus Valenciam superius versus mandamentum Montillisii, et hoc vidit per L.ᵃ annos et amplius. — § Item Johannes Creyssantis de Castro Duplo... dicit iddem et per omnia quod Petrus Jaysse de Castro Duplo. — § Item Guillelmus de Croso, de Castro Duplo... dicit iddem... quod Johannes Cressantis, excepto quod de tempore dicit de tringinta v. annis. — § Item Giraudus Ademari, t. j. et d. i.., dicit quod bene vidit eos de dict. pascuis utantes et fruentes et transeuntes per mandamentum de Chabeolo, ut ducit via que descendit de Castro Duplo et vadit versus Valenciam, videl. super illam viam versus mandamentum Montillisii ; de mandamento super castrum de Chabeolo usque ad destrez de Combovino dicit se nichil scire. — § Item Poncius Royerii, t. j. et d. i.., dicit quod vidit quod illi de Lioncello pascebant et transsibant super castrum Chabeoli usque ad destrez de Combovino, et veniebant per locum qui dicitur la Charpenay usque ad vadum Valerii et de ipso vado usque ad ulmum prioris super viam que venit de Castro Duplo et tendit versus Valenciam, sed non poterant neque ausi erant pascere a dicto vado usque ad ulmum prioris sine licencia domini, sed quando erant ad dict. ulmum poterunt pascere super viam predict.— § Item Guillelmus Galerandi, t. j. et d. i.., dicit quod vidit per x. anno et amplius quod illi de Lioncello pascebant animalia sua super castrum de Chabeolo usque ad destrez de Combovino et sub castro Chabeoli, ut ducit via que venit de Castro Duplo et tendit versus Valenciam superius versus mandamentum de Montillisio, sine contradictione domini de Chabeolo vel alterius. — § Ego Gaufridus de Briquavilla, imperiali auctoritate publicus notarius, ad preces et requisicionem dicti fratris Poncii Guidonis, dicta et atestationes predict. testium de mandato dicti Jordanini castellani scripsi et in publicam formam redegi signoque signavi consueto et tradidi.

Constat de interllignari nom(inum).

(*) Original parch. de 44 lig. sur 2 col., coté **C 136** (*Inv. A*) et CCCCLVIII (*Inv. B*); sans trace de sceau. Les §§ commencent à la ligne, comme le notaire l'a *constaté* à la fin.

CCXLV.   *13 octobre 1282.*

(Productio testium) de pascuis Cabeoli*.

G.In nomine Domini, amen, *(prorsus ut in ch. præced., præter variant. sqq.)*... an. ab Inc. Dom. Mº.CCº.LXXXºIIº, indict. decima, tercio idus octobris, Jordaninus de Bardonescha domicellus, castellanus Chabeoli, precepit michi infrascripto notario quod testes quos frater Poncius Guidonis, mon. Lionc., producere volebat nomine et ex parte dom. abbatis et conventus Lioncelli coram dicto Jordanino, super usus et consuetudines quos et quas dicebat... d. d. abbatem et conventum habere in pascuis mandamenti de Chabeolo, cum ipso Jordanino examinarem et dicta ipsorum scriberem; unde dict. frater Poncius... intentionem suam reddidit, ut sequitur : Intendit *(l. 8)... (l. 15)* usq. ad Val. ver. mand. Mont.; et ad i. s. p. p. t. infrascriptos, et primo : § Sar. Dur., t. j. et i... v. ipsos de... int. in pas. de Ch-lo... de precepto et... in nemoribus et riperiis ipsorum... dom. perp... rat eisdem q. p. i. int., d. q. n. § It. Pon. Ber., t. j. et i. super predictis, d. q. f. b. domus L... Combovin... d. pascuis, et.. § It. Joh. Ruf. § It. Gir. Prov. de Castro Dupplo, t... et hocadd... in rebus... eis.. § It. Gir. Ber... § It. Gir. Eustachii de C. Dupplo... de xvii. an.. § It. Pe. At., t... que venit de C. Dupplo... Mon-sii ; de m. s. c., d.. § It. Lam. Gui... a destrez de Combovin... tam. bene dic... reliquit ip. fere mo... ut. de d. pascuis. § It. Pon. Dur., t... Serimendene... c. q. ibat q... r. eidem q. p. s. e. d., aliud nescit. § It. Pe. Jesse de C. Dupplo... Combouno. § It. Mar... super quolibet articulo d... Jessa.. § It. Pe. Ach... Palerengiis... via de C. Dupplo que vad... § It. Joh. Cressant de... Jeyssa. § It. Gui... Cressant... de xxv. an. § It. Gir. Ad... eos utantes de d. p. et tran... q. venit de... Combovin.. § It. Pon. Roy... q. ipsi de,... Dupplo et vadit ver. Valen. et poterant pasc. animalia sua super viam predict. versus mandamentum Montillisii. § It. Gui. Gal... annos... Combovin... Dupplo et vadit ver... domini. — Et post examinationen dictorum testium et publicationem ipsorum factam per dict. Jordaninum castell. Chab., ego *Gaufridus de Briquavilla*... copiam dictorum testium eidem fratri Poncio scripsi...

(*) Original parch. de 65 lig., coté E 187 (*Inv. A*) et CCCCLIX (*Inv. B*). Copie dans le cah. DXIX.

CCXLVI.   *25 octobre 1282.*

(Sententia castellani super pascuis Cabeoli)*.

G.In nomine Domini, amen. Per, *ut in ch. CCXLIV*... quod anno ab Incarn. Dom. M°.CC°.LXXX°II°, indict. decima, viij. kalendas novembris, in presencia mei notarii et testium.., Jordaninus de Bardonescha domicellus, castellanus Chabeoli, diligenter examinatis testibus per Lioncellensses productis super pascuis mandamenti Chabeoli et ipsis coram multis probis hominibus et fidedignis publicatis, precepit et concessit, Deum habens pro occulis, et ex parte illustrissimi viri dom. Dalphini, Viennensis et Albonis comitis, remisit fratri Poncio Guidoni, monaco Lioncelli, nomine... abbatis et conventus.. recipienti, quod animalia sua possint intrare pascua mandamenti Chabeoli et ut consueverant frui de eisdem, videl. super castrum predict. usque ad destrez de Combovino per loca consueta et solvendo cuilibet suos usus et emendendo talas et alia forefacta, si fecerint, ad arbitrium proborum virorum, et super viam qua itur de Castro Dupplo ad Valenciam versus mandamentum Montillisii. Actum apud Chabeolum, juxta ecclesiam Sancti Andeoli, ubi testes presentes interfuerunt, videl. Petrus Atoerii, Saramandus Durandi, Poncius de Liberone, domicelli, Guillelmus Chabrete, Lambertus Guidonis, Johannes Chassenete, Hugo Fabri, Petrus Macencol, Bontosus Chabrete, Johannes Chabrete, Poncius Arnaudi, Guillelmus Achardi, Poncius Saytre, Johannes Guidonis, Vincencius Artaudi.

§ Et ego Gaufridus de Briquavilla, *ut ibid.*, de mandato dicti Jordanini, present. cartam rogatus scripsi et tradidi...   †

(*) Original parch. de 13 lig. 1/2, coté **G 189** (*Inv. A*) et CCCCLX (*Inv. B*). Copie dans le cah. DXIX.

CCXLVII.   *24-5 novembre 1282.*

CARTA GUENISII CASTRI NOVI, PRO PASCUIS CASTRI NOVI'.

In nomine Domini, amen. Per hoc presens publ. instrumentum cunctis appareat evidenter, quod anno Incarnacionis Domini mill'o CC^a. octogesimo secundo, scil. die martis post festum beati Clementis, apud Valenciam, in domo dom. Raymondi de Sollenpniaco, canonici Valentin. et Dyensis, coram me Guillelmo de Rupe Forti, auctor^e imperⁱ publ^o notario et coram testibus vocatis ad hoc, scil. dicto d. Raymondo, fratre Martino cellerario Lyoncelli, dicto de Gehenna, fratre Petro de Romanis monacho, fratre Johanne Guaba, Petro Seguini, conversis illius loci, Guigone Bajuli de Valencia, Petro de Solomiaco domicello, Johanne de Monte Merle, Johanne dicto de Lugduno, notario, Arnaudo de Vota et Johanne de Payrino, vir nobilis Guenisius Castri Novi ad ripam Ysare, dominus dicti castri, oblatis et productis per religiosum virum dom. Giraudum de Vacivo, abbatem Lyoncelli, in presencia ipsius Guenisii cartis et aliis legitimis documentis lectis et expositis coram ipso et per ipsum intellectis ad plenum, super diversis donacionibus et concessionibus pascuorum mandamenti et territorii dicti castri olim factis per parentes, predecessores et majores ipsius abbati et domui Lyoncelli, et per Raymodum de Castro Novo progenitorem suum expressim et ex certa sciencia confirmatis, quamquam nullus locus litigiis et calumpniis videretur esse relictus, nichilominus ad uberiorem cautelam et viam futuris maliciis repellendis totaliter percludendam, idem Guenisius gratis ac spontanea voluntate... prefatas donationes et concessiones ex certa scientia approbans, ratificans et confirmans, denuo pro sue et parentum suorum remediis animarum cessit, concessit et donavit donacione pura, simplici, irrevocabili, inter vivos, pro se suisque heredibus et successoribus, dicto dom. Giraudo abbati, presenti et recipienti vice ac nomine monasterii et conventus Lyonc., omnia pascua tocius mandamenti et territorii dicti castri quantum spectat ad ejus dominium, ad habendum, tenendum, inmitendum et pascendum libere et quiete, sine omni exactione et molestia seu calumpnia..., greges et armenta omnium animalium suorum, cujuscq. speciei aut generis existant, et pastorum, familiarium et donatorum ipsius monasterii, sive illa animalia propria fuerint monasterii vel predict pastorum, famil. et donat., sive parciaria seu communia, sine fraude cum aliis quibuscq. personis; volens idem Guenisius specialiter et concedens quod pastores et custodes dict. animalium possint illa ducere et pascere et tenere libere et quiete per totum mandamentum et territorium supradict., preterquam in satis, agriculturis et defensis quas hodie habet, ita quod eas in posterum nequeat aumentare nec alias de novo facere vel habere, et preterquam in talliatis novis in quibus non possunt aut debent illa animalia inmitere vel tenere a kalendis maii usque ad Nativitatem Domini, postea vero possunt; voluit eciam et concessit idem Guenisius, quod dicti pastores et custodes animalium... possint ea omni tempore apellere ad flumen Ysare vel ad alias aquas dict. animalibus oportunas, per adaquaciones et abeuragia consueta, et specialiter voluit et concessit... quod pastores et custodes dicti monasterii possint ducere greges suorum animalium.. ad dict. flumen Ysare et eadem animalia ibidem apellere per quandam viam que est subtus castrum predict., per quam concessit eisdem inperpetuum accessum ad aquam et reditum et dict. animalibus oportunum, ita quod lunguam moram eundo et redeundo non contrahant, set per illam viam et per loca contigua sine danpno et lesione qualibet vinearum, segetum vel pratorum transire valeant et redire : hoc idem et eodem modo concessit dict. Guenisius, quod possint facere et exercere dicti pastores, custodes et dicta animalia per aliam viam que est super dict. castrum, scil. super Balmas; item voluit et concessit.. quod dicti pastores et custodes animalium possint scindere lingna et herbas capere et portare ad facienda habitacula ubi cubent, jaceant vel morentur, et etiam ad cremandum, calefaciendum et vestes ipsorum et supellectilia desicanda, et ad alias necessitates, utilitates, comoditates et oportunitates faciendas et exercendas dict. pastoribus, canibus eorumdem et animalibus, prout ipsis pastor. et custod. videbitur faciendum, utendum et etiam exercendum; item voluit et concessit dict. Guenisius et expressim et specialiter declaravit, quod per pres., publ. instrumentum vel per aliqua que contineantur in eo vel eorum occasione vel aliis documentis olim concessis dicto monasterio Lyoncelli per parentes, majores aut predecessores ipsius super concessionibus pascuorum predict. vel super quibuscq. aliis privilegiis, helemosinis vel beneficiis per eosdem... collatis non derogetur in aliquo nec possit.. monasterio aliquod prejudicium generare, set omnia predicta salva et integra et illibata dicto monasterio perpetuo conserventur et in sua remaneant firmitate. Predicta vero univ. et sing... tenere, servare, manutenere et deffendere et contra non venire nec alicui contravenire volenti consentire, set eis resistere toto posse idem Guenisius promisit bona fide, tactis a se corporaliter Evangeliis sacrosanctis, renuncians... in hoc facto omni exceptioni.., faciens ex nunc tot particulares donaciones de presenti.. quod aliqua earum summam legitimam non excedat, et omni juris canonici et civilis auxilio... Et ut presens concessio et donatio et alia que superius. continentur plenum robur obtineant, dict. Guenisius pres. instrumento publ. apponi voluit et roguavit sigillum curie Valentine, sigillo suo proprio prius apposito in eodem. Ad hoc, eodem anno quo supra, scil. in crastinum diei predicte, apud dict. Castrum Novum, coram me dicto notario et testibus infrascriptis, nobiles dom⁰ Vierna, mater ipsius Guenisii, et Haelys ejus uxor, Guontardus, Guillelmus canonicus Vivariensis et Raymondetus, fratres dicti Guenisii, ad instanciam et mandatum ipsius, per me notarium certificati de jure quod habent singuli in predictis et specialiter dicte domine de jure ypothecarum eisdem pro suis dotibus competenti, expositis vulgaliter supradictis, omnes et singuli gratis et spontanea voluntate predicta omnia et sing. liberaliter concesserunt, approbaverunt, ratificaverunt et etiam laudaverunt, et contra non venire.. promiserunt..., tactis etiam ab ipsis corporaliter Evangeliis sacrosanctis, renunciantes... expressim dicte dom⁰ juri ypothecarum et legi Julie de fundo dotali et aliis privilegiis concessis circa dotes suas mulieribus per leguales et canonicas sanctiones, et predicti fratres minoris etatis beneficio... Actum anno et diebus quibus supra, testibus present. vocatis ad hanc present. ratificationem et rogatis : fratre Petro de Romanis, monacho, dom. Radulpho de Moeris milite, fratre Petro Seguini, converso Lyoncelli, Guillelmo de Prada domicello, Hugone Basteti, Michaele Tracol et pluribus aliis fide dignis.

† Et Ego dict. Guillelmus notarius.., roguatus et requisitus,... pres. instrumentum publ. feci, scripsi et signatum... feliciter tradidi.

(*) Original parch. de 46 lig., coté † **118** (*Inv. A*); fragm. de 2 sceaux sur cordons; au dos : *Lictera de pascuis Castri Novi. Vidimus* du 19 févr. 1366 (*v. ad h. a.*) et copie dans le cah. DXIX.

CCXLVIII. 26 février 1283.

Carta Galarandi de Chabiolo*.

NOVERINT universi present. litteras inspecturi, quod Gillelmus Galarandi, filius quondam Petri Galarandi de Cabcolo, dedit, tradidit et concessit in elemosina Deo et beate Marie Liuncelli et dom. Giraudo abbati ejusdem loci, recipienti nomine suo et conventus Liunc., quicquid ipse vel pater ejus proprietatis vel possessionis habebant vel habere poterant... in pascuis sive in aliis rebus sitis intra terminos tocius mandamenti Rupis Fortis, ad habendum, *etc.*, in pace et sine... perturbatione..; renunciando.., promittens, bona fide et corporali ad sancta Dei Euvangelia prestito juramento, omnia.. tenero salva et firma, devestiendo se et prefatos abbatem et conventum investiendo... Facta sunt hec apud Partem Dei, IIII^{to} kalendas martii, anno Domini $M^o.CC^o.LXXXII^o$, present. et ad hoc vocatis et rogatis testibus specialiter : fratre Mart(ino) Geneves cell(arario), Petro de Grana, Petro de Romanis, Lantelmo Berardi, Petro de Alex(iano), monachis, fratre Johanne Gaba, magistro ovium converso, Berardo d'Ai domicello, Lantelmo Morala coquinario, laicis et pluribus aliis fide dignis. Ad majorem autem firmitatem et memoriam... prefatus Gillelmus Galarandi pres. litteras sigilli sui munimine roboravit.

(*) Original parch. de 25 lig. 1/3, coté **Spiritus 266** (*Inv. A*) et CCCVIII (*Inv. B*); trace de sceau sur corde.

CCXLIX.   8 mai 1283.

Ibi sunt tria privilegia, quod non tenemur procuraciones seu visitaciones facere episcopis vel archiepiscopis sive legatis[*].

Guillelmus, miseracione divina sancte Viennensis ecclesie archiepiscopus,[1] universis Xpisti fidelibus present. litteras inspecturis, salutem in Domino et noticiam rei geste. Noveritis quod Nos vidimus, legimus et inspeximus diligenter tria privilegia a sanctissimis patribus in Xpisto sacrosancte Romane ecclesie pontificibus quondam ·· abbati Cisterciensi ejusque coabbatibus concessa, sub bulla plombea et filo sirico, sana et integra, quorum privilegiorum duo sunt felicis recordacionis dom. Alexandri pape quarti, tercium vero est fel. memorie dom. Honorii pape tercii;.. et eadem de verbo ad verbum, nullo addito nulloque diminuto transcribi fecimus et transcriptum sigillo nostro proprio sigillari ad eorum fidem perpetuo faciendam; quorum privilegiorum tenores inferius continentur, qui tales sunt : « Alexander episc... Sedes apostol... Dat. Viterbii, 4° non. jan., pontif. a° 4° ». Tenor secundi privil. hic est : « Alexander... Religionis vestre... Dat. *ut in præc.* » Tenor vero tercii privil. hic est : « Honorius... Cum preter... Dat. Laterani, 8° kal. dec., pont. a° 6° ». [2] Factum est hoc transcriptum et collacio ad originalia, viij° idus maii, anno Domini M°.CC°. octuagesimo tercio.

[*] Original parch. de 32 lig., coté **Benedicta 491** (*Inv. A*) et DCXXXIV (*Inv. B*); trace de sceau sur cordon à double queue. Au dos : *Tenores trium privilegiorum apostolicorum dd. Alexandri pape IIIJ^{ti} ut non visitemur nisi per personas nostri ordinis, non teneamur ad aliqua subsidia nisi facta mensione de indulgencia, nec eciam ad aliquas procuraciones persolvendas per privilegium Honorii tercii.*

(1) Guillaume II de Valence ou de Livron occupa le siége de Vienne de 1283 à 1305 (Hauréau, *Gal. Chr.*, t. XVI, c. 98 ss.) L'incertitude des historiens sur son origine se trouve pleinement levée par la note ci-après, extraite de l'*Inventaire* des titres des Grands Anniversaires de l'église Saint-Barnard de Romans, rédigé en 1460 (Arch. de la Préf. de la Drôme), et relative à un acte du 20 mai 1457 : « Isti decem octo grossi auri pensionales sunt pro dominica domⁱ Guillelmi de Liberone, condam archiepiscopi Viennensis, pro qua facienda erant obligati heredes Hugonis Pereti de Liberone, Valentin. diocesis, nepotes condam dicti dom. Guillelmi, in xxx^{ta} solid. pension. solvendos in festo sancti Andree ; ut de dicta obligacione constat instrumento seu quadam lictera, sigillata sigillo officialis Valentinen. et confecta sub anno Domini M° IIJ^c octavo et die dominica in crastinum conversionis sancti Pauli (26 *janv.* 1309 *n. st.*), huic instrumento alligata (n° lxxxix). »

(2) Voir, pour ces priviléges de l'ordre des Cîteaux, l'appendice à ce *Cartulaire*.

CCL. 17 mai 1283.

Carta (Guigonis de Royeces), de Anbello*.

Noverint universi present. litteras inspecturi, quod Ego Guigo de Royeces, sciens, prudens et spontaneus, res et possessiones meas infrascriptas Deo et beate Marie et conventui Liuncelli et specialiter dom. Martino, ejusdem loci cellario.., dedi, cessi et tradidi, videl. quandam peciam prati in Ambello tenentis quatuor setariatas, quod pratum situm est inter prata de passu de Aya et eundem passum et locum qui dicitur le Cros; item quarte partis unius multonis terciam unam, quam percipiebam annuatim in Ambello, circa Assumptionem beate Marie, de bestiario Liuncelli; item confirmavi et concessi prefato M. cellario... donationem Adhemari patris mei quondam, factam eidem conventui de quarta parte illius loci qui dicitur Cota Chicharencha. De predictis vero universis devestiens me et heredes meos seu successores, antedict. cellarium, recipientem nomine predicti conventus, investivi et in vacuam et corporalem possessionem induxi; promittens super sancta Dei Evangelia corporali prestito juramento me successoresque meos nunquam venturos contra..., renunciando... Facta sunt hec in domo Liuncelli, in portucu ante promptuarium, xvi° kalendas junii, anno Domini M°.CC°.LXXX°IIJ°, present. testibus ad hoc specialiter vocatis et rogatis : P. de Vassia bajulo, Ray. Pellipario, Rostaygno Allvis, Hu. de Belmont, Jo. Morrays, laycis, W° priore, Malleno subpriore, Poncio subcellarario, monachis et sacerdotibus, Jo. Gaba magistro ovium, Guillelmo Aymonis magistro equicii, conversis Liuncelli et pluribus aliis fide dignis. Ad majorem autem firmitatem et memoriam... Ego supradict. Guigo present. litteris sigillum meum dignum duxi apponendum ad ampliorem certitudinem veritatis.

(*) Original parch. de 30 lig.. coté **N 94** (*Inv. A*) et XIX (*Inv. B*); trace de sceau sur cordon ; au dos : *Carta cujusdam prati de Ambel.*

CCLI. 20 octobre 1283.

Carta Ademarii de Curson, de pluribus censibus quos vendidit nobis*.

In nomine Domini nostri Jhesu Xpisti. Per pres. publ. instrumentum cunctis appareat evidenter, quod anno Incarnationis Dominice

M°.CC°.LXXX. tercio, inditione xii°, xiii° kalendas novembris, in presencia mei notarii.. et testium.., Ademarus de Curson domicellus confessus fuit publice manifesteque recognovit, ad petitionem et requisit. fratris Petri de Romanis, monachi Liuncelli,.. olim vendidisse et titulo perfecte venditionis tradidisse et habere concessisse imperpetuum rev.do dom. G(iraudo) et conventui monasterii domus de Lioncello census qui inferius continentur, quos... percipiebat et percipere consueverat, ut dicebat, super terris inferius nominatis, videl. in primis v. solidos censuales quos percipiebat super grangia que vulgaliter nuncupatur grangia Partis Dei, item census quos percipiebat super quadam pecia terre... que sita est in parochia de Chatusanges, que nominatur vulgaliter Visia et coheret a parte orientali pratum dicte domus Partis Dei, quod vocatur pratum Maley, ex parte vero occidentali coheret terra Petri d'Esparver domicelli, ex parte siquidem meridionali terra Bernardi d'Ay domicelli, ex parte autem septentrionali coheret quedam pecia terre dicte domus Partis Dei, pro qua pecia terre debebant.., ut dicitur, uxor Boneti Guinant condam xiii. denar. et obol., item Johannes Roncini iii. sol., item Falco Richardi xviii. den. et tria quartalia frumenti; item census quos percipiebat super quadam alia pecia terre, que vocatur terra de Raspallart, sita in parochia de Charlef, juxta terram de Planterio ex una parte et juxta pratum Johannis Eudini ex altera, pro qua terra dict. Raspallartz faciebat... i. quartale frumenti. Preterea solvit, quictavit, cessit penitus et remisit idem Ademarus... fratri Petro de Romanis... omnia et singula instrumenta, tam publica quam privata, quecq. et quantacq. dict. abbas et conventus habent.. super omn. venditionibus et donationibus a predecessoribus dicti Ademari factis vel eciam ab eodem, et eciam omnes venationes... in possessionibus quas domus tenet... a dicto Ademaro vel a suis... Item dedit idem Ademarus donatione simplici inter vivos, sine spe deceteros revocandi, pro anime sue remedio et suorum et pro salute sui corporis, dicto fratri Petro... quamdam peciam terre continentem circa unam eminata terre sitam prope ecclesiam de Chatusanges, juxta terram dicte domus de Lioncello ex una parte et juxta terram Eustachii Boveti ex altera; confessus fuit eciam... se dict. venditionem olim dicto dom. abbati fecisse de censibus et rebus predict. precio xv. librarum Viennen., quod precium confessus fuit se recepisse..; et promisit... bona fide, omnia bona sua... obligando, et tactis sacrosanctis Evangeliis juravit... contra dict. venditionem, solution., quictat., cess., remiss. et donat. nunquam venire, set ipsa rata conservare perpetuo atque firma; omnia jura... cessit penitus, et renunciavit... Actum Romanis, anno et die predict., in quodam operatorio Beati Bernardi in platea, present. testibus : fratre Petro de Romanis, monacho Lioncelli, Revol de Platea, Peroneto Faiquefol, Aymoneto Baronis.

† Et ego Durandus de Lugduno, habitator Romanis, auctor° imper¹ notarius publ. interfui et... pres. publ. instrumentum scripsi signoque meo signavi et tradidi... Ego vero dict. Ademarus sigillum meum proprium... apposui in testimonium omnium premissorum.

(*) Original parch. de 45 lig., coté **ZZ 221** (*Inv. A*) et CCCIX (*Inv. B*); *Signum* du notaire historié. Au dos : *Abbatis Lioncelli, Partis Dei*; trace de sceau sur cordon blanc.

CCLII.   *21 janvier 1284.*

Carta Rixentis super pascua Castri Novi*.

Noscant omnes pres. et fut. quod mota materia questionis et querele inter religiosos viros fratrem Petrum de Romanis monachum et fratrem Johannem conversum domus et monasterii Lioncelli, pro se et conventu Lione. ex parte una, et Rixentem relictam Petri de Castronovo ad ripam Ysare quondam et Willelmetum filium suum, ex altera, occasione pascuorum territorii Castrinovi, ipsos R. et W. contingentes, mediantibus amicis comunibus, videl. dom° Poncio de Balma, capellano et canonico Valentie, et dom° Arnaudo Correa sacerdote et clerico in ecclesia Sancti Petri de Burgo Valentie, in quos partes ipso comuni consensu et concordi voluntate sua compromiserunt, sub pena c. solid. et per juramentum ab ipsis R. et W. ad sancta Dei Euvangelia prestitum de stando et parendo..; ipsi arbitri, auditis per competencia intervalla et dies plures, ad procedendum partibus requirentibus, petentibus et obtinentibus assignata, omnibus hiis que partes hinc inde dicere et proponere coram eis voluerunt, volentes... sine difficultate et honore expensarum pacem... reformari, dixerunt cognoscendo et diffiniendo statuerunt, recitaverunt sentenciando et observari et in scriptis ad perhempnem memoriam habendam redigi... preceperunt, quod omnes et singuli de ipsis monasterio et domo et ordine Lioncelli decetero inperpetuum possint inducere animalia et greges suos animalium quorumcq. in dict. territorium Castrinovi..., et omnes bestias suas et pastorum suorum, sive sint eorum proprie vel pro tempore teneant eas ad medium crescementum, qualitercq. ipsas teneant et regant per se et eorum familias et pastores, prout alias ab eorum antecessoribus dicitur fuisse et repperitur donatum, et pernoctare valeant in ipso territorio et ligna scindere et colligere ad usus suos et crepias et repositoria dict. bestiis facienda quamdiu in ipso territorio pro tempore morabuntur, et facere uti pascuis et habere percursum et ingressum, egressum et regressum suum per totum territorium ipsum..., pascendo et adaquando et specialiter ad flumen Ysare et alibi ubi aquas invenerint... more solito..., a talis tamen faciendis abstinendo et taillatis factis et faciendis a festo Apostolorum intrante maio usque ad festum sancti Michaelis annis singulis successive, excepto tamen dunsco quod est supra Castrumnovum versus monasterium vetus. prout hactenus defendi est consuetum : quod quidem dunscum non debet in futurum ultra terminos in moderno appositos ampliari. Quod quidem arbitrium et mandamentum et sentenciam incontinenti partes ipse approbaverunt, emologaverunt et acceptaverunt : hoc etiam acto quod, pro bono pacis et concordie reformate, dicti fratres.., de mandato et cognitione dict. arbitrorum.., de bonis dict. monasterii et domus Lione. donaverunt et solverunt predict. Rixenti LXⁿ solidos et Willelmeto ejus filio x. solid. et Willelmeto Richardi, sororio dicte Rixentis, III. sol..., et promiserunt.. dare et reddere et reddi facere annis singulis successive decetero pro usu pascuorum... unum vellus lane et unum caseum. In quorum testimonium supradicti d. Poncius de Balma et d. Arnaudus Correa sigilla sua rogatu partium apposuerunt huic carte ; et nos magister Girardus officialis Valentie, facta coram nobis relatione plena de premissis per partes ipsas in curia Valentina, confitentes et asserentes predicta vera esse, rogatu ipsarum jussimus apponendum huic carte ad majorem evidenciam sigillum ejusdem curie. Acta in ipsa curia, in festo beate Agnetis, anno Domini M°.CC°.LXXX°. tercio, present. ad hoc testibus : Giraudo de Bellomonte, Arberto de Boscoveteri, Johanne Romelli et Stephano de Crosis, et pluribus aliis.

(*) Original parch. de 35 lig., coté **F. 125** (*Inv. A*) ; traces de 3 sceaux sur cordons à double queue. Au dos : *Debent Lioncellenses dare anno quolibet unum vellus et unum caseum.* — *Omnes iste lictere locuntur de pascuis Castri Novi et de donationibus monasterio factis per dominos Castri Novi.* Copie dans le cah. DXIX.

CCLIII. *19-20-23-26 mai, 7-10 juin, 11 sept., 16 oct., 16-27 nov. 1284.*

ATESTATIONES TESTIUM SUPER QUERELIS INTER ABBACIAM ET HOMINES DE CHARPEYO*.

Anno Domini M°.CC°.LXXX° quarto, in crastinum Assenssionis Domini, ven^{lis} pater dom. G(iraudus), Dei gracia abbas Lioncelli, nomine suo et conventus sui promisit sub pena L^a librarum Viennen. stare dicto et hordinacioni et diffinicioni domⁱ Aynardi de Chabrellon [1] militis et Guillelmi Bajuli castellani de Crista, deputatorum ut dicitur illustris viri domⁱ A(ymari) de Pictavia, comitis Valentini, super questionibus quo vertuntur inter dict. dom. abbatem ex una parte et homines et hunivercitatem hominum de Charpeyo ex altera, super pascuis, abeuracgiis [2] et aliis usacgiis et super aliis questionibus que inter partes oriri possent occasione predictorum, et dedit dom. abbas fidejussores usque ad predict. summam pro univ. et sing. actendendis et pro expensis deputatorum, videl. Hugonem Raynaudi de Castro Duplo, Heustachium Chapayro de Alexiano, qui se obligaverunt... sub omni renunciatione et cautela. Post hec comparuerunt Rostagnus Jaquemonis domicellus et Pe. Bonerii, sindici ut dicitur huniversitatis hominum castri de Charpoyo, et dederunt fidejussores de stando mandato dict. deputatorum, silic. Johannem Torenc, Bernardum Bonardelli et Guillelmum Benengarii, qui se obligaverunt *ut supra*. Que dies fuit continuata usque in crastinum dict. partibus, et in crastinum predicte partes comparuerunt coram dict. deputatis et dict. dom. abbas tradidit intentiones suas infrascript., quarum tenor talis est : « Intendit probare religiosus abbas Lioncelli, nomine ejusdem domus et conventus ipsius, quod tam ipse quam predecessores sui... sunt et fuerunt in passifica possecione seu quasi inmictendi causa passendi animalia sua quecq. in territorio Combe Calide, quod contiguatur ab una parte rupium precipissiis et territorio de Aygleduno, et ab alia parte vie publice que a Sancto Romano usque ad Castrum Duplex dirigitur, per spacium X,XX,XXX,XL. annorum et etiam tanto tempore cujus contrarii memoria non existit ; item quod ipse abbas et predecessores sui solum usi sunt predicta possecione s. q. omnibus predict.; item intendit probare dict. abbas.., ad excludendam intencionem sindicorum universitatis hominum de Charpeyo, quod dicta Comba Calida est et esse debet in territorio, mandamento et infra limites ter^{rii}, mand^{ti} Castri Duplicis : protestatur dict. abbas quod si reperiantur homines de Charpeyo usos esse aliquo tempore inmitere animalia sua causa pascendi in dicta Comba Calida, quod hoc non fecerunt passifice, ymo cum contradictione abbatis et conventus supradict. et etiam invitis, et si contradictio et violencia non probaretur, protestatur dict. abbas.. quod dicta possecio seu usus eos non juvet nec juvare debeat cum fuerit vicioza ». Et dict. dom. abbas produxit testes super intencionibus predict. infrascriptos.., qui omnes juraverunt dicere veritatem. § Et 1° Allaudus, testis juratus et diligenter interrogatus, dixit quod ipse vidit per LX. annos et plus quod abbates dicti Lioncelli et familia ipsorum inmitebant animalia sua in Comba Chauda usque ad metas contentas in Iª intencione, et pascuis usi fuerunt per predict. tempus pascisfice et quiete ; requisitus si homines de Charpeyo usi fuerunt pascuis predict. et si inmiserunt animalia sua in predicta Comba Chauda causa pascendi ibidem, dixit quod non quod ipse sciat, tamen dixit quod audivit dici quod tempore guerre que erat inter dom. Silvionem et dom. A(ymarum), comitem Valentinum, dicti homines de Charpeyo inmitebant animalia sua in dicta Comba Chauda per sufertam et precario; super IIª intencione requis. dixit ut in ea continetur et plus quod animalia hominum Castri Dupli pascebant libere ibidem ; super IIIª intencione dixit ut in ea continetur; requisitus quomodo scit, dixit quod ita vidit et audivit ab antecessoribus suis, et segnorio ferarum et vintena et alia usuegia deferuntur aput Castrum Duplum et percipiuntur pro dominio Castri Dupli ; requis. si precio, odio vel amore ferebat testimonium, dixit quod non. § Lanbertus Aulagnerii, tes. jur. et dil. int., super omnibus intencionibus dixit idem in omnibus et per omnia ut supra proximus testis, excepto quod de tempore dixit per XL. annos vidit. § Martinus Alvis (*al.* Alvys), t. j. et d. i., dixit idem.. ut primus. § Stephanus Sechavena, t. j. et d. i., dixit idem... quod Lanb. Aulagnerii. § Humbertus Richardi, t. j. et d. i., dixit idem... ut proximus supra. § Durandus Tres Pras (*al.* Trespras), t. j. et d. i., dixit idem quod supra proximus, excepto de tempore quod dixit quod vidit per XXX. annos. § Guillelmus del Cros (*al.* de Croso), t. j. et d. i., dixit idem quod primus, excepto de tempore quod dixit de XL. an. § Johannes Creissens (*al.* Creyssenc [3]), t. j. et d. i., dixit idem.. quod primus. § Giraudus de Bello Monte, t. j. et d. i., dixit idem.. quod Aulagnerii, et plus quod tempore pacis expellebant eos a pascuis illi de Lioncello. § Guillelmus Fornerii, t. j. et d. i., dixit idem quod primus, excepto de tempore quod dixit de XXV. an., et plus quod ipse erat pro guidagio dom[i] comitis Valentini condam in domo Lioncelli et pluries dum ipse erat pro guidagio in dicta domo, v° vicibus vel VI, ipse pignoravit homines ali-

quos de Charpeyo, videl. pastores Nicolay Boverii et Pe. Monmayrani, quia inveniebat avera predictorum in mandamento Combe Chaude et ubicumque ipsos inveniebat supra ruppes ; item dixit quod ipse a XV. annis citra levavit vintena et alia usaegia recepit in dicto mandamento pro dominio Castri Dupli. —§ Anno quo supra, videl. die veneris ante festum Penthecostes, comparuerunt coram predict. deputatis aput Charpeyum Rostagnus Jaquemonis et Pe. Bonerii, sindici universitatis hominum de Charpeyo,.. et ad faciendam fidem sindicatus sui dixerunt quod ego Poncius Balisterii, notar. publ., habebam notam sindicatus sui et inde debebam facere publ. instrumentum, quod vero confessus fui, cujus instrumenti tenor talis est : « Noverint univ. et
» sing... quod anno Domini M°.CC°.LXXX°.IIIJ°, x° kalendas junii,
» in presencia mei notarii et testium subscript., aput Charpeyum, in
» platea prope portale Pe. Bonerii, ante domum Matei Blanchardi,
» Guillelmus Benengarii de Charpeyo, Freelis, Humbertus Chana-
» vella, Humbertus de Mirabella, Guigo Bonerii, Guillelmus de Bla-
» gnaco, Gualvagnus, Lanbertus Audras, Durandus Eymidonis,
» Lanbertus Eymidonis, Guigo Cilvestri, Desiderius Chastonis, Guil-
» lelmus Mustonis, Lanbertus Bonerii, Pe. Torencz, Pe. Cayrelli,
» Arnaudus Boverii Samonis, Pe. Aymicus, Hugo Borzes, Aymone-
» tus Guarnerii, Jaquemetus de Micola, Arnaudus de Aracris, Pe.
» Blanchardi, Pe. Boneti , Pe. Vialis, Romanetus Humberti, Johan-
» nes Suyani, Raymondus Rayna, Daniellus, Pe. Brasardi, Andreas
» Besonis, Johannes Boneti, Guillelmus Bliiardi, Johannes Peyrachia,
» Bernardus Giraudi, Johannes Doyeti, Andreas Nicolay, Johannes
» Grasseti, Bernardus Quilberii, Johannes Benedicti, Johannes Cay-
» rolli, Bontosius Flueys, Poncius Monmayrani, Johannes Chandele-
» rii, Guillelmus Aymionis, Pe. Guardini, Guillotus, Pe. Arberti, Jo-
» hannes Basternays, Pe. Raynaudi, Bressonetus, Johannes Bonar-
» delli, Guillelmus Vincenssii, Guillelmus Marcelli, Johannes Vincen-
» cii, Bernardus Bonardelli, Hugo Fabri, Raynaudus, Andreas Gi-
» raudi, Lantelmus Giraudi, Morellus, Poncius Vachonis, Pe. Ayze-
» randi, Pe. Alexandri, Pe. Baronis, Jaquemetus Chastonis, Pe. Rocini,
» Johannes Guonterii, Giraudus Alexandri, Andreas Ferrerii, Johan-
» nes Licerna, Poncius Aficalis, Hugo Lierna, Chalvetus, Bontosius
» de Bayart, Johannes Micol, Guigo Bertrandi, Guigo de Barberia,
» Doyetus de Chapeyo, palam et publice ad vocem preconis sollempni-
» ter ut moris est in simul congregati et collecti, comunicato con-
» silio et tractatu habito inter ipsos, nomine et vice universitatis
» hominum dicti castri de Charpeyo creaverunt, fecerunt et consti-

» tuerunt Rostagnum Jaquemonis, Pe. Bonerii, Pe. Pestelli, presen-
» tes et recipientes, et Pe. de Sparverio et Hugonem Peyracha, licet
» absentes, sindicos, procuratores seu actores suos, et quemlibet eo-
» rum insolidum ita quod non sit melior condicio occupantis et quod
» unus inceperit alter possit ducere ad effectum, in causa seu causis,
» litte seu littibus quam seu quas predicti homines, nomine dicte uni-
» versitatis, seu ipsa universitas movet seu movere intendit contra
» abbatem et conventum domus Lioncelli, Cistorciensis ordinis, oc-
» casione pascuorum de Comba Calida, seu usu pascendi seu alia
» ratione.., seu contra alios abbates, conventus, collegia, universita-
» tes... et coram quibuscq. judicibus ordinariis, extraord^{riis}, delegatis
» vel subdel^{tis}..; dentes et concedentes... dict. sindicis... plenam et
» liberam facultatem et potestatem.. agendi, deffendendi, excipiendi,
» replicandi, triplicandi, libellos petendi, articulos seu simplices
» peticiones, respondendi, littem contestandi, de calumpnia jurandi
» et de veritate dicenda..., testes et instrumenta producendi, senten-
» cias interlocutorias seu diffinitivas audiendi, appellandi.., passis-
» sendi, componendi, compromictendi, transsigendi, sumptus et ex-
» penssas... taxandi et levandi a dicta universitate et singulos...vocandi
» ad contributionem... et omnia alia..; promittentes.. se ratum, gratum
» et firmum perpetuo habituros... quicquid... actum, gestum, fac-
» tum fuerit seu etiam procuratum; volentes nichilominus... relevare
» dict. sindicos... ab omni honere satisdandi, promiserunt... judi-
» catum solvi cum omnibus suis clausulis, sub expressa obligatione
» et ypotheca speciali omnium bonorum suorum et universitatis.., et
» SS. Dei Euvangeliis manibus tactis juraverunt. Cui creacioni et
» constitucioni Humbertus de Orchano, castellanus Castri Dupli et
» Charpeyi, de cujus concenssu et actoritate predicta omnia facta fue-
» runt et gesta, ad majorem firmitatem.. actoritatem suam interpo-
» suit pariter et decretum. Actum aput Charpeyum, anno, die et loco
» predict. et indictione xir^a, testibus present. vocatis et rogat. dom^o
» Lantelmo capellano Charpeyi, dom^o Stephano Peyracha capellano,
» Francone Raynerii Riberia, Pe. Aronc, et me Pon. Balisterii actor.
» imper. notar. publ... » § Et obtulerunt predict. deputatis intentiones
suas, super quibus petunt... suos testes admicti et recipi, quarum in-
tentionum tenor talis est : « Intendunt probare Rostagnus Jaquemonis
et Pe. Bonerii de Charpeyo, nomine universitatis hominum de Charpeyo, quod dicta universitas fuit in pasciffica possecione et quieta
pascuorum territorii de Comba Chauda et de lia Moscha usque ad collum de Tornieu, cui confrontatur ab una parte mandamentum de

Aygleduno et ab alia mandamentum Castri Dupli, per x,xx,xxx,xl annos et L^a; item.. quod ipsi usi fuerunt pascuariis dicti territorii inmitendo et ponendo sua animalia qualiacq. per x,... an. et L^a: protestantur tamen... quod si contingat reperiri per aliquas personas quod vir religiosus dom. abbas Lioncelli... inquietaverit predict. universitatem super predict. pascuariis, quod hoc injuste et indebite faciebat; preterea protestantur quod si predict. abbas... aliquo tempore usi fuerint predict. pascuariis, quod non credit dicta universitas nec unquam reperietur quod non bono modo nec juste..; preterea protestantur... quod si predict. dom. abbas in fidem et lucem probacionis velit producere aliqua instrumenta, quod ipsi petunt sibi fieri copiam et in scriptis et sibi diem assignari ad obiciendum. » Et juraverunt testes... § Arnaudus de Monte Regali, testis juratus et diligenter interrogatus, super I^a intencione dixit quod ipse vidit per xx. annos quod homines de Charpeyo inmictebant vaciva sua ovium in predicta Comba Chauda et in predict. locis in intencione contentis, et ipsemet qui loquitur, qui erat berbierius aliquorum hominum de Charpeyo, custodiebat predicta vaciva ovium in predict. locis; requisitus si illi de Lioncello pignorabant homines de Charpeyo et inpediebant super possecione predict. pascuorum, dixit quod sic et ipsum qui loquitur pignoraverunt bis; requis. si vidit quod alias bestias inmiterent homines de Charpeyo dict. pascuis, dixit quod non; requis. quantum tempus est elapsum quod ipsum pignoraverunt, dixit quod bene sunt x. anni elapsi vel circa; item dixit quod Virro conversus Lioncelli ipsum pignoravit; super II^a intencione requisitus, dixit idem ut supra; requis. si tempore guerre tantum utebantur pascuis predict., dixit quod tempore guerre et tempore pascis; requis. si odio vel timore ferebat testimonium, dixit quod non. § Guillelmus Doyeti, tes. jur. et dil. int., dixit quod ipse vidit per xxx. annos quod homines de Charpeyo inmitebant vaciva sua ovium in predict. locis, et vidit quod dom. Grenos habebat vacas et equas quas inmitebat seu inmiti faciebat in predict. pascuis; requisitus si vidit quod illi de Lioncello pignorarent homines de Charpeyo.., dixit quod non, set a III^{or} annis vel v. citra turbabant eos in possecione predict. pascuorum; requis. in quo territorio est dicta Comba Chauda, dixit quod in territorio Charpeyi ut audivit dici; requis. si odio.., dix. q. non. § Durandus Furmicerii, t. j. et d. i., dixit idem in omn. et per omn. quod primus testis, et plus quod bene sunt xv. anni elapsi quod Stephanus Virro ipsum et alios aliquos de Charpeyo pignorabat in dicto territorio et ipsos expellebat.., set ipsi revertebantur incontinenti; requis. quam partem vellet obtinere causam, dixit quod partem Charpeyi ; req. si odio.., d. q. n. § Johannes Grasseti, t. j. et d. i., dixit quod ipse vidit per xx. annos quod. homines de Charpeyo inmitebant vaciva sua ovium et vacas et equas quas habebant in dict. locis, et vidit quod illi de Lioncello expellebant predicta avera.., xv. anni sunt elapsi, et incontinenti revertebantur per dicta loca ; item dixit quod predicta loca sunt de mandamento Charpeyi, ut audivit dici ;... § Jaquemetus Berbierii, t. j. et d. i., dixit quod ipse vidit per L. annos et plus quod homines de Charpeyo inmitebant animalia sua, oves, vacas et equas in predict. locis et utebantur predict. pascuis sine contradictione illorum de Lioncello, et dixit quod quadam vice avera illorum de Charpeyo erant infirma et rogaverunt eos illi de Lioncello quod retraherent se retro, et tunc illi de Charpeyo retraherunt se gratis ;... § Pe. Achardi, t. j. et d. i., dixit idem quod primus, excepto quod ipsum non pignoraverunt nisi anno preterito, set audivit quod bene sunt x. anni elapsi quod illi de Lioncello pignorabant in dict. locis et expellebant eos ab eisdem, et ipsum cum vacivo expellerunt anno preterito usque ad locum qui dicitur aus Traus; interr. quam partem causam vellet obtinere, dixit quod partem Charpeyi ; requis. si odio.., d. q. n. § Johannes Torencz, t. j. et d. i., dixit quod ipse vidit per xxx. duos ann. quod homines de Charpeyo inmitebant oves suas et vaciva, et non alias bestias quod ipse viderit, in predict. territoriis sine contradictione illorum de Lioncello, set tamen audivit dici quod illi de Lioncello expellebant illos de Charpeyo, et semel ipse vidit quod tondebant oves suas et illi de Lioncello expulerunt eos de Comba Chauda, tres anni sunt elapsi vel circa ;.. § Vincenscius Peslerii [4], t. j. et d. i., dixit quod vidit per xvii. ann. *ut supra*, et ipsemet custodivit oves per x. ann. in predict. locis ;... § Post hec predicti sindici postulaverunt et spescierunt cum instancia quod predicti deputati assignent eis diem ad producendum duos testes qui erant absentes.., et deputati assignaverunt diem mercurii post octalbas Penthecostes et locum aput Lioncellum..; et.. ad obiciendum in personis et dictis testium, et ad proponendum de jure et de facto.. et ad terminandum dict. questiones.. diem salbati post octalbas Penthecostes et locum in cerro de Liga Moscha [5]...— § Post hec, dicto die veneris, Pe. Magnani, tes. jur. et dil. inter., dixit se nihil scire set quod vidit, xx. anni sunt elapsi, aliquos homines de Charpeyo cum ovibus suis assendere et dessendere de montanea Lioncelli propter guerram episcopatus Valentini et Hugueti de Barrono et dom' Girardi Basteti; requis. si vidit quod illi de Lioncello pignorarent in dict. territoriis dict. homines de Charpeyo vel ipsos expulerent, dixit quod non set

xv. anni sunt elapsi et plus quod audivit dici quod pignorabant., et expellebant;... § Guillelmus Moralli, t. j. et d. i., dixit quod vidit bis vel ter homines de Charpeyo uti dict. pascuis, bene sunt xv. anni elapsi, intenendo ibidem vaciva sua, alia animalia dict. hominum non vidit in dict. pascuis; interr. si illi de Lioncello turbabant seu expellebant ipsos.., dixit quod non quod ipse viderit, set semel expellerunt eos a pascuis in collo de Tornieu qui dicitur esse de mandamento de Aygleduno;.. requis. quam parcium vellet causam obtinere, dixit quod partem que jus habebit... — § Post hec, anno *quo supra*, die lune post Nativitatem beate Marie, que dies erat assignata ut dicitur domº abbate Lioncelli et conventui.. et predict. sindicis universitatis castri de Charpeyo, comparuit ut dicitur frater Pe. de Romanis, qui dicit se procuratorem dicti d. abbatis et conventus, et ad faciendam fidem dicte procurationis obtulit quand. licteram sigillatam sigilli domᶦ abbatis et conventus, cujus tenor talis est ut dicitur : « Nos frater G. » et cetera ; comparuerunt etiam pro dicta universitate Rost. Jaquemonis et Pe. des Parvier et Hugo Peiracha, sindici.., et tradiderunt predict. deputatis allegationes suas juris et plures dixerunt se tradere die sibi assignanda.., et partes concluserunt de facto in predicta causa et deputati assignaverunt diem.. ad diffiniendum precisse et perhemptorie predict. questiones, vid. die lune post quindenam sancti Michaelis et utraque pars per vii. dies ante tradat nobis allegaciones... et locus in claustro Castri Dupli ; que dies fuit prorogata per dict. deputatos, propter multa et varia negocia que obvenerunt eis, usque ad diem jovis post festum beati Martini yhemmalis. Ad quam diem et locum comparuit dom. G. abbas Lionc., comparuit etiam Pe. Bonerii de Charpeyo non: ne universitatis... et dict. sindicus.. tradidit allegationes aliquas cum non potuissent tradidisse, ut dicebat propter absenciam predict. deputatorum, et deputati assignarerunt ad sentenciandum... diem lune ante festum sancti Andree apostoli et locum in claustro Castri Dupli, et quod utraque pars tradat allegaciones juris... ad diem martis proximan castellano Castri Dupli, ita quod ulterius non audiantur nec recipiantur.., et concluserunt.. et renunciaverunt.. et vanaverunt judicium et speciit utraque pars sentenciam ; ad quam diem et locum comparuerunt predicte partes... et fuit requisita utraque pars si volebat aliquid dicere seu proponere, et utraque pars dixit quod non set volebat audire sentenciam. Ego vero Poncius Balisterii de Castro Duplo,.. predicta acta, prout in registro et protocollo meo asserui et in quodam scripto facto per manum Guigonis Arvieu, ut supra dubitavi, inveni manu propria scripsi et in publ. formam redegi, tamquam notarius publ. ill¹⁵ viri dom¹ A. de Pict. com. Valent., et signo meo consueto signavi † et in guncturis pargameni sigillum meum apposui.

(*) Original parch., coté **Arm. 374** (*Inv. A*) et DLIV (*Inv. B*), composé de 5 bandes réunies par des lemnisques. — (1) Var. *Capriliano.* — (2) Var. *herberacgiis.* — (3) Var. *Creysencz.* — (4) Var. *Peilerius.* — (5) Var. *Lia Musca.*

CCLIV. *27 novembre 1284.*

SENTENCIA LATA CONTRA COMMUNITATEM DE CHARPEYO
IN FAVOREM MONASTERII LIONCELLI*.

ANNO Domini M°.CC°.LXXX°. quarto, die lune ante festum beati Andree apostoli, cum controvercie seu rancure verterentur seu verti sperarentur inter ven^{tem} fratrem Giraudum Dei gracia abbatem Lioncelli, Cistarciensis ordinis, nom⁰ conventus sui, ex una parte, et Petrum Bonerii de Charpeyo, sindicum universitatis hominum de Charpeyo et pro ea, ex altera, super eo quod dict. abbas.. dicebat et asserebat se esse in possecione v. q. pascayrandi cum animalibus dicte domus de Lioncello per Combam Calidam usque ad metas in intentionibus suis contentas et ad se pertinere predict. Combam Calidam pleno jure, quantum ad possecionem et proprietatem, et se usos fuisse pascuis Combe Calide per x, per xx^{ti}, per xxx, per xl. annos et plus, et per tantum tempus cujus contrarii memoria non existit, et se predicta pascua possedisse v. q. ex causa donationum predicte domui factarum per dominos condam Castri Dupli et confirmatarum per summos pontifices et principes et imperatores Romanos ; dicto Petro Bonerii, sindico.., hoc negante et afirmante et asserente... dict. universitatem.. et homines usos fuisse pascuis predicte Combe Chaude usque ad metas in intentionibus suis contentas per x, *ut supra.* Tandem dom. Aynardus et Guillelmus Bajuli, castellanus Criste, deputati sive delegati ab illustri viro dom⁰ A. de Pictavia, comite Valent., super predict. questionibus visis et intellectis diligenter intencionibus, acertionibus et articulis.., receptis testibus et etiam examinatis..., et dictis testium et atestationibus utriusque partis publicatis, visis etiam instrumentis..., visis insuper allegationibus juris.., concluso in causa.. et etiam renunciato.., die assignata precisse et perhemptorie.., habito consilio perhitorum, habente Deum pre oculis et eciam equitate, SS. Scripturis coram se positis, questiones predict. sentenciando diffiniverunt in hunc modum : in primis voluerunt et mandaverunt.. quod predict.

Pe. Bonerii sindicus., seu universitas predicta non turbet seu inquietet predict. d. abbatem super pascuis pred. Combe Chaude, cum intentionem suam non probaverit, et ab inpetitione quam faciebat pred. Petrus sindicus... contra dict. d. abbatem... duxerunt pred. d. abbatem sentencialiter absolvendum, predict. sindico... et universitati.. perpetuum cilenssium inponendo, pred. pascua Combe Calide predicto d. abbati nom° conventus sui sentencialiter adjudicando, retenta sibi potestate super expensis et sumptibus... Actum in ecclesia Sancti Micaelis de Castro Duplici.., testibus present. : Humberto de Orchano, Bernardo Sextoris de Crista clerico, Hugone Raynaudi, Hugone de Secussia, Richauo fratre ejus, Hugone de Blagnaco, Guigone Arvieu et pluribus aliis, † et me Poncio Balisterii de Castro Duplici, notario publ. dom¹ A. de Pictavia, comitis Valent.,.... †

(*) Original parch. de 35 lig., coté **Quo 372** (*Inv. A*) et DLIII (*Inv. B*); traces de 2 sceaux, dont un cordon à double queue.

CCLV. *29 novembre 1285.*

(VENDITIO JOHANNETI ISARNZ DE BURGO VALENTIE)*.

Noverint universi quod, anno Domini mill'o CC°.LXXX°. quinto, indictione xiiij^a, iij° kalendas decembris, in presencia mei notarii et testium.., Johannetus Isarnz de Burgo Valentie, sciens.., verum etiam pro ejus utilitate et comodo evidenti,.. vendidit et titulo venditionis perfecte et pure dedit, cessit, concessit et tradidit fratri Petro Seguyni, converso domus seu monasterii Lyoncelli, Cistercien. ordinis, magistro domus del Coognier ejusdem ordinis, ementi ad opus.. dicte domus del Coognier, precio xv. solid. Viennen., quandam terram... sitam versus ecclesiam Sancti Marcelli, secus iter publicum Romanense, juxta terram Perruchoni de Sancto Bartholomeo ex parte una et juxta terram dicte domus del Coognier ex altera ; que quidem terra... est de dominio Garnerii Richardi, cui facit ii. denar. Vienn. censuales : unde dict. Johannetus in manu dicti Garnerii.. devestiens penitus inperpetuum se et suos, dict. fratrem... investivit corporaliter... Ad hec dict. Garnerius Richardi, confitens et publice recognoscens se habuisse et recepisse a dicto fratre P. placitamentum.. debitum, dict... magistrum.. investivit et retinuit, salvo jure sui dominii secundum consuetudines Valentie. Actum Valentie, in domo Lyoncelli, present. testibus Stephano Richardi, Bartholomeo Cellerarii, Stephano de Crosis et Guillelmo Bajuli, filio condam Chaberti Bajuli.

Et ego Humbertus dictus de Gebenna, imper¹¹ auctor¹⁰ publ. notarius, curie Valentine juratus interfui... Et ad majorem certitudinem, nos mag. Girardus, officialis et canonicus Valentinus,... sigillum curie Valent. pres. instrumento duximus apponendum. ☨

(*) Original parch. de 29 lig., coté **Thomas 884** (*Inv. A*) et CCCCLVI (*Inv. B*); trace de sceau. Copie dans le cah. DXIX.

CCLVI. *3 mars 1286.*

ATESTACIONES CONTRA HOMINES DE CHARPEYO SUPER PASCUIS DE COMBA CHAUDA*.

Noverint univ. et sing. quod anno Domini M°.CC°.LXXX°. quinto, v° nonas marcii, in presencia domⁱ Aynardi de Chabrellon militis et Guillelmi Bajuli, castellani de Crista, ex parte illustris viri domⁱ A. de Pictavia, comitis Valent., frater Martinus de Geneves, sellararius domus de Lioncello, obtulit seu tradidit mihi notario... quodd. scriptum in papiro factum.., tamen sigillatum sigillis dicti d. Aynardi et Guil. Bajuli..., quod asserebat esse acta cause domus de Lioncello et hominum de Charpeyo facta coram ipsis, requirens dictos dd. A. et G. B. et mihi precipiens dict. scriptum de verbo ad verbum transcribi et in publ. formam redegi..; cujus scripti tenor talis est : « Anno (*ut in ch. CCLIII, p. 263*)... audire sentenciam. » Predicta vero requesta facta fuit apud Cristam, juxta ecclesiam Sancti Salvatoris.., testibus present. Pe. de Tribus Asinis, Johanne Vellonis et me Pon. Balisterii, notario publ. ill. viri d. A. de Pict. com. Valent...

(*) Original parch., coté **Mine 371** (*Inv. A*), composé de 3 bandes réunies.

CCLVII. *23 décembre 1286.*

CELLARII MONTIS CLARI DE X. SEST. FRUMENTI ET XX. SOL.*.

Noverint universi quod clausula infrascripta continebatur in testamento domᵉ Gueeline, uxoris condam domⁱ Guigonis de Secusia. § Item, in cimenterio monasterii de Liuncello. Cistarciensis ordinis, meam eligo sepulturam, cui quidem monasterio de Liuncello decem sextaria frumenti censualia do lego cum eorum dominiis, que percipio videl. ɪ. sextarium in loco d'Ensage et vɪ. sextar. in loco de Monte Claro et ɪɪɪ. sext. in mandamento de Bays ; item viginti solidos censuales cum dominiis eorundem, que percipio in locis infrascriptis, dicto monasterio do lego, videl. aput monasterium Montis Clari et ejus mandamento x. solid. et in castro de Monte Claro et ejus tenemento III sol. et I. denar. censuales, et in castro de Bays et loco d'Ensage seu eorum mandamentis VI sol. et IX. den. aput Gigoriis super facto Giraudi Beol: et hec omnia ipsi monasterio per me legata et relicta eidem monasterio do lego pro anniversario meo ipsius monasterii conventui secunda die festi Omnium Sanctorum perpetuo pro anima mea et omnium parentum meorum faciendo. Que quidem clausula fuit de dicto testamento per me Bonum Amicum de Buxo, notarium dom^i A. de Pictavia, comitis Valent., auctoritate dom. R(aimun)di de Vennejano, judicis dicti dom^i comitis, de verbo ad verbum fideliter extracta et in hanc publ. formam manu propria redacta et scripta et signo meo signata et sigillo curie d. d. comitis sigillata, ad requisicionem ven^{lis} patris in Xpisto fratris Giraudi de Vacivo, Dei gracia abbatis Liuncelli et dicto d. abbati tradita, anno Domini mill^o ducentesimo LXXXVI°, x^o kalendas januarii, present. testibus fratre Guillelmo de Scalis, priore Liuncelli, et mag^o Petro de Aysia, publico notario. †

(*) Original parch. de 11 lig., coté **Et Judas 667** (*Inv. A*) et CXLVI (*Inv. B*); trace de sceau sur lemnisque.

CCLVIII. *6 février 1287.*

(Carta) super facto feudi Ferrandorum*.

Noverint univ. et sing... quod, cum Umbertus Arnaudi de Augusta, Diensis diocesis, et Petrus ejus filius, constituti in presentia viri providi Poncii Berengarii, castellani dicti loci et de Crista pro rev^{do} in Xpisto patre dom^o Johanne divina miseratione Valentin. et Diense episcopo, moverent seu movere intenderent contra religiosum virum, providum, venerabilem et honestum dom. Giraudum, divina miseratione abbatem domus Lioncelli.., questionem seu causam et contra etiam dict. domum, videl. super feudo quod dicitur feudum Ferrandorum, quod est in mandamento de Eygluduno, ipsi Umbertus et Petrus ejus filius et de mandato.. patris sui, ambo insimul et quilibet per se et insolidum.., cognocentes se habere desperatam et'injustam causam super dicto feudo contra dict. abbatem et domum, renunciaverunt expresse omni liti et juri et actioni, quod et quam habebant.., cedentes et remitentes.., constituendo.. dict. d. abbatem.. procuratorem..; quam quidem cetionem et remitionem fecerunt.. pro animabus parentum suorum, promitentes.., renunciantes... Hec autem omnia.. promiserunt et tactis corporaliter Euvangeliis juraverunt tenere, servare... Acta fuerunt Criste, Diensis diocesis, in portali ecclesie Sancti Salvatoris a parte platee, anno Dominice Incarnationis M°.CC°.LXXX°. sexto, indictione xv*, in crastinum beate Agate, testibus present. ad hoc specialiter vocatis : predicto castellano, fratribus Guillelmo de Eschaliis, priore domus Lioncelli, Raymondo de Servia monaco Lioncelli, Bernardo Sextoris clerico, Johanne de Molono, Criste vegerio, Petro Berlionis, habitatore Auguste.

† Et me Pagano Jaucelmi de Crista, notario publ. auctoritate imper[li] juratoquo curie comunis dominorum de Crista, qui... signo meo sic consueto signavi.

(*) Original parch. de 30 lig., coté **In ira 360** (*Inv. A*) et DLV (*Inv. B*); au dos : *De territorio Ferrandorum*.

CCLIX. *16 avril 1288.*

CARTA FRANCISCI DE L'OUCHA, DE VENDITIONE*.

IN nomine Domini nostri Jhesu Xpisti, per presens publ. instrumentum cunctis appareat evidenter quod, anno Incarnationis Dominice M°.CC°.LXXXVIII°, indictione I, XVI. kalendas maii, in presentia mei.. notarii et testium subscript., Franciscus del Oscha, habitator Pisantiani,... certus, spontaneus et consultus,.. accensavit et imperpetuam emphiteosim dedit, tradidit atque concessit viris religiosis dom. fratri Petro de Romanis, priori domus Lyoncelli, Cistercien. ordinis, et fratri Martino cellerario domus ejusdem,... vice.. dicte domus Lyonc., pro sex denariis Viennen. censualibus dicto Franc. del Olcha et ejus heredibus et successoribus a dicta domo.. faciendis annuatim imperpetuum et solvendis, duas petias terre et quandam petiam nemoris coherentes insimul, via que protenditur a parte Romanis versus territorium de Chaureres intermedia, et coherent terre et nemori dicte domus Lyonc. ex una parte, scil. a parte orientali, et terre domus de Volpa et nemori Ademari de Curczon quondam ex altera, et vie Valanczane ex altera, cum dict. trium terre et nemoris petiarum pertinentiis.., ad habendum, *etc.*, cedens.. ex causa accensationis.. omnia jura.. et interdicta.., salvis dict. VI. den. cens... Et de dict.. petiis accensatis dict. Franciscus dict. priorem et cellerarium.. per traditionem unius baculi investivit totaliter et retinuit et in possessionem.. induxit pleno jure, nullum placitamentum nullumque aliud usagium.. retinens.., promittens.. ; confitens.. se integre recepisse... nomine investiture... x. libras et xv. solidos Viennen.., renuncians... Preterea Andreas del Oscha et Jordanus del Oscha, fratres dicti Francisci,.. dict. accensationem laudaverunt et confirmaverunt... et promiserunt.., renuntiantes... Actum in plano supra costas de Baignouz, present. et ad hoc vocatis et rogatis testibus : fratre Johanne Gaba, magistro ovium Lyoncelli, fratre Juvene, magistro domus Partis Dei, Johanne Berengarii, bajulo de Pisantiano, Stephano d'Eygala, Guillelmo Magistri et Juveneto Gavarreti, habitatore Romanis, et Amalric de Monte Claro ; et ego Brunetus dictus de Hospitali, scriptor habitator Romanis, auctor. imper. notarius publ., interfui... Et ad majorem firmitatem et certitudinem.. sigillum capituli Romanensis ad preces et ad instantiam Francisci supradicti pres. publ. instrumento est appensum.

(*) Original parch. de 37 lig. 1/2, coté **Sie 570** (*Inv. A*) et CCCCLXI (*Inv. B*); au dos : *Trium peciarum terre Partis Dei et Vulpe pro quibus facimus illis de l'Oucha* vi. *den. cens.* Trace de sceau en cire verte sur cordon.

CCLX. *13 juin 1288.*

CARTA DE INHIBITIONE NOVI OPERIS CELLE DE AMBELLO*.

IN nomine Domini nostri, amen. Anno Incarnationis ejusdem M°.CC°.LXXX°.VIII°, ydus junii, per presens publ. instrumentum cunctis evidenter appareat quod, in presencia mei notarii ceterorumque testium infrascript.., constituti viri religiosi frater Martinus, monachus Lioncelli, ordinis Cisterciensis, cellerarius domus seu abbacie Lioncelli, ac etiam fratres Petrus de Romanis, prior domus s. abbacie Lionc., Mallenus subprior ejusdem loci, Poncius de Cabeo, Guillelmus Bajuli de Flandinis, Raymundus de Servia, Humbertus Valensan, monachi dicti loci, Cistercien. ordinis, fratresque Martinus Rocha, Bernardus, Falco Bonays et Robertus, novicii, et etiam fratres Johannes de Bayana, Giraudus Ricaudi, Poncius Pellison de Bolunaco, Petrus Argo et Guichar, conversi ; prefatus frater Martinus una cum predict. monachis, noviciis et conversis, nomine rev[di] in Xpisto patris dom[i] Giraudi divina clemencia abbatis Lioncelli, dixit et asseruit, quod nobilis vir dom. Aymarus de Pictavia, in dampnum, prejudicium non modicum et gravamen prefate domus et monachorum in *ea* Deo famulancium et subversionem monasterii supradicti, quedam edificia de novo construebat seu construi faciebat in monte qui vocatur Amberc proprio ipsius : quare prefatus cellerarius, nomine suo dom'que abbatis et conventus, operariis prefati edificii et specialiter Petro Fabri, qui nomine et mandato prefati dom' Aym. de Pictavia dicebat se edificare seu construere in solo domus seu abbacie supradicte, prohibuit semel, secundo et tercio ne in dict. solo proprio ipsius domus edificarent, et dicto edificio desistere nolebant, denunciavit novum opus in hec verba : Ego frater Martinus, cellerarius domus Lioncelli, nomine religiosi viri donni Giraudi abbatis meoque et totius conventus domus seu abbacie Lionc., vobis fratri Stephano converso Vallis Sancte Marie, Raymondo Clari et Johanneto ejus filio, Fayrino de Crista, Serlio carpentrario de Castro Duplo et Johanneto Gays, in solo proprio dicte (domus) contra prohibitionem quam vobis feci, facio nomine quo supra semel, secundo et tertio, denuncio novum opus per jectum istius lapilli, item per jactum secundum lapilli et iterum per tercium jactum lapilli ; rogans notarium infrascript. ut de predictis.. faciat publ. instrumentum, cum omni cautela juris et facti... Datum in monte d'Ambel, anno et die quibus supra, testibus ad hoc vocatis et rogatis Arnaudo Escoferii, Petro Mulaterii, Stephanino Cadrigario.

† Et ego Stephanus de Moyrenco, Bisuntensis dyocesis, publ. auctor. imper. notarius... Et nos Petrus de Eschalone, officialis Valentinus,.. sigillum curie Valentine pres. publ. instrumento duximus apponendum...

(*) Original parch. de 36 lig. 1/4, coté M 93 (*Inv. A*) et XVII (*Inv. B*); trace de sceau sur double queue. Copie.

CCLXI°. 1289.

Sentencia arbitralis dom' Gerardi abbatis cum domino Ruppisfortis, vigore cujus idem dominus Ruppisfortis cessit sertas possessiones quas pretendebat habere in Voulpa, constante instrumento recepto per Laurentium Chaissii, anno millio ducentesimo octuagesimo nono.

(*) Sommaire de l'*Invent. A*, cote U. 555 (f° 106 v°) ; l'original manquait en 1812. l'*Invent. B* (cote CCCCLXII) fournit cette analyse plus explicite :
« Sentence arbitrale qui établit au profit de l'abbaie de Lioncel contre noble Arnaud de Rochefort : 1° que la pièce de terre située à Taney sera et apartiendra à lad. abbaie, avec deffences aud. s' Arnaud de l'y troubler; 2° que le pré échangé par un frère convers de lad. abbaie avec le s' de Rochefort sera réuni au domaine de la susd. abbaie comme auparavant ; 3° que ledit s' de Rochefort ny les siens ne pourra exiger ny lever en aucune manière le droit de vintain sur les terres que lad. abbaie fera valoir

ou cultiver par ses grangiers; 4° que ledit s⁵ de Rochefort maintiendra et fera jouir lad. abbaie des paturages dans ses terres aux forme et conditions portées par la concession cy devant faite à lad. abbaie. »

CCLXII.   7 avril 1290.

INSTRUMENTUM DE LYUNCELLO, DE REDITIBUS DE MONASTERIO ET MONTISCLARI*.

Per hoc presens public. instrumentum universis et sing. presentibus et fut. fides indubitata prestetur quod, anno ab Incarnatione Domini M°.CC°.LXXX°. decimo, indictione tercia, silicet septimo idus aprilis, in presencia mei notarii et testium infrascript., cum nobilis vir Guigo de Sequsia et Lamtelmus frater ejus dicerent et assererent dom͏ᵃᵐ Guelinam, matrem condam corundem, sepultam fuisse condam in ciminterio monasterii de Lyuncello, Diensis diocesis, pro cujus anima et omnium aliorum benefactorum suorum et specialiter pro recomendatione sui, predicti Guigo de Sequsia et Lamtelmus fratres, scientes, prudentes et spontanei,... donaverunt, cesserunt, remiserunt.. donatione pura, firma, simplici et irrevoc͏ʰ inter vivos, predicto monasterio de Lyuncello et fratri Martino de Gebennesio, monacho et cellarario dicti mon͏ʳⁱⁱ,... ad opus tocius conventus ejusdem, omnia jura, actiones, usus seu requisitiones que, quas et quos... habebant.., nomine dicte dom͏ᵉ Gueline matris eorum seu ratione patrimonii sui, in castro de Monte Claro seu in monasterio Montis Clari seu mandamento seu territorio ejusdem castri, sive sit feudum sive terre culte vel inc. sive nemora sive census bladi seu gallinarum seu denariorum sive etiam quicq. redditus..; promittentes... sub obligatione et ypotheca omn. bonorum et rerum suarum... et per juramentum... predict. donationem, cessionem, remissionem ratione alicujus ingratitudinis minime revocare.., etiam salvare, defendere et amparare.., concedentes.., renunciantes... Acta fuerunt hec aput sellarium prope Monasterium Montis Clari, in domo in qua consuevit fieri ignis, testibus present. rogatis et ad hoc specialiter evocatis : dom° Johanne de Perceria, cappellano et vicario ecclesie Monasterii Montisclari, Guillelmo Raphe de Monteclaro, Milone Chabassii, bajulo dicti Monasterii, Jachobo Baudonis, Petro Fornerii, habitatoribus dicti Monasterii, Johanneto de Ensatge et pluribus aliis fidedignis.

† Et ego Poncius Nicholay, auctor. imper. notarius publ...

(*) Original parch. de 28 l., coté **Sti 644** (*Inv. A*) et CXLVII (*Inv. B*).

CCLXIII. *4 août 1290.*

CARTA VENERABILIS PATRIS DOM^i JOHANNIS
VALENTIN. ET DIENSIS EPISCOPI, DE CONFIRMATIONE SUPER
DONATIONIBUS FACTIS DE PASCUIS CASTRI NOVI*.

Nos frater Johannes, divina miseratione Valentinensis et Diensis episcopus, Notum facimus universis presentes litteras inspecturis, quod nos vidimus et de verbo ad verbum legimus quamplures litteras olim confectas super diversis donationibus quondam factis religiosis viris·· abbati et conventui monasterii Leoncelli, Cisterciensis ordinis, super pascuis tocius territorii et mandamenti Castri Novi ad rippam Ysare, a dominis quondam dicti castri, videl. a Guinisio et ejus fratribus, domino quondam dicti castri, et eorum predecessoribus, scil. Raymundo patre suo et Guinisio et Raymundo, avis et proavis dicti Guinisii et fratrum ipsius, et ab Odilone de Castro Buco et ab Humberto de Castro Novo, et a Rixente et Guillelmeto ejus filio et suis predecessoribus, videl. Humberto de Castro Novo et ab Arnalda filia quondam Arnaldi de Castro Novo, dominis quondam parciariis seu pareriis territorii et mandamenti dicti castri, non cancellatas, non viciatas, non rasas nec in aliqua sui parte corruptas, sigillatas sigillis ipsorum sigillisque venerabilium patrum bone memorie Odonis et Falconis quondam Valentin. ecclesie episcoporum, et Guillelmi quondam dicte ecclesie electi, inter cetera hec que secuntur continentes : vir nobilis Guenisius Castri Novi ad rippam Ysare, dominus dicti castri, oblatis et productis *(ad verbum ch. CCXLVII, a l. 12 ad 72)* remaneant firmitate. Hec eadem vel similia per prefatos parciarios, parerios seu dominos vidimus in litteris sigillis ipsorum sigillatis dicto monasterio Leoncelli et fratribus ejusdem loci plenius fuisse concessa; quocirca nos prefatus episcopus, dominus predicti Castri Novi, territorii seu mandamenti ejus insolidum, scientes prefatas donationes ex causa helemosine rite et legittime esse factas, affectantes quam plurimum predicti monasterii diviniquo cultus semper augmentum, universas et singulas donationes, concessiones pascuorum jurisque pascendi in toto mandamento et territorio castri predicti, prout superius aliisque litteris sepedict. donatorum clarius continetur, laudamus, approbamus et presentis scripture patrocinio confirmamus, et si quid in prefatis donationibus minus sufficienter expressum vel actum est seu obmissum propter quod dicte donationes seu aliqua de ipsis possent in toto vel in parte, de jure vel de facto in posterum irritari, cassari seu etiam adnullari, supplemus ex certa sciencia, auctoritatem nostram interponentes pariter et decretum. In cujus rei testimonium nos prefatus episcopus sigillum nostrum presentibus litteris duximus apponendum. Datum Valentie, IJ. nonas augusti, anno Domini millesimo ducentesimo nonagesimo, testibus presentibus dom° Guidone priore Sancti Victoris Gebennensis, dom. Johanne de Sarzier monacho, magistris Girardo de Passavento et Humberto Dosde, canonicis Valentin. et Dyensibus, et dom° Radulpho de Moreto, incurato de Anassiaco.

(*) Original parch. de 41 lig. 2/3, coté **A 120** (*Inv. A*); au dos : *Pro pascuis Castri Novi;* trace de sceau sur gros cordon blanc à double queue. *Vidimus* du 20 novemb. 1301 (*v. ad. h. a.*) et copie dans le cahier DXIX.

(1) Jean II, fils de Rodolphe comte de Genève (1253-65) et de Marie de Coligny, était abbé de Saint-Seine (1280) quand il fut nommé évêque de Valence et Die par Martin IV, le 13 février 1283 ; il mourut en 1297, après avoir occupé les deux siéges avec mérite.

CCLXIV. *7 mars 1292.*

(Carta) de scambiis domino Rogerio (de Clariaco)*.

Noverint universi presentes litteras inspecturi, quod anno Domini M°.CC°. nonag° primo, indictione v°, nonas marcii, quod vir nobilis Rogerius, dominus de Clariaco et de Ruppe de Gliuy, habebat duas pecias terre sitas versus grangiam Partis Dei, in loco qui dicitur Pererie, juxta viam publicam per quam protenditur de villa Romanis versus Marches ex parte una et juxta viam publicam per quam protenditur de villa Romanis versus castrum de Ruppe Forti ex altera; et domus de Lioncello habebat unam peciam terre versus Charleu, in loco qui dicitur Planters, juxta terram communen dominorum castri de Pisanciano ex parte una et dom¹ Rogerii et juxta terras domus de Lioncello ex altera, ita prout ostendunt dependentia crucis de Chalaudonas et menit de novo post (?). Verumptamen sciendum est quod dict. dom. Rogerius et frater Mar[tinus, tunc cellararius] domus Lioncelli, auctoritate... et vice virorum religiosorum dom¹ fratris Giraudi [Dei gracia abbat]is domus Lionc. tociusque conventus dicte abbacie, fecerunt adinvicem transsactionem, permutationem et concambium in hunc modum : videl. quod due pecie terre que erant d. Rogerii... prout sunt superius confruntate, remaneant dicte domui de Lioncello in perpetuum libere, franche et inmunes penitus..., et dicta terra que erat domus de Lionc... remaneat dicto d. Rogerio in perpetuum libera.. ; preterea sciendum quod dict. d. Rogerius se et suos heredes... per tradicionem unius baculi prout moris est devestivit et dict. fratr. Martinum.. investivit, dictus vero frater M... se devestivit et dict. d. Rogerium.. investivit : que universa.. promyserunt... inllibata cervare... Actum Romanis, in platea, testibus present. Raymundo de Viana, Johanne Macellarii, Guigone de Palvello, Johanne Beroig, Perrino Loneiceil. In cujus rei testimonium sigillum dicti abbatis Lioncelli present. litteris est appensum...

(*) Original parch. de 26 l. 2,3, coté **On 248** (*Inv. A*) et CCCXI (*Inv. B*); trace de sceau; au dos : *Carta Partis Dei, de permutatione facta de duabus peciis terre cum domino Clariaci.*

CCLXV.   *5 avril 1292.*

(Carta) de Armandis (de) Pisenciano*.

In nomine Domini nostri Jhesu Xpisti, per pres. publ. instrumentum cunctis appareat evidenter, quod anno Domini M°.CC°. nonag° secundo, indictione v°, nonas aprilis, in presencia.., Hugo Armanni et Petrus Armanni de Pisanciano, fratres, confessi sunt et publice recognoverunt se debere monasterio Lioncelli, Cit(ercien.) hordinis, quinque solidos Viennen. et unam esminam frumenti censual. pulcri et recipientis ; quam pecuniam et esminam promiserunt... per prestita juramenta viro religioso fratri Giraudo de Vacivo, humili abbati Lioncelli.., solvere et reddere eidem aut mandato suo aut ejus successoribus annis singulis in perpetuum annuatim in domo Partis Dei octava die ante festum Omnium Sanctorum, pro facienda una pictancia consueta conventui, quam legavit dicto monasterio Armannus Bajuli felicis recordationis, condam avius dict. fratrum, prout.. confessi fuerunt.. ; pro quibus.. firmius attendendis et complendis obligaverunt.. dicto d. abbati.. pratum suum situm versus Charleu, juxta iter per quod itur versus Romanis ex parte una et juxta rivum de Vaschio ex altera.., renunciantes... Actum Romanis, in operatorio Maurin Grassi, testibus present. Johanne Macellarii, Johanne Berengarii, Andrea del Oscha, Guillelmo Gauterii, fratre Poncio de Chabeolo, fratre Raymundo, monachis Lioncelli; et ego Guillelmus de Alexiano, habitator Romanis, auctor. imper. notarius publ...

(*) Original parch. de 21 l., coté **Chorum 270** (*Inv. A*); très-effacé.

CCLXVI.   1er juillet 1292.

Donatio Guigonis Blanhacii*.

In nomine Domini nostri Jhesu Xpisti, per pres. publ. instrumentum cunctis appareat evidenter quod, anno Domini M°.CC°. nonag° secundo, indictione v°, primo kalendas julii, in presencia..., Guigo de Blaignac d'Ombleses, sciens, *etc.*, in perpetuum jure proprio vendidit, quictavit penitus et guerpivit... viro religioso fratri Poncio Guidonis de Cabeolo, cellarario domus Lioncelli, ementi.. ad opus abbacie Lionc.., omne jus omnemq. actionem et requisit. quod et quam habebat.. ratione terragii seu taschie in terris cultis et inc., nemore de Gardin, sitis et sito versus abbaciam et vachiriam Lioncelli, videl. a balma Trastornata usque ad collum Care Croste a parte dict. abbacie et vacherie, et a balma Trastornata usque ad disperrimentum dels Chasfalc, et quod in illa parte nemoris de Gardin domus et conventus Lionc. habeant in perpetuum.. boscharagium : et in dict rebus... dict. Guigo sibi et suis heredibus retinuit boscharagium et venationes ; item vendidit dict. Guigo... supradicto Poncio fratri cellar... omne jus... [quod] habebat ratione boscharagii seu quacq... in quadam parte nemoris siti subtus abbaciam et vacheriam Lioncelli, in loco qui dicitur Fontanils, prout tendit rivus de Fontanils usque ad nemus de Gardin ex parte una et juxta rivum qui movet de Comba Rofre ex altera, prout dicti duo rivi ostendunt a parte pendencie dict. abbacie et vacherie : et in ista parte nemoris dict. Guigo sibi vel suis decetero nichil retinuit, ymo penitus... omne jus competens dereliquit ac etiam desamparavit, promittens.. ; pro quibus quictationibus et venditionibus confessus fuit... se habuisse.. a dicto fratre.. xxx. solidos Viennen... Actum et datum Romanis,..., in operatorio Petri Flavioli revenditoris, testibus present. Oddoneto de Ponte d'Osteun, Guillelmo Valanzon, Peroneto Sestiu ; † et ego Guillelmus de Alexiano... notarius...

(*) Original parch. de 38 l., coté **A. 357** (*Inv. A*) et DLVI (*Inv. B*), trace de sceau sur gros fils à double queue.

CCLXVII.   20 décembre 1292.

Carta de quadam terra quam emit frater Poncius de Viriaco apud Alexianum*.

Nos Petrus de Eschalone, officialis Valentinus, notum facimus universis presentes litteras inspecturis, quod Lantelma Pupella de

Alexiano, constituta coram Johanne de Vienna, notario curie Valentine jurato ad hoc a nobis specialiter destinato... mera et spontanea voluntate sua vendit et titulo pure et perfecte venditionis tradit s. q. et concedit imperpetuum fratri Poncio de Viriaco converso monasterii Lioncelli, ementi ad opus dicti mon*rii*, duas sestariatas terre sitas en Baignols in mandamento castri de Alexiano, juxta terram Durandi de Royans ex una parte et juxta terram Petri Disderii ex altera et juxta terram Hermitanorum ex altera, cum omn... pertinenciis, pretio XL* solid. Viennen., quod dicta venditrix confitetur se habuisse a dicto emptore in pecunia numer. et.. se tenet pro pagata..., et se devestit et dict. emptorem investit.. ; si vero plus valet..., illud plus donat..., promittit... Hanc autem venditionem Johannetus Pupelli, ejus filius,... laudat et confirmat... et jurat.., renunciat... In cujus rei testimonium nos predict. officialis... sigillum curie Valentine apponi fecimus huic carte. Datum Valentie, XIII. kalendas januarii, anno Domini M°.CC°. nonagesimo secundo, testibus present. Bontoso Vial, Johanneto Macellarii de Alexiano, Disderio Hugonis et Hugoneto Marcron.

(*) Original parch. de 32 l. 1/2. coté **Au. 544** (*Inv. A*) et CCCCLXIII (*Inv. B*); au dos : *Grangie de Vulpa* ; trace de sceau.

CCLXVIII. *12 février 1293.*

CARTA COMPOSICIONIS SUPER DECIMIS DE FINSAAS*.

Nos Petrus de Eschalone, officialis Valentinus, notum facimus universis present. litteras inspecturis quod, cum questio seu controversia verteretur seu verti speraretur inter fratrem Garnerium rectorem seu incuratum ecclesie de Finzaias, nomine ipsius ecclesie de Finzaias ac eciam nom° Hospitalis Sancti Johannis de Valentia, ex una parte, et religiosum virum dom. G(irandum) abbatem Lioncelli, nomine predicte abbacie, ex altera, super decimis terrarum quas predicti abbas et conventus excolunt seu excoli faciunt infra limites parrochie predicte de Finzaias, et specialiter in territorio quod vulgariter appellatur de Tancys Rochiforteys; tandem dict. frater Garnerius et abbas nom° quo supra compromiserunt alto et basso, tam super decima quam super aliis articulis et questionibus quas habere poterant inter se usque ad hodiernam diem, in discretos viros dom. Poncium de Balma et dom. Petrum de Liberone, capellanum, et in nos, tanquam in superiorem, tanquam in arbitros arbitratores seu amicabiles compositores, per juramentum et sub pena L° librarum Viennen..;

cui compromisso consentit frater Petrus Arnaudi, preceptor domus Hospitalis Sancti Johannis. Nos autem predicti arbitri.., volentes pacem ponere inter partes, auditis et intellectis que dicere voluerunt et proponere, habitoque diligenti tractatu cum eisdem, de voluntate et assensu earumdem dicimus et pronunciamus in hunc modum, videl. quod dict. frater Garnerius teneatur restituere predicto dom° abbati bladum quod cepit anno isto in terris dom¹ abbatis et conventus, de quo blado ipsos.. spoliavit; item dicimus quod in omnibus predict. terris et possessionibus quas tempore date presencium idem d. abbas et conventus habent et possident (in parrochia de Finzaias), predict. (fr. Garnerius) nomine dicte ecclesie habeat et percipiat decetero annuatim pro decima et nom° dec° quadragesimam quintam partem omnium fructuum ibidem crescentium et provenientium sine diminutione aliqua, quam tenentur idem abbas et conventus solvere dicto fratri Garnerio vel ejus nuncio infra grangiam et facere fidem per juramentum, sub virtute religionis sue si fuerint religiosi, et si non fuerint religiosi per juramenta propria ab ipsis super sancta Dei Euvangelia corporaliter tacta, de quantitate bladi quando per dict. capellanum vel ejus nuncium fuerint requisiti, et eidem denunciare tenentur quando levare volunt dict. bladum dict. abbas et conventus de terris quas decetero aquirant in parrochia supradicta teneantur solvere eam partem pro decima quam incole ipsius parrochie hactenus solvere consueverunt ; declaramus tamen quod secundum eorum privilegium redactum in *Corpore Juris* nullam decimam tenentur dict. abbas et conventus solvere de illis terris quas eorum propriis sumptibus excolunt et quas aquisiverunt ante tempus generalis concilii ¹ ; item dicimus quod predict. (abbas) et conventus quitti sint penitus et inmunes de decimis preteriti temporis et que in dict. terris percipi et levari potuerunt usque [ad ho]diernam diem ; item dicimus et ordinamus quod pro predictis sit pax, finis et concordia imperpetuum inter partes superius nominatas. Quod dictum, ordinationem et compositionem et diffinitionem dicte partes in continenti laudaverunt, ratificaverunt et emologaverunt et contra non venire promiserunt per juramentum et sub pena predicta, atendere et servare... In cujus rei testimonium nos predict. officialis ad preces dict. parcium sigillum curie Valentine apponi fecimus huic carte. Datum ıı. idus febroarii, anno Domini M°.CC°. nonagesimo secundo.

(*) Original parch. de 32 l., coté **Jhe. 548** (*Inv. A*) et CCCXII (*Inv. B*); au dos : *Grangie Vulpe ;* trace de sceau sur cordon.

(1) Il s'agit du 4° concile œcuménique de Latran, en 1215, sous Innocent III : cff. GREGORII IX *Decretales*, lib. III, tit. xxx, cap. 34 (*Corp. Iur. can.* ed. BOEHMER, t. II, c. 530) et l'appendice de ce *Cartulaire*.

CCLXIX.   *18 juillet 1293.*

CARTA UNIONIS SANCTI MARTINI DE ALEMANCO*.

Nos frater Johannes, divina miseratione Valentinen. et Dyensis episcopus, notum facimus universis presentes litteras inspecturis quod, cum redditus et exitus ecclesie Sancti Martini de Alemanco adeo sint tenues et exiles, quod ex eis [non] possit unus capellanus aliquo modo sustentari, considerantes etiam paupertatem ecclesie Sancti Mammetis et quod per aliquem capellanum in ecclesia predicta Sancti Martini non possit commodius quam per capellanum Sancti Mammetis imposterum deserviri, ipsam ecclesiam Sancti Martini ecclesie Sancti Mammetis predicte duximus imperpetuum uniendam; volentes et ordinantes quod predicta ecclesia Sancti Martini sit capella adjacens ipsius ecclesie Sancti Mammetis, et quod capellanus Sancti Mammetis saltem semel in ebdomada in eadem adjacenti capella debeat celebrare, nisi evidenti necessitate fuerit impeditus; item ordinamus, de consensu religiosorum virorum " abbatis et conventus Beate Marie de Liuncello, quod predictus capellanus Sancti Mammetis habeat et recipiat omnes oblationes, redditus et obventiones ac etiam mortalagia ipsius capelle et in decimis dicte capelle tria sextaria bladi, duo frumenti et tercium siliginis, que tria sextaria teneantur solvere singulis annis in nativitate beate Marie predicti " abbas et conventus, et hiis dictus capellanus sit contentus : omnes vero alias decimas ipsius capelle habeant et integraliter percipere debeant abbas et conventus supradicti, secundum quod fuerunt hactenus consueti; item volumus et ordinamus quod parrochiani dicte capelle omnia sacramenta ecclesiastica in ecclesia Sancti Mammetis recipere teneantur, nisi forte fuerint infirmi ad quos, secundum generalem consuetudinem, debet per sacerdotem viaticum deportari et audiri eorum confessio prout decet. In cujus rei testimonium nos predictus episcopus sigillum nostrum, una cum sigillo dicti " abbatis, duximus presentibus apponendum ; et nos predicti " abbas et conventus, consentientes omnibus supradictis et promittentes solutionem facere supradictam, sigillum nostrum quod unicum habemus, una cum sigillo reverendi in Xpisto patris domini " Johannis Dei gratia Valentin. et Dyensis episcopi, apposuimus in robur et testimonium omnium premissorum. Datum apud Liuncellum, die sabbati ante festum beate Marie Magdalones, anno Domini millesimo ducentesimo nonagesimo tercio.

(*) Original parch. de 19 lig., d'une superbe écrit., coté **Et edificari 318**

(*Inv. A*) et CCCXIII (*Inv. B*); au dos : *et de portione quam percipit capellanus Sancti Mammeti in decimis grangie de Alamenco.* Des 2 sceaux, il reste celui de l'évêque Jean de Genève (cf. ch. CCLXIII, n. 1), sur liseré jaune et bleu à double queue : ovale (7 cent.), le prélat en pied, revêtu des habits pontificaux, tenant sa crosse de la gauche et bénissant de la droite ; légende : ✠ ⁑ S ⁑ FR'IS ⁑ IOh'IS ⁑ DEI ⁑ GRA ⁑ DIEN ⁑ ET ⁑ VALENTIN ⁑ EPI ⁑. Copie dans le cah. CCCXCI.

CCLXX.   *21 octobre 1293.*

CARTA JOHANNIS ELDRICI DE PISANSIANO, PARTIS DEI[*].

IN nomine Domini nostri Jhesu Xpisti, per presens public. instrumentum cunctis appareat evidenter quod, anno Incarnationis Dominice M°.CC°.XXXXIIJ°, indictione vıj", xıj. kalendas novembris, in presentia mei notarii et testium..., Johannes Eldrici, habitator Romanis,... anime sue remedio providere desiderans et saluti... dedit et tradidit vel quasi in helemosinam puram et liberam de suo proprio alodio, ut dicebat, domui Lyoncelli, Cisterciensis ordinis, et conventui ejusdem et fratri Guillelmo Bajuli de Flandines, monacho et cantori domus, et mihi notario,... ad opus domus et conventus recipientibus, quandam petiam terre cum ejus pertinenciis et appendiciis..., sitam in maudamento castri Pisanciani, scil. in loco ubi dicitur in campo Nartaut, juxta terram de Pomer ex una parte et juxta viam publicam per quam itur a parte Romanis versus Marches ex altera, ad habendum, *etc.* : salvis tamen et exceptis sex sextariis frumenti censual. que dict. Johannes Eldrici in dicta terre petia retinuit ad vitam suam, que... domus Partis Dei... annis singulis quam diu ipse vixerit apud Romanis reddere teneatur; item hoc salvo et retento.. quod, post mortem dicti J. Eldrici, dicta domus Partis Dei teneatur annis singulis perpetuo pro dicta terre petia conventum ejusdem domus Partis Dei in festo beati Michaelis procurare; cedens dict. Johannes... omnia jura..., salvis.. sextariis censual... et procuratione.., se devestivit... et investivit corporaliter v. q. per traditionem unius baculi..., promittens.., renuntians... Actum Romanis, in domo Petronille de Royns quondam, quam ego notarius inhabito, present. et ad hoc vocatis et rogat. testibus : Petro Deymerii et Guillelmo Costa filio suo, Guillelmo de Caproliis, Johanneto de Gebenna, genero Petri Juglar, et Gregorio Charratario, habitatoribus Romanis ; † et ego Brunetus dictus de Hospitali, scriptor habitator Romanis, auctor. imper. notarius publ. interfui et pres. publ. instrumentum scripsi signoque meo signavi rogatus et tradidi.

(*) Original parch. de 28 l., coté **Sa. 234** (*Inv. A*) et CCCCVII (*Inv. B*) ; au dos : *Partis Dei, de donatione campi Nartaudi.*

CCLXXI*.   1294.

Acquisicio non solvendi aliquod tributum pulveragii in mandamento Barberiarum domⁱ Jacobi de Revello abbatis, cum sentencia arbitrali obtenta, constante instrumento per Stephanum Bruneti sumpto anno Domini millio ducentesimo nonagesimo quarto.

(*) Sommaire fourni par l'*Invent. A*, cote †† **224** (f° 32).

CCLXXII*.   1294.

Dexoneratio octo solidorum censualium et unius libre cere quos percipiebat super territoriis Partis Dei dominus Heustachius de Hosteduno, constante instrumento recepto per Hugonetum de Sancto Georgio, anno millio ducentesimo nonagesimo quarto.

(*) Analyse tirée de l'*Invent. A*, cote **Or. 281** (f° 34 v°).

CCLXXIII.   9-22 mars-24 avril 1295.

Instrumentum domini Pellafolli*.

† In nomine Domini nostri Jhesu Xpisti, amen. Per hoc pres. publ. instrumentum cunctis appareat evidenter quod, anno Incarnationis ejusdem Domini Mill'o CC^o. nonagesimo quarto, indictione viii^a, die mercurii videl. vj^o ydus mense marcii, apud domum Partis Dei de abbacia Lioncelli, Citharciensis ordinis, ante ecclesiam domus Partis Dei, coram.., cum contencio, querimonia seu questio verteretur.. inter ven^{lem} patrem in Xpisto dom. Giraudum de Vacivo, Dei clemencia abbatem domus et abbacie Lioncelli, Citharsien. ordinis, nomine suo et conventus sui... ex una parte, et Guigonem Barnardi domicellum.., ex altera, super eo videl. quod dict. Guigo dicebat et asserebat contra dict. dom. abbatem.. quod, ratione animalium dicte abbacie seu grangiarum vel domorum sibi adjacencium, depascencium vel intrancium territorium et pascua de Pellafol seu mandamenti de Pellafol, dict. dom. abbas... eidem Guig. debebat et tenebatur dare et reddere unum mutonem singulis annis, dicto dom. abbate... contra-

rium asserente, nenpe cum dict. d. abbas diceret et proponeret... quod tam ipse Guigo quam predecessores sui multa dampna et gravamina dicte domui intulerant; post predicta, communium amicorum industria mediante, et volentes omnes fluctus judicarios evictare et omn. materiam altercandi, de predictis... se compromisserunt alte et basse... in discretos viros dom. Johannem de Vacheriis, capellanum ecclesie Sancti Nicholay de Bello Respectu, et Guillelmum de Hosteuno, domicellum, tamquam in arbitros arbitratores et amicabiles compositores, et promisserunt... sub pena vinginti librarum Viennen... se stare.., verum eciam suas questiones exposuerunt... Dicti arbitri, tamquam pacis et concordie tractatores.., visis, intellectis et inspectis.., habito tractatu.., diffiniendo pronunciaverunt, mandaverunt et ordinaverunt... quod, si dict Guigo vel sui predecessores forefecerint domui et conventus seu abbacie Lioncelli et domibus eisdem adjacenciis usque ad present. diem in capiendo dict. mutonem, res et bona dicte abbacie vel alia faciendo, dict. Guigo et sui predecessores et successores sint quitti penitus et inmunes et eciam absoluti, et quod dict. d. abbas... quittet penitus et absolvat de exactionibus suprad., et eundem Guig. et suos heredes et predecessores in bonis spiritualibus sue abbacie recipiat, cum dict. Guigo recognosceret predict. peticionem.. fecisse injuste et multa dicte domui et abbacie forefecisse; item dixerunt et ordinaverunt.. quod predict. Guigo Barnardi et sui heredes et successores decetero transire dimictant per territorium et mandamentum de Pellafol in pace et sine lite omnia animalia dicte abbacie Lionc. et domus Partis Dei et aliarum domuum eisdem adjacencium, cujuscq. generis.., et jacere et stare sine aliqua fraude, quandocq. necesse fuerit eisdem vel necessitatem jacendi, standi seu transeundi animalia sua descendendo et adcendendo ad montana habuerint dict. d. abbas... et sui monachi, familiares et eisdem servientes, in territorio et mandamento de Pellafol et... in omn: rebus que sunt de dominio dicti Guig. sitis in dict. territorio et mandamento.., omnibus diebus, noctibus et horis, ascendendo de planis ad montana et descendendo de montibus ad plana.., et quod pastores et custodes dict. animalium possint decetero et debeant scindere et accipere de lignis existentibus infra mandamentum et territorium de Pellafol jacendo et morando... ad sua necessaria facienda, sine contradictione.. et emenda.. et semper sine fraude; ita tamen quod si in rebus, gaviatis vel pratis.. dicti pastores seu dicta animalia facerent seu inpenderent dampna, ipsa teneantur emendare ad cognitionem duorum communium amicorum; post hec vero dicti arbitri ordinaverunt.. quod dict. d. abbas.. et dicta domus de Lione. et domus Partis Dei et alie domus adjacentes.. non teneantur de cetero dare, tradere vel solvere dict. mutonem dicto G. Barnardi vel suis heredibus et succes... : qui dict. Guigo, ad jussum et mandatum dict. arbitrorum.. dedit penitus et remissit dicto d. abbati... dict. mutonem et.. solvit inperpetuum et quietavit, et promissit... quod si ipse vel... successores aliqua dampna, molestiam vel juriam darent, inponderent vel inferrent.., emendare et resarcire juxta posse suum; item dixerunt.. quod predict. d. abbas.. et domus de Lione. faciant perpetuo dicto Guigoni... pro predict. passagio sive percors III. solid. Vienn. censuales quolibet anno, et quod pro bono pacis et concordie dent et solvant et pro intragio dict. passagii et percors XL^a sol. Vien. semel, de quibus.., item quod dent atq. solvant Joucerando et Chaberto, filiis dicti G., cuilibet illorum V. sol. Vien. semel, et quod dicti J. et C. omnia.. laudent, approbent, ratificent et emologent de mandato.. patris sui cum publ. instrumento. Quod dictum, laudem et pronunciacionem.. partes voluerunt, laudaverunt, ratificaverunt et emologarunt, et promisserunt.., renunciantes... omni juri..; volentes.., rogantes discretum virum dom. Petrum de Escalone, officialem curie Valentine, licet absentem quatenus.. sigillum dicte curie.. apponat..., cum dict. Guigo Barnardi diceret se tenere et tenere debere a rev^{do} patre in Xpisto dom^o Johanne, Dei gracia Valentin. et Dyense episcopo, dict. castrum de Pellafol. Item voluerunt predicti amici et preceperunt, quod Guigo Barnardi sigillum suum apponat in publ. instrumento abbatis et abbacie sue, et abbas et conventus sigillum conventus de Lione. et abbacie in instrumento Guigonis; et predicti amici.. et Guigo.. sigilla sua in pres. publ. instrumento dicti abbatis et sue abbacie apposuerunt ad majorem firmitatem, robur et testimonium omnium premissorum. Hujus autem rei fuerunt testes vocati, videl. dom. Petrus de Vacivo miles, mag. Lantelmus Burgondionis jurisperitus, Petrus Romanis de parrochia Sancti Martini de Hosteuno, Johannes Maenca de Rupe Chinardo, Guillelmus Roulardi de Bello Respectu, et ego notarius. — § Post hec, anno, indict. quibus supra, die martis vid. XI° kalendas aprilis, apud Romanis, in domo condam Mathei Gibellini, in qua tenet operatorium Peronetus Flaviol,.. Chabertus filius dicti Guig. Barnardi,.. de auctoritate, voluntate et mandato expressis.. patris sui, ipso patre presente et volente, sciens quod predicta gesta et acta.. fuerunt facta in utilitatem et comodum evidentem dicti G. et filiorum suorum, ratificavit, confirmavit et approbavit predicta... Hujus autem rei fuerunt testes vocati, vid. Falconetus de Montelicsio domicellus, Odilio Guidonis de Cabiolo, Jordanus de Hoschia, Laurencius de Castro Bertrandi, et ego.. — § Item, anno Domini M°.CC°. nonagesimo quinto, indict. VIII°, vid. VIII° kalendas maii, apud Valenciam, ante ecclesiam Sancti Johannis sitam retro ecclesiam Sancti Appollinaris,... Joucerandus, filius dicti G. Barnardi., de auctoritate *ut supra*.., ratificavit, *etc.* Et fuerunt confessi predicti filii... Hujus autem rei fuerunt testes vocati, vid. dom. Guillelmus de Talbieires, capellanus et canonicus Valentinus, Raymondus de Platea civis Valent., Laurencius de Castro Bertrandi, et ego Jacobus clericus de Aqua Bella, habitator Sancti Nazarii in Royanis, auctor. imper. publ. notarius et juratus curie comictatuum Vienne et Albonis,.. Et nos Petrus de Escalone, officialis predict.,.. sigillum curie Valentine in pres. publ. instrumento duximus et juximus apponendum... ☦

(*) Original parch. de 101 l., coté **Di. 252** (*Inv. A*) et CCCXV bis (*Inv. B*); a eu 4 sceaux, dont 2 cordons blancs.

CCLXXIV. *23 septembre-16 octobre 1295.*

Recogniciones censuum quos percipit monasterium Lioncelli in mandamento Gigorcii*.

Per hoc pres. publ. instrumentum univ. et sing... fides indubitata prestetur quod, anno ab Incarnat. Domini M°.CC°.XC°. quinto, indict. VIII°, sil. IX° kalend. octobris, in presencia mei notarii et testium..., frater Poncius de Chabueylz, monachus et sellararius monasterii Beate Marie de Liuncello, Diensis diocesis, voluit certificari nom° mon^{rii} de censibus quos mon^{ium} percipit seu percipere consuevit in mandamento Guigorcii, predicte diocesis, cum hominibus et tenementariis infrascript... Et primo Petrus Chanaberii confessus fuit per juramentum et in veritate publice recognovit, ad instanciam predicti fratris.., se tenere a predicto monasterio, sub annuo censu VIII. denar., quamdam terram scitam in territorio Guigorcii, dictam a Tres Pras, confrontatam ab una parte terre Petri Abatis et ab alia terre W^{mi} Chanaberii, confitens etiam... se persolvisse fratri Guillelmo Fabri, converso de Liunc. magistroque sellarii extra monasterium Montis Clari, x. sol. Viannen. nomine playdeamenti medietatis dicte terre, quam asseruit se emisse a W^{mo} Fiardi de Monasterio ; item confessus fuit... se tenere a dicto mon^{rio}, sub annuo censu I. emine frumenti ad mensuram Criste, quamd. vineam et terram... en oucha Raphi, confront. terre Petri Atholphi et vinee Bontosi Olerii. Item Petrus Textoris, de Monasterio Montis Clari, confessus fuit... se tenere.., sub annuo censu IIII. den. terram... a Tres Pras, confront. terre Petri Chanaberii et terre Bonometi dicti de Burgo. Item Johannetus Olerii... vineam et terram unam alteri adjacentem.., confront. vinee et terre Petri Chanaberii et vinee Bontosi Agrenerii, sub annuo censu I. emine frum., confitens etiam.. se habuisse ratione permutationis medietatem vinee et terre predict. a W^{mo} Chanaberii, pro quadam terra dicta a Tres Pras, confront. terre Bonometi et terre Petri Chanaberii, ratione cujus permut. asseruit se fidejussisse solvere III. sol. fratri W^{mo} Fabri, magistro sellarii. Item Guillelmus Chanaberii.., sub annuo censu I. sextar. frum., terram dictam a Tres Pras, quam asseruit se habuisse ratione permutationis... Item Bontosus Agrenerii.., sub annuo censu I. sext. frum., terram dictam al Auzeron, confront. terre Johanne Acharde et terre W^{mi} Olerii. Item Bontosus Aureylla... se recepisse in amphitheosim, nom^e suo et Johannis Aureylla fratris sui, a dicto d. Poncio de Chabueyl subsellarario tunc temporis de Liunc. terram.. dictam a Pra Morier, confront. terre prioratus Guigorcii et terre Bernardi Abatis, ratione cujus assessationis asseruit se persolvisse xv. sol. Viann. nomine intragii fratri Johanni de Vianna, magistro tunc temporis sellarii sepedicti ; asseruit etiam se et Johannem fratrem suum solvere annuatim quemlibet ipsorum tres quartas frumenti censual. familiaribus dicti mon^{rii}. Unde predict. frater Poncius... requisivit... Acta fuerunt hec in mandamento Guigorcii, Dien. dioc., a Tres Pras, in quadam condamina dom. A(ymari) de Pictavia, comitis Valentini, present. testibus rog. et ad hec special. evoc. fratre Martino Rocha, sacrista de Liuncello, W(illel)mo Nicholay, W^{mo} Raphe, Juliano de Aragone, W^{mo} Fiardi et plur. aliis fidedignis. — Post hec vero, eodem anno quo supra, sil. indict. IX^a, XVII° kalendas novembris, apud Barbostas in mandamento Montis Clari, subtus quadam nuce Andree Barboste, prope domos Barbostarum, present. testibus rog. et voc. dom. Stephano Barboste cappellano, Johanne de Gavana, W^{mo} Charentays, W^{mus} Bonometi dictus de Burgo confessus fuit, ad instanciam fratris W^{mi} Fabri, magistri dicti sellarii, se tenere a dicto mon^{rio} , sub annuo censu VI. den. terram in territorio Guigorcii, a Tres Pras, confront. terre Petri Textoris et terre W^{mi} Chanaberii, quam asseruit se emisse temporibus retroactis a Guiraudo Fromandi et se persolvisse playdeamentum condoneum... fratri W^{mo} Garcini, magistro condam sellarii supradicti.

† Et ego Poncius Nicholay, auctor, imper. notarius publ...

(*) Original parch. de 35 l., coté **Discipulis 681** (*Inv. A*) et CXCIII (*Inv. B*); au dos : *Montis Clari, de redditibus Gigorcii.*

CCLXXV.   *15 février 1296-7.*

(CARTA) DE NEMORE DE MONFOLL*.

IN nomine Domini nostri Jhesu Xpisti, per pres. publ. instrumentum cunctis appareat evidenter quod, anno Incarnationis Dominice M° CC° nonagesimo sexto, inditione ix^a, xv. kalendas martii,.. Bernarda Monfolla, habitatrix Romanis, et Martinus Monfoutz, ejus filius,.. nomine suo et Gilberti Monfol, filii dicte Bernarde fratrisque dicti Martini,.. vendiderunt, tradiderunt et.. inperpetuum habere concesserunt fratri Poncio Guidonis, cellerario domus Lioncelli,.. ad opus dicte domus, quoddam nemus... situm in nemore del Pyney, quod.. tenebant a predicta domo Lionc. et faciebant eidem... sex denar. Viennen. census; vendiderunt, inquam,.. precio centum solid. Viennen., de quo confessi fuerunt.., cedentes..., constituentes se..., se devestiverunt... per traditionem unius baculi..., promittentes.., renunciantes... Actum Romanis, in operatorio Peroneti Flavioli, burgensis Roman., present. ad hoc vocatis et rog. testibus dicto Peroneto Flavioli, Guillelmo Galigonis fabro, Petro Alardi et Romano Grapon, habitatoribus Roman., et ego Stephanus Bruneti, habitator Roman., auctor. imper: notarius publ...

(*) Original parch. de 35 l., coté **Ti 281** (*Inv. A*) et CCCXIV (*Inv. B*).

CCLXXVI.   *29 février 1296.*

CARTA TENEMENTARIORUM TERRARUM DE ROYANIS*.

†IN nomine Domini nostri Jhesu Xpisti, amen. Per hoc pres. publ. instrumentum cunctis appareat evidenter quod, anno Incarnat. ejusd. Dom^i M°.CC°. nonagesimo quinto, indict. ix^a, videl. pridie kalendas marcii, apud Sanctum Nazarium, prope ulmum Hospitalis Sancti Nazarii,.. Raynaudus Hastoiria, de parrochia Beate Marie de Oriolo,.. jurat ad sancta Dei Euvangelia et requisitus dicere veritatem dixit et publice confessus fuit, ad peticionem et instanciam fratris Martini Rocha, monachi et subprioris domus Lioncelli, Citharsien. ordinis,.. ad opus dom. abbatis et conventus..., se tenuisse longo tempore et tenere velle et debere a dicto d. abbate s. domo v. conventu..

quodd. pratum situm in comba de Lioncello juxta rivum venientem a domo abbacie Lioncelli ex una parte et montanam de Muysontz ex alla, et facit inde eisdem xii. denar. Viennen. censuales et ii. solid. Vien. de placito in mutacione possessoris ; item.. confessus fuit se solvisse fratri Poncio de Cabiolo cellarerio dicte domus v. sol. Vien. pro intragio : et hec dixit fore sub omni renunciatione et cautela ; hujus autem rei fuerunt testes vocati, videl. Michael Abel de parrochia Sancti Petri de Mota, Petrus Boroyl de parrochia St Johannis in Royanis, Peronetus Prati de S° Laurencio de Deserto. — Item, eod. anno, indict., die... apud parrochiam Sancte Marie de Oriolo, versus Thameo, in era Peroneti Agnelli, prope domum dicti Peron.., Bernardus Hastoyria de dicta parrochia B° Marie de Oriolo, juratus *ut supra*, (confessus fuit) se tenuisse per spacium xxx. annor. et amplius et *ut supra* unum pratum situm in riperia Lioncelli, juxta boscum Peroneti Charbonelli quondam, violo intermedio, et pratum Guill^i Gilbelini et rivum predict., et facit iii. sol. et vii. den. Vien. cens. et totidem de placito in mutat. posses. ; et ipsum pratum habuit ex causa emptionis a Petro et Peronella Morardi sub certo precio, et solvit Bernardo Flaviol tunc temporis cellerario dicte domus, nom° d^i Girardi tunc abbatis, x. sol. Vien. pro laudimio, venditionibus et placito. Item Giraudonus, filius Giraudi Garanc,.. confessus fuit se tenuisse per spacium xv. annor... pratum situm in comba de Lioncello, juxta pratum Guill^i Gilbellini et pratum Petri Chaston et dict. rivum et boscum, et facit v. sol. et iii. den. Vien. cens. et totidem de placito in mutat. posses. ; et ipsum pratum habuit a Guill° Manuel ex causa dotis Peronelle uxoris sue et solvit v. sol. et iii. den. de placito d° Giraudo de Vacivo tunc abbati in intragio. Item Petrus Chastons, filius Guill^i Chaston,.. confessus (fuit) se tenuisse.. per spacium x. annor. pratum situm in dicta comba juxta pratum Giraudi Garanc et pratum Petri Agnelli et rivum predict. et boscum Lionc., et facit.. vinginti den. Vien. cens. et totidem de placito in mutat. posses. ; item se tenuisse.. aliud pratum vulgaliter vocatum pratum de la Choua, situm in Muysontz juxta boscum de Muysontz ab omn. partibus, et facit iii. sol. Vien. cens. et totidem de placito ; et ipsum pratum habuit ex causa albergamenti a d° Giraudo tunc abbate et solvit eidem xxxv. sol. pro investitura. Item Johannes Chastons, filius Guill^i Chaston,.. confessus fuit se tenuisse vii. annor. spacio.. pratum situm in Muyson, vulgaliter vocatum pratum del Berartz, juxta pratum domus Lionc. et pratum et boscum de Muysont, et facit vi. den. Vien. cens. et totidem de placito in mutat. posses.; et ipsum pratum habuit ex causa emptionis a Guillon Berta et uxore sua sub certo precio et solvit fratri Poncio de Cabiolo tunc subcellarerio v. sol. Vien. pro placito, laudimio et venditionibus. Item Johannes Hastoiria... confessus fuit se tenuisse xx. annor. spacio et anplius... duas pecias prati sitas in dicta comba, quarum una est inter pratum Peroneti Agnelli et pratum Petri Arnaudi et juxta dict. rivum, et alia inter pratum Petri Chaston et pratum Guill¹ Bruni, et facit ix. sol. Vien. cens. et totidem de placito in mutat. posses.; et ipsas habuit ex causa albergamenti a d° Giraudo tunc abbate et pro investitura scytavit sive scindit vel scindere fecit herbas pratorum domus Egaterie ad expensas suas et constaverunt de scytando dicte herbe plusquam c. sol. Vien... Hujus autem rei fuerunt testes voc., vid. Peronetus Charbonelli de parrochia S¹ Martini de Colonello, Giraudus Garancs, Peronetus Prati... — Item, eod. anno, indict., die et loco, Guillelmus Chastons... recognovit se tenuisse spacio xl. annor... pratum vulgaliter vocatum del Rastel, situm in Muyson, juxta boscum de Muyson ab omn. partibus, et facit v. sol. Vien. cens. et x. sol. Vien. de placito in mutat. posses.; et ipsum pratum habuit a conventu domus Lionc. ex causa albergamenti et solvit eidem pro investitura tringinta v. sol. Vien.; item se tenuisse toto tempore vite sue, vid. spacio centum ann. et anplius aliud pratum situm in dicta comba de Lionc., juxta pratum Stephani Laurencii et dict. rivum et boscum, et facit iii. sol et v. den. Vien. cens. et totidem de placito in mutat. posses., et pater suus condam tenebat.. tempore mortis sue. Item Petrus Bruni... recognovit se tenuisse sexsaginta annor. spacio et anplius... dimidiam sestoiriatam prati sitam in dicta comba, juxta pratum Guill¹ Gilbellini et pratum Guill¹ Bruni et dict. rivum et boscum, et facit xx. den. Vien. cens. et totidem de placito in mutat. posses. Item Johannes Bruni... recognovit se tenuisse.. dimidiam sestoyriatam prati sitam in dicta comba, juxta pratum Johannis Hastoiria et pratum Petri Bruni et dict. rivum et boscum, et facit xx. den. Vien. cens. et totid. de plac. in mut. pos. Item Guillelmus Chastons... recognovit se tenuisse.. xi. annor. spacio pratum situm in Muyson, jux lo soyl del Artautz et passum dictum de l'Eschacer et boscum de Muysont, et facit iii. sol. Vien. cens. et vi. sol. Vien. de placito in mutat. posses.; et habuit ex causa albergamenti a d° Giraudo tunc abbate et solvit sibi xxv. sol. Vien. pro investitura. Item Peronetus Agnelli... recognovit se tenuisse.. pratum situm in dicta comba, juxta pratum Johannis Hastoiria et pratum Joh. Laurencii et inter dict. rivum et boscum, et facit v. sol. et ii. den. Vien. de censu et totidem de plac. in mut. pos.; item tenet.. aliud pratum situm in dicta comba, juxta pratum Petri Chaston et

dict. rivum Lionc., et facit xx. den. Vien. cens. et totid. de plac...
Item, Lamtelmetus Laurencii... confessus fuit quod ipse et Guillelmons
ejus frater tenent... pratum situm in dicta comba, juxta pratum
Guill' Chaston et pratum Peronelle Tardive et inter boscum et rivum;
et habuerunt ex causa emptionis et donationis a Petro Laurencii
eorum avunculo jam tracxatis v. annis, et solverunt d° Giraudo tunc
abbati x. sol. Vien. pro laudimio, placito et venditionibus, et dederunt fratri Poncio de Cabiolo III. sol. Vien. pro gracia. Item Guillelmons Brunelli... recognovit se tenuisse spacio xv. annor. campum
situm in loco vulgaliter vocato Comba Mondet, juxta boscum dictum
de Comba de l'Eschaler et terram Guill' Bruni et rivum, et facit VI.
sol. Vien. cens. et totid. de plac. in mut. pos. ; et habuit a d° Giraudo
ex causa albergamenti et solvit eidem L. sol. Vien. pro investitura.
Item Guillelmus Gebelini... recognovit se tenuisse per spacium C.
annor... pratum situm in dicta comba, juxta pratum Petri Bruni et
dict. rivum et viam publicam et esclosam prati del Morars, et facit III.
sol. et v. den. Vien. cens. et totid. de plac. in mut. pos. ; item se
tenuisse per spacium VIII. ann. et amplius aliud pratum situm in dicta
comba, juxta pratum Giraudi Garant et pratum Bernardi Hastoiria, et
facit IIII. sol. et VII. den. Vien. cens. et totid. de plac.., ; et ipsum
habuit a Johanne Challera ex causa empcionis et sub certo precio,
et solvit d° Giraudo pro eo quod posset habere dict. pratum LX. sol.
Vien. pro investitura, laudimio et venditionibus ; item dixit quod
facit.. VII. den. Vien. cens. et totidem de placito, de bosco sito
juxta primum pratum... Hujus autem rei fuerunt testes voc., vid. Giraudus Garanc, Peronetus Prati, Petrus (et) Johannes Masnerii fratres,
de parrochia B° Marie de Oriolo; et ego Jacobus clericus de Aqua
Bella, habitator S' Nazarii in Royanis, auctor. imper. publ. notarius
et juratus curie comictatuum Vienne et Albonis...

(*) Original parch. de 70 l., coté **E 8** (*Inv. A*) et CCXXXI (*Inv. B*).

CCLXXVII. *1er mars-9 avril 1296.*

(Inquisitio curie Dalphinalis super pascuis de Muson)*.

In causa que vertitur inter dom. abbatem de Lioncello ex una parte
et procuratorem dom' Dalphini ex altera, est assignata dies lune
post quindenam Pasche, apud sanctum Nazarium, dict. partibus ad
procedendum in dicta causa quantum de jure fuerit coram nobis Petro de Vado, judice comitatuum Viennen. et Albon., et per nos pre-

dict. judicem est assignata dies predicto dom. abbati decem dierum sequencium ad tradendas intenciones suas, quas tradat magistro Petro notario, curie predicte jurato, et ipse notarius dict. intenciones tradat predicto procuratori ad interrogatoria super hiis facienda, et predict. intenciones predict. dom. abbas probet coram dicto notario, cui quantum ad recepcionem dict. testium et eorum examinacionem comictimus vices nostras. Datum die jovis ante medium Quadragesimam, anno Domini M°.CC°. nonagesimo quinto, cum apposicione sigilli curie supradicte. — Intendit probare relig^{us} pater et rev^{dus} in Xpisto frater Jacobus, Dei miseracione abbas abbacie domus Lioncelli, contra illustrem virum dom. Dalphinum et ejus procuratorem, ad sui defensionem et juris sui tuicionem, nomine suo et dicte abbacie, ea que inferius continentur : In primis, quod dicta domus Lioncelli habet jus et habere debet percipere et levare terragium et tachias in bladis que crescunt et crescere possent in posterum in terris cultis que site sunt in loco qui dicitur Jocus, cui loco confinatur dicta Ferreria et via per quam protenditur al ciellier del Berat; item, quod dicta abbatia seu domus et dict. d. abbas... et antecessores sui sunt et fuerunt in possessione s. q. pacifica et quieta percipiendi et levandi dict. tachias et terragium in terris cultis sitis in dicto loco per x, xx, xxx, xl annos et tanto tempore quod in contrarium memoria non existit; item, quod dict. d. abbas... habet jus et habere debet accenssandi et in emphiteosim tradendi perpetuam cuicumque, tanquam directi domini, dict. terras.. et etiam nemora.. et circumvicinas terras et nemora; item, dict. d. abbas.. et antecessores sui sunt et fuerunt in possessione.. accensandi.. dict. terras.. absque licencia alicujus superioris..; item, quod de predictis est vox et fama publica in partibus de Roynis; item, quod tam ipse d. abbas.. quam antecessores sui sunt et fuerunt in possessione... percipere et levare et etiam recipere et levare seu habere laudimia seu placitamenta et introgia dict. terrarum..; item, quod de predictis est vox et fama in locis supradict. Et ad fundandas et probandas intenciones supradict. d. abbas.. producit testes infrascript. coram me notario.., qui.. jurati et diligenter interrogati dicere veritatem deposuerunt ut sequitur in hunc modum : Primo, Guillelmus Prior Niger... super 1° articulo, dicit quod domus de Lioncello et monachi ibidem commorantes habent jus levandi terragium et tachias in bladis que crescunt in locis predict. et confrontatis..; interrogatus quod jus habebant, dicit quod xiii^{am} partem accipiunt de bladis ibidem crescentibus ; interrog. quid est jus, dicit quod nescit; interrog. quomodo scit quod dicta domus habeat jus levandi tachias et terragium in predicto loco, dicit quod ipse laboravit in predicto loco per xv annos et quod dom. monachi de Lionc. tempore messium veniebant ad eum causa levandi tachias et terragium, et ipse solvebat eis pacifice et quiete et ipsi accipiebant et deportabant sine contradictione alicujus.., et quod nullus alius in dicto loco sibi petebat terragium nec tachias; interrog. a quo vel a quibus dicta domus et monachi hoc jus levandi tachias et terragium habuerint, dicit quod a dom^a Guielina condam defuncta¹; interrog. quomodo scit quod ab ipsa dom^a Guielina habuerint, respondit et dicit quod per auditum; super 3° artic. interrog., dicit quod bene credit quod jus accensandi vel in emphiteosim dandi habent et quod hoc jus habuerunt a dominis de Royanis, et credit quod ipsi habeant privilegia accensandi dict. terras et quod dicta privilegia a dict. dominis habuerint, non quod ipse viderit neque presens fuerit set ita credit eo quia audivit dici a pluribus; interrog. de tempore, dicit quod hec vidit spacio xxx annorum vel amplius; super omnibus aliis artic. interrog., dicit se nichil scire; interrog. si gracia, dono vel precibus, odio, timore alias subornatus hec dicit, dicit quod non set sola veritate. Item, Giraudus Garens... dicit quod ipse habet bene memoriam xl annor. vel amplius et quod ab illo tempore citra vidit quod dicta domus Lionc. vel familiares ejus ceperunt et levaverunt pacifice et quiete terragium et tachias in locis contentis in dict. intencionibus, et quod audivit a pluribus dici quod dicta domus habebat multa privilegia eidem concessa a dominis de Royans, pro quibus privil. utebantur huj^{di} accensamentis;... Stephanus Laurencii... dicit quod ipse per III annos laboravit in locis predict. et quod ipse solvit domui de Lionc. terragium de terris quas excolebat;... Item, Poncius Breg... dicit idem... sicut Giraudus... Item, Petrus Laurencii... dicit *ut Steph. Laurencii*... Item, Petrus Coctini... dicit idem quod Pe. Laurencii, sed de tempore addidit x annos. Item, Girardus Radulphi... dicit idem... sicut Pe. Coctini.. Item, Petrus Agnelli... dicit idem... sicut Gir. Radulphi. Item, Andreas Subnes... dicit idem quod Gir. Radulphi.. Item, Johannes Pueys Niger... dicit quod ipse excoluit in dicto loco spacio xx annor. et quod ipse solvit terragium familiaribus de Lionc... Item, Guillelmus Chatons... dicit quod ipse vidit et presens fuit quod dom^a Guielina condam dedit, donavit donacione pura et simp^{ci} et irrev^{li} inter vivos Deo et beate Marie et domui de Lioncello et fratribus ejusdem domus quicquid juris, actionis et requisicionis habebat seu habere poterat vel debebat in montana de Muson, ad faciendum quidquid facere voluerint, et nichil in dicta montana sibi retinuit; interrog. quod jus dicta domᵃ Guielina habebat in dicta montana, dicit quod nescit; interrog. quid est jus, dicit quod nescit; interrog. de loco, dicit quod in porta de Lioncello ; interrog. de die, dicit quod nescit; interrog. de tempore, dicit quod antequam dies esset nox ; interrog. de presentibus, dicit quod non recolit. Item, Johannes Chastons... dicit idem quod Pe. Laurencii.. Item Guilhons Chastons... dicit idem... Item, Guillelmus Brunelli... dicit idem... Item, frater Stephanus de Furno... dicit quod ipse vidit spacio xx annor., antequam ipse intraret religionem, quod domus et familiares de Lionc. in locis predict. accipiebant terragium et tachias sine contradictione.., et postquam ipse fuit in religione vidit quod domus et monachi accensaverunt quand. peciam terre sitam in predicto loco Guilhoni Brunelli, et hoc pacifice et quiete ;... — Postmodum produxerunt... unam licteram sigillatam, ut dicebant, sigillo rev^di patris in Xpisto dom^i Odonis condam episcopi Valentin., et erat tenor dicte lictere talis et tenor originalis idem, ut dicebant predict. d. abbas et monachi sui : « Cunctis *(vid. ch. XXIV, p. 27-8)*... Guiedelinus... *(l. 7)* quidq... *(l. 10)* de Penchener... *(l. 11)* Bursa... Guiclinus... *(l. 13)* montaneam... *(l. 15-6)* vilan... *(l. 18)* poter. al. conserv... *(l. 22)* Burn... *(l. 23)* et ut... *(l. 28)* yem... *(l. 32)* trecentum... *(l. 33)* aut. omnia fac... *(l. 41)* Adem... *(l. 42)* Seperinfanz... *(l. 43)* Chiminas... Nych. *(l. 44)* panhas... Algos *(l. 45)* Guielini... *(l. 46)* Al-nnus... *(l. 48)* O. de Ponte... G-has... *(l. 50)* in Urbe sed., anno et die quibus supra. » Fuerunt publicati testes.. per dict. d. judicem apud Sanctum Nazarium, partibus presentibus, in assiziis et sentencie facta copia utrique parti...; et predict. d. abbas incontinenti.., present. d. Petro de Vado judice, mag. Odone procuratore, Aymoneto scriptore, requisivit me notarium... Et ego Petrus de Sancto Roberto, auctor. imper. notarius publ. juratusque curie dom. Dalphini...

(*) Transcription du cahier CCXXX, fᵒˢ 9-13. L'*Invent.* B (cote CCX) mentionne une « Enquête du mois de février 1295 pour les tâches et dîmes de Muzan », qui manquait en 1812. — (1) Voir la ch. LXXVI, p. 79.

CCLXXVIII*.   *10 avril 1296.*

Nos Petrus de Vado, judex curie comitatuum Vienne et Albonis, notum facimus univ... nos vidisse et de verbo ad verbum legisse quamdam litteram duobus sigillis sigillatam, videl. sigillo dom^i Gontardi domini de Cabeolo condam, et sigillo dom^i Vullermi tunc temporis Valentin. ministri, non abolitam, non cancellatam nec in aliqua parte sui corruptam, cujus tenor talis est : « Noverint (vid. ch. XCV, p. 96)... alii. » Nos autem.. quod vidimus hoc testamur et, ut huic pres. transcripto cum ipso originali sumto fides indubitata adhibeatur, sigillum dicte curie eidem transcr. duximus apponendum. Actum apud Cabeolum, die martis post quindenam Pasche, anno Domini M°.CC°. nonagesimo sexto.

(*) Original parch. de 30 l., coté **H 140** (*Inv. A*) et CCCCLXIV (*Inv. B*); trace de sceau ; au dos : *Gontardus de Chabeolo*.

CCLXXIX. *22 mai 1296.*

(LITTERA ANNE DALPHINE DE CASTELLANO SANCTI NAZARII)*.

Anna dalphina Viennensis et Albonensis comitissa dominaque de Turre [1], viro provido et discreto karissimo suo dom. Petro de Vado, judici curie comitatuum predictorum, salutem et dilectionem. Ad supplicacionem et querelam religiosorum virorum abbatis et conventus monasterii Lioncelli, Valentinen. diocesis, vobis precipiendo mandamus quathenus de tenementis et possessionibus, censibus, juribus, serviciis et dominiis de quibus sunt et fuerunt retroactis temporibus in possessione et tenuta, et de quibus vos docebunt per licteras vel instrumenta vel alio bono modo, faciatis et precipiatis eos gaudere et uti, non obstantibus aliquibus impedimentis, exactionibus vel turbacionibus quas et que castellanus noster Sancti Nazarii vel gentes ipsius contra dict. monasterium faciant vel imponant ; specialiter examinatis et previsis diligenter juribus, racionibus et possessione dict. abbatis et conventus ac monasterii Lioncelli omnia que invenietis data, concessa vel alias confirmata eidem monasterio a predecessoribus nostris dom° Andrea, inclite recordacionis avi dom¹ Guigonis dalphini, genitoris nostri, filii condam ejusdem dom. Andree, faciatis et precipiatis firmiter et inviolabiliter, sicut de rebus nostris propriis, custodiri et firmiter observari ; et si questio vel querela penes vos tanquam coram judice suscitetur vel moveatur super predictis, volumus et mandamus quathenus sine juris injuria breviter et de plano factum dict. religiosorum et dicti monasterii expedire et deliberare curetis, nec permictatis quod eisdem injuria vel violencia irrogetur, et si aliquid contra ipsos a castellano predicto vel suis gentibus inveneritis indebite actemptatum, illud faciatis absque strepitu breviter emendari, et in hiis et aliis que mandamus justicia vestra et industria faciat et decernat que fuerint facienda. Vale. Datum apud Vallem,

cum apposicione parvi secreti domini nostri Dalphini, die martis post
octabas Penthecostes, anno Domini mill'o ducentesimo nonagesimo
sexto.

(*) L'original, coté **MM 39** (*Inv. A*) et DCXLV (*Inv. B*), a disparu ; le
texte s'en retrouve dans le cahier CCXXX (f° 8) et dans le grand *vidimus*
de 1548 (n° xix).

(1) Anne, fille du dauphin Guigues VII, épousa en 1273 Humbert de La
Tour-du-Pin ; elle succéda à son frère le dauphin Jean Ier, mort sans posté-
rité le 24 septembre 1282 (*Rég. genevois*, n° 1184), après avoir fait son
testament le 21 (origin. aux Arch. de la Préfect. de l'Isère).

CCLXXX. *3 novembre 1296.*

CARTA SUPER TERRITORIUM DE CHALCHALVES*.

IN nomine Domini, amen. Anno ab Incarnatione ejusdem M°.CC°.
nonag° VI°, videl. die sabbati post festum Omnium Sanctorum, cum
questionis et discordie materia foret orta inter rev. patrem in Xpisto
dom. Jacobum abbatem Lioncelli, nom^e domus et conventus ejusdem,
ex una parte, et Franconem Raynerii, filium Chatberti Raynerii condam,.. ex altera, super eo quod dict. dom. abbas.. dicebat et asserc-
bat quendam manssum in territorio de Charchaleves, prout protenditur a comba dicta de Pomeryo usque ad locum dictum aus Degotals
et ab illo loco usque ad viam que ducit ad fontem del Ticure, sicut
ducit via recta de Charchaleves versus Lioncellum, sint.., esse domus
et de domo Lionc. et dicte domui datum fuisse per predecessores
patris dicti Franconis et confirmatum per eundem patrem condam
dicti F. ; item dicebat et asserebat. d. d. abbas.. se et dict. domum de
Lionc. habere jus pascendi cum omnibus suis animalibus ad eorum
omnimodam voluntatem per totum territorium de Charchaleves, cum
Chatbertus Raynerii, condam pater dicti F., dedisset domui de L. et
conventui.., retentis sibi et suis III. solid. Viennen. conssualibus pro
pascuis predict., et quod de predictis dicta domus et conventus erant
et fuerant in possessione pascifica per x, per xx^{ti}, per xxx^a, per xL..
annos et plus : predicto Francone in contrarium asserente. Verum,
post multos tractatus diversos et varios habitos inter partes, mediante
et tractante me notario, predicte partes.. et d. d. abbas de concenssu
dom. Martini Roche, dom. Poncii sellararii Lionc., domⁱ R. de Cervia, dom. Petri de Romanis et dom. Guillelmi de Flandenis, composi-
tionis causa sollempni stipulatione et pacto intervenientibus, convenerunt quod dict. Franco Raynerii et Alasia ejus uxor omnia predicta

que dict. d. abbas asseruerat de dicto mansso.. et de pasquerio de Charchaleves gratis dicto d. abbati... laudaverunt, approbaverunt, confirmaverunt et quicquid... habebant.. d. abbati.. jure proprio tamquam bene merito donaverunt donatione pura..., salvis dictis iii. sol. Vien. censs. ; dictus vero d. abbas.. dedit dicto Franconi et quitavit ex causa present. composicionis omnia illa que de pred. mansso usque ad illum diem habuerat, et voluit et concessit.. quod acenssationes quas in predicto mansso dictus F. fecerat stent et permaneant, set censsus ad domum Lioncelli reddantur ; item dedit et concessit predicto F. bajuliam dicti manssi et bonorum ipsius perpetuo, et quod possit nom^e domus de Lione. acenssare debito modo possessiones dicti manssi et censsus et omnia alia que domino pervenire debent seu debebunt recipere ut melius poterit et levare, et recepta de dicto mansso anno quolibet reddere teneatur a festo Omnium Sanctorum usque ad octalbas sellarario de Lionc. vel ejus mandato, si requisitus fuerit, et debita verbo vel in scriptis declarare et si de non receptis post aliqua recuperabat, infra menssem post recuperationem reddere teneatur.. ; et fuit dictum per d. abbatem et concessum per dictum F. quod si non reddebat recepta ut dictum est, quod bajuliam amisisset et alium bajulum illi de Lionc. ponere possent ; item voluit et concessit dict. d. abbas.. predicto F... quod pro bajulia predicta in hiis que in dicto mansso vendentur suum ters habeat et in terratgiis seu taschiis undecimam partem, et ultra eidem dare promisit ex causa predicta C. solid. Viennen. semel tantum : promittentes pars parti.. bona fide... omnia predicta firma tenere et contra non venire.. ; et insuper predicti conjuges, SS. Dei Euvangeliis corporaliter manibus tactis, juraverunt et dict. d. abbas ut prelatus in ordine suo promisit, renuntiantes..., concedentes... Actum infra domum que est extra et juxta portam de Lioncello, anno et die predict., testibus presentibus dict. monachis, Guillelmo de Barberia, Lamberto Magnani, Humberto Blanchini et me Pon. Balistarii, notario publ. dom. A(demari) comitis Valentini, qui interfui et tractavi.. † Volentes quod sigillo curie dicti dom. comitis sigilletur ad majorem firmitatem.

(*) Original parch. de 37 l. 1/2, coté **Sum 377** (*Inv. A*) et CL (*Inv. B*) ; au dos : *Lictera de Charchalves* ; trace de sceau sur cordon à double queue.

CCLXXXI*. 10 décembre 1296.

Sentencia arbitralis lata pro divisione facta de monte Musam, constante instrumento recepto per Durandum de Ludino, in quo confines scribuntur, Mᵒllᵉ LXXXXVI.

Quictacio juris Petri Romani quod habebat in monte de Muson, qui mons limitatus in strumento dicte quictacionis recepto per Durandum de Ludino, anno Mᵒllᵉ LXXXXVI.

(*) Sommaires de l'*Invent. A*, cotes **RR 44** et **NN 40** (fº 6 vº), où on a noté en marge que ce sont deux expéditions du même acte. L'original, qui ne s'est pas retrouvé, est analysé dans l'*Invent. B* (cote CCXI) : « Sentence arbitrale au sujet de quelques prétentions formées par nobles Pierre Roman d'Ostun et Jean de Rochechinard contre l'abaie de Lioncel sur des possessions de terres, prés, bois, taches et paquerages de la montagne de Muzan, desquelles prétentions ils sont condamnés par la présente de se départir totalement en faveur de lad. abaie, sauf le droit de bucherage qui demeure réservé auxd. nobles d'Ostun et de Rochechinard, auxquels lad. abaie en compensation de lad. cession leur donna, savoir au premier 20 sols Viennois et au dernier 50 sols Viennois. » Mention dans le cah. DXCVII.

CCLXXXII.   *29 septembre 1297.*

(VENDITIO MICHAELIS VERNESON DE TERRA IN CARCALLAS)*.

Anno Domini mill'o CCº nonagesimo septimo, silic. die xx. et ixº mensis septembris, univ. et sing. pateat., (quod), in presencia... Micael Verñesom de Piszasiano... certus et bene consultus.. vendidit et titulo... sesis, consesis et tradidit.. fratri Poncio Guidonis, cellarario monesterii Luoncelli,.. nomᵉ dicte domus, quamdam terram cum ejus pertinenciis.., que terra sita est in mandamento Piszasiani, in loco qui dicitur vulgariter en la costa de Carcallas, que terra confrontatur ex una parte terre Partis Dei et ex altera terre Vulpe, ad abendum... et quiq. rectoribus placuerit perpetuo faciend., presio et mercato xxxᵃ et v. solidos Viannen., quod presium confessus fuit venditor se habuisse.. a fratre solvente in pecunia numer., sedens nichilominus et consedens... omnia jura et cervicia.., devestions.. penitus se et suos in manu Johannis Bergarii, bajuli heredum Aymarii de Cursono, de quorum dominio est dicta terra et facit eisdem unum cartale frumenti sensuale, prout venditor acerebat ; qui bajulus, recepto prius placitamento.. debito, ipsum fratrem investivit per traditionem unius baculi, ut est moris, promitens venditor..., renuncians... Actum in domo Partis Dei, testes fuerunt vocati et rogati Andreas Day et Ugo Giberñoni de Piszansano et Johannes Moyrol de Chatusanges, et ego Ugo Grae, notarius actor. inper... †

(*) Original parch. de 84 l., coté **BB 197** (*Inv. A*) et CCCXV (*Inv. B*) ; au dos : *Omnes iste lictere sunt de grangia Vulpe.*

CCLXXXIII.   7 février 1298.

APPONCTAMENTUM ET TRANSACIO SEU SENTENCIA ARBITRALIS FACTA SUPER TERAS DE BROYERIIS ET BLACHIAM JORDANORUM*.

Nos Girardus de Passavento, archidiaconus in ecclesia Valentina, Petrus de Eschalone, officialis Valentinus, et Johannes de Vyriaco, canonici Sancti Petri de Burgo, notum facimus universis presentes litteras inspecturis quod, anno Domini M°.CC°. nonagesimo septimo, die veneris post Purificacionem beate Marie virginis, cum questionis materia verteretur inter venerabiles et religiosos viros fratrem Jacobum, abbatem domus Lyuncelli, et conventum ipsius, ex una parte, et fratrem Guillermum de Maysoto, priorem Sancti Felicis Valentie, conventumque loci ejusdem, ex altera, super terra de Broyeriis et blachia Jordanorum situatis in territorio de Rivello; tandem, dicte partes unanimiter et concorditer compromiserunt se in nos, tanquam in arbitros arbitratores seu amicabiles compositores, de et super dicta questione et discordia et dependentibus ex eadem omnibusque aliis controversiis, litibus, querelis et rancuris quas habebant vel habere poterant usque ad diem presentem, cum juramento corporaliter prestito ab eisdem super sancta Dei Evangelia et pena L^a librarum Viennen. a parte parti sollempniter stipulata et promissa: hoc acto et in pactum sollempne deducto inter partes, quod nos arbitri.. possimus predict. questiones.. audire, examinare et diffinire pro nostre libito voluntatis..; acto etiam quod tociens pena predicta committatur et exigi valeat cum effectu per partem obedientem a parte non obediente, quocienscumque dicte partes contra diffinicionem nostram, preceptum, sentenciam.. aliquid fecerint, predictis nichilominus in suo robore duraturis; fuit actum etiam.. quod nos arbitri.. possimus super predictis semel vel pluries pronunciare.. et quod dicte partes non recurrent ad arbitrium boni viri neque reclamabunt.., et quod contra.. non venient; promiserunt etiam universa.. servare et complere, renunciantes... Actum in domo quam Nos dict. officialis inhabitamus,... Postea vero predicti arbitri..., partibus presentibus, recepto in nos dicto compromisso, eodem die et anno, auditis et intellectis omnibus hiis que.. proponere voluerunt, finem litibus imponere cupientes, habito tractatu cum partibus diligenti, pro bono pacis et concordie ex vigore dict. compromissi et composicionis dicimus, volumus, mandamus, ordinamus, precipimus, pronunciamus et diffinimus quod terra de Broyeriis pleno jure pertineat ad domum Sancti Felicis Valencie, prout in litteris auctenticis plenius vidimus contineri : dicta vero blachia Jordanorum equaliter et in omnibus pertineat ad utramque partem, hoc tamen excepto quod quocienscumque continget vendi vel scindi ligna dicte bluchie due partes pertineant ad domum S¹ Felicis et tercia pars ad domum Lyuncelli, et nichilominus pastores utriusque partis possint et debeant uti dict. lignis moderate, secundum quod est consuetum in partibus Valentinis ab aliis pastoribus, scil. in mandamento Valencie ; item dicimus.., precipimus.. quod de predict. omn. et sing. questionibus et rancuris, litibus, querelis... sit finis, pax et concordia perpetua inter partes, prout superius est expressum. Predictam autem compositionem, pronunciacionem et ordinacionem per nos factam, dicte partes in continenti laudaverunt.. et emologaverunt, sub pena et juramento predict., et promiserunt.. tactis Evangeliis sacrosanctis se non contra venire, ymmo eandem.. tenere et observare : testibus presentibus dom. Guichardo curato ecclesie Montilisii, dom. Guillelmo de Clayriaco, sacrista S¹ Felicis, dom. Giraudo de Vacyuf, monacho Lyuncelli, dom. Poncio curato de Balma Cornillyana, Alberto domino loci ejusdem, Michahele Citarella, cive Valentino, et pluribus aliis fidedignis. In cujus rei testimonium nos predicti Girardus, Petrus et Johannes, arbitri.., sigilla nostra, una cum sigillis curie Valentin. et Dyensis conventuumque Lyuncelli et S¹ Felicis, presenti littere duximus apponenda ad majorem firmitatem premissorum.

† Et ego Humbertus de Mathafellone, clericus Valentinus, auctoritate imperiali pulblicus notarius juratusque curie Valentine, predict. omnibus fui presens et hoc publ. instrumentum rogatus scripsi signoque meo signavi fideliter et tradidi.

(*) Original parch. (fds de St-Félix) de 36 lig. 1/2, coté n° 297 ; au dos : *Leuncelli, R. D. Rostaigny, de Anceduna*. Traces de 3 sceaux sur cordons, dont un fragm.

CCLXXXIV. *24 mai 1299.*

(Carta) de quitacione nemoris de Veraut*.

Per hoc pres. publ. instrumentum univ. et sing... fides indubitata prestetur quod, anno ab Incarnatione Domini M°.CC°.XC°.IX°, indictione XII°, silic. nono kalendas junii,.. Johannes et Lambertus Magnani de Aygluduno fratres, Diensis diocesis,.. mera et spontanea voluntate sua.., quitaverunt, gulpiverunt, remiserunt et desamparaverunt et penitus absolverunt.., ad instanciam et peticionem religiosi viri fratris Martini Rocha, prioris monasterii Beate Marie de Liuncello,.. vice conventus ejusdem, omnia jura, requisitiones, usus et actiones... quos et quas.. habent seu possunt seu visi sunt habere... in monte seu nemore de Veraucz.., sicuti confrontatur ab una parte nemori dom! comitis Valentini et ab alia parte nemori Bonafidei de Saliente et nemori Rostangni de Alpilione et nemori Jaronteti de Podio Acuto..; confitentes et recognoscentes... quod predecessores ipsorum donaverunt predict. res et bona de Veraucz Deo et prodicto monasterio de Liuncello, ob recomendacionem animarum suarum, temporibus retroactis, prout de donacionibus rerum suarum predict. plene constat per duas cartas lectas per me notarium coram dict. fratribus.., quarum una sigillata erat sigillo dom. Bertrandi condam Diensis episcopi, ut prima facie apparebat, et incipiebat in prima linea : « Notum sit omnibus » et finiebat in penultima linea : « Humbertus de Mon. » [1]; et altera carta bullata erat bulla dicti dom. Diensis episcopi et sigillata sigillo dom. Humberti de Monteclaro, ut 1ª facie appar., et incipiebat in 1ª linea : « Sciant tam presentes » et finiebat in penult. linea : « dom. Ber. » [2]. Promitentes predicti J. et L. Magnani et quilibet.., sub obligacione et ypotheca.. et nichilominus per juramentum.. ad sancta Dei Euvangelia.., contra predict. quitacionem et omnia breviter.. non venire nec contravenire volenti consentire.., concedentes.., renunciantes... Acta fuerunt hec in dicto monte de Veraucz, in loco dicto al cropon de Veraucz, sub quadam arbore quercus, present. testibus rogatis et vocatis : Bonafide de Saliente, tenente locum castellani de Aygluduno, fratre Wmo Fabri, fratre Humberto Raparati, conversis de Liuncello, Wmo Barracani, Durando Geberni et pluribus aliis fidedignis.

† Et Ego Poncius Nicholay de Monteclaro, auctor. imper. notarius publ. et curie dom. comitis Valentini juratus,... sigillum curie dicti dom. comitis Valent. apponendum jussi...

(*) Original parch. de 28 l. 1/2, coté Ipse 661 (*Inv. A*) et CXLIX (*Inv. B*); trace de sceau sur cordon blanc ; au dos : *Cellarii Montis Clari.*
(1) Voir la ch. CIX, p. 107-8. — (2) Voir la ch. LXXXIX (anal. I, p. 91.

CCLXXXV.   2 octobre 1299.

Carta de quibusdam escambiis super quoddam pratum apud Alexianum cum ecclesia Valentina*.

Nos Omarus Gaudini precentor et Arnaudus Girardi capellanus, et canonici et conrrearii ann[iversariorum ecclesie] Valentine, notum (facimus) universis presentes literas inspecturis quod nos, pensata et considerata evidenti utilitate [et commodo anniversariorum] predict., unam eyminam frumenti censualem, quam anniversaria predicta percipiebant et percipere consueverant in par[te cujusdam terre que] nunc est pratum situm in mandamento Alexiani, quod confrontatur a parte boree vie qua itur a molandino Ospita[lis versus Alexianum] et a parte venti terre Johannis Tranchardi, quodam modico fossato intermedio, a parte vero orientis molandino de Lioncello et prato Jordani Bruzonis, rivo Freyt intermedio ; permutamus et ex causa permutationis tradimus et quasi vobis rev^{do} in Xpisto patri fratri Jacobo abbati Lioncelli et fratri Guidoni de Cabeolo cellarerio ejusdem loci, permutantibus nom* domus Lionc., pro uno cartali frumenti et uno cartali avene et xii. denar. censualibus que dicta domus vestra percipiebat.., videl. super terra Alasie Chapayrona i. cart. frum. et i. cart. avene et ix. den. cens., que terra sita est in mandamento Alexiani et contiguatur vie publice dey Cobyllon a parte venti et a parte boree terre puerorum Girardi de Masticone, a parte vero orientis terre Johannis Saramandi, et iii. den. cens. qui percipiuntur in quadam petia terre et nemore Poncii Draunerii, sita in mandamento predicto, in loco dicto a la Rorea, que confrontatur a parte orientis terre Johannis Audeyrii et a parte occidentis terre Johannis Deycoges, a parte vero boree terre Guillelmi Desiderii domicelli et a parte venti vie publice.. ; cedentes vobis.. omn. actiones.., constituentes.., confitentes.., renunciantes... clausule generali que descendit ex edito pretoris : « Si qua justa causa michi videbitur », xx^{ti} dierum induciis et de tempore quadrimestri... In cujus rei testimonium Nos predicti conrrearii sigillum capituli ecclesie Valentine huic pres. carte duximus apponendum... Datum vi° nonas octobris, anno Domini M°.CC°. nonagesimo nono.

(*) Original parch. de 29 l., coté **Jacobus 582** (*Inv. A*) et CCCCLXVI (*Inv. B*), déchiré à droite ; trace de sceau sur cordon blanc à double queue ; au dos : *Coynerii, de una emina frumenti.*

CCLXXXVI.   2 octobre 1299.

(Carta de escambio cum ecclesia Sancti Petri de Burgo)*.

Nos Johannes de Viriaco et Petrus de Eschalone, canonici et correarii ecclesie Sancti Petri de Burgo Valentie, notum facimus.. quod nos, pensata et considerata evidenti utilitate et commodo ecclesie nostre predicte, permutamus et ex causa permutationis damus et q. vobis rev^{do} in X° patri fratri Jacobo abbati Lioncelli et fratri Guidoni de Cabeolo cellerario ejusdem loci... x. et viii. denar. censuales quos nostra ecclesia percipiebat et percipere consueverat *(ut in ch. præced., l. 6)... (l. 8)* molend. Hosp... Leonc.. Bruson.. Frey intermedio ; pro x. et viii. den. cens. quos dicta domus vestra Lionc. percipiebat.. supra quadam terra et grangia Guigonis Escofferii sitis prope castrum Alexiani, que confrontantur a parte orientis terre Lamberti Guidonis et a parte boreo vie publice der Corbillon, a parte vero venti terre Guilhelmi Desiderii domicelli ; cedentes vobis.., in possessione s. q. inducimus.., constituentes nos.., confitentes.., renunciantes... In cujus rei testimonium nos predicti conrrearii sigillum capituli predicte ecclesie Sancti Petri de Burgo huic pres. carte duximus apponendum... Datum *ut in præced.*

(*) L'original, coté **Resurrexit 516** (*Inv. A*) et CCCCLXVII (*Inv. B*), manquait en 1812 ; le texte nous est fourni par le cah. DXIX (f° 167-9).

CCLXXXVII.   16 mars 1300.

Lictera de duobus pratis datis monasterio apud Vulpam*.

Nos Petrus de Eschalone, officialis Valentinus, notum facimus.. quod, in presencia Bontosi de Masticone, notarii curie Valentine jurati, ad hoc a nobis specialiter destinati, et testium infrascript., Johannes Boverii de Alexiano et Guillelmeta ejus uxor, ambo pariter et quilibet eorum per se insolidum, specialiter dicta Guillelmeta de auctoritate, licentia, concensu et voluntate expressis Durandi de Roianis patris ipsius G. et ipso patre auctorisante, volente, presente et etiam precipiente, scientes, prudentes et spontanei.., ad plenam et bene consulti et propter multa grata merita et servicia, tam divina quam humana, que ipsi et antecessores sui receperunt et cotidie recipiunt et in futurum recipient, divina gratia favente, a rev^{do} patre in Xpisto d° abbate et religiosis et fidelibus monachis Deo famulantibus in monasterio Beate Marie de Liuncello, atque etiam ab ipsa abbacia et ipso monasterio, dederunt, donaverunt donatione pura, mera, liberali et irrevocabili inter vivos, causa ingratitudinis non obstante, et ex causa predicte donationis concesserunt et habere voluerunt imperpetuum domui, monasterio et abbatie predicte duo prata sua tempore donationis predicte, sita in territorio Alexiani, in loco qui dicitur Olmeis, quorum pratorum unum est de directo dominio Falconeti Chanabacii domicelli de Osteduno, et facit eidem tenementarius et possessor x. et vIII. denar. annis singulis censuales; alterum vero, tenementarius et possessor.. annis singulis facit et solvere debet Lamberto Guidonis vI. den. censual., quia est de directo dominio ipsius: predicta vero prata continantur et confrontantur, unum terre prioratus de Baisays a parte orientis et a parte occidentis prato Bontosi Juvenis, alterum vero confinatur et contiguatur circumcirca pratis Falconis Chanabacii; dederunt, inquam,.. ad habendum, *etc.*, cedentes.. imperpetuum omnes actiones.. etiam contrarias et omnia interdicta.., constituentes.. dict. abbatem vice abbacie et dict. conventum veros possessores et ydoneos procuratores, ut in rem suam, predict. pratorum donatorum, inducentes.. in veram et corporalem possessionem rev. d. abbatem et conventum, constituentes se...possidere donec.. apprehenderint, cujus.. adispicendo.. et retinendo auctoritatem concesserunt. Preterea sciendum est quod predicta Guillelmeta, de auctoritate... dict. Johannis viri sui et Durandi de Roianis patris sui, et ipso patre presente, auctoris., vol. et etiam concensiente, dedit donatione *ut supra..* supradict. domui et monasterio de Liuncello et dom. abbati et conventui, amore Dei ex causa pietatis et helemosine et in redemptione anime ipsius et parentum suorum, affinium et benefactorum, decem libras Viennen. de dote sua, post mortem tamen ipsius G^{te}. Et predicta prata et dict. x. libras dederunt per formam suprascriptam predicti conjuges predict. domui et conventui, Dei amore et beate Marie verissime matris ejus, intuitu pietatis et helemosine et in redemptione animarum predict., et ut in predicto monasterio singulis annis in festo decollacionis sancti Johannis Baptiste unum anniversarium imperpetuum fiat pro animabus supradict.; et est sciendum quod predicti conjuges suam sepulturam elegerunt in cyminterio monasterii seu abbacie de Liuncello; item est sciendum quod dict. Johannes Boverii tria animalia, quecumque voluerit, tenere possit et debeat cum animalibus dicte abbacie, et quod dict. Johannes usum fructum dict. trium animalium ad vitam suam percipere possit habere et debeat, et voluit et concessit dictus J. quod dicta tria animalia post ejus mortem sint et remaneant et esse debeant dicte abbacie, et dicta animalia exnunc pro et tunc dicte abbacie donat.. ; item fuit actum et in pactum deductum inter dict. d. abbatem et dict. Johannem, quod dicta domus de Liunc. singulis annis quamdiu vixerit dictus J. dare debeat et teneatur eidem J. unum dimidium quintale cazeorum et quosdam sotulares in vigilia Natalis Domini ; item est sciendum quod rev^{dus} pater in Xpo dom. abbas nom^e.. abbacie de Liunc. ipsos conjuges in bonis spiritualibus recepit et participes esse voluit nunc et imperpetuum ; item sciendum est quod, in presencia et manibus predict. directorum dominorum dict. pratorum donat., scil. Lamberti Guidonis et Falconis Chanabacii, predict. Johannes se.. devestivit per tradicionem unius baculi, ut moris est, et quod predicti domini.., de mandato et volunt... donatoris, predict. d. abbatem... per tradicionem dicti baculi.. retinuerunt et etiam investierunt, jure directi dominii et suis usagiis et sencibus sibi salvis et retentis ; et dict. Falconetus Chanab., ad instanciam.. abbatis, in veritate recognovit se.. recepisse a dicto d. abbate.. ex causa hujus contractus et in vestitura novem libras Viennen. et unum quintale de lana, et.. quitavit, desemparavit et absolvit imperpetuum donatione pura.. quasdam cornas terrarum quas dicta domus tenebat ab eodem. Que omnia.. promiserunt predicti conjuges.. attendere firmiter et complere, renunciantes... omni juri... Acta fuerunt hec in claustra domus de Parte Dei, xvii° kalendas aprilis, anno Domini M°.CC°.XC°. nono, testibus presentibus fratre Poncio de Cabeolo, cellarerio Liuncelli, fratre Martino Gebennencis, fratre Bontoso de Castro Duplo, monachis domus seu abbacie de Liunc., Duranto de Roianis, habitatore Alexiani, Johanne Gaii et Humberto Bellaudi de Castro Duplo, Michaele de Veravilla et me Bontoso de Masticone notario, qui premissis omn. interfui et pres. instrumentum scripsi. Unde Nos dict. officialis Valentinus, ad preces dict. conjugum nobis oblatas per dict. notarium.. quibus fidem plenariam adhibemus, sigillum curie Valentine apponi fecimus huic carte in robur et testimonium omnium premissorum.

(*) Original parch. de 68 l. 1/4, coté Bro. 541 (*Inv. A*) et CCCCLXV (*Inv. B*) ; trace de sceau. Copie dans le cah. DXIX.

CCLXXXVIII*. 1300.

Sentencia lata super differenciis habitis inter dom. abbatem et nobiles de Flandonis de Royanis, et divisio moncium designatorum in dicto instrumento, (anno) M°III°.

(*) Sommaire de l'*Invent. A*, coté **QQ 43** (f° 7 v°).

CCLXXXIX.   *31 mars 1300.*

Carta Franconis Chanabacii de Austuduno*.

Nos Petrus de Eschalone, officialis Valentinus, notum facimus.. quod, in presentia Bontosi de Masticone, notarii et curie Valent. jurati,.. et testium.., Falco Chanabacii de Osteduno domicellus,.. ad plenam et bene consultus, vendidit et.. tradidit et cessit.. fratri Poncio de Cabeolo, cellarerio de Liuncello, ordinis Cisterciens.,... ementi ad opus abbacie et conventus de Liunc., res et possessiones inferius nominatas, videl. quodd. pratum suum.. continentem II. sestoiratas, situm in Olmeis, confinatum et confruntatum a parte orientis prato Johannis et Bernardi Bagoil fratrum et a parte occidentis terre de Vulpa et a parte venti prato Hugonis de Orchiano et a parte boree terre Johannis [Capr]e, item I. sestoiratam prati ibidem, confinatam a parte orientis terre prioris de Baisais et a parte occidentis pratis Johannis et [Bernardi] Bagoil et liberorum Guillelmi Collerii, item VII. sestariatas terre que contiguatur a parte orientis terre prioratus de Baisais [et....]nains et a parte occidentis terre Johannis Capre et a parte boree terre Martini Capre et terre Philiberti, item IIII. sestoiratas prati, [quod contig]uatur a parte boree prato liberorum Odonis de Chatusanges et a parte venti prato Aymonis, Bontosi, Guillelmi, et Raymundi Ga[che fratrum et] a parte orientis prato domui de Vulpa et a parte occidentis prato Peroneti Capre ; item vendidit ut supra... XXI. denar. censuales cum plenariis dominiis, percipiendis..., ex quorum.. facit Bontosus Juvenis III. obolos cens. annuatim, cum placito a merci in omni mutatione tam domini quam possessoris, pro quod. prato continente II. sestoir., sito in Olmeis, quod contiguatur prato liberorum Guillⁱ Collerii et prato domus Vulpe et prato quod dedit Johannes Boverii domui sive abbacie de Liunc. ; item facit Bontosus Barleterii III. den. cens. cum eodem dominio, pro quad. sestoir. prati ibidem, confruntata prato Guillⁱ Collerii condam et prato Bontosi Juvenis et prato Duranti Regis ; item Pontius Collerii facit III. den. cens. annuatim, pro II. sestoir. prati ibidem, quod contiguatur circumcirca pratis domus Vulpe ; item facit Peronetus Capre XII. den. cens. et duplicatum censum de placito in mutatione tam domini quam possessoris, pro quod. prato continente ii. sestoir. ibidem sito et confrontato circumcirca terris et pratis grangie de Vulpa ; item Aymo, Bontosus, Raimundus Gache fratres faciunt iii. obol. cens. cum placito a merci pro ii. sestoir. prati quod contiguatur pratis et terris de Vulpa : precio xv. librarum Viennens, seu Valentin., quod venditor.. confessus fuit se.. recepisse.., nichil sibi retinens.. nisi solum xii. denar. censual. an[nis singu]lis venditori solvendis per monasterium et abbaciam. ad... quicq. abbacie et conventui et ven[li] in Xpisto patre fratri Jacobo abbati dicte abbacie et eorum procuratoribus... promittens per pactum sollempne stipulationis vallatum..; se devestivit per traditionem unius baculi.. Et est sciendum quod omnes tenementarii et possessores rerum predict. in pres.. contractu presentes fuerunt et omnia.. approbaverunt.. et promiserunt solvere.. Datum pridie kalendas aprilis, anno Domini M°.CCC°. testibus present. fratre Martino Roche, monacho et priore abbacie de Liuncello, dom. Lamberto Girardi capellano Sancti Bernardi de Romanis, Andrea Naconis, Johanne Boverii, Pontio Collerii, Johanne Barleterii, Bontoso Barleterii, Bontoso Juvenis, Raimundo Gache, Johanne Cuniculi, et me Bontoso de Masticone notario... Unde nos dict. officialis Valentinus... sigillum curie Valentine apponi fecimus huic carte.

(¹) Original parch. de 66 l., coté Ri. 554 (Inv. A) et CCCCLXIX (Inv. B), déchiré à gauche ; trace de sceau ; au dos : *Grangie Vulpe, de pratis et terris emptis.*

CCXC. *31 mars 1300.*

PERMUTATIO XII. DENAR. MONASTERIO PERTINENTIBUS*.

Nos Petrus de Eschalone, officialis Valentinus, notum facimus... quod, in presencia *(ut in præced.)*, frater Poncius de Cabeolo, cellarerius domus seu abbacie Beate Marie de Liuncello, et Lambertus Guidonis, habitator Alexiani, inter se convenerunt in hunc modum : quod dom. frater Pontius,... motus ex propria voluntate sua ac pro utilitate dicte abbacie et commodo, donat et concedit, tradit s. q.., quittat et absolvit ex causa veri excambii et permutationis dicto Lamberto Guidonis... imperpetuum xii. denar. censuales quos dictus L. predicte domui serviebat seu faciebat pro iii. eminatis terre sitis in mandamento Alexiani, in loco qui dicitur Bruailas, que terra contiguatur a parte orientis terre liberorum Guillelmi Collerii et a parte occidentis terre dicti L. Guidonis et a parte venti vie publice de Bruaillas..;

donat, inquam,.. cum omn. dominiis et juribus.., se devestit.., promittens.. de evictione.. et amparare et tueri... Et dict. Lambertus Guidonis.. donat et concedit.. dicto fratri Pontio,.. nom⁰ abbacie B⁰ Marie Liunc., ex causa excambii alios xii. denar. censuales quos dicta domus seu abbacia predicto L. serviebat.., scil. vi. den. pro quod. prato quod habuerat.. a Johanne Boverii de Alexiano, sito in Olmeis, quod contiguatur ab utraque parte pratis Falconis Chanabacii de Osteduno domicelli, et vi. den. pro quad. pecia terre in Carcaillis, que fuit condam Pontii de Rupe et contiguatur terris que fuerunt condam illorum de Oschiis ; donat, *ut supra*..; renunciantes ad invicem... Acta fuerunt hec in grangia Lamberti Guidonis, extra castrum Alexiani, pridie kalendas aprilis, anno Domini M⁰.CCC⁰, testibus present. Martino Gebenne, monaco Liuncelli, Johanne Bagain, Johanne Boverii, Ponceto Ruena, Bernardo Siberti et me Bontoso de Masticone, notario curie Valent. jurato... Unde nos dict. officialis Valent... sigillum curie Valentine presentibus duximus apponendum...

(*) Original parch. de 44 l. 1/3, coté **Simon 886** (*Inv. A*) et CCCCLXVIII (*Inv. B*). Fragm. de sceau conforme à celui de la ch. clvii (n. *), sauf l'addition d'une étoile à droite.

CCXCI. *1ᵉʳ juillet 1300.*

CARTA DONATIONIS COSTE BLANCHIE*.

Noverint universi et sing... quod, anno Domini M⁰.CCC⁰, die prima mensis julii, in presencia.., Lantelmus Raynerii, clericus de Gigoriis, filius condam Jarentonis Raynerii,.. sua mera et (s)pontanea voluntate, jure proprio dedit et concessit donacione pura, simplici et irrev^{ll} facta inter vivos Deo et beate Marie de Lioncello et rev^{do} patri in Xpisto dom. Jacobo abbati de Lioncello, nom⁰ abacie.., omnes taschias bladerum et leguminum que cressent et obvenient et cressere et obvenire poterint perpetuo in tenemento seu ten^{tis} suis vocatis Costa Blancha et Charchaloves sitis, ut dicebat, in mandamento de Gigoriis, que tenementa dicebat confrontare ab una parte [cum] metis que dividunt territoria castrorum de Gigoriis et de Castro Duplici et ab alia parte cum territorio Cadafalci et a parte venti cum Costa Mediana, et sicut durat comba dicta de Pomerio et protenditur usque ad locum dictum lus Degotals et a dicto loco deus Degotals usque ad mandamentum Baini ; item dedit ut supra dictus L. quicquid juris habebat in condaminis de Lansa et de Cloto, de Malmont et de Tieure et in earum pertinenciis, et quicq. juris habebat a comba de Pomerio usque ad Degotals et usque ad territorium Baini, cicut tendit via Monesterii versus Lioncellum ; item dedit... x. sextaria frumenti conssuatia que percipiebat, ut dicebat, in mandamento Montis Clari, Diensis diocesis : retento sibi et suis dominium et segnoriam et banna et jurisdictionem, retento etiam quod quandocumque dict. Lantelmus voluerit vel sui heredes vel successores, possint dicta x. sext. frum. ad voluntatem recuperare et habere, solutis et traditis primitus xx. libris Vianensis vel equivalentis monete dom. abbati de Lioncello... vel cellarario domus..; dedit etiam.. et per pactum sollempne promisit.. quod ipse L. nec heredes nec successores ejus.. non possint dicta tenementa nec aliq. partem ipsar. nec eciam dicta x. sext. frum. nec dominium in toto vel in parte transferre, vendere, permutare nec.. alienare nisi in domum de Lionc. : quod si faciebat.., ex nunc ut ex tunc... donavit omnia dicte domui, exceptis bannis et alia juridictione..; dans et concedens.., promittens etiam.. quod predicta omnia faceret fratribus suis laudare, approbare, confirmare et emologare. Dictus vero dom. abbas, videns affectionem dicti Lantelmi et ea que.. donaverat domui de Lionc., presentibus, volent. et concencientibus fratre Martino Rocha, priore de Lioncello, fratre Pon. de Cabiolo, sellarario ejusd. domus, fratre Humberto de Chaureriis, fratre Guillelmo Bajuli, fratre Raymundo de Cervia, fratre Roeberto, fratre Johanne de Frontonis et fratre Pc. Rostagni, pro se et successoribus suis in dicta abbacia, promisit in suo ordine bona fide dicto L. quod pro supra donatis, transacto capitulo generali proxime venienti, ipse constituet et assignabit in ecclesia de Lioncello unum monacum capellanum sive presbiterum, qui divina sive ecclesiastica celebret et celebrare debeat, tam ille quam alter de dicta ecclesia, perpetuo in die sabbati et in qualibet septimana pro animabus dicti L. et Pagane consanguinee sue condam et parhentibus eorundem ; promitentes... alter alteri.. omnia firma tenere, atendere et cervare.:, et insuper dictus L. SS. Dei Euvangeliis.. juravit et dict. d. abbas promisit..., renuncians.. omni privilegio clerici et ordinis... Actum in parlatorio de infirmaria de Lioncello.., testibus present. Arnaudo Escoferii bayolo, Bernardo Vialis, Stephano de Gebenna, Johanne Fernel, et me Poncio Balisterii, notario publ. illustris viri dom. A(demari) de Pictavia, comitis Valentini, qui... signavi sic † et sigillo curie dicti dom. comitis tradidi sigillandum.

(*) Original parch. de 55 lig., coté **Domine 346** (*Inv. A*) et CLII (*Inv. B*); au dos : *De Lionsello super donacione facta per Lantelmum Raynerii.*

CCXCII.   22 juin 1301.

Ratificatio facta per dominam Beatricem terre que fuit Johannis Eldrici de Romanis*.

Noscant universi et singuli pres. pariter et fut. seriem pagine presentis inspecturi, lecturi et etiam audituri quod, cum Johannes Eldrici deffunctus, quondam habitator Romanis, dederit et concesserit imperpetuum de suo proprio allodio, ut dicebat, in puram et veram helemosinam et liberam domui Lyoncelli et conventui ejusdem, ordinis Citercien., quamdam peciam terre cum suis pertinenciis et appendiciis univ. et sing., sitam in mandamento castri Pisanciani, Valentin. dyocesis, in loco vulgaliter nuncupato apud campum Nartaut, juxta terram de Pomer ex una parte et juxta viam publicam per quam itur de Romanis versus Marches ex altera, prout in quod. publ. instrumento per manum Bruneti dicti de Hospitali, quondam notarii publ., confecto et signato videbatur prima facie plenius contineri [1]; anno Dominice Incarnationis mill'o tricentesimo primo, xiiii^a indictione, x. kalendas julii, coram testibus et me notario infrascript., dom^a nobilis dom^a Beatrix de Medullione, domina in parte dicti castri Pisanciani, sciens, prudens et spontanea, nomine suo atque successorum suorum, ad petitionem et instanciam rev^{di} in Xpisto patris domⁱ Jacobi, abbatis dicte domus Lyoncelli, presentis et petentis, laudavit, approbavit, acceptavit ac etiam ratifficavit, prout melius, sanius et clarius potest intelligi, dici, interpretari seu etiam declarari, imperpetuum donationem factam per dict. Johannem Eldrici..; dans, precipiens et concedens liberaliter.. dicta dom^a Beatrix dicto d. Jacobo... plenam et liberam potestatem ac speciale mandatum.. dict. peciam terre.. occupandi, apprehendendi, colendi, tenendi, possidendi, vendendi, donandi vel etiam alienandi, aut etiam quicquid penitus deinceps perpetuo dicte domui.. de ipsa pecia eisdem in puram helemosinam data et concessa placuerit faciendi ; promitens dicta d^a Beatrix, bona fide et per sollempnem stipulationem... dict. ratifficationem attendere, ratam et firmam tenere imperpetuum et inviolabiliter observare et nunquam contra facere.., renunciando... Actum Pisantiani, in domo dicte dom^e Beatricis, presentibus testibus: fratre Martino de Flendines, priore dicte domus Lyoncelli, dom. Lamtelmo Burgondi et magistro Richardo de Ultio, de Romanis, jurisperitis, et pluribus aliis fide dignis ; et me Petro de Martigniaco, auctor. imper. notario publ., qui omn. hiis interfui et pres. publ. instrumentum scripssi signoque meo signavi rogatus et tradidi.

(*) Original parch. de 35 l., coté **Nos. 241** (*Inv. A*) et **CCCXVI** (*Inv. B*).
(1) Voir la ch. CCLXX, p. 285.

CCXCIII. *20 novembre 1301.*

(VIDIMUS) SUPER PASCUIS TERRITORII CASTRI NOVI*.

Nos Petrus de Eschalone, officialis Valentinus, notum facimus universis pres. litteras inspecturis et audituris, quod nos vidimus et diligenter inspeximus ac de verbo ad verbum legimus quamd. litteram sigillatam sigillo bone memorie dom¹ Johannis de Gebenna, condam Valentin. et Dyensis episcopi, prout prima facie apparebat, et cum invenimus non viciatam, non cancellatam, no(n) obolitam seu in aliqua sui parte corruptam, cujus.. tenor talis est : « Nos frater *(vid. ch. CCLXIII, p. 278)*... de Auassiaco. » Factum fuit pres. transcriptum Valentie, XII. kalendas decembris, anno Domini Mº.CCCº. primo. In cujus rei testimonium nos predict. officialis sigillum curie Valentino pres. transcripto duximus apponendum.   Hys. de Vienna.

(*) Original parch. de 60 lig., coté **T 119** (*Inv. A*); sceau entier (40 mill.), identique à celui de la ch. CCXC (cf. ch. CLVII, n. *).

CCXCIV. *21 décembre 1301.*

LITERA DE CUSTODIA DOM¹ G. DE ROSS(ILLONE) EPISCOPI VALEN(TINENSIS)*.

Nos Guillermus, permissione divina Valentinensis et Dyensis episcopus ¹, notum facimus universis presentes litteras inspecturis quod nos, affectantes quamplurimum religiosorum virorum'' abbatis et conventus monasterii Leoncelli divinique cultus augmentum, volentesque ipsis'' abbati et conventui, fratribus et familiaribus suis favore prosequi gracioso ac gratiam facere specialem, ipsos fratres, monachos et conversos, familiares, rendutos, pastores et custodes animalium, res et bona, domos et grangias ipsorum religiosorum monasterii supradicti recipimus in nostra salva custodia seu garda et securo guidagio et conductu, per nos et nostros subditos ac amicos nostros, et per totam terram nostram, districtum et dominium nostrum ; mandantes et precipientes tenore presentium universis et singulis officialibus, conreariis, castellanis, bajulis et aliis familiaribus nostris, ut dictos fratres, pastores, custodes animalium ipsorum et alios beneficiatos et familiares, grangias, animalia, res et bona ipsorum, quecumque sint et quocumque nomine censeantur, solvent, deffendant et custodiant tamquam nostra. Datum Liberone, die jovis ante Nativitatem Domini, anno ejusdem M°.CCC°. primo, cum apposicione sigilli nostri in testimonium premissorum. A. R.

(*) Original parch. de 10 lig. 1/2, cote Ave 488 (*Inv. A*) ; fragm. de sceau en cire brune, sur lemnisque du parch. : prélat en pied, revêtu des habits pontificaux, tenant sa crosse élevée de la gauche, appuyant la droite sur sa poitrine, légende : † S·FRIS·GVILLI·DEI·GRA·DIEN·ET·VALEN·EPI.
(1) Guillaume II de Roussillon fut évêque de Valence de 1297 à 1331.

CCXCV.   *21 décembre 1301.*

Litera confirmacionis dom[i] episcopi Valentie donationum factarum per dominos condam Castri Novi*.

Nos Guillermus, divina miseratione Valentinen. et Dyensis episcopus, notum facimus universis presentes litteras inspecturis quod vidimus et *(ad verbum ut in ch. CCLXIII, l. 3)... (l. 9)* Raymondo... *(l. 10)* Bucco... *(l. 11)* Guillermeto... *(l. 18)* sequuntur... *(l. 26)* clemos... et decretum. Insuper, volentes ipsis fratribus Leoncelli monasterii predicti gratiam facere specialem ac favore prosequi gratioso, eos et dicti monasterii conversos *(ut in ch. præced., l. 7)... (l. 8)..* lium, rerum et bonorum ipsius monasterii Leoncelli recipimus... *(l. 10)* nos et amicos ac subd. nostros... domin. ac distric... *(l. 12)* precip. univ. et sing... *(l. 14)* ut dict. religiosos, famil., rendutos, past. et cust. anim., cujuscumque generis existant, res et bona... *(l. 16)* salv., custod. et defend. tamq. nostra, et absque omni exactione seu molestia ipsos permittant uti et gaudere privilegiis et juribus suis superius memoratis. Datum Liberone, die jovis ante Nativitatem Domini, anno Incarnationis ejusdem mill'o trecentesimo primo. In quorum omnium premissorum robur et testimonium sigillum nostrum presentibus litteris duximus apponendum. A. R.

(*) Original parch. de 47 lig., coté C 122 (*Inv. A*) : très-belle écriture, l'N initial sert d'encadrement à une tête d'évêque mitrée ; trace de sceau sur cordon à double queue ; au dos : *Pro pascuis Castri Novi. Vidimus* du 19 février 1366 (*v. ad h. a.*).

CCXCVI.   16 novembre 1302.

LITERA FRANCONIS RAYNERII DE CHALCHALVEZ*.

Per hoc pres. publ. instrumentum... fides indubitata prestetur quod, anno ab Incarnatione Domini M°.CCC°. secundo, indictione prima, silic. xvi° kalendas decembris, in presencia.., Francho Reynerii dictus de Charchalevez et Alazia ejus uxor et Freletus filius conjugum predict., omnes insimul et quilibet eorum per se,.. mera et spontanea voluntate sua.., vendiderunt et.. tradiderunt pariter et concesserunt... religioso viro fratri Poncio de Chabiolo, monacho et sellarario monasterii de Liuncello, Diensis diocesis,.. vice conventus ejusd. mon^{rii}, quamdam baylliam quam.. habebant seu hactenus habuerant super quibusdam bonis et redditibus de Liuncello, scitis infra territorium de Charchalevez in loco dicto in Maysio, videl. a comba de Pomerio usque ad locum dictum al Degotaylz et ab illo loco usque ad viam que ducit ad fontem del Tyure, sicut ducit via recta de Charchaleves versus Liuncellum; quam quidem baylliam... vendiderunt cum omn. et sing. juribus, eschautis, pertinenciis et appendenciis, ad habendum, etc., pretio x. librarum Viannen. seu equivalentis monete et x. solid. Vian. pro caligis dicte Alazie et ii. quartayronorum lane ad opus ipsius Alazie, de quo... se tenuerunt plenarie pro solutis,.. renunciantes, et de predicta bayllia... disvestiverunt se et suos, investientes... per traditionem unius penne predict. d. sellararium.. ; et predicta Alazia... obligationem seu jus ypothecarum.. irritum et quassum esse voluit.. ; item voluerunt et concesserunt dicti venditores quod si super pactis seu conventionibus dicte byyllie aliquod instrumentum.. seu nota reperiebantur, quod decetero nullius sint momenti.. ; si tamen dicta bayllia.. plus valet.., totum illud plus.. donaverunt.. ; constituentes se.., promittentes.. per juramentum.. de evictione.., concedentes... Acta fuerunt hec aput sellarium extra monasterium Montisclari, Diensis diocesis, subtus quadam crota, juxta hostium penoris dicti sellarii, present. testibus rogatis et vocatis fratre Martino Rocha, priore de Liuncello, fratre Guillelmo Fabri converso, Johanne Andree, clerico ecclesie Valentine, Guiraudo Quintelli, Guillelmeto de Blagnacco, Petro Chaffelli, Guillelmeto Reynerii, filio Franchonis Reynerii de Guigorcio, et pluribus aliis fidedignis.

† Et ego Poncius Nicholay de Monteclaro, auctor. imper. notarius publ. et curie domⁱ comitis Valentini juratus... signo meo signavi consueto et sigillum dicte curie apponendum jussi in testimonium premissorum.

(*) Original parch. de 43 l. 1/2, coté **Domine et 394** (*Inv. A*) et CLXIV (*Inv. B*); trace de sceau sur cordon ; au dos : *super quadam vendicione cujusdam bayllie.*

CCXCVII. *30 novembre 1302.*

LICTERA CELLARII MONTIS CLARI'.

PER hoc, *ut in præced.*, quod anno ab Incarnatione Domini M°. tricentesimo secundo, indict. prima, silic. pridie kalendas decembris... Fias uxor condam Lamberti Magnani de Aygluduno, Diensis diocesis, et Guillelmus et Reymundus Magnani, filii dicte Fic, et quilibet ipsorum per se,... quitaverunt, remiserunt et desamparaverunt... religioso viro fratri Poncio de Chabiolo, sellarario monasterii de Liuncello, nom°.. conventus ejusdem, omne jus, actionem, usum et requisitionem et quicquid... competit seu competere potest... in monte seu nemore dicto de Verautz, infra territorium Aygluduni, sive sint terre culte vel inc., pasqua, nemora..., sicuti confrontantur ab una parte nemori dom¹ comitis Valentini et nemori Bonefidei de Salione et nemori Rostangni de Alpilione et nemori Jarentonis de Podio Acuto.. ; et predict. quitationem, cessionem et remissionem... fecerunt, ratificaverunt et approbaverunt omni fraude remota, modo et forma quibus facta extitit cessio et remissio.. predictorum per Johannem et Lambertum Magnani, filios dicte Fie fratresque dict. Guillelmi et Reymundi, prout.. plene constat alibi per quodd. instrumentum publ. confectum per manum mei notarii, quod incipit in 1ª linea : « Per hoc presens », et finit in penult. linea : « comitis Valentini » ; et... disvestiverunt se et suos, investientes per traditionem unius baculi predict. d. sellarium.., et juraverunt..., concedentes.. fieri.. ante productionem..; renunciantes... Acta fuerunt hec juxta portam sellarii extra monasterium Montisclari, present. testibus fratre Guillelmo Fabri, converso de Liuncello, Dalmassio de Vacheriis domicello, Johanne de Gavana, Juliano de Aragone et pluribus aliis fidedignis. ✝ Et ego Poncius Nicolay de Monteclaro, *ut in præced.*

(*) Original parch. de 29 l. 1/2, coté **Trans 653** (*Inv. A*) et CLIII (*Inv. B*); au dos : *Carta de Veraut;* trace de sceau sur cordon.

CCXCVIII*. *1302.*

Venditio facta per Hugonem Richardi de Burgo Valentie, de 13 denar. censualibus quos percipiebat super terram ejusdem monasterii sitam versus Sanctum Marcellum, anno Domini millio tricentesimo secundo et sigillatur.

(*) Sommaire fourni par l'*Invent. A*, cote **Quem 312** (f° 93).

CCXCIX*.   *1ᵉʳ février 1303.*

Albergamentum factum pro monasterio Leoncelli albergando ab domino Burgi Valencie ecclesiam Sancti Marcelli cum appendenciis, sub censu octo sestariorum frumenti et septem sestariorum silliginis et duorum cuniculorum, et sigillatur binis sigillis, anno millio III° secundo.

(*) Analyse tirée de l'*Invent. A*, cote **Meruisti 513** (f° 93 v°). L'original manquait en 1812; voici le sommaire de l'*Invent. A* (cote CCCCLX) : « Albergement de S* Marcel, du 1ᵉʳ des calendes de febvrier 1302. Ascensement passé par le chapitre de S* Félix (!) aux religieux de l'abbaie de Lioncel des terres, prés, droits et dépendances de l'église de S* Marcel de Javaysan, sous la cense annuelle de 8 sestiers froment, 7 sestiers de seigle et 2 connils ou lapins, payables aud. chapitre à la Saint-Michel. »

CCC*.   *1303.*

Vendicio casalis en costa Bastide per Guillelmum Bruerii, anno millio tricentesimo tercio, et sigillatur instrumentum.

(*) Analyse fournie par l'*Invent. A*, cote **Mi. 616** (f° 124 v°).

CCCI.   *8 janvier-16-7 juillet 1303.*

(Sententia arbitralis inter comitem Valentinum et monasterium Lioncelli super jurisdictione)*.

Noverint univ. et sing. hoc pres. publ. instrumentum inspecturi quod, anno ab Incarnatione Domini millesimo tricentesimo secundo et sexto idus januarii, cum questiones varie et diverse verterentur seu verti sperarentur inter ill. virum dom. Aymarum de Pictavia, comitem Valentinum, pro se et suis successoribus, ex una parte, et venlem in Xpisto patrem dom. Jacobum abbatem monasterii de Lioncello, Cistercien. ordinis, pro se et suo conventu, ex altera, ratione et occasione montanee seu pascuorum de Lioncello, de Ambello et de Rupe Galvain, et super omn. aliis generaliter questionibus, rancuris et demandis quas una pars contra alteram facere poterat usque ad hanc diem, et super declaratione jurium, jurisdictionis et rerum ad quamlibet partium pertinentium ; tamdem dict. d. comes.. et d. abbas.. compromiserunt alte et basse, super... bono statu inter eos perpetuo et pacifico conservando, in ven^{tem} in X° patrem fratr. Andream, abbatem de Bonis Vallidus, et Lantelmum Burgondionis, et discretos viros dd. Guillelmum de Monteysone militem et Johannem Audoardi jurisperitum, tamquam in arbitros arbitratores seu amicabiles compositores.., quibus utraque pars.. dedit et concessit plenam et liberam potestatem.., promisitque.. sollempniter servare, tenere contraque non venire.., et hoc sub pena centum marcharum argenti.. : hoc acto... quod ex mandamentis, ordinationibus seu declarat. oriatur actio et exceptio ac si lata esset sententia.. per judicem competentem..., et quod duret pres. compromissum hinc ad festum Omnium Sanctorum proxime venturum.. ; promisit etiam dict. d. abbas se.. curaturum quod conventus suus pres. compromissum... approbabit, et vice versa dict. d. comes.. se curaturum quod dom. Aymarus ejus filius similiter... approbabit.. : et incontinenti fratres Martinus de Rupe, prior (mon^{rii} Lionc., et Poncius) Cabeoli, cellerarius, predicta.. servare promiserunt ; renunciantes partes... Acta fuerunt hec apud Montem Meyranum, in hospitio fortalitii dicti dom. comitis, testibus present. dom. Petro Planterii, rectore de Monte Areno. diocesis Uticensis, dom° G. de Rupemuera milite, Poncio Arbalisterii de Castro Duplo, notario, et me... notario... — Postque, anno Domini M°CCC°III° et die martis ante festum Magdalenes, assignata predict. dd. comiti et abbati per predict. arbitros et locus apud Lioncellum, dicta die et loco, coram predict. arbitris.., absente tamen d. Lantelmo Burgondionis, comparuerunt d. abbas... et d. Guillelmus de Rupemuera, baillivus generalis dicti d. comitis ; et antequam ad alia procederent, d. abbas et d. Guillelmus, videntes quod d. Lantelmus ad diem present. non poterat interesse et quod multum expediebat partibus diffinitio, ordinatio et declaratio questionum predict. et quod prorogatio diffinitionis utrique parti periculosa erat pariter et dampnosa, ideo voluerunt et concesserunt... quod dom. abbas de Bonis Vallibus et dom. G. de Monteysone et d. Joh. Audoardi.. possint et debeant procedere.., absentia non obstante.., et ad cautelam et de novo d. abbas et d. baillivus in dict. dd. abbatem, G. de Monteysone et Joh. Audoardi.. compromiserunt... Acta fuerunt hec apud Lioncellum, in hostalaria nova, testibus present. Hugone Reynaudi, Jacquemeto de Roissanis domicello, Poncio Arbalesterii notario, fratre Poncio Cabeoli, cellerario Lionc., et me notario... — Subsequenter, anno et die quibus supra et incontinenti, frater Martinus Rocha, prior monasterii de Lionc., Pon. de Cabeolo cellerarius, fr. Stephanus de Servia subcellerarius, Robertus de Royanis, Hugo de Seyna, Guillelmus de Chaudrono, Hugo d'Alixan, Guill. de Charpeyo, Symeon de Banio, Vivianus subprior, Humbertus de Chabrieyras, Humbertus Bauduini, Armandus Gibelini, Pon. de Flandenis, monachi mon[rii] supradicti, in capitulo ejusdem more solito congregati, capitulum ibidem inter se unanimiter facientes,.. mandante et auctori sante.. abbate, attendentes utilitatem et comodum mon[rii],.. dict. compromissum.. laudaverunt, approbav., emologav., ratifficav. et promiserunt... servare.., et ne.. minorem obtineat roboris firmitatem... compromiserunt... Acta fuerunt hec infra dict. monasterium, in capitulo, testibus present. Hugone Reynaudi, Petro Guigonis de Caulvisano alias nominato Moreto, Jacquemeto de Roysanis, Aymaro Berengarii domicello, Audeberto de Orchano, castellano de Eygluduno, Pon. Arbalesterii notario et me notario... Postque predicti arbitri.., visis et diligenter inspectis questionibus, controversiis et rancuris,.. requirentibusque partibus,.. ad diffinitionem, decisionem et determinationem... ut sequitur processerunt : In primis... statuerunt, voluerunt, ordinav. et pronunciav. seu arbitrando diffinierunt quod, cum constaret eisdem per legitima documenta quod domus seu monasterium de Lioncello erat fundata seu fundatum in mandamento et infra mandamentum castri de Eygluduno predicti dom. comitis, et quod dict. monasterium steterat et fuerat ab antiquo de garda et in garda, protectione et in guidagio et conductu tam dicti dom. comitis quam antecessorum suorum, et quod idem dom. comes, conversis, monachis et donatis dicti mon[rii] exceptis, habebat et habuerat ab antiquo in dicto monasterio merum et mixtum imperium et jurisdictionem omnimodam et exercitium eorumdem, ideo dicti arbitri statuerunt, *etc.* dict. monasterium quoad predicta subesse dom[o] comiti et ejus successoribus in futurum, et ipsum dom. comitem habere et habere debere merum et mixtum imperium et jurisdictionem omnimodam et exercitium eorumdem, monachis, conversis et donatis ejusd. mon[rii] exceptis, et ad dict. d. comitem solum et in solidum et heredes ejusdem voluerunt et cognoverunt *predicta* pertinere et pertinere debere in dicto monasterio et aliis quibuscq. bonis et rebus que dict. monasterium habet in mandamentis castrorum dicti d. comitis ; voluerunt insuper... quod predicta domus de Lionc. cum bonis suis sit et esse debeat in futurum de garda, guidagio et conductu dicti d. comitis et suorum in posterum

www.ingramcontent.com/pod-product-compliance
Lightning Source LLC
Chambersburg PA
CBHW060634170426
43199CB00012B/1548